Günter Kleine-Katthöfer

Grundbausteine Sozialpädagogik

Arbeitsbuch für den Didaktik- und Methodikunterricht

2. Auflage

Bestellnummer 5928

Bildungsverlag EINS

Haben Sie Anregungen oder Kritikpunkte zu diesem Produkt?
Dann senden Sie eine E-Mail an 5928@bv-1.de
Autor und Verlag freuen sich auf Ihre Rückmeldung.

www.bildungsverlag1.de

Bildungsverlag EINS GmbH
Sieglarer Straße 2, 53842 Troisdorf

ISBN 978-3-8237-**5928**-7

Inhaltsverzeichnis

Vorwort

Mit den „Grundbausteinen Sozialpädagogik" möchte ich Erzieherinnen eine allgemeine Einführung in die Didaktik und Methodik der Sozialpädagogik an die Hand geben mit dem Schwerpunkt auf der Vermittlung eines Fundaments beruflicher Grundkenntnisse, das sich den veränderten und verändernden Gesellschafts- und Arbeitsbedingungen von Erzieherinnen gegenüber als haltbar erweisen soll.[1] Natürlich können bei einem Einführungswerk in die Sozialpädagogik von nur gut 200 Seiten nicht alle Wissenslücken geschlossen werden. „Grundbausteine" – um im Bild zu bleiben – enthalten solche Leerstellen, die mit anderem Baumaterial, das werden Praxiserfahrung und Weiterbildung sein, gefüllt werden müssen.

Die Systematik des Buches stellt auf die für alle sozialpädagogischen Arbeitsgebiete wichtigen Fundamente der Sozialpädagogik ab unter Einbeziehung aktuell wahrnehmbarer Probleme in dieser Gesellschaft. Insbesondere die Zunahme von Aggression und Gewalt sowie deutlich werdende soziale Entwurzelungsprozesse zählen dazu. Neu ist auch eine Erweiterung der sozialpädagogischen Grundkonzepte um die Perspektive systemischer Ansätze in Richtung Familienpädagogik. Hier ist in vielen erziehungswissenschaftlichen Büchern noch eine Leerstelle zu verzeichnen. In der aktualisierten Auflage ist deshalb ein Einführungstext zum Thema „Familienzentren" dazugekommen. Die „Grundbausteine Sozialpädagogik" sind sicherlich auch für Quereinsteiger in die Erzieherausbildung, für Schülerinnen der FOS „Sozialpädagogik" sowie als Einführungslektüre in ein Studium der Sozialpädagogik geeignet, weil im Aufriss die Tradition, die wichtigsten Grundprobleme und hauptsächlichen Arbeitsansätze der Sozialpädagogik als Wissenschaft vorgestellt werden. Dabei bauen die einzelnen Kapitel wie ein Lernprogramm systematisch aufeinander auf.

Die Kapitel beginnen jeweils mit der Einführung in die Praxissituation, die von unterschiedlichen Seiten beleuchtet wird. Diese Praxissituationen können ohne Weiteres zu komplexeren Lernsituationen umgebaut und an die aktuelle Lernfelddidaktik angepasst werden. Hier liegt ein methodischer Schwerpunkt auf der Einbeziehung von Selbsterfahrung und dem Bewusstwerden eigener Anteile in pädagogischen Situationen. Es folgt eine kurze Darstellung des Themenzusammenhangs und dann jeweils eine Vertiefung des Themas durch unterschiedliche Theoriezusammenhänge. Fallbeispiele oder praxisorientierte Ausblicke am Ende eines einzelnen Kapitels sammeln Erfahrungen oder erweitern die Problemsicht der Schülerinnen.

Für Ihren Weg durch dieses Buch und den späteren Beruf wünsche ich Ihnen alles Gute.

1: *Der besseren Lesbarkeit wegen wird auf die männliche Form der Berufsbezeichnung verzichtet. Selbstverständlich sind gleichzeitig beide Geschlechter angesprochen.*

1 Begegnung mit dem Arbeitsfeld Sozialpädagogik

Die Sozialpädagogik in Deutschland kann auf eine über 150-jährige Tradition zurückblicken. Seitdem um 1850 erstmalig der Begriff der „Social Pädagogik" von Adolph Diesterweg als Antwort auf gesellschaftliche Missstände benutzt wurde, hat sich in der Folge eine Vielzahl sozialpädagogischer Arbeitsfelder herausgebildet, deren Hauptanliegen in der Bewältigung von Erziehungsnotständen einerseits und in der Verbesserung der gesellschaftlichen Bedingungen der Erziehung andererseits bestand und nach wie vor besteht. Zu den klassischen Aufgaben der Sozialpädagogik gehören

- die Vorschulerziehung in Kindertagesstätten und Kindergärten in der Nachfolge des Fröbelschen Konzepts eines Kindergartens (1840) zur Förderung der ganzheitlichen sozialen Erziehung von Kindern,
- Ansätze der Heimerziehung und Jugendhilfe, ausgehend vom Vorbild einer sozialen Jugendfürsorge im Konzept des „Rauhen Hauses", 1833 gegründet von Johann Hinrich Wichern,
- Hilfen für in Not geratene Familien mit ihren Kindern,
- die soziale Fürsorge für benachteiligte oder von Behinderungen betroffene Menschen.

Der Berufsalltag von Erzieherinnen spielt sich auch heute noch zu einem großen Teil in den beschriebenen Aufgabenbereichen ab. Dazu gehören Kindertagesstätten, Kindergärten, Jugendzentren, Institutionen der stationären oder teilstationären Eziehungshilfe, Kinderkliniken oder Einrichtungen der Behindertenhilfe. Die Veränderung der gesellschaftlichen Erziehungsbedürfnisse spiegelt sich in neu entstehenden Arbeitsfeldern wie der offenen Ganztagsschule, der Betreuung unter 3-jähriger Kinder oder der Gründung von Familienzentren. Der Idee folgend, Grundbausteine der Sozialpädagogik zu vermitteln, beginnt bereits das erste Kapitel mit einem Querschnitt sozialpädagogischer Problemstellungen in diesen unterschiedlichen Arbeitsfeldern.

1.1 Erziehungsprobleme in sozialpädagogischen Arbeitsfeldern

Eine Alltagsszene im Kindergarten

„Der fünfjährige Florian wird morgens von seiner Mutter zum Kindergarten gebracht. Sie verabschieden sich auf dem Flur, nachdem Florian seine Jacke an die Kindergarderobe gehängt hat. Florian betritt den Gruppenraum. Er schaut sich um und geht als erstes zur Erzieherin, die an einem Tisch Material für eine Bastelarbeit vorbereitet. Er begrüßt sie und schaut sich dabei unschlüssig im Raum um. Katja und Mirjam schneiden an einem Tisch mit einer Schere Papierfiguren aus, die sie auf Tonpapier aufkleben.

Holger, Moritz, Ansgar und Mike haben an diesem Morgen die Bauecke in Beschlag genommen, spielen lautstark mit Bauklötzen und Holzlastern. Florians Interesse ist geweckt. Er geht zur Bauecke, weil dort auch noch Platz zum Mitspielen ist. Florian fragt in die Runde, ob er mitspielen kann. Der sechsjährige Mike steht auf und schreit: Ey, verpiss dich, du Stinker. Er zeigt mit dem Finger auf Florian: Du hast einen Fleck auf der Hose. Alle lachen. Florian schaut an sich herab, kann nichts entdecken. Florian wird rot, läuft zum Fenster und guckt auf den Spielplatz."

Eine Szene aus der Heimerziehung

„Dirk ist neu in die Gruppe gekommen. Der elfjährige, eher schmächtige Junge versteht es sofort, die in der Gruppe gegebenen Beziehungsverhältnisse zu durchschauen. Er macht sich gleich an die etwas oppositioneller eingestellten Kinder heran und „mischt" dort tüchtig mit. Der Aufsicht des Erziehers entzieht er sich geschickt. Sobald sich der Erzieher von ihm abwendet, sind bei Dirk Verhaltensweisen zu beobachten, die sich besonders schwächeren Kindern gegenüber in Hinterhältigkeiten und Rücksichtslosigkeiten zeigen. Bei gemeinsamen Aufgabenstellungen und Gruppenleistungen (z. B. Tisch decken oder abräumen) drückt sich Dirk oder er macht nur dann eben mal mit, wenn es ihm gerade Spaß macht. Größeren Anstrengungen geht er aus dem Wege. Bei Misserfolgen anderer zeigt Dirk unverhohlene Schadenfreude. Wenn es ihn aber selber einmal trifft, so gerät er schnell in Wut und kann dann gegen seine Kameraden brutale Rücksichtslosigkeit zeigen (z. B. Faustschläge ins Gesicht, Beißen und Treten). Zur Rede gestellt, weicht er aus und versucht gleich, andere wütend zu beschuldigen oder aber gegenüber den Vorhaltungen eine abfällige Missachtung zu zeigen. In seiner Mimik sind häufig Hohn und Verachtung gegenüber anderen abzulesen.

Schon nach wenigen Tagen sind die Einstellungen und Rollen innerhalb der Gruppe relativ geklärt. Dirk hat seine Kumpel gefunden, mit denen er eine negative Gruppe zu bilden versucht, während sich die anderen stärker von ihm distanzieren bzw. die schon vorher von Dirk und seinen Kumpels betriebene Absonderung als gegeben hinnehmen. Offensichtlich haben die Kinder das Gefühl, gegen den Jungen nicht anzukommen.

Der Erzieher macht die Erfahrung, dass Ermahnungen und Vorhaltungen eine momentane, aber keinerlei nachhaltige Wirkung zeigen. Ernste, an Gewissen und soziale Verantwortung appellierende Worte scheinen in das eine Ohr hinein und aus dem anderen Ohr herauszugehen. Letztlich ergibt sich für Dirk keine langfristige Verpflichtung. So tut er nur das, was ihm Lust macht oder aber ihm unmittelbar und unter Kontrolle abverlangt wird.

Im Laufe der Wochen häufen sich Diebstähle aus abgelegter Kleidung und aus den Schultaschen. Der Verdacht verdichtet sich auf Dirk, der aber ungerührt und in keiner Weise betroffen leugnet. Erst sehr viel später kann er, mehr durch Zufall, überführt werden. Die daraus folgenden Auseinandersetzungen und Konfrontationen führen zu wüsten Beschimpfungen und generalisierenden Abwertungen. Der Erzieher spürt, wie sein emotionaler Widerstand gegen Dirk wächst und wie er sich deshalb kontrollieren muss, ihm gegenüber objektiv zu bleiben. Dies wird umso schwerer, je mehr sich die Stimmungen des größten Teiles der Gruppe berechtigterweise gegen Dirk wenden.

Beim Mannschaftsspiel wird er zwar immer wieder gewählt, weil er nicht ungeschickt ist. Es kommt aber schnell zu Ärger und Verdruss, weil letztlich auf Dirk kein Verlass ist, wenn er z. B. wegen irgendwelcher Zufälligkeiten die Lust verliert, herummeckert und dann nicht mehr mitmacht. Dirk entzieht sich der verbindlichen Anpassung an die Gruppe und deren Normen und lebt dafür, offensichtlich nicht ohne Erfolg, seinen eigenen Stil."

(Flosdorf, 1988, S. 126)

Arbeit mit behinderten Jugendlichen im Wohnheim

Katharina ist ein hübsches 13-jähriges Mädchen, das seit 1½ Jahren in einem Internat für (schwerst) behinderte Kinder und Jugendliche wohnt. Sie besucht die an das Wohnheim angeschlossene Sonderschule. Seit ihrer Geburt ist Katharina mehrfach behindert. Durch einen Sauerstoffmangelschaden und Komplikationen während des Geburtsvorgangs kam es bei dem in der 28. Schwangerschaftswoche entbundenen Kind zu einer cerebralen (hirnorganischen) Schädigung, die sich in spastischen Bewegungseinschränkungen und einer intellektuellen und sprachlichen Beeinträchtigung auswirkten. Katharina teilt ihr Zimmer in der 12-köpfigen Gruppe, in der sie lebt, mit Andrea, einem 12-jährigen Mädchen, mit dem sie allerdings kaum Kontakt hat. Katharina kann nur einige Schritte mit Gehstützen unbeholfen, die Füße hinter sich herziehend, gehen. In ihrer Gruppe ist Katharina nicht sehr beliebt. Durch ihre eingeschränkte Mundmotorik fällt es ihr schwer, sich anderen Menschen mitzuteilen. Steht sie unter Spannung etwas mitzuteilen oder unter Erwartungsdruck, fängt sie an, durch überschwängliches krächzendes Schreien auf sich aufmerksam zu machen. Sie fasst dann dabei auch noch krampfhaft Arme oder Kleidungsstücke des anderen an, um ihn an sich zu ziehen.

Eine Beobachtung während eines Kegelabends verdeutlicht einige der Schwierigkeiten, die Katharina im Umgang mit anderen hat. Die Gruppe sitzt am Tisch, jeder hat ein Getränk vor sich. Katharina steht mühevoll auf, nimmt eine Kugel vom Begleiter in die Hand, blickt aufmerksamkeitsheischend zu der Erzieherin am Tisch, rollt die Kugel und kräht laut „ja", während die Kugel Richtung Kegel rollt. Sie kommt zum Platz neben der Erzieherin zurück und schaut den anderen Kindern beim Kegeln zu. Sie fragt die Erzieherin ständig, was sie gerade macht. Katharina trinkt ihre Flasche Cola nuckelnd in kleinen Schlucken, die Kinder weiter beobachtend. Sie schüttelt ihre Cola, in der ein kleiner Rest ist. Katharina beobachtet regungslos, wie ein Kind, das beim Kegeln fällt, von einem Betreuer getröstet wird. Sie zupft an ihrem Pullover und versucht weiter aus der Flasche zu trinken, obwohl diese inzwischen leer ist. Sie schaut in ihre Flasche und schüttelt sie. Katharina spricht die Erzieherin quengelnd an und sagt, dass sie noch Durst habe. Die Erzieherin fragt, ob Katharina noch Geld habe. Katharina scheint die Frage nicht zu verstehen und wiederholt zweimal, sie habe noch so einen Durst. Dabei schaut sie aus den Augenwinkeln zur Erzieherin. Sie rückt mit dem Stuhl näher an die Erzieherin und macht mit dem Mund schmatzende Geräusche. Sie wiederholt, dass sie noch so einen Durst habe. Sie schmatzt und schnalzt, reibt sich mit der Hand am Kopf. Die Erzieherin reagiert, sagt, dass Katharina den Betreuer fragen solle, ob er ihr Geld geben könne. Der Betreuer startet unterdessen ein Turnier und fragt Katharina, ob sie Lust habe, daran teilzunehmen. Katharina zögert, willigt dann aber ein. Nach einiger Zeit jammert sie wieder, dass sie so einen Durst habe.

1. Mit den vorliegenden Szenen erhalten Sie einen typischen Querschnitt der Aufgabengebiete von Erzieherinnen im sozialpädagogischen Berufsfeld. Bilden Sie Arbeitsgruppen zu den dargestellten Situationen und untersuchen Sie, welche Alltagsprobleme und Schwierigkeiten die Kinder und Jugendlichen – das sind Florian, Dirk und Katharina – in ihren Lebenssituationen haben.
2. Betrachten Sie diese Lebensschwierigkeiten aus unterschiedlicher Perspektive heraus, also von Erzieherseite, von Seiten der beteiligten Kinder und Jugendlichen in der jeweiligen Gruppe, von Seiten der Eltern oder der Institution und letztlich auch von Seiten des Betroffenen und klären Sie im Gespräch, worin die Probleme in der Erziehung des Kindes oder Jugendlichen bestehen.
3. Vergleichen Sie im Plenum Ihre Arbeitsergebnisse und entwickeln Sie eine die einzelnen Situationen übergreifende vorläufige Definition von sozialpädagogischer Arbeit, die auf die Gemeinsamkeiten der Arbeit mit Menschen abstellt.

1.2 Erziehung, Pädagogik und soziale Pädagogik: Das „Was ist was?" im sozialpädagogischen Erziehungsfeld

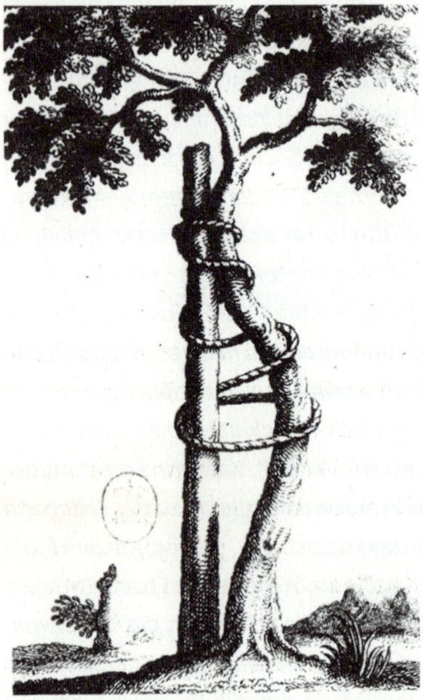

Die richtige Behandlung bzw. die Kunst der Verhinderung oder Korrektur von Körpermissbildungen bei Kindern. Stich: N. Andry, 1749

Pädagogik[1] als die Lehre von der Erziehung tritt seit der Antike erstmals wieder in der Neuzeit im 18. Jahrhundert in Erscheinung, weil erst zu diesem Zeitpunkt die Kindheit als eigenständige Phase erhöhter Bildsamkeit und Erziehung des Menschen entdeckt und thematisiert wird. Erziehung und Bildung als Recht der Allgemeinheit des Volkes sind die pädagogischen Leitideen einer sich zu dieser Zeit immer mehr durchsetzenden bürgerlichen Gesellschaft. Ihre Erziehungsvorstellungen waren, die Kinder zu zukünftigen Gesellschaftsmitgliedern zu erziehen, die in der Lage sind, unabhängig von der sozialen Herkunft Wissen zu erwerben, ihre Individualität auszudrücken und die sozialen Regeln der bürgerlichen Gesellschaft zu akzeptieren. Der freie und vernunftbegabte Mensch, der fähig ist, sich selbst zu führen, und diese Fähigkeiten für das Gemeinwohl einsetzt, wurde zum Leitbild der Pädagogik der Aufklärung.

Seit 1783, als an der Universität in Halle/Saale die erste Pädagogikprofessur eingerichtet wurde, wird Pädagogik in Deutschland als eigenständige wissenschaftliche Disziplin betrieben. Die heute eher gebräuchliche Bezeichnung Erziehungswissenschaft meint die Lehre von den wissenschaftlichen Grundlagen der Erziehung und der theoriegeleiteten Erziehungspraxis und hat die ältere Vorstellung von Pädagogik als erzieherisches Tun und Können in sich aufgenommen.

Unter Erziehung versteht man bei Kindern und Jugendlichen die Beeinflussung des Verhaltens und die Gewöhnung an (sozial) erwünschte Normen. Die Wissenschaft der Erziehung hat zur Aufgabe, pädagogisches Grundlagenwissen zu vermitteln, mit dem Erzieher in die Lage versetzt werden, den Erziehungsprozess in der Interaktion mit dem Kind intentional (beabsichtigt) und zielgerichtet steuern zu können. Formen ungeplanter Erziehung finden in erster Linie in der Familie, im Spiel in der Gruppe oder im Nahbereich von Kindern statt.

Erziehung basiert immer auf **Lernen** und Lernprozessen. Informationen aus der Umwelt gewinnen Kinder zum Beispiel durch Beobachtung, Nachahmung, Übung, Versuch und Irrtum. Geplante Erziehung ist eine Form der Lernprozess-Steuerung, mit der das Verhalten und das Erleben heranwachsender Menschen beeinflusst wird. Deshalb sollte der Begriff „Erziehung" lediglich bis zur Phase des Abschlusses der Jugendzeit Verwendung finden. Das pädagogische Anliegen als solches hingegen, nämlich einer weiteren Bildung oder pädagogischen Lebensbegleitung, zum Beispiel bei Erwachsenen mit geistiger Behinderung oder alten Menschen, bleibt davon natürlich unberührt.

1: *Pädagogik, aus dem Griechischen: pais = Knabe/Kind; agogos = Führer/Begleiter*

*als **Soziallisationshilfe**: Erlernen von Werten und Normen der Gesellschaft, zum Beispiel Umgangsformen, solidarisches Verhalten.*

*als **Enkulturationshilfe**: Erlernen kultureller Werte und Fähigkeiten, zum Beispiel Sprache, Lesen und Schreiben, künstlerisches Tun.*

*als **Personalisationshilfe**: Erlernen der Ausbildung persönlicher, geistiger und seelischer Fähigkeiten, zum Beispiel Triebverzicht, selbstständiges und ethisches Handeln.*

Zu den Inhalten, die über die Erziehung vermittelt gelernt werden, gehören soziale Umgangsformen und Regeln des Miteinanders, kommunikative Kompetenzen, kulturelle Normen und Techniken sowie reife personale und emotionale Ausdrucksformen.

Wesentlich jüngeren Datums ist die „**Soziale Pädagogik**". Etwa um 1850 tauchte dieser Begriff in der sozialpolitischen und erziehungswissenschaftlichen Diskussion in Deutschland auf. Die Sozialpädagogik verstand sich von Anfang an als eine Diziplin, deren Hauptanliegen darin besteht, „pädagogische Hilfen für gefährdete, geschädigte und straffällige Kinder und Jugendliche" zu entwickeln und umzusetzen. (Kreft/Mielenz 1988, S. 406.) Zu den Gefährdungen von Kindern und Jugendlichen zählt die Sozialpädagogik mögliche Beeinträchtigungen in der Entwicklung von Kindern durch Störungen im familiären oder sozialen Milieu, durch unzureichende Entwicklungschancen aufgrund mangelnder Förderung oder durch äußere Umstände verursachte Mangelsituationen.

Zur Entstehungsgeschichte der Sozialpädagogik gehören zwei wichtige Zeitströmungen des 19. Jahrhunderts, die sich um die Jahrhundertmitte trafen. Einerseits traten aus dem geistesgeschichtlichen Hintergrund die so genannten philanthropischen (menschenfreundlichen) Strebungen des sozial engagierten Bürgertums hervor. Das waren Menschen, die sich aus unterschiedlichsten ethischen, religiosen oder solidarischen Motiven gegen soziale Not engagierten. Und andererseits führte der wild wuchernde liberale Kapitalismus des frühen 19. Jahrhunderts, erst in England später in Deutschland, zur sozialen Verelendung großer Teile der Arbeiterschaft, die trotz zwölf- bis vierzehnstündiger Arbeitszeit beider Elternteile kaum in der Lage waren, den allernötigsten Lebensunterhalt zusammenzubekommen. Die „Soziale Pädagogik" war somit eine Antwort auf die Entstehung materieller Not und Armut in weiten Bevölkerungsschichten, ausgelöst durch die freie Entfaltung des kapitalistischen Wirtschaftssystems. Denn die Kehrseite des technischen Fortschritts und wirtschaftlichen Wachstums war zu dieser Zeit die rigorose Ausbeutung menschlicher Arbeitskraft, die Zerschlagung gewachsener sozialer Strukturen sowie die Zerstörung der traditionellen Formen des Wirtschaftens.

Bethlem-Hospital 1735: Besichtigung eines Asyls durch zwei Damen der „feinen" Gesellschaft. Kupferstich von William Hogarth

Zum Zusammenhang von Erziehungswissenschaft und Sozialpädagogik lässt sich feststellen, dass das besondere Interesse der Sozialpädagogik in der kritischen Analyse der Entwicklung und Veränderung der gesellschaftlichen Erziehungsbedingungen besteht, die zu Gefährdungen oder Störungen des Erziehungsprozesses führen könnten. Die Verhinderung und Abwendung von Gefahren beim Heranwachsen von Kindern und Jugendlichen – auch Nothilfe genannt – stand lange Zeit im Mittelpunkt der traditionellen sozialpädagogischen Arbeit. Sozialpädagogik ist dadurch mit der allgemeinen Pädagogik eng verbunden.

1.2.1 Das Selbstverständnis der Sozialpädagogik und sozialpädagogischer Berufe

Einer der ersten, die in Deutschland für ein klares Profil der Sozialpädagogik eintraten, war der Erziehungswissenschaftler und Philosoph Paul Natorp (1854 – 1924), der den besonderen Charakter der Sozialpädagogik im Spannungsfeld von Gesellschaft und Erziehung akzentuierte.

„Der Streit um den Begriff der Sozialpädagogik

Der Begriff der Sozialpädagogik ist, sobald aufgestellt, auch hart angefochten, von nicht wenigen kurzer Hand verworfen worden. Im günstigsten Fall hat man ihn in den allgemeinen Begriff der Pädagogik als immerhin beachtenswertes Moment mit aufgenommen, doch ohne sonderliches Gewicht darauf zu legen, ohne zuzugeben, dass dadurch der Pädagogik eine neue Richtung gegeben oder eine wesentliche Vertiefung zuteil geworden ist. Die meisten, die von der Sache redeten, verrieten durch die Art, wie dies geschah, sofort, dass sie sich nicht klar darüber waren, was man mit dem neuen Schlagwort eigentlich wolle. (...)
Die Wechselbeziehungen zwischen Erziehung und Gemeinschaft sind es, die das Thema der Sozialpädagogik bilden. Ihre Frage ist die doppelte: Was bedeutet die Gemeinschaft für die Erziehung und was die Erziehung für die Gemeinschaft? Und ihr Fundamentalsatz lautet: dass die entscheidenden Bedingungen der Erziehung in der Gemeinschaft, die entscheidenden Bedingungen der Gemeinschaft in der Erziehung liegen. (...)
Die Gemeinschaft ist nichts außer den Individuen; sie ist ihrem ganzen Begriff nach nur Gemeinschaft der Individuen; sie besteht allein nur im Verein der Individuen, und dieser Verein allein im Bewusstsein der Einzelnen, die daran teilnehmen. Aber auch umgekehrt gibt es kein menschliches Individuum anders als in menschlicher Gemeinschaft und durch sie. Ohne den Menschen wird der Mensch gar nicht Mensch. Nur durch Abstraktion lässt sich vom Individuum reden ohne ausdrückliche Rücksicht auf die Gemeinschaft.

Der Fehler des Individualismus besteht darin, dass er diese berechtigte und notwendige Abstraktion verwechselt mit einer abgesondert möglichen Existenz des Individuums. Dieser Fehler aber ist freilich so naheliegend und gewöhnlich, dass es fortwährend nötig ist dagegen zu kämpfen."
(Natorp, 1988, S. 91 f.)

1. **Fassen Sie den Kerngedanken dieses – zugegebenermaßen schwierigen – Textes in möglichst einfachen eigenen Worten zusammen.**
2. **Suchen Sie sich ein passendes Beispiel aus der Erziehung in der Familie oder einer Kindergartengruppe, an dem Sie das Wechselspiel zwischen der Entwicklung des Einzelnen und der Gemeinschaft verdeutlichen.**
3. **Beschreiben Sie davon ausgehend die Aufgabenstellung und Zielsetzung, die die Sozialpädagogik im Rahmen der Erziehung hat.**

1.2.2 Definitionen des Begriffs „Sozialpädagogik"

Je nach Perspektive auf das Spannungsfeld zwischen dem Einzelnen und der Gemeinschaft sind aber auch andere Anworten und Akzentuierungen des Begriffs „Sozialpädagogik" möglich.

Definition

1. *„So kann Sozialpädagogik als Teil der Sozialerziehung gesehen werden, nämlich als Erziehung in der Gesellschaft, durch die Gesellschaft und für die Gesellschaft; Erziehung als Lebenshilfe." (Kunert/Zeissner, 1986, S. 93)*
2. *„In sozialgeschichtlicher Funktion lässt sich Sozialpädagogik definieren als „eine helfende Betreuung aller derjenigen, die durch die Industrialisierung sozial wurzellos geworden waren. Die Sozialpädagogik übernahm Aufgaben, die früher durch Familien- und Nachbarschaftshilfe wahrgenommen wurden." Zu den neuen Aufgaben der Sozialpädagogik in einer industriellen Gesellschaft zählen Hilfen zur Eingliederung: „In einer industriellen Gesellschaft ist die Eingliederung in die einzelnen Sozialbereiche (Ehe- und Familienleben, Betriebsleben) so erschwert, dass pädagogische Hilfe notwendig ist. Immer dann, wenn dem Menschen die richtige Eingliederung in die jeweiligen Sozialbereiche nicht gelingt, entstehen seelische Konflikte, deren Überwindung ausgedehnte psychologische Beratungsarbeit notwendig macht: Jugend- und Eheberatung, Erziehungsberatung, Betriebsberatung, Lebensberatung." (Bornemann, 1998, S. 278 f.)*
3. *Sozialpädagogik kann auch funktional verstanden werden. Sozialarbeit/Sozialpädagogik:
„Unter diesen beiden Begriffen wird eine Vielzahl von Maßnahmen und Einrichtungen zusammengefasst, die Menschen helfen sollen, sich in ihre Gesellschaft zu integrieren (Sozpäd) und in ihr ein Leben zu führen, das der Würde des Menschen entspricht (SozArb). […] Mehr und mehr ergänzen (und ersetzen) sie die in der Vergangenheit privat und unbezahlt erbrachten Reproduktionsleistungen bei der Sozialisation und Erziehung von Kindern (Kindheit) und Jugendlichen, bei der Hilfe und Unterstützung in individuellen Krisensituationen, bei der Pflege in Krankheit und im Alter, als Hilfe bei den immer noch dominierenden individuellen Anstrengungen, mit Krisen und Konflikten in den unterschiedlichen Situationen des Lebenszyklus selbständig und angemessen fertig zu werden." (Müller, 2005, S. 748, 750)*

4. *Oder man geht von der Praxis der Sozialpädagogik aus und bezeichnet damit „einen spezifischen Bereich pädagogischer Einrichtungen, die ursprünglich als Antwort auf soziale und pädagogische Notlagen, vor allem in der beginnenden industriellen Gesellschaft entstanden sind. In den Einrichtungen der Jugend- und Familienfürsorge sowie der Jugendstrafrechtspflege dominiert noch dieser Nothilfecharakter, während Jugendschutz, Jugendpflege, Eltern- und Erziehungsberatung, außerschulische Jugend- und Erwachsenenbildung stärker vorbeugende und ergänzende Intentionen aufweisen. In beiden Fällen geht es um die Verhütung und Beseitigung von erzieherischen und sozialen Mängeln und Gefährdungsmomenten sowie um die Befriedigung von neu entstandenen Erziehungsbedürfnissen, die im herkömmlichen Erziehungswesen nicht gestillt werden." (Iben, Bereiche und Begriffe der Sozialpädagogik und Sozialarbeit 1971, S. 232 f.)*

1. Untersuchen Sie die einzelnen Bestandteile der Definitionen des Begriffs „Sozialpädagogik" und arbeiten Sie jeweils den inhaltlichen Schwerpunkt und die Zielsetzung dieser Definitionen heraus.
2. Suchen Sie Beispiele geschichtlicher Entwicklungen oder Beispiele aus sozialpädagogischen Arbeitsfeldern, die die unterschiedlichen Definitionen mit Leben erfüllen.
3. Schauen Sie sich mithilfe dieser Definitionen noch einmal die Eingangsbeispiele vom Anfang des Kapitels an und überprüfen Sie, welche unterschiedlichen Funktionen und Aufgabenstellungen der Sozialpädagogik jeweils zutreffen.

1.3 Geschichtliche Wurzeln sozialer Pädagogik

Wenn Sie sich noch an die Definitionen von der vorhergehenden Seite erinnern, werden Sie feststellen, dass in fast allen Antworten auf die Frage, „Was ist Sozialpädagogik?", auf die Umbruchssituation des Wirtschafts- und Sozialsystems in Deutschland im 19. Jahrhundert verwiesen wird. Dieser Umbruch wird in der Geschichte als die Entstehung der „Sozialen Frage" bezeichnet, die die Lebensverhältnisse von Menschen radikal veränderte. Die Spuren dieser Veränderung, „aufspürbar" auch in der Entstehungsgeschichte vieler heutiger sozialpädagogischer Einrichtungen, z. B. Kindergärten, Heime, psychiatrische Krankenhäuser, Mutter-Kind-Heime, Jugendämter, sind heute noch greifbar und prägen in veränderter Form das Gesicht und die Probleme unserer heutigen Gesellschaft. Für das eigene Berufsbild als Erzieherin in einem sozialpädagogischen Arbeitsfeld ist es wichtig, einige sozialhistorische Tatbestände aus der Zeit der Industrialisierung kennen zu lernen, um die Wurzeln des eigenen Berufes besser zu verstehen.

1.3.1 Folgen der Industrialisierung

Ein Zeitungsartikel in der „Kölnischen Zeitung“ (1818)

Eine Maschine macht oft die Arbeiten von tausend Menschen entbehrlich und bringt den Gewinn, den sonst alle diese Arbeiter teilen, in die Hände eines einzigen. Mit jeder abermaligen Vervollkommnung einer Maschine werden neue Familien brotlos; jede neu erbaute Dampfmaschine vermehrt die Zahl der Bettler, und es steht zu erwarten, dass sich bald alles Vermögen in den Händen einiger tausend Familien befindet und der übrige Teil des Volkes als Bettler in ihre Dienstbarkeit geraten wird. (...)

Hochofen-Schrägaufzug konstruiert von der DEMAG-Deutsche Maschinenfabrik A.G. um 1900

Bevölkerungswachstum und Verstädterung

„Wenn man heute sagt, dass im Zuge der Industrialisierung die Städte in Deutschland aufblühten, so ist das eine ziemlich beschönigende Umschreibung dessen, was wirklich geschah. Richtig ist, dass die Binnenwanderung der Bevölkerung innerhalb Deutschlands aus dem agrarischen Osten in den industriellen Westen (vornehmlich in das expandierende Ruhrgebiet), wie überhaupt der Wechsel vieler Menschen vom Land in die Städte, die zum Teil erst jetzt um neu errichtete Fabriken entstanden, die Einwohnerzahl der Städte stark ansteigen ließen. Ein Beispiel dafür ist Essen, das 1851 erst 10 000 Einwohner zählte, 1905 jedoch 230 000! Und wie in Essen war es überall, wo sich Industrien ansiedelten.“

(Görtemaker, 1986, S. 151)

Bevölkerung Deutschlands (Mill.) 1816 – 1914	
1816	24,8
1837	31,6
1855	36,1
1875	42,7
1895	52,3
1914	67,8

Die Folgen, die die Industrialisierung für den Arbeitsalltag und die Formen des familiären Zusammenlebens hatten, waren gravierend. Die Entwicklung der Lebenshaltungskosten im Vergleich zu den Zuwächsen des Reallohnes in der Zeit zwischen 1870 – 1890 zeigt das weite Auseinanderklaffen zwischen der Lohnentwicklung und den Kosten des Familienunterhalts. Der Alltag in den Familien und das Funktionieren der Familie selbst veränderten sich einschneidend. Die Wohnverhältnisse in Arbeiterfamilien waren bedrückend eng. Der knappe Wohnraum wurde von „Schlafburschen" eingeschränkt, die zur Untermiete aufgenommen werden mussten, um das Familieneinkommen aufzubessern. Manchmal teilten sich auch eine Schlafstelle je nach Schicht abwechselnd zwei oder drei dieser „Schlafburschen".

Kinder wuchsen in den Großstädten oft in feuchten, dunklen Kellerwohnungen auf, in denen es keinen Platz für ein eigenes unbeschwertes Leben gab. Häufig mussten die Frauen auch gleich nach der Geburt wieder an ihren Arbeitsplatz in der Fabrik zurückkehren, um den Lebensunterhalt der Familie zu sichern oder um zu verhindern, dass er von einer anderen arbeitslosen Frau belegt wurde. Krankheiten und Seuchen, insbesondere Tuberkulose, Rachitis und Cholera, waren eine beständige Bedrohung der Lebenserwartung in diesen ungesunden Lebens- und Wohnumständen. Die Vorstellung von der „glücklichen, heilen Welt der Kleinfamilie" mit der Mutter im Mittelpunkt der Familie, sich um Kinder und Haushalt sorgend, trifft für die überwiegende Zahl der Familien im 19. Jh. – insbesondere für Arbeiterfamilien – nicht zu.

Wanderungsbewegungen im 19. Jh.

Nach einer Erhebung aus dem Jahr 1907 von den Einwohnern Rheinland/Westfalens stammten aus:

Ostdeutschland	38,1 %
Berlin/Brandenbg.	3,1 %
NW-Deutschland	11,5 %
Mitteldeutschland	9,5 %
Hessen	11,5 %
Südeutschland	7,6 %
Ausland (vor allem Polen)	18,8 %

Wohnungsnot in Berlin. Baracken obdachloser Familien in Berlin. Holzstich nach einer Zeichnung von Knut Ekwall

1. **Erstellen Sie eine Übersicht über die Problembereiche und sozialen Folgen der Industrialisierung, aus denen sich der soziale Zündstoff des 19. Jh. zusammensetzt.**
2. **Überprüfen Sie, ob in Ihrer heutigen Lebensumwelt und Kultur Veränderungen und Umstrukturierungen stattfinden, die sich mit dem radikalen Umbruch durch „Maschinenarbeit, Wanderbewegungen, Urbanisierung" im 19. Jh. vergleichen lassen können.**

1.3.2 Armut und soziales Elend

Veränderung der Familie im 19. Jahrhundert

Die Auswirkungen der veränderten Wirtschaftsstruktur auf die gesellschaftlichen Institutionen, insbesondere die der Familie, waren gravierend. Der Begründer der deutschen Sozialdemokratie August Bebel (1840 – 1913) schilderte die Veränderung der sozialen Verhältnisse in seinem 1883 erschienenen Buch „Die Frau und der Sozialismus" wie folgt:

Soziale Misere im Deutschen Kaiserreich: Berliner Kellerwohnung (1910)

„In dem Maße, wie Maschinerie und Technik sich vervollkommnen, der Arbeitsprozess in immer mehr Einzelverrichtungen sich teilt und geringere technische Ausbildung und Kraft erfordert, andererseits die Konkurrenz der Industriellen untereinander und der Konkurrenzkampf ganzer Produktionsgebiete – Land gegen Land, Erdteil gegen Erdteil – sich steigert, wird die Arbeitskraft der Frau immer mehr gesucht. (...) Die Frau findet neben dem Manne oder an seiner Stelle auch immer häufiger Beschäftigung, weil ihre materiellen Forderungen geringer sind als jene des Mannes. Ein aus ihrer Natur als Geschlechtswesen hervorgehender Umstand zwingt sie, sich billiger anzubieten; sie ist durchschnittlich öfter als der Mann körperlichen Störungen unterworfen, die eine Unterbrechung der Arbeit herbeiführen und bei der Kombination und Organisation der Arbeitskräfte, die in der Großindustrie besteht, leicht Arbeitsunterbrechungen erzeugen. Schwangerschaft und Wochenbett verlängern solche Pausen. Der Unternehmer nutzt diesen Umstand aus und findet für die Unannehmlichkeiten, die er aus solchen Störungen hat, einen doppelten Ersatz in der Zahlung erheblich geringerer Löhne. Auch ist die Frau an den Ort ihres

Streik sächsischer Textilarbeiterinnen.

Aufenthalts oder dessen nächste Umgebung gebunden; sie kann nicht, wie in den meisten Fällen der Mann, ihren Aufenthaltsort wechseln. (...) Als Arbeiterin ist die verheiratete Frau viel aufmerksamer und gelehriger als die unverheiratete; die Rücksicht auf ihre Kinder nötigt sie zur äußersten Anstrengung ihrer Kräfte, um den notwendigsten Lebensunterhalt zu erwerben, und so lässt sie sich manches bieten, was sich die unverheiratete Frau nicht bieten lässt und erst recht nicht der Arbeiter."
(Bebel, 1919, S. 211 f.)

„Verlorene" Kindheit – Erinnerungen eines Arbeiters aus der 2. Hälfte des 19. Jahrhunderts

„Zwei Tage nach meiner Schulentlassung ging mein (erkrankter) Vater mit mir nach einer im nächsten Dorf gelegenen Ziegelfabrik, deren Besitzer, ein Schweizer, zwei Jahrzehnte vorher ein paar bescheidene Schuppen mit Handbetrieb errichtet und jetzt drei riesige miteinander verbundene Gebäude dastehen hatte, in denen neben 60 Erwachsenen 400 jugendliche Arbeiter und Mädchen beschäftigt waren. (...) Die Natur seines Betriebes machte ihm die erwachsenen Arbeiter ziemlich entbehrlich. Maschinen holten den Ziegelton heran, Maschinen kneteten ihn, Maschinen nässten ihn ein, pressten ihn und lieferten in je zwei Sekunden dem „Presser" die Ziegel auf eine vorgehaltene Holzleiste. Der Presser saß auf einem Stuhl hinter der Presse und gab die Holzleiste mit Ziegeln an einen dreizehnjährigen Jungen weiter. Der Junge machte in einer Sekunde einen meterlangen Satz und legte die Holzleiste auf einen rotierenden Aufzug; dann machte er in der nächsten Sekunde den Satz zurück und nahm die neuen Ziegel in Empfang. Der Presser verdiente durchschnittlich 6 Mark, wenn keine Störungen in der Presse oder bei der Weiterbeförderung vorkamen. Und mit eiserner Strenge sorgte er dafür, dass alles glatt ablief. Am Abend meldeten er und die anderen acht Presser dem Oberaufseher (...), dass sie je 18 000 Ziegel abgenommen hätten. (...)

Kinderarbeit in einem Bergwerk.

Der Junge erhielt 85 Pfennig Tagelohn bei zehnstündiger Arbeitszeit. Er hatte in dieser Zeit zwischen dem Presser und dem rotierenden Aufzug 36 Kilometer zurückzulegen und hatte 1260 Zentner geformten Ziegelton zu transportieren. Da gab's kein Warten und Verschnaufen; er war das Zwischenglied zweier automatischer Maschinen, die das Tempo seiner Sätze regelten; und dann war zur Aufsicht der riesig große, rohe Presser da, der furchtbar schrie, wenn er die Ziegel eine viertel Sekunde länger in der Hand halten musste. Wenn schließlich die Pause da war, hatte der Junge keinen Hunger und keinen Durst mehr; er war so müde.
Am Abend waren ihm die Knochen wie zerschlagen, und er wusste bald nicht mehr heimzukommen (...) von dem vielen roten Staub wurden seine Hände rot; und rot war, was er spuckte, und er glaubte, es sei Blut,

und er müsse sterben (...) Aber er starb nicht; die Augen wurden zwar wie Glas und lagen tief in den Höhlen, und lachen konnte er auch nicht mehr. Wenn er gewaschen war, war er nicht mehr rot, ganz gelbbleich und mager war er. Außer an Ruhe und Sterben dachte der Junge oft gar nichts mehr. Nur hie und da meinte er, wie schön es wäre, wenn er noch in die Schule gehen und singen und lachen könnte. Die Maschine hatte ihn um alles gebracht. In 5 Monaten hatte sie aus einem frohen, helläugigen Kind einen sich nach Tod und Grabesruhe sehnenden Greis gemacht. Der Junge war ich."
(Osterroht, 1920, S. 49 ff.)

Die exemplarische Darstellung der Hauptentwicklungslinien sozialer Veränderungen im 19. Jahrhundert lässt erkennen, dass das Wirtschafts- und Gesellschaftssystem radikalen Umbrüchen ausgesetzt war, die drohten, dieses System in eine Klassengesellschaft verelendeter Arbeiter mit ihren Familien einerseits und eine Schicht des wohlhabenden Besitzbürgertums andererseits aufzuspalten. Die Gesellschaft schob einen Berg sozialer Probleme vor sich her, der zum Zündstoff für eben diese Gesellschaft zu werden drohte. Zu den Hauptproblemen zählten:

- das Anwachsen neuer (Groß)städte mit einer aus allen Regionen Deutschlands zusammengewürfelten Bevölkerung, insbesondere im Ruhrgebiet und Berlin waren polnische Zuwanderer sehr stark vertreten;
- Kindersterblichkeit und die Gefahren für das gesunde Aufwachsen von Kindern in Hinterhöfen und Kellerwohnungen (von 100 Kindern starben in Preußen 45 im Alter unter 5 Jahren);
- materielle Not und drückendes soziales Elend in Arbeiterfamilien, insbesondere bei Tod oder Unfall und Invalidität eines Arbeiters;
- Frauen- und Kinderarbeit als das „industrielle Reserveheer" der Wirtschaft, mit denen sich die Löhne der Arbeiter drücken ließen;
- mangelnde Erziehung und Beaufsichtigung der Kinder, deren Mütter bereits kurz nach der Geburt wieder an ihren Arbeitsplatz mussten;
- die politische und soziale Entrechtung von Frauen, die den Familienunterhalt und -zusammenhalt gewährleisten mussten, ohne politisch mitentscheiden zu können (Frauenwahlrecht in Deutschland erst ab 1919);
- die Verwahrlosung von Kindern und Jugendlichen, die durch Tod der Eltern oder extreme Armut betroffen, in den Städten bettelten oder durch kleine Diebstähle ihr Überleben sicherten.

Familienausflug am Grunewaldsee (C.W. Allers, 1889)

Dieser Zusammenballung sozialer Probleme verdanken auch die Sozialpädagogik und die Kernzellen sozialpädagogischer Einrichtungen ihre Existenz. In der Zeit nach 1850 begannen Vertreter der katholischen (Bischof Emanuel von Ketteler) wie auch der evangelischen Kirche (z. B. der Theologe Paul Göhre), Vertreter der sich bildenden Sozialdemokratie (Ferdinand Lasalle, August Bebel, Wilhelm Liebknecht), aber auch aufgeklärte und sozial engagierte Unternehmer selbst (Friedrich Harkort, Werner v. Siemens) zunehmend auf die „Soziale Frage" aufmerksam zu machen und den Staat und die Gesellschaft auf Abhilfe zu drängen. Zu den Hauptbetätigungsfeldern der Frühzeit kommunaler Wohlfahrtspflege und privater oder kirchlicher Fürsorgetätigkeit gehörten:

- die Armenfürsorge mit der finanziellen Unterstützung der Armen und der Errichtung von Armenhäusern,
- die Fürsorge und Erziehung der Waisen und in Not geratener Kinder und Heranwachsender und
- die Hilfe für im Wirtschaftssystem entwurzelte Wanderarbeiter, in Not geratene Handwerker, Obdachlose.

Die Einführung der gesetzlichen Kranken-, Unfall-, Alters- und Invaliditätsversicherung (1883 – 1889) in Deutschland durch Bismarck war neben Gesetzen über den Schutz von Kindern (1839 – Verbot der Arbeit von Kindern unter 9 Jahren in Preußen, Erlass von Schulgesetzen zur Regelung des Schulbesuchs) die erste Maßnahme einer geregelten staatlichen Sozialpolitik zur Behebung sozialer Notlagen. Die Einrichtung erster „Kindergärten", in der Frühzeit noch als Fabrikkindergärten oder Bewahranstalten gedacht, die Errichtung von Waisenhäusern, so genannten „Rettungshäusern" zur Hilfe und zum Schutz von Verwahrlosung bedrohter Kinder und Jugendlicher, waren frühe Stationen der sozialen Hilfe für in Not geratene Kinder und Jugendliche. Später folgte der Aufbau von Kinderheimen/Kindererholungsheimen. Erst nach 1900 wurden die Strukturen eines Wohlfahrtssystems in den Grundzügen aufgebaut, wie wir sie heute noch kennen mit den Bereichen Kinder- und Jugendpflege, Behindertenhilfe, Gesundheitsfürsorge, Erziehungsberatung usw.. Die Gründungsdaten der großen Wohlfahrtsverbände „Innere Mission" (1848), „Rotes Kreuz" (1864), „Caritas-Verband" (1897), „Arbeiterwohlfahrt" (1919) zeigen die Verbindung und Bündelung organisierter karitativer Hilfe mit der einsetzenden staatlichen Sozialpolitik.

Die Zeit während und nach dem Ersten Weltkrieg war durch die Verstärkung und Professionalisierung sozialpädagogischer Hilfe gekennzeichnet. Die Ausbildungsgänge angehender Kindergärtnerinnen an den damaligen Fachschulen (Soziale Frauenschulen bzw. Wohlfahrtsschulen) wurden vereinheitlicht und bekamen einen deutlich sozialpädagogischen Zuschnitt. Die Reformpädagogik der Weimarer Zeit, durch deren Mitwirkung das erste geschlossene Jugendhilfegesetz (RJWG, 1922) initiiert wurde, fand ihr jähes Ende durch die Machtergreifung der Nationalsozialisten 1933. Die Gleichschaltung von Jugendverbänden und die Verhaltenskorrektur nicht-konformer Kinder und Jugendlicher in Arbeitslagern und Jugend-Konzentrationslagern ersetzten pädagogische Bemühungen und staatliche Fürsorge.

Für die sich entwickelnde Wohlstandsgesellschaft nach dem Zweiten Weltkrieg ist ein Wandel im Hilfebedarf und den sozialpädagogischen Arbeitsfeldern zu erkennen. Neben den klassischen Bereichen der Alten-, Gesundheits-, Kinder-, Jugend- und Sozialhilfe zeichnen sich immer mehr Aufgaben in der Bewältigung der Probleme veränderter Familienformen und -strukturen im Zusammenhang von Konsum und Freizeit und dem Wegfall sozialer und kommunikativer Erfahrungen bei Kindern und Jugendlichen ab.

1.4 Sozialpädagogische Aufgaben im Wandel der Zeit

1.4.1 Sorge um die Erziehung von Kindern – ein historischer Vergleich

Johann Heinrich Pestalozzi (1746 – 1827), Schweizer Pädagoge, Gründer von Anstalten der Armen- und Erziehungsfürsorge hatte maßgeblichen Einfluss auf die moderne Pädagogik und Erziehungsvorstellungen der Kindheit. Ein Schüler Pestalozzis war Friedrich Fröbel (1782 – 1852), der 1840 dem Kindergarten seinen Namen gab. Die pädagogische Situation bei dem Aufbau seiner Armenanstalt in Stans **1799** beschrieb Pestalozzi wie folgt:

„Die Regierung wies mir zwar das neue Gebäude der Klosterfrauen (Ursulinerinnen) in Stans zur Wohnung an. Allein dieses war, als ich schon ankam, teils noch nicht vollendet, teils zu dem Zwecke eines Waisenhauses einer beträchtlichen Anzahl Kinder keineswegs eingerichtet. Es musste daher vor allem in brauchbaren Stand gestellt werden. (...)
Ich musste im Anfang die armen Kinder wegen Mangel an Betten des Nachts zum Teil heimschicken. Diese alle kamen dann am Morgen mit Ungeziefer beladen zurück. Die meisten dieser Kinder waren, da sie eintraten, in dem Zustand, den die äußerste Zurücksetzung der Menschennatur allgemein zu seiner notwendigen Folge haben muss. Viele traten mit eingewurzelter Krätze ein, dass sie kaum gehen konnten, viele mit aufgebrochenen Köpfen (Kopfekzeme, Anm. d. Verf.), viele mit Hudeln (Lumpen, Anm. d. Verf.), die mit Ungeziefer beladen waren, viele hager wie ausgezehrte Gerippe, gelb, grinsend, mit Augen voll Angst und Stirnen voll Runzeln des Misstrauens und der Sorge, einige voll kühner Frechheit, des Bettelns, des Heuchelns und aller Falschheit gewöhnt; andere vom Elend erdrückt, duldsam aber misstrauisch, lieblos und furchtsam. Zwischenhinein einige Zärtlinge, die zum Teil in einem gemächlichen Zustand lebten. Diese waren voll Ansprüche, hielten zusammen, warfen auf die Bettel- und Hausarmenkinder Verachtung, fanden sich in dieser neuen Gleichheit nicht wohl, und die Besorgung der Armen, wie sie war, war mit ihren alten Genießungen nicht übereinstimmend, folglich ihren Wünschen nicht entsprechend. Träge Untätigkeit, Mangel an Übung der Geistesanlagen und wesentlicher körperlicher Verfall waren allgemein. Unter zehn Kindern konnte kaum eins das ABC. Von anderem Schulunterrichte oder wesentlichen Bildungsmitteln der Erziehung war noch weniger die Rede."
(Pestalozzi, 1998, S. 44 f.)

Johann Heinrich Pestalozzi im Kreise seiner Zöglinge.

Gut 180 Jahre später beschrieb ein Nachkomme des sozial engagierten Begründers der modernen Pädagogik, **Hans A. Pestalozzi** (geb. 1929), heutige Erziehungsnotstände in der Kindererziehung. Hans A. Pestalozzi war erst als Assistent im Bereich Wirtschaftswissenschaften an der Hochschule St. Gallen, später als Manager eines Nahrungsmittelkonzerns tätig. In den 70er Jahren engagierte er sich für ökologische Wirtschafts- und Erziehungsfragen. Der Ausschnitt stammt aus einem **1983** gehaltenen Vortrag „Sucht als Krankheit unserer

Gesellschaft", in welchem er heftig gegen aktuelle Erziehungswirklichkeiten in der Welt von Kindern und Heranwachsenden polemisierte:

„Ja, meine Damen und Herren, was stimmt denn eigentlich mit unserer Schule nicht? Etwas kann doch mit dieser Schule nicht stimmen. Jedes Kind lernt gerne. Jedes Kind lernt von selbst, aus sich heraus. Es hat ein irres Bedürfnis nachzuahmen, das zu machen, was die anderen machen, das zu können, was die anderen können. Alles, was es zum Leben braucht, das lernt es von selbst. Es lernt essen, es lernt trinken, es lernt spielen, es lernt kriechen, es lernt gehen, es lernt Blumen pflücken usw. Es lernt gerne und mit Begeisterung. Bis es in die Schule kommt. Dann ist Schluss.
Dann brauchts plötzlich Notenzwang, dann brauchts plötzlich Selektionszwang, dann brauchts Pflichthausaufgaben und weiß nicht was alles; das Kind wäre doch sonst zu faul, es würde doch sonst nichts lernen.
Jedes Kind ist ungeheuer kreativ. Es gestaltet ganze Märchenwelten mit Tannenzapfen im Sandkasten und weiß nicht was alles. Es ist fähig, seinen Empfindungen Ausdruck zu geben, zu gestalten usw. Bis es in die Schule kommt. Dann ist Schluss. Nach einem Jahr hat es 50 % seiner kreativen Fähigkeiten verloren, nach 10 Jahren Schule hat es nach neuesten Ergebnissen noch 10 % seiner kreativen Gestaltungs- und Ausdrucksfähigkeit von früher. Jedes Kind ist fähig, seinen Gefühlen Ausdruck zu geben, es ist emotional, es lebt aus dem Bauch heraus.
Von einem Tag auf den anderen ist dann Schluss. Von einem Tag auf den anderen heißt es „Benimm dich mal. Nimm dich mal zusammen. Man lässt sich doch nicht so gehen. Der Junge weint doch nicht." Das Kind muss von einem Tag auf den anderen rational sein, mit dem Kopf arbeiten und den Bauch ausschalten.
Jedes Kind hat ein ungeheures Bedürfnis nach körperlicher Betätigung, jeder Mensch hat dieses Bedürfnis. Von einem Tag auf den anderen muss es ruhig sitzen, darf sich nicht bewegen, muss die Hände ruhig halten, darf nicht scharren unter dem Schreibtisch. Nicht mal in der Pause darf es herumtoben, man benimmt sich doch nicht so auf dem Pausenplatz. (...)
Sich-wohl-Befinden, Gesundheit, Glück werden zu einer Sache, die von außen eingenommen wird, die von außen eingenommen werden kann, eingenommen werden muss. Glück wird materialisiert. Glück wird eine Sache des Konsums. Gesundheit und Wohlbefinden sind nicht mehr eine Angelegenheit des Einzelnen, sondern der Wirtschaft und der Werbung. (...) Ich habe eine einzige Illustrierte durchgeblättert. Folgende Leitbilder beherrschen die gesamte Werbung: jung, hübsch, dynamisch, sportlich, gesellig, modern, immer gut gelaunt, Abenteuer, Frische, Männerfreiheit, Dynamik, Leistung. Wenn jemand dann nicht so ist, ja dann muss er sich ja krank fühlen, unzufrieden, unglücklich, ausgestoßen fühlen. Man verstärkt beim Einzelnen das Gefühl, „du bist krank, du bist unzufrieden, du musst unglücklich sein." Und gleichzeitig gibt man ihm das Ziel vor, das er aber ohnehin nie erreichen kann, da dieses Ziel an sich eben unmenschlich ist. Der Mensch ist nun einmal nicht 70 oder 80 Jahre lang ununterbrochen jung und dynamisch und modern und gut gelaunt."
(Pestalozzi, 1984, S. 33 ff., gekürzt)

1. Stellen Sie die in den beiden Texten beschriebenen Erziehungsprobleme und Gefährdungen des Aufwachsens von Kindern früher und heute gegenüber.
2. Charakterisieren Sie den Wandel der Gesellschaft und den Wandel pädagogischer Aufgaben, der sich durch den Vergleich erschließen lässt.

1.4.2 Armut – wirklich kein Thema mehr?

Obwohl die Bundesrepublik Deutschland im Vergleich zu Entwicklungs- oder Schwellenländern als reich zu bezeichnen ist, gibt es offene und versteckte Armut auch in unserer Wohlstandsgesellschaft. Als „arm" gelten nach einer neueren Definition des Statistischen Amtes der EU Personen, die in Haushalten leben, die weniger als 60 % des Mittelwertes der Einkommen in der gesammten Bevölkerung zur Verfügung haben. Die Armutsgefährdungsgrenze lag im Jahr 2004 bei einem Monatseinkommen von 856 € oder jährlich bei einem Jahreseinkommen von 10 274 € pro Person. Die Armutsgefährdungsquote gemessen an der Einkommensgrenze von weniger als 60 % lag in Deutschland im Jahre 2004 bei 13,2 %. Das durchschnittliche monatliche Nettoeinkommen von Familien mit Kindern unter 18 Jahren betrug 2003 gut 3700 €.

Verteilung der Äquivalenzeinkommen nach Einkommen-Quintilen 2004
in Prozent

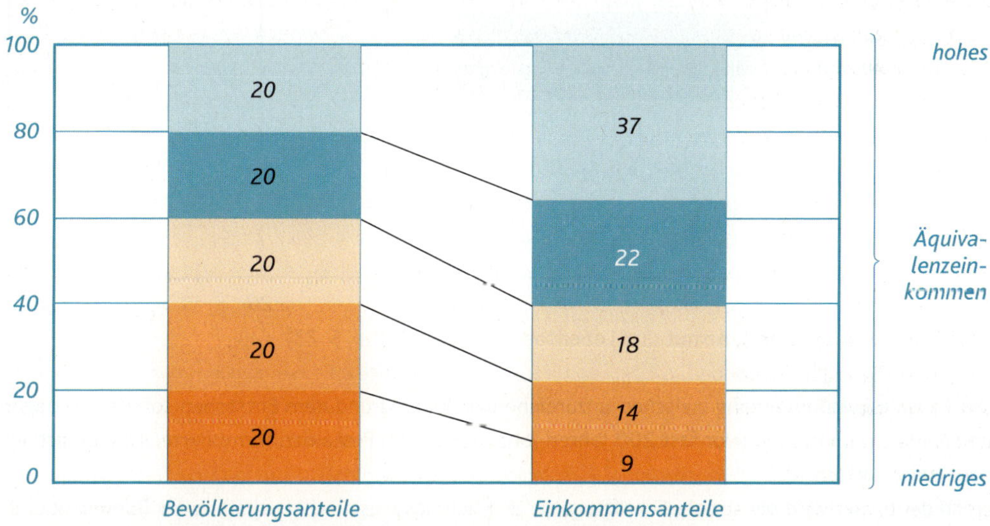

(Statistisches Bundesamt, Armut und Lebensbedingungen, 2006, S. 16)

Die Verteilung der Äquivalenzeinkommen in obigem Schaubild eingeteilt in Fünftel (Einkommens-Quintilen) zeigt, dass die beiben unteren Fünftel (40 %) der Bevölkerungsanteile nur über rund 23 % Einkommensanteile, das obere Fünftel dagegen über 37 % der Einkommensanteile des Gesamteinkommens verfügen. Insgesamt beträgt der Anteil der Menschen, die sich im Bereich niedriger (unter 75 % der durchschnittlichen) Einkommen oder im Bereich relativer Armut befinden 34,4 %. Niedrigeinkommen und Armut stagnieren damit auf vergleichsweise hohem Niveau. In Europa nimmt Deutschland mit seiner Armutsquote einen mittleren Rang ein. Sozial ausgeglichen sind vor allem die skandinavischen Länder Schweden, Dänemark und Finnland; weit unausgeglichener die Länder im Süden Europas Portugal, Griechenland und die Slowakei.

Frauen sind etwas stärker von Einkommensarmut betroffen als Männer. Mit zunehmenden Alter sinkt die Wahrscheinlichkeit von Armut betroffen zu werden, aber jeder sechste Jugendliche oder junge Erwachsene lebt in unzureichenden Einkommensverhältnissen. Ausländer sind durch verhältnismäßig hohe Armutsanteile betroffen, auch wenn sich deren Lage im Vergleich zu 1997 leicht gebessert hat. Insbesondere Arbeitslose und schlecht ausgebildete Menschen mit keinem oder unzureichendem Bildungsabschluss gehören zu den besonders gefährdeten Gruppen.

Armutsgefährdungsquote nach Ausbildungsabschluss 2004
in Prozent

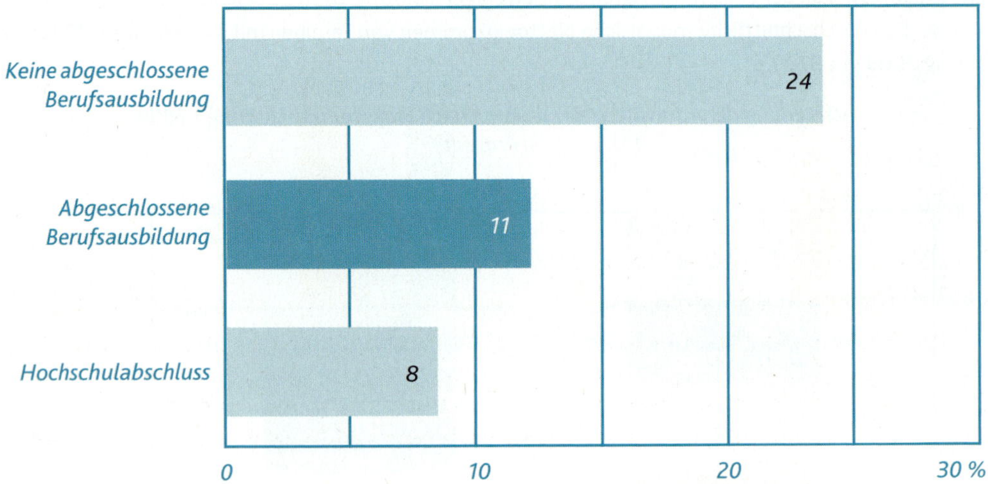

(Statistisches Bundesamt, Armut und Lebensbedingungen, 2006, S. 23)

Der kausale Zusammenhang zwischen unzureichender Bildung und dem Entstehen sozialer Notlagen und Armut, wie ihn schon vor fast 200 Jahren Johann Heinrich Pestalozzi formulierte, scheint sich erneut zu bestätigen.

Noch deutlicher wird die soziale Schräglage, in der sich das Gesellschaftssystem der Bundesrepublik Deutschland befindet, wenn man nicht auf die Einkommensverteilung, sondern auf die Vermögensverteilung in Deutschland schaut.

Eine Kluft liegt zwischen Armen und Reichen in Deutschland, die fast so tief wie der Grand Canyon in den USA ist. In den Jahren 1998 bis 2003 stieg das Vermögen aller Haushalte in Deutschland um knapp 20 % auf 4,2 Billionen Euro. Die obere Hälfte der deutschen Bevölkerung verfügt über 96 % des Nettovermögens, während die unteren 50 % mit weniger als 4 % des Nettovermögens umgehen. Für das letzte Zehntel in der Bevölkerung gilt, „außer Schulden nichts gewesen" und das zunehmend. Der Begriff „Canyonisierung" der Gesellschaft macht die Runde.

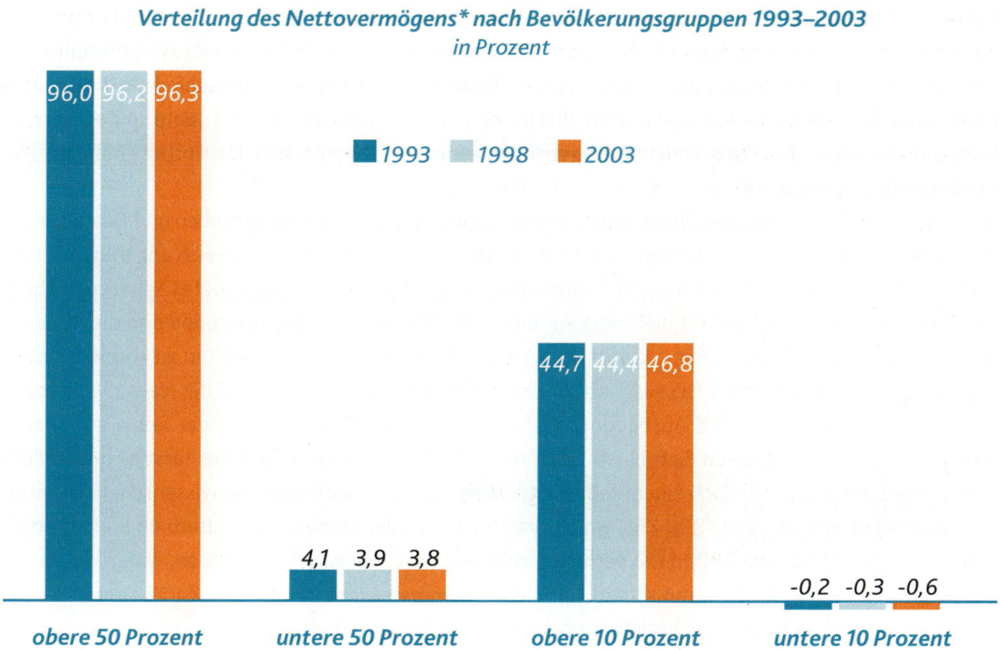

(* Spar- und Bausparguthaben, Termingelder, Lebensversicherung, Immobilienbesitz
Quelle: 2. Armuts- und Reichtumsbericht der Bundesregierung, 2005, DGB Einblick 2005 Heft 6)

Für Kinder und Jugendliche, die bei uns aufwachsen, wirkt sich der Problemzusammenhang von Armut so aus:

- 14,2 % aller Kinder in Deutschland wachsen in Armut auf – also etwa jedes siebte Kind.
- Nach der Einführung von Hartz IV schnellte die Zahl der von Armut betroffenen Kinder unter 15 Jahren auf eine Rekordzahl von 1,7 Millionen hoch. Rechnet man die der Jugendlichen (15–18 Jahre) sowie Ansprüche nach dem Asylbewerberleistungsgesetz und SGB XII dazu, kommt man auf eine Zahl von über 2,2 Millionen betroffener Kinder und Jugendlicher.
- Besonders auffällig ist das West - Ostgefälle in Deutschland. Während die Kinderarmutsquote in Westdeutschland bei 12,4 % lag, betrug sie in Ostdeutschland 23,7 %.
- Das Risiko arm zu bleiben ist 11,5 mal so hoch wie das Risiko arm zu werden. Armut steht in Abhängigkeit zum Zugang zu Bildungseinrichtungen, zu Lernmöglichkeiten, zu Medien und kulturellen Gütern. Ist die soziale Grundbefindlichkeit von Kindern gestört, ist der Weg aus einem sozial schwachen Milieu heraus ungleich schwieriger als für Altersgenossen aus sozial bevorzugten Schichten. Soziale Unduchlässigkeit ist das Hauptübel, das sich nach der PISA-Studie durch das deutsche Bildungssystem vom Kindergarten über die Grundschule bis zu den Gymnasien zieht.

Gerda Holz, die Leiterin des Projektes „Kinderarmut" am Frankfurter Institut für Sozialarbeit und Sozialpädagogik, wies in ihrer Untersuchung der Lebenslagen armer und nicht-armer Grundschulkinder im Alter von 6 und 10 Jahren nach, dass bereits die Erstklässler erhebliche Unterschiede in ihrer materiellen, sozialen, kulturellen und gesundheitlichen Befindlichkeit aufwiesen. Vier Jahre später, bei den Viertklässlern hatte sich diese Schere noch weiter auseinandergespreizt. (vgl. Deutscher Kinderschutzbund, 2006, S. 6 und S. 25)
Armut hat für Kinder und Jugendliche viele Facetten. Armut verändert Lebenschancen und Gestaltungsmöglichkeiten. In der sozialpädagogischen Arbeit sind oft Kinder anzutreffen, die sich ungenügend oder völlig einseitig ernähren, die kein eigenes Zimmer besitzen, kaum oder ungeeignetes Spielzeug haben. Zur Erfahrung von Armut gehört die Angst vor der Bloßstellung in der Bezugsgruppe und die Abkopplung von altersspezifischen Sport-, Kultur- und Freizeitaktivitäten. Nicht mithalten zu können wird in unserer aufstiegsorientierten Gesellschaft zu einem Stempel, der sich auch in der Verschlechterung des Zugangs zu Bildungs- und Ausbildungschancen fortsetzt. 1,5 Millionen Kinder leben auf Sozialhilfeniveau, vom subjektuiven Gefühl her auch nicht immer schlecht. Aber eines lässt sich trotzdem nachweisen: Während sich nach einer Medien-Studie des ZDF, die der Erziehungswissenschaftler Anton Bucher durch Befragung von 1200 Kindern anfertigte, 46 % aller Kinder, deren Eltern über ein monatliches Netto von mehr als 3000 Euro verfügen, sich als „total glücklich" bezeichnen, waren das in der Vergleichsgruppe von Kindern mit einem Familieneinkommen unter 1500 € nur 24 %. Armut ist mit Sicherheit ein „Glückskiller". Nicht der einzigste, aber mit Sicherheit ein wichtiger.

Aus einem Kinderbericht: René, 11 Jahre

„Ich gehe gern mit meiner Mutter einkaufen, dann zählt und rechnet sie immer. Wenn sie Geld bekommen hat, machen wir einen Großeinkauf. Selten bleibt etwas für mich übrig. Aber manchmal bekomme ich doch einen Schokoriegel oder ein Trinkpäckchen.
Ich helfe ihr beim Tragen, wenn wir Kartoffeln holen. Ich liebe meine Mama. Sie hört mir immer zu. Wir waren im Spielpark mit Oma und meinen Schwestern. Mama hat uns ein Herz gekauft. Das war lustig. Mich macht es traurig, wenn wir Mama geärgert haben und sie Magenschmerzen bekommt. Dann braucht sie Ruhe, und ich möchte am liebsten bei ihr sein. Schön ist es mit Mama abzuwaschen oder die getrocknete Wäsche zusammenzulegen. Ich helfe ihr gern, wir unterhalten uns dann immer so schön und lachen. Das sind solche Momente, wo wir ganz für uns alleine sind.

Ungleiche soziale Verhältnisse

Die Klassenkameraden wollen manchmal nicht mit mir spielen, weil sie sagen, dass meine Mutter Läuse hat und trinkt. Wieso darf sie nicht eine Flasche Bier trinken, das ist doch kein Verbrechen? Aber wenn man über sie spricht, über etwas, das sie gar nicht macht, das finde ich nicht schön.

Mein größter Wunsch ist, dass Mama nicht an Magenkrebs stirbt. Für mich selbst? Da würde ich mir wünschen ein Fahrrad, ich hab keins. Mein zweiter Wunsch wäre, einen Job zu haben, so ein Fernsehmensch zu sein, um in Spielsendungen Familien mit wenig Geld zu unterstützen, dass ihre Kinder nicht verhungern.
Einmal konnte ich nicht mit zur Klassenfahrt, weil meine Mutter das nicht bezahlen konnte. Da war ich die ganzen Tage zu Hause. In der Schule haben wir gesagt, dass ich krank geworden bin. Mama hätte mich zur Schule schicken müssen. Sie fand das aber Quatsch, denn ich hätte in irgendeine andere Klasse gemusst. So sind wir zum Arzt gegangen und haben ihm was vorgesponnen, dass er eine Bescheinigung schreibt. Dann haben wir uns eine schöne Woche gemacht. Ich wünsche mir, einmal in einem richtigen Urlaub zu sein mit meiner Mama und der ganzen Familie."
(Sperlich, 1999, S. 16.)

1. Untersuchen Sie den Bericht des 11-jährigen Jungen daraufhin, worin sich seine Lebenserfahrungen von denen anderer Kinder unterscheiden; nehmen Sie ruhig auch Ihre eigene Biografie zu Hilfe und stellen Sie die Unterschiede fest.
2. Achten Sie im nächsten Praktikum in einer Kindergartengruppe, in einer Heimgruppe oder anderen Einsatzstellen auch auf die unterschiedliche materielle Ausstattung von Kindern oder Jugendlichen und machen Sie sich Notizen dazu.
3. Diskutieren Sie das Problem „Armut" und ungleicher materieller Versorgung als sozialpädagogisches Erziehungsanliegen und entwickeln Sie Perspektiven des pädagogischen Umgangs mit dem Thema „Armut" in der Arbeit mit Einzelkindern, Gruppen oder Familien.

1.4.3 Veränderte Familienwelten

Ehe – ein Übergangsstadium?

Wenn im Jahr 2000 ein Bund fürs Leben geschlossen wurde, so beträgt die Chance, dass dieser Bund nicht ein Leben lang hält, etwa 60 Prozent. In den 1950er-Jahren des 20. Jahrhunderts sah die Dauerhaftigkeit von Ehen noch anders aus. Wenn im Jahre 1950 eine Ehe geschlossen wurde, konnten die Partner noch davon ausgehen, dass in neun von zehn Fällen die Ehe nach 25 Jahren noch halten würde. 1970 war es in Westdeutschland bereits jede 5. Ehe, die geschieden wurde. 2004 lag die Scheidungshäufigkeit in Westdeutschland bei 43,6 und in Ostdeutschland bei 37,4 je 100 geschlossener Ehen. In den letzten Jahren scheint die Scheidungsrate – auch angesichts der Zunahme nichtkonventioneller Lebensgemeinschaften – zu stagnieren. Während aktuelle Umfragen unter Jugendlichen belegen, dass der Wunsch nach Gemeinsamkeit und Intimität als Motivation für Partnerschaft und Ehen nach wie vor hoch im Kurs steht, zeigt die soziale Realität, dass dieser Wunsch – vielleicht ist es ja auch ein Wunschbild – unter der Belastung des Ehealltags vielfach zerbricht. Für Kinder, die eine solche Trennungssituation ihrer Eltern erleben, bedeutet das, dass sie diese Erfahrungen emotional verarbeiten müssen. Dazu gehören zum Beispiel eheliche Konflikte, die in ihrer Gegenwart ausgetragen werden, der Weggang und Auszug eines Elternteils, die Gewöhnung an eine neue Lebenssituation nur mit einem

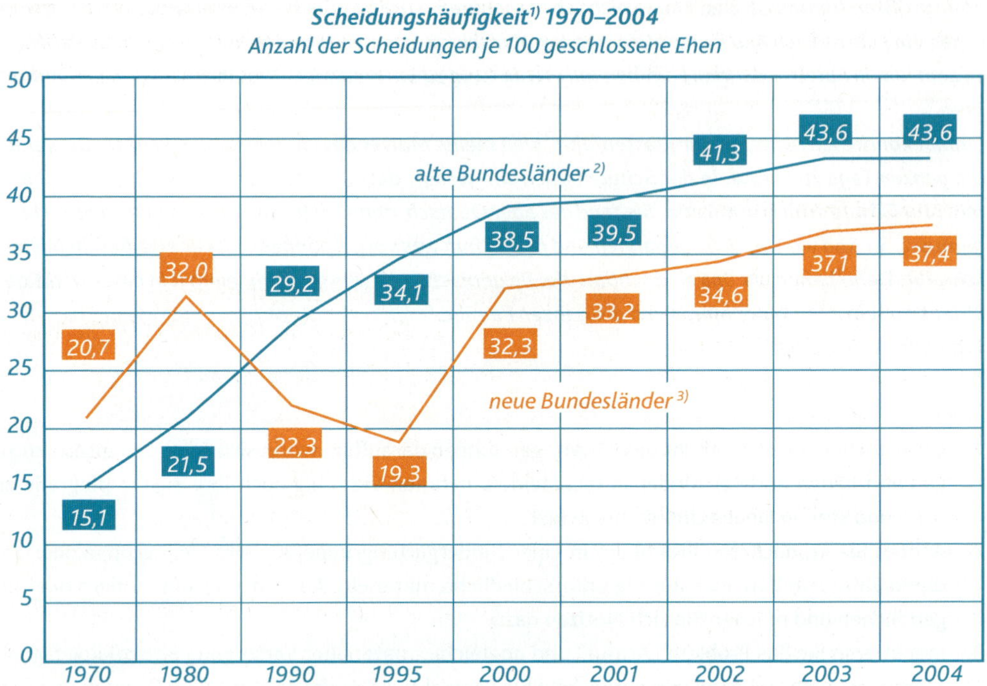

[1] Anzahl der Scheidungen je 100 Ehen [2] ab 1995 einschl. Berlin-Ost [3] ab 1995 ohne Berlin-Ost

Quelle: Bundesministerium für Familie, Senioren, Frauen und Jugend (Hrsg.), Bonn, 2003

Elternteil, das Akzeptieren des neuen Partners der Mutter oder des Vaters und vielleicht auch die Integration in eine neu zusammengesetzte Familie. Typische Trauerreaktionen von Kindern bei Objektverlust – und das ist eben auch eine Trennungs- und Scheidungssituation – laufen in Phasen ab, die von der Bindungstheorie hinreichend beschrieben wurden:

- **1. Stadium der Unentschlossenheit:** Das Kind ist durch den Streit der Eltern belastet, Gefühle wie Angst, Ohnmacht und Unsicherheit prägen das emotionale Erleben.
- **2. Stadium der endgültigen Trennung:** Finanzielle Sorgen, Wohnortwechsel, die undeutliche rechtliche und erzieherische Zuordnung verunsichern das Kind, es braucht jetzt emotionalen Halt und Zuverlässigkeit. Desorientierung, ein Schwanken zwischen Apathie und Protest, Schuldgefühle und Wut auf den übrig gebliebenen Elternteil prägen dieses Stadium.
- **3. Stadium der Anpassung:** Dauer in der Regel zwei Jahre. Es findet eine Neuorientierung und langsame Stabilisierung der Verhältnisse in der Scheidungsfamilie statt. Rechtliche und erzieherische Zuständigkeiten werden geklärt. Ein neuer Kommunikationsstil in den Eltern-Kind-Beziehungen entwickelt sich. Probleme werden versachlicht.

- **4. Stadium der Neudefinition:** (psychische Trennung) – Die Familie findet eine neue Gestalt, gewöhnt sich an eine neue Lebensform, Hintergründe der Trennung werden auch von Kindern und Jugendlichen hinterfragt. Neugründungen zusammengesetzter Familien werden in Angriff genommen.

(vgl. Jaedel/Wolf/Zeller-König, 1996, S. 11 f.)

Veränderte Familienformen

Die Landschaft, in der Familien ihre gesellschaftlichen Aufgaben erfüllen, hat sich in den letzten 50 Jahren erheblich verändert. Zu den Trends der Nachkriegszeit gehört eine sehr starke Zunahme des Anteils allein Lebender (1997: 36 %) und 2-Personen-Haushalte ohne Kinder (32 %). Im Jahr 2015 – so die Schätzung – wird die Zahl von Single-Haushalten auf 37 % ansteigen. Nur noch ein Drittel aller Haushalte entspricht dem traditionellen Familienbild.

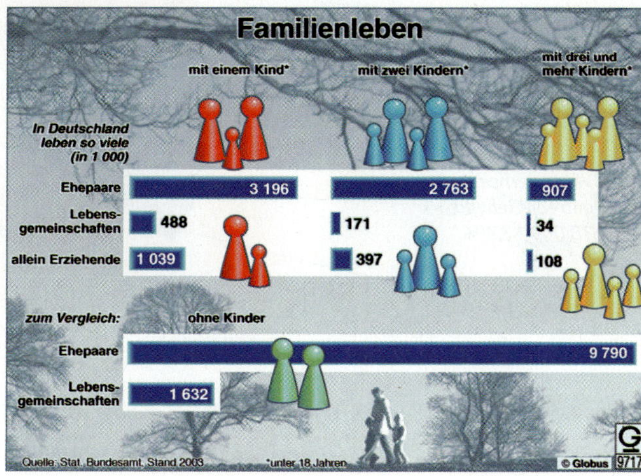

1. **Stellen Sie die anteilsmäßige Verteilung der Familienformen gegenüber.**
2. **Diskutieren Sie die pädagogischen Konsequenzen und Probleme, die sich für das Aufwachsen der Kinder in diesen veränderten Familienformen ergeben.**

Zur Situation allein erziehender Eltern

Hinter dem Begriff „alleinerziehend" verbirgt sich oft ein Klischee, das auch die sozialpädagogische Diskussion um Hilfen für Alleinerziehende mit Vorurteilen belastet. Dieser Familienform hing unter familiensoziologischer Perspektive bis in die 1980er-Jahre hinein der Ruf einer „defizitären", „unvollständigen" Restfamilie an, die aus der „Normalsicht" herausfällt.

Im Jahre 2005 gab es in Deutschland ca. 1,56 Mio. Kinder unter 18 Jahren, die von alleinerziehenden Elternteilen betreut werden. Alleinerziehende Mütter stellten mit 1,4 Mio. den größten Teil der Alleinerziehenden während die 154.000 Männer deutlich in der Minderheit waren (siehe Statistik).

1. **Machen Sie in Ihrer Klasse einmal die Probe aufs Exempel und sammeln Sie Vorstellungen und Ideen, die Schülerinnen mit dem Begriff „alleinerziehend" verbinden.**

Allein erziehende Elternteile minderjähriger Kindern[1)] 2005
Nach Geschlecht und Familienstand; in absoluten Zahlen und in %

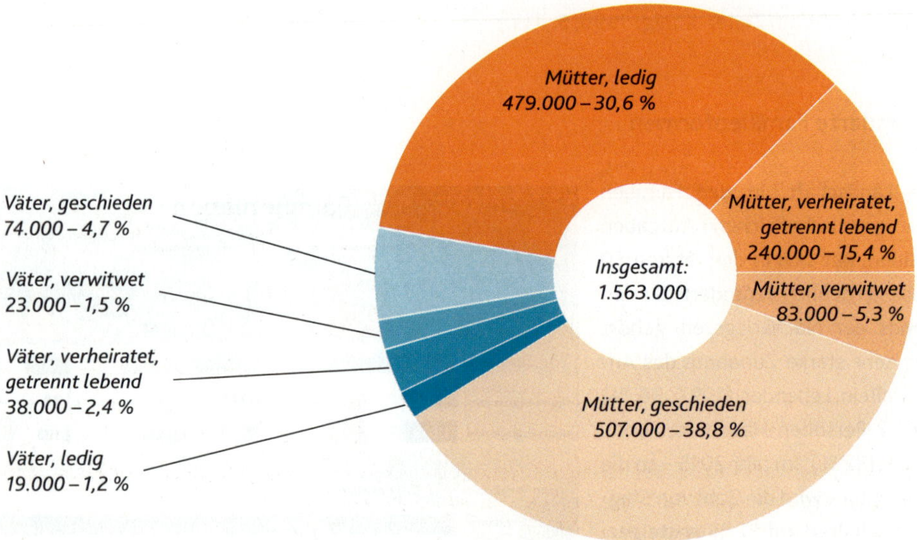

1) Jüngstes Kind unter 18 Jahren und ggf. weiteren minder- oder volljährigen Kindern

Quelle: Statistisches Bundesamt, Leben in Deutschland, 2006.

Die Hauptlast des Alleinerziehens tragen Frauen und zwar insbesondere Mütter in der Altersspanne zwischen 25 bis 45 Jahren, eine Lebensphase, die ansonsten in der gesellschaftlichen Vorstellung berufliche Aufstiege und Leistungen im besonderen Maße erlaubt. Die Situation des Alleinerziehens betrifft vor allem junge Frauen mit kleinen Kindern unter drei Jahren. Vor diesem Hintergrund ist die Wahrnehmung durchaus berechtigt, die Situation des Alleinerziehens vor allem als frauenspezifisches Phänomen zu sehen, das in enger Verbindung steht mit der Rolle als Frau in der Gesellschaft.
Neben den psychischen Belastungen Alleinerziehender, für 24 Stunden am Tag für ein oder mehrere (kleine) Kinder zuständig zu sein und dabei auf wenig Akzeptanz in der Nachbarschaft oder im sozialen Umfeld zu stoßen – das gilt übrigens auch für Kindergärten oder Schulen –, tritt noch hinzu, dass über ein Viertel der alleinerziehenden Frauen von der Sozialhilfe abhängig ist und alleinerziehende Frauen wenig Chancen haben, in einen Beruf einzusteigen.
Armut und die soziale Benachteiligung von Kindern alleinerziehender Eltern müssen als pädagogisches Problem in der Vorschulerziehung, Schulbildung und Familienhilfe deutlich und vorurteilsfrei wahrgenommen werden.

1.4.4 Gesellschaft in Bewegung – Migration und kulturelle Konflikte

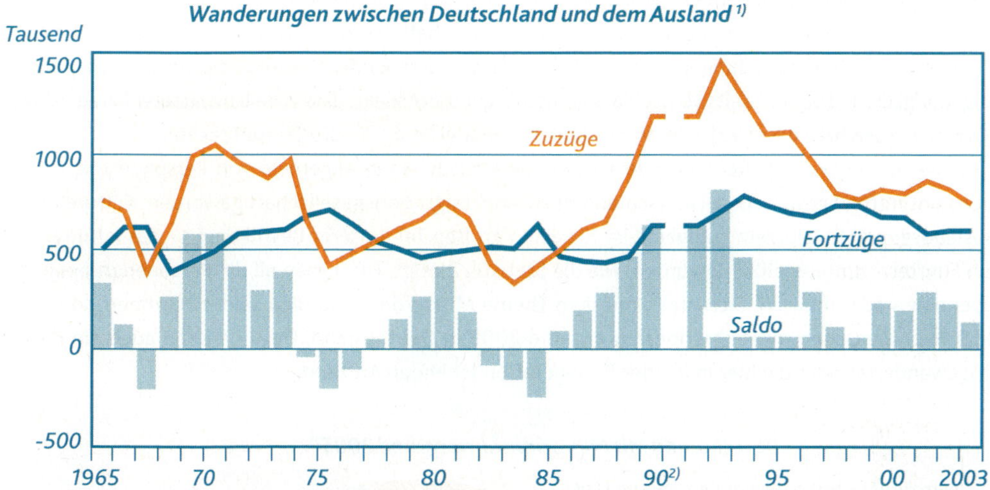

1) Ab 1991 einschl. der Fälle, bei denen das Herkunfts- bzw. Zielland ungeklärt ist oder keine Angaben darüber vorliegen – 2) Für 1990 liegt kein gesamtdeutsches Ergebnis vor.
Quelle: Statistisches Bundesamt, 2005

Das Phänomen, dass Menschen von einer Region Europas in eine andere Region Europas umziehen oder ihren Lebensmittelpunkt nach Übersee verlagern, ist eine historische Erscheinung, die sich durch alle Epochen der europäischen Geschichte zieht, angefangen von der Völkerwanderung, über die Kreuzzüge, die Wandergesellen der Neuzeit bis hin zu den ersten großen Bevölkerungsverschiebungen und -mischungen im Gefolge der industriellen Revolution in Deutschland. Dass Menschen aus Deutschland wegziehen und auswandern, gehört genauso in das Bild des 19. und 20. Jahrhunderts wie Wohnortwechsel innerhalb Deutschlands (vgl. S. 17 f.) bzw. der Wechsel oder die Einwanderung aus europäischen oder außereuropäischen Ländern. So zogen seit 1990 über zwei Millionen meist junge Menschen aus den ostdeutschen Bundesländern nach Westdeutschland. Die erste Welle von ausländischen Arbeitnehmern kam im Gefolge des „Wirtschaftswunders" in den 1960er- und 1970er-Jahren nach Deutschland. Zu diesen „Gastarbeitern" der ersten Generation gehörten Italiener, Spanier, Portugiesen, Griechen, Türken und Jugoslawen. In den 1990er-Jahren folgte die Aufnahme von Spätaussiedlern aus Rumänien, Polen und den Nachfolgestaaten der ehemaligen UdSSR.

Deren Zahl hat seit 1996 (177.751 Aussiedler) über 1999 (104.916 Aussiedler) hin zum Jahr 2005 (35.522 Aussiedler) drastisch abgenommen. Die Bilanz der Wanderbewegung von Ausländern und Deutschen insgesamt zwischen Deutschland und dem Ausland für die Jahre ab 1995 ist weitgehend ausgeglichen. Die aktuellen Zuwanderungszahlen für das Jahr 2005 weisen 579.301 Zuzüge aus dem Ausland aus, die Abwanderung von Ausländern betrug 483.584 Fortzüge. Das ergibt ein Plus von 95.717 Personen. Unter den zuziehenden Ausländern waren polnische, türkische und rumänische Staatsangehörige die jeweils stärksten Gruppen.

Problematisch an den Statistiken zur Ausländerstatistik in Deutschland ist, dass sie auch innerhalb der politischen Diskussion so verwendet werden, als sei die Zuwanderung von Ausländern und Aussiedlern immer noch eine Ausnahmeerscheinung für die deutsche Gesellschaft. In der Tat ist diese Wahrnehmung falsch. Denn einerseits besitzen häufig auch hier geborene Einwandererkinder (1,4 Mio.) die ausländische Staatsangehörigkeit und andererseits vernachlässigt diese Sicht den Aspekt, dass viele Einwanderer bereits eingebürgert wurden bzw. dass sie die deutsche Staatsangehörigkeit als Aussiedler mitbrachten.
Um diesem Sachverhalt Rechnung zu tragen, wird mittlerweile allgemein von Personen mit Migrationshintergrund gesprochen. Deutschland ist zu einer Migrationsgesellschaft geworden. Kulturell auch auslandsgeprägte Wurzeln zu haben, ist für einen großen Teil unserer Bevölkerung – das ist ungefähr ein Fünftel – zum Regelfall geworden, wie die Statistik 2 zeigt. Fasst man all die Personengruppen, die über einen oder mehrere Elternteile mit dem Thema Migration verbunden sind, zusammen, so lebten 15,3 Mio. Menschen mit Migrationshintergrund 2005 in Deutschland. Dazu gehören auch die Kinder Zugewanderter oder die hier in 2. oder 3. Generation lebenden Ausländer.

***Bevölkerung mit Migrationshintergrund 2005*[1]**

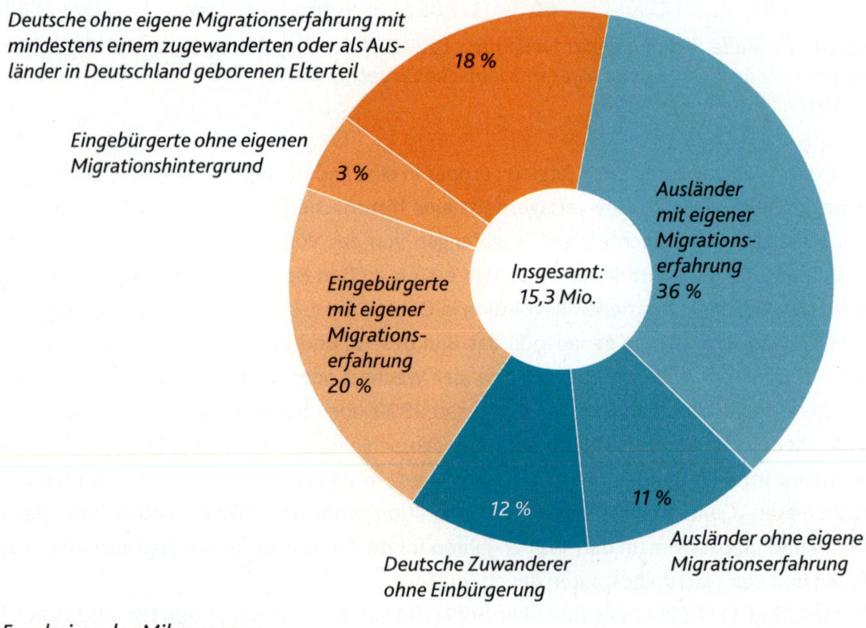

[1] *Ergebnisse des Mikrozensus*

Quelle: Statistisches Bundesamt, 2005

Die Politik hat diese Umformung innerhalb der Gesellschaft lange Zeit nicht zur Kenntnis genommen und erst sehr spät in der bildungspolitischen Diskussion reagiert. Zu den Problemen, die der Personenkreis mit Migrationshintergrund zu bewältigen hat, gehören:

- Schwierigkeiten, die deutsche Sprache zu erlernen, sich mit Ämtern, Behörden und Institutionen vertraut zu machen.
- in kommunal benachteiligten Wohngebieten mit hohem Randgruppenanteil Fuß zu fassen,
- mit der Ablehnung ihrer religiösen und kulturellen Identität umzugehen. Die Anerkennung gerade der Menschen mit einer muslimischen Identität stößt in Deutschland auf erhebliche Widerstände,
- sich innerhalb der deutschen Kultur mit durch die eigene Kultur geprägten Familienbildern und Wertvorstellungen in der Erziehung zu bewegen,
- sich in unserem Bildungssystem zurechtzufinden und Bildung als einen Teil von Emanzipation und Integration zu begreifen.

Um auf das oben behandelte Problem der Armut und sozialen Benachteiligung zurückzukommen, sind es auch Menschen mit Migrationshintergrund, die in der Entwicklung des gesellschaftlichen Wohlstandes bei Einkommen und Vermögen am meisten abgekoppelt sind. (vgl. Hamburgisches Weltwirtschaftsinstitut, 2007)
Häufig ist der Kontakt zu pädagogischen Einrichtungen wie Kindergärten und Schulen auf Seiten ausländischer Eltern durch eine Misstrauenshaltung und Berührungsangst vor der deutschen Kultur geprägt. Die Angst, den Einfluss auf die Erziehung der eigenen Kinder zu verlieren, sprachliche Missverständnisse und fehlende Informationen zu Erziehungsaufträgen von Kindergärten, Horten oder Tagesgruppen in der Heimerziehung bilden eine kulturelle Barriere, die für beide Seiten schwierig zu überwinden ist. Auf der anderen Seite stehen Kindergärten, Schulen, Gemeinschaftszentren, Kinder- und Jugendheime in Stadtteilen mit hohem Ausländeranteil bei zu betreuenden Kindern (zwischen 20 und 40 %, in einigen Stadtteilen auch über 50 %) vor dem Problem, diese Kinder überhaupt noch in Gruppen integrieren zu können.
Für Heranwachsende und Jugendliche aus ausländischen Familien, die sich mittlerweile in der zweiten und dritten Generation in Deutschland aufhalten, bleibt ein kultureller Zwiespalt erhalten. In Gesprächen schildern diese Jugendlichen immer wieder ein Gefühl des Hin- und Hergerissenwerdens zwischen dem, was sie draußen im deutschen Alltag auf der Straße oder in der Schule im Kontakt mit Gleichaltrigen erleben, und dem, was in ihrer Familie als Kultur und Wert gelebt wird. Oft entsprechen die in ausländischen Familien gelebten Traditionen und Werthaltungen längst nicht mehr den aktuellen Gegebenheiten in den Ursprungsländern. Kinder werden so erzogen, wie Eltern die Türkei, Griechenland, Marokko oder Spanien vor 20 oder 30 Jahren als „Bild" im Kopf haben. Dass sich die sozialen Strukturen und Werte mittlerweile in den Herkunftsländern verändert haben, wird bei den meist kurzen Urlauben im Herkunftsland übersehen. So steht eine interkulturelle Erziehung vor dem Problem, aus dem Ausland zugezogenen Kindern und Jugendlichen Kompetenzen zu vermitteln, die es ihnen erlauben, zwischen und über den Kulturen ein authentisches, realistisches Bild von sich und ihren Möglichkeiten zu bekommen.

1.4.5 Kindheit als Ware – von der ökonomischen Ausbeutung der Kindheit

1. Schildern Sie Ihren ersten Eindruck beim Betrachten des rechts abgebildeten Kinderzimmers.
2. Welches Spielzeug können Sie identifizieren?

Konsumterror im Kinderzimmer

Schon längst wurde die Kindheit, pädagogischer Schutzraum kindlicher Anlagen und Begabungen, von der (Werbe)wirtschaft als Marktfaktor entdeckt. Nach einer repräsentativen Studie des Müncherner Marktforschungsinstituts „iconkids & youth", dessen Schwerpunkt das sogenannte „Trend-Tracking" bei Kindern und Jugendlichen ist, haben die 6- bis 19-Jährigen 2006 in Deutschlandrund 22,5 Mrd. Euro ausgegeben. Das sind 1,3 Mrd. Euro mehr als im Vorjahr. Die Hauptkonsumentengruppe sind die 13- bis 19-Jährigen, die mit 19,2 Mrd. Euro das Geschäft ankurbelten. Auffällig ist dabei, dass bei gleichbleibender Einnahmenseite – nämlich 21,1 Mrd. Euro – für die Gruppe der 6- bis 19-Jährigen insgesamt sich die Ausgabenseite deutlich erhöht hat. Das geht nur, wenn man Sparguthaben anzapft oder Schulden macht.

Ausgaben: Die Jährlichen Ausgaben der 6- bis 19-Jährigen in Mio Euro – 2006

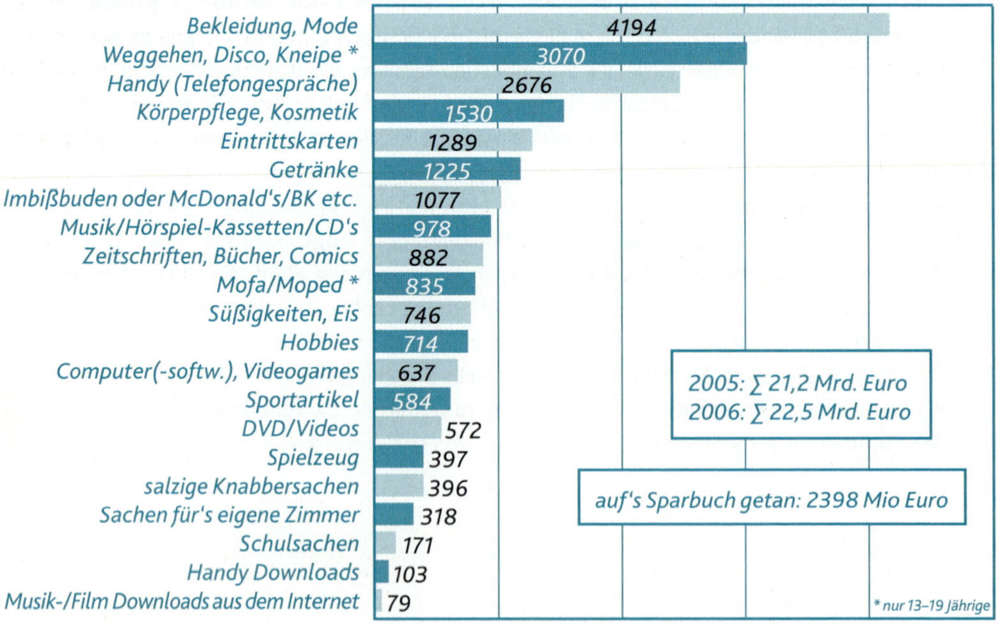

Basis n= 1.437 befragte 6- bis 19-Jährige/Hochrechnung/Angaben in Mio Euro

(Barlovic, 2006, S. 2)

Die Haupteinnahmequellen zur Finanzierung des Lebensstils von Kindern und Jugendlichen liegen neben dem Nettoeinkommen von auszubildenden und berufstätigen Jugendlichen ganz klar bei den Taschengeldeinnahmen, dem Lohn von Jobs und Nebentätigkeiten und nicht zu verachten mit fast 4 Mrd. Euro bei zusätzlichen Geldgeschenken von Eltern und Verwandten.

In der Hitliste von Konsumgütern, die von dieser Konsumentengruppe gekauft werden, rangieren Bekleidung und Modeartikel, Handys, Körperpflege- und Kosmetikartikel an vorderster Stelle. Aber auch den Besuch von Discos, Kneipen, Szenelokalen lassen sich die Älteren über 3 Mrd. Euro kosten. Musik- und Filmdownloads, Handydownloads, Computerspiele und -software als neue Medien ziehen fast mit der guten alten „Benjamin Blümchen-Cassette" (Hörspielkassetten, Cds), Zeitschriften und Büchern gleich. Und tatsächlich werden auch noch Schulsachen (171 Mio.) und Anschaffungen fürs eigene Zimmer von dem Geld bezahlt (siehe Grafik auf Seite 34).

Dabei wird deutlich, dass es der Konsumindustrie darum geht, möglichst frühzeitig bestimmte Marken (-artikel) im Bewusstsein von Kindern und Jugendlichen zu verankern. Je früher eine Marke im Bewusstsein verankert wird, umso größer ist die Chance, dass das Kaufverhalten langfristig – möglichst ein Leben lang – an diese Marke gebunden bleibt. Das spielt sich etwa wie die Prägung bei den von Konrad Lorenz untersuchten Graugänseküken ab, die ja einen schönen bunten Ball als Mutterersatz akzeptieren.

Die psychologischen Vorgänge der Prägung von Kaufverhalten sind längst auch der Werbepsychologie bekannt. Es geht nicht nur um die Manipulation kindlicher Kaufentscheidungen, sondern die Werbeindustrie hat auch begriffen, dass über das „Markenbewusstsein" der Kinder und Jugendlichen die Kaufentscheidung von Erwachsenen bis zum Autokauf, der Anschaffung von Unterhaltungselektronik, der Auswahl des Urlaubs, dem Gebrauch von Waschmittel und Weichspüler usw. nachhaltig beeinflusst werden. „Kaufst du nicht, dann nerv ich dich". Nach diesem Motto werden die Kaufentscheidungen der Großen beeinflusst. Die Kleinen drehen an einem ganz großen Rad, das noch einmal Milliarden Euro unabhängig vom tatsächlichen Einkommen des Nachwuchses in Bewegung setzt. Und so wundert man sich auch nicht, dass die Lebensmittelindustrie über Werbekampagnen im Nachmittagsprogramm des Fernsehens, Internet- und Zeitschriftenwerbung bereits in der frühen Sozialisation des kindlichen Kaufverhaltens Einfluss nimmt, markengeprägte Getränke, Brotaufstriche, Schokolade und Süßigkeiten, Cornflakes und Schokoriegel und im Bereich „Nonfood" Markensportschuhe, Markenjeans, Schulsachen und Bekleidung bei den Kleinen fest im Bewusstsein zu verankern (siehe Grafik auf der folgenden Seite).

(vgl. Barlovic, 2006, S. 1 ff.)

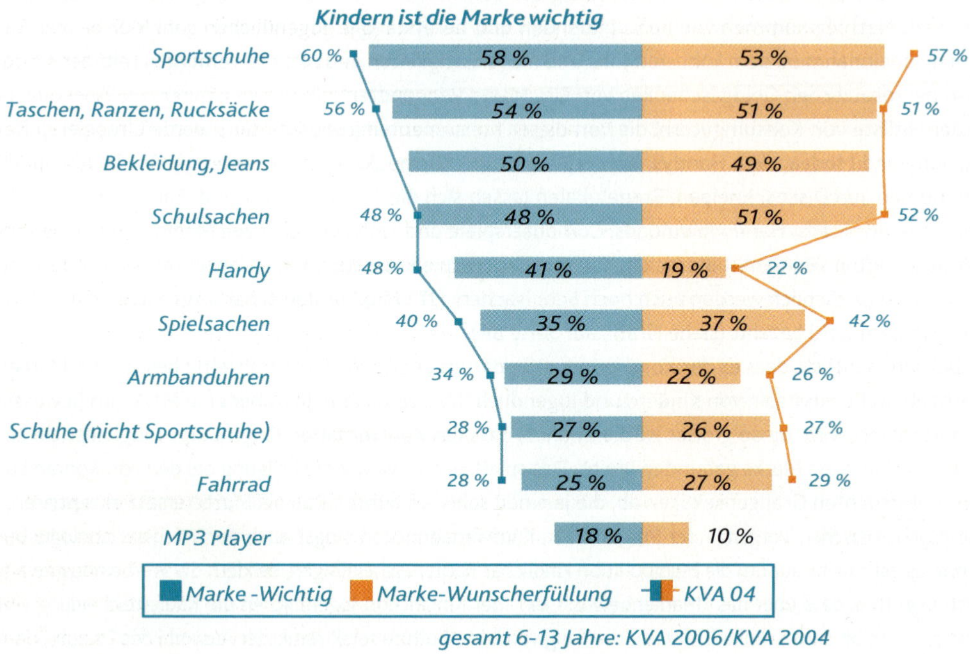

(Egmont Ehapa Verlag, 2006, S. 38)

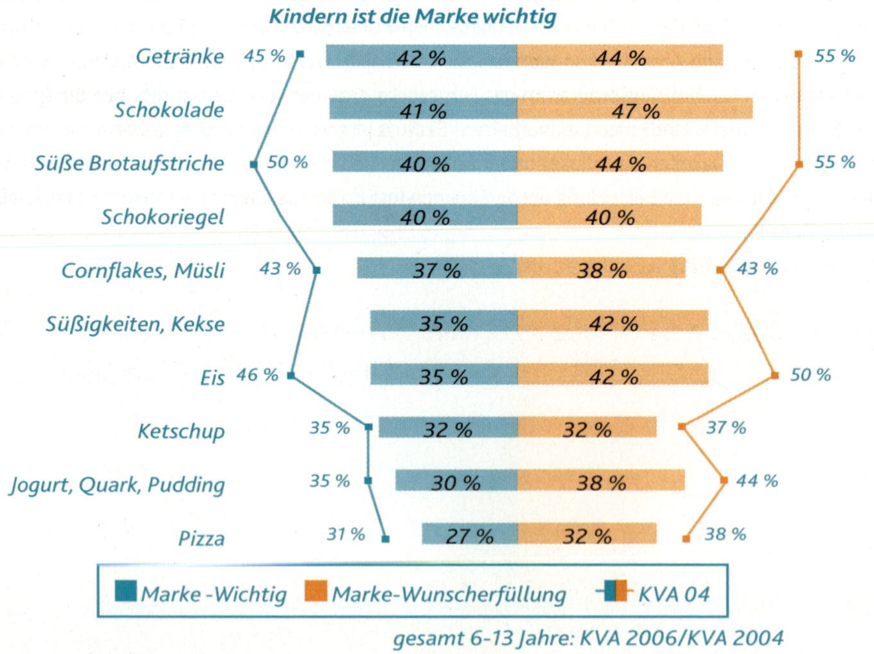

(Egmont Ehapa Verlag, 2006, S. 37)

Trotz aller Ironie und trotz manchen Spotts, den man als Pädagoge gegenüber dieser Medien- und Warenlandschaft leicht ausspricht, sollte man hinter dieser Wunderwelt des Konsums das Leid der Kinder wahrnehmen, die nicht an der Konkurrenz um Markenklamotten teilnehmen können; die Angst davor haben, in ihrer Gruppe bloßgestellt oder ausgeschlossen zu werden, weil sie etwas nicht haben oder das Falsche besitzen, oder auch die seelische Not verstehen, die Kinder erleben, wenn sie das Gefühl bekommen, nicht mithalten zu können.
Für Erzieherinnen in der Vorschulerziehung oder im Kinder- und Jugendfreizeitbereich ist es eine lohnende Aufgabe, sich Gedanken darüber zu machen, wie man Kindern in der Glitzerwelt von Waren und Konsum noch Orientierung geben kann, Selbstwert ohne den Kauf von Gütern vermitteln kann oder wie man in einer Gruppe materielle Unterschiede ausgleicht und Kinder, die nicht mithalten können, in die Gruppe zurückholt und integriert.

1.5 Sozialpädagogik – ein Plädoyer für die Zukunft

Zum Ende des Kapitels schließt sich der Kreis. 200 Jahre „Soziale Pädagogik" sind in einem solch kleinen Abschnitt chronologisch nicht darzustellen. Was erkennbar wird, sind veränderte Kindheitsmuster, Gesellschaftsformen und Problemstellungen für das Aufwachsen von Kindern. Die Not hat sich gewandelt, mit ihr die Aufgabenstellungen und die Selbstdefinition sozialpädagogischer Tätigkeit. Was bleibt und sich durch die Texte dieses Kapitels zieht, ist ein „brennendes" Interesse der Sozialpädagogik am Wohlergehen von Menschen in Erziehungssituationen und sozialen Notlagen, seien es Kinder, Familien, Jugendliche, Behinderte oder Alte. „Soziale Pädagogik" bleibt im Fluss einer sich verändernden Industrie- und Dienstleistungsgesellschaft. Durch den Beruf der Erzieherin laufen die unterschiedlichen Zeitströmungen, sozialen Entwicklungen, pädagogischen Trends und politischen Themen der Gesellschaft. So ist der Beruf des Erziehers immer auch ein Spiegel der jeweiligen Zeit. Sozialpädagogisch handlungsfähig zu werden und zu bleiben heißt, sich auch in seiner eigenen Zeit zu orientieren, Gesellschaftsentwicklungen kritisch nachzuspüren, Distanzen aufzubauen und kreative Lösungen als sozialpädagogische Antwort auf neu entstandene Bedürfnislagen der Gesellschaft zu erarbeiten, unabhängig davon, ob das konkrete Arbeitsfeld Vorschulerziehung, Heimerziehung, nachschulische Betreuung, Freizeitpädagogik oder Familienhilfe lautet.

Entwicklung sozialer Arbeitsfelder und Berufe 1970–2004

Arbeitsbereiche	*Jahr*	*Einrichtungen*	*Plätze*	*Beschäftigte*
Krankenhäuser	*1970*	*1.205*	*227.794*	*226.110*
	1981	*1.018*	*226.866*	*226.110*
	1990	*1.086*	*219.975*	*251.919*
	2000	*1.227*	*220.507*	*317.516*
	2004	*1.422*	*222.097*	*330.248*
Jugendhilfe	*1970*	*19.377*	*1.298.105*	*97.512*
	1981	*22.416*	*1.322.828*	*133.084*
	1990	*24.701*	*1.347.159*	*148.203*
	2000	*33.974*	*1.835.231*	*256.732*
	2004	*36.406*	*1.915.782*	*275.060*

Arbeitsbereiche	Jahr	Einrichtungen	Plätze	Beschäftigte
Familienhilfe	1970	13.077	59.324	31.646
	1981	9.018	71.831	42.967
	1990	9.509	79.765	49.453
	2000	9.453	58.757	89.447
	2004	7.646	47.208	67.057
Altenhilfe	1970	6.416	335.462	49.970
	1981	8.365	358.302	90.182
	1990	9.584	418.252	138.734
	2000	15.212	481.495	237.577
	2004	15.796	517.788	367.303
Hilfen für Menschen mit Behinderungen und psychischen Erkrankungen	1970	1.527	81.369	19.011
	1981	4.627	176.100	62.627
	1990	8.122	248.562	96.659
	2000	12.449	344.819	157.711
	2004	14.285	499.390	242.830
Sonstige Einrichtungen und Dienste	1970	9.269	91.515	20.416
	1981	11.108	133.304	28.095
	1990	14.023	202.288	55.533
	2000	19.683	215.417	88.921
	2004[1]	15.280	316.458	78.248
Aus-, Fort- und Weiterbildungsstätten	1970	1.604	58.000	9.472
	1981	1.534	92.275	9.805
	1990	1.441	108.322	10.625
	2000	1.568	114.310	16.425
	2004	1.542	95.731	16.072
Selbsthilfegruppen und Gruppen des bürgerschaftlihen Engagements	1970	9.828	–	–
	1981	16.538	–	–
	1990	27.362	–	–
	2000	28.397	–	–
	2004	34.923	–	–
Gesamt (ohne Selbsthilfe)	1970	52.475	2.151.569	381.888
	1981	58.068	2.181.506	592.870
	1990	68.466	2.624.923	751.126
	2000	93.566	3.270.536	1.164.329
	2004	98.837	3.619.799	1.414.937

[1] Neue Kategorisierung: Hilfe für Personen in besonderen sozialen Situationen und weitere Hilfen; mit den Vorjahresdaten nicht vergleichbar.

Quelle: Bundesarbeitsgemeinschaft der Freien Wohlfahrtspflege, Gesamtstatistik der Einrichtungen und Dienste der Freien Wohlfahrtspflege, Berlin 2006

1. Beschreiben Sie den Entwicklungsverlauf der Beschäftigungszahlen in sozialen Berufen mit den markantesten Schaltpunkten. (Beziehen Sie sich auf oben stehende Tabelle).
2. Diskutieren Sie kontrovers, welche Hypothesen sich über das Gesellschaftssystem aufstellen lassen.

3. Sammeln und vergleichen Sie in einer Zusammenschau systematisch unter der Rubrik „Alte Gefährdungen" und „Neue Gefährdungen" gesellschaftliche Probleme, die Sie im Verlauf des Kapitels 1.4 erarbeitet haben.
4. Diskutieren Sie unter dem Aspekt sozialer Veränderung und neu entstandener Erziehungsbedürfnisse die Perspektiven, die sich für sozialpädagogisches Handeln in der Zukunft eröffnen. Spekulieren Sie dabei ruhig auch über zukünftige Arbeitsfelder, die sich für Erzieherinnen ergeben könnten.

1.6 Sozialpädagogische Arbeitsfelder erkunden

Vorstellung der Arbeitsfelder für Erzieherinnen

Sozialpädagogische Arbeit im Bereich der Erziehung beinhaltet kein starres, statisches Arbeitskonzept in Form eines Kochbuches: „Man nehme 1 Esslöffel erziehungswissenschaftliches Wissen, 1 Teelöffel didaktische Planung und methodisches Umsetzen, 1 Prise Entwicklungsdiagnostik und 1 Quentchen Liebe und Fürsorge – mixe alles – fertig ist das Handlungskonzept."
Arbeitsfelder in der Sozialpädagogik sind dynamisch angelegt, sie verändern sich beständig und mit ihnen die notwendigen Konzepte des Arbeitens und der Strukturen der Institutionen. Aus der Tradition und dem Berufsbild der Sozialpädagogik ergibt sich, dass sie eine Antwort auf gesellschaftliche Nöte und Erziehungserfordernisse ihrer jeweiligen Zeit ist. Eine Ihrer Erfahrungen wird dabei auch sein, dass man als Erzieher in ein Spannungsfeld unterschiedlicher Erwartungen und Aufträge geraten kann: Auf der einen Seite stehen die Erfordernisse einer „öffentlichen Erziehungshilfe" mit anpassenden, kontrollierenden – manchmal auch repressiven – Erziehungsmaßgaben und auf der anderen Seite das Verständnis für die Belange der Kinder und Erziehung im Interesse anvertrauter Menschen. Dieser Zwiespalt im Berufsbild der Erzieherin, den man das „doppelte Mandat" der Sozialpädagogik nennt, ist Teil der Entwicklung der Sozialpädagogik und ein Bestandteil des Arbeitsfeldes.
Zu den typischen Arbeitsfeldern von Erzieherinnen gehören vier große Bereiche, die in ein Erkundungsvorhaben miteinbezogen werden können:

- das Praxisfeld **Vorschulerziehung/Horterziehung**: Kinderkrippen, Kindergarten, Kindertagesstätten, Kinderhorte, nachschulische Betreuung, Familienzentren,
- das Praxisfeld **außerschulische Kinder- und Jugendarbeit:** Kinder- und Jugendzentrum, Jugendverbandsarbeit, Jugendbildungsarbeit, Spielplatzbetreuung, mobile Spielbetreuung, Erholungs- und Freizeitmaßnahmen,
- das Praxisfeld **Heimerziehung/ambulante und teilstationäre Erziehungshilfe:** Kinder- und Jugendheim, Wohngruppen, betreutes Wohnen, mobile soziale Betreuung, Tagesgruppen, Inobhutnahme, Kinderdorf, Internat,
- das Praxisfeld **sonderpädagogische Einrichtungen/Gesundheitsvorsorge**: Schwerpunktkindergärten, Heilpädagogisches Zentrum, Kinderkrankenhaus, Kinderstationen, Kinderkurheime, Kinder- und Jugendpsychiatrie, Behinderteninternate und -heime.

Es wird ersichtlich, dass eine klare Abgrenzung der Praxisfelder in klassischer Form kaum noch möglich ist. Die „Heimerziehung" hat sich mittlerweile in mehr als ein Dutzend unterschiedlicher Betreuungsformen differenziert. Übergänge zwischen den einzelnen Feldern, zum Beispiel „Integrative Gruppen" in Regel- und in Schwerpunkteinrichtungen, sind alltäglich. In letzter Zeit neu entstanden oder ausgeweitet haben sich insbesondere sozialpädagogische Bereiche wie sozialpädagogische Familienhilfen/Familienbildung, Maßnahmen der beruflichen Integration, Freizeitpädagogik, Umwelterziehung, Präventionsansätze in der Gruppenarbeit mit Kindern und Jugendlichen.

Landkarte zur Arbeitsfelderkundung

Projektvorschlag: „Erste Schritte wagen"

Zum Abschluss des Kapitels lade ich Sie auf eine Expedition durch das „Arbeitsfeld der Sozialpädagogik" ein. Sie werden Gelegenheit bekommen, Ihr bisher erworbenes Wissen über die Sozialpädagogik und die gesellschaftliche Entwicklung von Erziehungsbedürfnissen in unterschiedlichen Arbeitsfeldern und an unterschiedlichen Erziehungskonzepten zu überprüfen. Im Rahmen des Didaktik-Methodikunterrichtes wird dieses sicherlich nur in Form eines arbeitsteiligen Gruppenunterrichts geschehen können. Sollte eine Kooperation mit anderen Fächern an der Schule möglich sein, ist ein Projekt „Arbeitsfelderkundung" sicherlich der geeignetere Weg. Die Dokumentation kann im Rahmen einer Wandzeitung erfolgen, zu der die „Landkarte zur Arbeitsfelderkundung" als Vorlage benutzt werden kann. Setzen Sie bei der Planung Ihres Erkundungsvorhabens Schwerpunkte und beschäftigen Sie sich gezielt und intensiv mit dem Konzept einer Einrichtung. Bei der Erkundung sollten Sie zwei didaktische Leitfragen im Hinterkopf behalten und in der Auswertung beantworten können:

1. **Welchem sozialpädagogischen Zweck dient die Einrichtung?**
2. **Welche Ziele verfolgt die Einrichtung in der Erziehung und den Angeboten, die sie macht?**
3. **Vergleichen Sie Ihre Ergebnisse mit den Definitionen von Sozialpädagogik, die Sie im Verlauf dieses Kapitels kennen gelernt haben und den Arbeitsergebnissen der anderen Arbeitsgruppen.**

Fragebogen zur Arbeitsfelderkundung

1. Auftrag und Entwicklung der Einrichtung

Welche Bedürfnisse oder sozialen Probleme beeinflussen die Arbeit?
Welche rechtlichen oder sozialpolitischen Aufträge spielen eine Rolle?
Welches (Einzugs)gebiet wird von der Einrichtung versorgt?
Mit welchen Institutionen kooperiert die Einrichtung?
Seit wann gibt es die Einrichtung?
Wie war die Entwicklung über die Jahre gesehen?

2. Zielgruppenerfassung

Welche Zielgruppe spricht die Einrichtung an?
An welche Altersgruppe richtet sich das Angebot?
Wie sieht die Geschlechtsverteilung aus?
Aus welchen typischen Lebenssituationen kommt die zu versorgende Gruppe?
Was sind exemplarische (Konflikt)situationen im Alltagsgeschäft der Arbeit?
Wie wird über räumliche/organisatorische/pädagogische Maßnahmen auf sozialpädagogische Probleme reagiert?

3. Erziehungskonzept/pädagogischer Ansatz

Welches hauptsächliche Ziel der Arbeit steuert die einzelnen Arbeitsansätze und -methoden?
Aus wie vielen Mitgliedern setzt sich das Team zusammen?
Welche Berufsgruppen arbeiten zusammen?
Wie werden die Betreuungs- oder Öffnungszeiten gehandhabt?
Welche Versorgungs- oder Betreuungsform existiert?
Nach welchen Arbeitsansätzen oder -methoden wird haupssächlich gearbeitet?
Wie sieht ein typischer Dienstplan/Einsatzplan aus?

4. Sozialpädagogische Methoden

Welche sozialpädagogische Zielsetzungen spielen neben dem Erziehungsauftrag noch eine Rolle?
Welche hauptsächlichen Arbeitsformen gibt es?
Wie wirken diese zusammen?
Wie sieht die Zusammenarbeit im Team aus?
Wie läuft ein exemplarischer Arbeitstag ab?
Welche Brennpunkte/Konfliktzonen/"Stoßzeiten" gibt es im Dienstablauf?

5. Theorie und Praxis

Wie wird von den Mitarbeitern die Effizienz ihrer Arbeit beurteilt?
Woran wird der Erfolg der Arbeit gemessen?
Wie nehmen die Mitarbeiter zu theoretischen Anspürchen (Definitionen) der Sozialpädagogik Stellung?
Wie schätzen die Mitarbeiter die langfristige Wirkung des Arbeitsfeldes auf sich ein?
Gibt es in der Einrichtung Hilfen zur Lösung von Problemen von Mitarbeitern?
Was sagen die Mitarbeiter zu ihrer eigenen schulischen Ausbildung als Erzieher/in und über ihre Probleme im Beruf?
Wie zufrieden oder unzufrieden sind die Mitarbeiter mit ihrer Arbeit?
Welche Anforderungen/Wünsche würden die Mitarbeiter im Nachhinein an Ihre schulische Ausbildung und an den Einstieg in das Praxisfeld stellen?

2 Grundlagen sozialpädagogischen Handelns

2.1 Helfermotivationen in der Zerreißprobe – Planspiele für angehende Erzieherinnen

Praktikantenprobleme

Die folgenden Spielsituationen basieren auf realen Vorkommnissen aus der Praxis, wie sie jeder Berufsanfänger im Arbeitsfeld „Erziehung" erleben könnte. Im Zentrum der drei Szenen, die ich hier vorstelle, stehen Probleme und Konflikte, die Praktikanten häufig bei ihren ersten Gehversuchen im Arbeitsfeld erleben. Methodisch sollten bei der Durchführung des Rollenspiels in der Gruppe vier wesentliche Phasen eingehalten werden:

- Die Einführung in die Spielsituation und in das Setting (die Umgebung) der Szene unter Einbezug von Erfahrungen, die Gruppenmitglieder in einer solchen oder ähnlichen Situation gemacht haben;
- das so genannte „Warm-up", das über das Einfühlungsvermögen die Identifikation mit den in der Szene auftretenden Rollencharakteren ermöglicht. Die möglichst wirklichkeitsgetreue Rekonstruktion des Ortes und der Situation, in denen das Rollenspiel abläuft, das Hineinversetzen in die Gefühlswelt der handelnden Personen sowie ein kurzes Anspielen von Bewegungsabläufen ermöglichen der Gruppe die Einstimmung auf das anschließende Spiel;
- zu Beginn der Spielphase selbst werden aus der Gruppe die Spieler ausgesucht, die sich am meisten mit einer handelnden Person identifizieren können. Die Organisation von Requisiten und Spielmaterialien, die Festlegung eines Bühnenraums sowie das Anstecken eines Schildes mit Namen/Alter der dargestellten Personen gehören auch in die Vorphase des Spiels. Das Spiel selbst sollte nicht länger als 10 – 15 Minuten dauern. Wichtiger ist es, den Rollencharakter durch einige markante Sätze, Floskeln oder Gesten zu unterstreichen;

- die anschließende Auswertung des Rollenspiels in der Gruppe und der Erfahrungsaustausch mit den „Akteuren". Am besten geschieht dieses in der Arbeit mit einem Innen- bzw. Außenkreis, das heißt, erst werden die Akteure im Innenkreis über ihre Erfahrungen mit der Rolle interviewt und dann gibt der Außenkreis die Rückmeldung über Erfahrungen, die die Teilnehmer während des Spiels wahrgenommen haben.

„Ich bin doch nur Praktikantin"

Marlies (18) ist nach dem Vorpraktikum das erste Mal wieder für 8 Wochen in der Praxis. Seit 3 ½ Wochen arbeitet sie im „Maria und Josef"-Kindergarten in Kannstadt. Marlies geht für ihr Leben gerne mit Kindern um. Schon während ihrer Realschulzeit beaufsichtigte sie die Nachbarskinder und spielte mit ihnen. Sie freut sich über die Lebendigkeit und Spontanität der Vorschulkinder. Das Mitarbeiten im Kindergarten macht ihr großen Spaß – bis auf das Aufräumen und Putzen, wenn die Kinder abgeholt werden. Jeden Morgen freut sie sich darauf, in ihre Gruppe – die Krümelzwerge – zu kommen und auf die Begrüßung der „Kids". Dann gibt es immer ein großes Hallo und die Kinder erzählen ihr, was sie gestern Nachmittag so alles gemacht haben. Mit Stefano, Lisa und Mathias – einer Dreierclique 5 – 6-Jähriger – hat sie sich angefreundet. Sie spielt häufiger mit den Dreien oder ist beim Freispiel draußen in ihrer Nähe. Stefano ist unkompliziert, sucht die direkte Nähe von Marlies und erzählt ihr die abenteuerlichsten Stories.
Mit ihrer Praxisanleiterin Hildegard versteht sich Marlies eigentlich auch ganz gut, auch wenn sie nach Marlies Geschmack manchmal zu streng mit den Kindern umgeht. Hildegard ist 32, verheiratet und hat einen 6-jährigen Sohn, der bald in die Schule kommt. Das, was Marlies am Kindergarten am meisten nervt, sind die ewigen Regeln:
Zur Begrüßung den Kindern die Hand geben, bei Hildegard abmelden, wenn man mit ein paar Kindern nach draußen gehen will, jeden Mittag der Stuhlkreis, wo vor der Verabschiedung der Kinder erzählt oder gesungen wird, Bescheid sagen, wenn man mal kurz eine andere Gruppe besuchen will, sich nicht auf Tische oder Möbel setzen, Kinder zurechtweisen, wenn sie auf Regale klettern wollen, nicht mit den Kindern toben und so weiter – schrecklich kleinkariert das Ganze. Immer wenn Marlies mit den „Kids" was vorhat, bleibt Hildegard im Raum, selbst wenn sie mit ihnen nur etwas bastelt. Man kommt sich ja richtig beobachtet vor, denkt Marlies in diesen Situationen.
Abends trifft sich Marlies mit ihrem Freund Ralf (22), der gerade mit seiner Lehre als Kommunikationselektroniker fertig geworden ist. Ralf holt sie mit dem Roller von zu Hause ab und sie besuchen dann zusammen Freunde aus ihrer Clique. Hier erzählt Marlies von ihren Erlebnissen im Kindergarten, wie toll sie mit ihrer Gruppe zurechtkommt, was sie am nächsten Tag vorhat oder vorbereiten muss, auch wie gestresst sie von dem Lärm und dem Geschrei am Vor- und Nachmittag ist. Ralf hört ihr zwar zu, aber so richtig interessiert ihn das offensichtlich nicht. Auch die anderen scheinen ziemlich desinteressiert und gelangweilt.
Übermorgen kommt ihr Begleitlehrer Herr M. (so ungefähr Anfang 40, ganz locker drauf). Die Aufgaben zu seinem Besuch hat Marlies schon abgegeben: Gruppenbeschreibung und Darstellung einer ausgewählten Handlungssituation mit Hospitation – ist doch klar. Puh, ist das immer ein Generve und Gehetze mit der Schule. Marlies wäre froh, wenn das endlich aufhörte. Vermiesen die einem selbst noch das schönste Praktikum. Na ja, Herrn M. wird Marlies erzählen, wie toll sie den Kindergarten findet, der nach einem halboffenen System arbeitet, dass sie guten Kontakt zu den Kindern gefunden hat ... und dann mit Stefano, Lisa und Mathias ein kleines Bastelangebot durchziehen. Kann eigentlich doch nichts schiefgehen – oder? Mal sehen, wie das Praxisgespräch wird.

***Marlies könnte über sich sagen:** Also, ich finde, ich mache meine Sache ganz gut. Die Kinder mögen mich, das ist für mich das Wichtigste. Ein bisschen Freiheit könnte Hildegard ihnen manchmal doch geben, ich finde, sie reglementiert zu viel. Auch wünschte ich mir, dass sie mir manchmal sagen würde: „Das hast du aber toll gemacht, Marlies." Irgenwie ist die ganz schön zugeknöpft und zurückhaltend. Warum immer so viel Zwang? Diese Dreierbande um Stefano ist ganz toll. Die haben immer klasse Ideen und sind frech. Was mich viel mehr beschäftigt ist, dass Ralf so überhaupt kein Verständnis für mich hat. Der hat doch nur seine Kabel im Kopf, anscheinend merkt der gar nicht, wie viel ich noch erzählen könnte. Denn manchmal gibt es ja auch noch Stress und Ärger. Und die anderen – fast genau das Gleiche.*

***Hildegard könnte Folgendes denken oder sagen:** Ich mag Marlies. Sie ist lebhaft und temperamentvoll. Als ich meine Praktika machte, war ich ganz ähnlich. Ich habe jetzt drei Wochen lang zugeschaut, sie macht ihre Sache ganz gut. Was noch nicht so in Ordnung ist, ist, dass sie sich zu sehr mit einzelnen Kindern beschäftigt, häufig ist der Kontakt zu den Kindern auch zu dicht. Sie muss noch mehr Übersicht bekommen und noch mehr auf die Einhaltung von Regeln achten. Gut, dass ich immer noch in ihrer Nähe bin, wenn sie etwas mit den Kindern macht, so kann sie mich wenigstens ansprechen, wenn sie nicht mehr weiter weiß.*

***Ralf ist zurzeit etwas sauer auf Marlies und könnte etwa Folgendes äußern:** Marlies und ich sind jetzt 2 Jahre zusammen. Aber so was wie in letzter Zeit kenne ich gar nicht von ihr. Den ganzen Abend labert sie über diesen Kindergarten, wie stressig das dort ist, was die Kids machen und so weiter. Ich komme kaputt von meinem Job, will mich ausruhen, bisschen quatschen und dann das. Die merkt gar nicht, wie sie auch die anderen nervt. Jetzt kommt das Wochenende, wir wollen Party machen und die labert immer noch. Mit Arbeit hat das ja wohl wirklich nicht viel zu tun.*

***Herr M., Begleitlehrer, könnte folgende Sätze beisteuern:** Ich mach den Job jetzt schon fast 10 Jahre lang. Mir macht es immer noch viel Freude mit jungen Menschen zu arbeiten. Übermorgen fahre ich in den „Maria und Josef"-Kindergarten zu Marlies. Nettes Mädchen. Das ist dann mein sechster Praxistermin diese Woche. Wenn die Praktikanten in der Unterstufe anfangen, meinen die, „Erziehung" ist so ein natürliches Geschäft, das macht man so aus dem Bauch raus, weil man die Kinder doch mag. Zwar haben wir im Unterricht über Erziehungsverhalten und Erziehungsziele gesprochen – wie wichtig es ist, zielbewusst zu arbeiten, mit Nähe und Distanz objektiv umzugehen –, aber es ist immer das Gleiche, in der Praxis passieren die gröbsten Schnitzer.*

Weitere Rollenbesetzungen, die in der Szene auftauchen können: 3 liebenswerte und freche Kinder (Stefano, Lisa, Mathias), andere Kinder aus der Gruppe, die Kindergartenleitung, Kolleginnen ..

1. Lesen Sie die Anfangssituation zusammen mit der Gruppe, bitten Sie dann um Feedback zu der Situation.
2. Erarbeiten Sie zusammen mit den Schülern die einzelnen Rollenvorschläge, indem Sie sich mit den handelnden Personen identifizieren.
3. Konstruieren Sie einen Schauplatz, an dem die Szene spielen könnte und werten Sie die Szene im anschließenden Gruppengespräch aus. (Hilfreiche zirkuläre Fragen: Welche Spielanteile waren für mich am praxisnächsten – am entferntesten? Über welche Figur habe ich mich geärgert, welche war mir sympathisch? Was könnten andere Figuren (Eltern von Marlies, Klassenkameraden, Kollegen von Hildegard, Kindergarteneltern) beitragen?
4. Halten Sie die für Sie problematischen Aspekte des Einstiegs in eine berufliche Rolle schriftlich fest und entwickeln Sie im Austausch in der Kleingruppe Problemlösungen, die Sie auch szenisch ausprobieren können.

„Man muss dem doch helfen"

Kerstin (22) ist eine elanvolle junge Frau, die nach Abschluss ihrer Ausbildung zur Floristin nun die Fachschule für Sozialpädagogik besucht. Ihre Hobbies sind Gitarrespielen, Gestalten mit Naturmaterialien, Singen und Musik; außerdem ist sie in der kirchlichen Jugendarbeit engagiert. Sie betreut eine kirchliche Jugendgruppe, organisiert mit den anderen Gruppenleiterinnen Fahrten und Sommerlager für die Kinder. Ihr Traum ist es, später einmal mit vernachlässigten Kindern und Jugendlichen im Heim zu arbeiten, genauso wie Moni (23), ihre beste Freundin.

Im Herbst macht sie ein längeres Praktikum in einer Diagnostikgruppe im heilpädagogischen Kinderheim „Zur Sonne". Die Diagnostikgruppe dient dazu, Kindern im Alter von 3 bis 12 Jahren, die aus teilweise katastrophalen Familiensituationen stammen, zuerst einmal Ruhe und Sicherheit zu geben, um sorgfältig eine Perspektiventwicklung für das Kind aufbauen zu können. Die Heimaufnahme erfolgt zum Beispiel, weil Eltern nicht in der Lage waren, ihre Kinder hinreichend zu versorgen oder aber mit der Erziehung total überfordert waren. Zum Familienhintergrund, aus dem die Kinder stammen, gehören Misshandlung, Missbrauch, Vernachlässigung in verwahrlosender Atmosphäre oder Drogenabhängigkeit und Prostitution. Wie auch immer, die Regel ist, dass die Kinder in Kerstins Gruppe schon „einen ganzen Streifen mitgemacht" haben, wie man umgangssprachlich und etwas oberflächlich sagt. Nach sechs Wochen beginnen die Probleme Kerstin langsam über den Kopf zu wachsen. Sie erfährt aus den mündlichen Gesprächen im Team immer mehr von den Situationen, aus denen die Kinder kommen. Brutale Misshandlungen durch Erwachsene, Verbrennungen mit Zigaretten, Schläge auf den Kopf, den Körper, sexueller Missbrauch eines vierjährigen Jungen durch mehrere Erwachsene, kleine Mädchen, die zu ihr „Fotze" sagen oder sich anbieten. Besonders schwierig ist für sie der Umgang mit Mario, einem niedlichen, dunkelhaarigen achtjährigen Jungen, der durch seine Mutter HIV-infiziert wurde. Sie hat Angst, dass er bald sterben wird, gleichzeitig aber auch davor, dass sie bei einem seiner Ausraster von ihm verletzt wird. Kerstin kann die Bilder des Tages nicht mehr vergessen, sie kann nicht mehr richtig abschalten. Sie schläft schlecht, beschäftigt sich mit dem Erlebten. Gleichzeitig macht sie sich Gedanken um Timo (24), ein Freund von ihr. Timo studiert Musik, tritt in einer Band auf, kifft in letzter Zeit regelmäßig, wirft auch Pillen ein und lässt sich kaum in seinem alten Freundeskreis sehen. Kerstin hat mit Timo früher Gitarre gespielt und sie mag ihn heute auch noch, weil er so ein Träumer ist, beinahe ein „Looser", der nicht alles geregelt kriegt. Kerstin will ihm helfen, verhindern, dass er weiter absackt. Ihre Eltern, Hans und Margret, bei denen Kerstin noch wohnt, bemerken die Veränderungen an Kerstin und sorgen sich. Ihr Vater ist Handwerker, Gas-Wasserinstallateur in einem kleinen Betrieb. Ihre Mutter Margret ist größtenteils zu Hause, geht aber stundenweise in einem Supermarkt um die Ecke aushelfen.

***Kerstin könnte von sich sagen:** Ich fühle mich zurzeit völlig unsicher. Wenn ich nach Hause komme, kann ich mich gar nicht richtig freuen. Es macht mich ganz traurig, was die Kinder teilweise erlebt haben. Wie können Erwachsene kleinen Kindern nur so etwas antun? Ich bin auch ganz wütend auf solche Eltern. Gleichzeitig fühle ich mich wie gelähmt, hilflos. Ich bin vollkommen durcheinander. In der Gruppe war heute schlechte Stimmung. Zwischen Jasmin und Olaf gab es Streit wegen des Ausräumens der Geschirrspülmaschine. Sie schrien sich in der Küche an und ich musste eingreifen, weil ich gerade in der Nähe war. Jasmin schrie mich an, ich soll sie in Ruhe lassen: „Blöde Praktikantin, du hast mir gar nichts zu sagen", sagte sie schnippisch. Zum Glück konnte ich die Situation anschließend mit meinem Praxisanleiter besprechen, das gab mir wieder ein bisschen Halt. Er meinte auch, dass ich meine Sache gut mache. Kaum zu glauben, ich zweifele, ob das wirklich der richtige Job für mich ist. Und dann auch noch die Sache mit Timo. Die anderen erzählten mir, dass er vorhat sein Studium abzubrechen, um profimäßig in der Band zu spielen. Der spinnt doch total. Den müsste man wachrütteln, damit er endlich mitkriegt, was um ihn herum vorgeht.*

***Guido, 20, ein Freund aus der Jugendarbeit, den Kerstin neulich getroffen hat, könnte sagen:** Also, so habe ich die Kerstin noch nie erlebt wie letzten Freitagabend. Die war sonst immer gut drauf, gut gelaunt und offen. Jetzt saß sie den ganzen Abend während der Leiterrunde stur rum, sie war ganz einsilbig und abweisend. Wo ist denn ihr Optimismus geblieben? Selbst als wir über die nächste Fahrt sprachen, war sie nicht begeistert wie sonst. Man hat ja fast den Eindruck, die wird zur Einsiedlerin.*

***Annemarie, 19, auch aus Kerstins Clique, registriert Veränderungen bei Kerstin:** Ich bewundere Kerstin dafür, dass sie es sich zutraut im Heim mit so schwierigen Kindern zu arbeiten. Was sie mir über dieses eine Kind erzählt hat, da könnte einem ja Angst und Bange bei werden ... Umgang mit aidskranken Kindern, das kann auch nicht jeder. Kein Wunder, dass sie in letzter Zeit so schweigsam geworden ist – bei den Problemen. Toll finde ich auch, dass sie sich um Timo kümmern will. Den hatten wir fast alle schon vergessen. Kerstin ist so sensibel für andere, setzt sich immer ein. Ich finde, „Erzieherin" passt gut zu ihr.*

***Hans und Margret (um das Wohl ihrer Tochter besorgte Eltern):** So recht einverstanden waren wir ja nicht, als unsere Kerstin wieder zur Schule ging. Wir meinen, sie hat ja schon einen Beruf, als ob das nicht genug wäre. Da hat Kerstin Geld verdient und die Arbeit im Blumenladen hat ihr auch Spaß gemacht. Und dann auf einmal der Wunsch Erzieherin zu werden. Und dann nicht mal im Kindergarten, sondern bei den Waisenkindern im Heim. Was ist das schon für ein Beruf, fremder Leute Kinder zu erziehen. Also unsere Meinung ist, wir finden das nicht gut. Und so richtig reden, tut sie auch nicht mehr mit uns. Kommt abends wieder, verzieht sich auf's Zimmer ... Manchmal ist sie auch noch am Wochenende am Arbeiten. Man kriegt Kerstin kaum zu Gesicht. Wenn das mal gut geht.*

Timo, 24, Ex-Musikstudent, mal nicht unter Drogeneinfluss und halbwegs klar, trotzdem leicht schludrig: *Zurzeit geht's mir echt dreckig. Ich hab überhaupt keine Kohle mehr. Das Studium musste ich schmeißen. Das hat mir überhaupt nichts gebracht. Musik machen wollte ich, stattdessen Vorlesungen zur Musiktheorie, Transponierübungen und all dieser Scheiß. Kannste vergessen. Zum Glück hab ich noch mein Zimmer und die Kumpels von der Band. Zusammen sind wir klasse, genial. Von den Leuten von früher habe ich eigentlich nur noch Kontakt zu Kerstin. Die kann prima Gitarre spielen und hört mir zu. Wenn man knapp ist, leiht sie auch ein bisschen was. Die ist echt einfühlsam und hilfsbereit.*

Weitere Rollenbesetzungen: Mario (HIV-infiziertes Kind), Olaf und Jasmin (zankende Kinder im Heim), Praxisanleiter, Moni (beste Freundin), Jugendpastor usw.

1. Erarbeiten Sie mit den Schülern eine Szenenfolge, die Kerstin in unterschiedlichen Alltags- und Praxissituationen zeigt.
2. Spielen Sie die Szenen mit der jeweiligen Rollenbesetzung durch und klären Sie anschließend anhand von Interviews mit den Beteiligten, welche offenen bzw. verborgenen Gefühle und Absichten die Kommunikation in der jeweiligen Situation steuern. Notieren Sie zusammen mit den Schülerinnen Ihre Erfahrungen zum Thema „Helfen" im Anschluss an die Szenenfolge.
3. Bilden Sie Arbeitsgruppen, die Lösungen zum jeweiligen Problembereich erarbeiten und ausprobieren.

„Man(n) hat es nicht so leicht"

Neues Berufsbild?

Marco hat vor fünf Wochen sein Praktikum im Kindergarten „St. Agnes" begonnen. Er hat sich sehr auf das Praktikum gefreut, weil er dieses Praktikum als Chance sieht, seinen Berufswunsch, Erzieher zu werden, zu überprüfen. Marco kommt ursprünglich aus einem Handwerkerberuf. Er ist gelernter Tischler, der über seinen Zivildienst im Altersheim den sozialen Bereich kennengelernt hat.
Marco ist ein großer, kräftig gebauter junger Mann. Er trägt einen Vollbart und am liebsten Jeans mit bunt karierten Hemden. Kein Wunder, dass er in den ersten Tagen und Wochen seines Praktikums in einer Gruppe 3 bis 6-Jähriger bei allen Jungen heiß begehrt und der Schwarm kleiner Mädchen ist. Endlich ist ein männlicher Erwachsener da, den man zum Toben und Tollen gebrauchen kann. Sylvia und Manuela, 2 kleine Mädchen, setzten sich gleich am zweiten Tag zu Marco auf den Schoß und kuschelten mit ihm. Bei den

Jungen ist Marco beliebt, weil er neben Toben und Fußball nach einiger Zeit die verstaubte Werkbank aus einer Kindergartenecke hervorgeholt hat, das Werkzeug durchgesehen und vervollständigt hat und nun regelmäßig mit 3 – 4 Jungen herumwerkt. Häuser, Autos, Werkzeuge werden aus Latten und Holzresten gefertigt. Das Zusammennageln von Holzresten macht den Jungen am meisten Spaß. Die körperliche Kraft, die Marco ausstrahlt, macht ihn zum gefragten Spielpartner bei Spielen im Toberaum und draußen. Der Kindergarten „St. Agnes" ist eine 3-Gruppenanlage mit großzügigem Außenspielbereich, der in einer gut situierten Wohngegend am Rande einer Universitätsstadt liegt. Im Einzugsbereich des Kindergartens wohnen mittelschichtsgeprägte Familien, die teilweise einen akademischen Hintergrund aufweisen. Das Team von 5 Erzieherinnen war sehr gespannt auf diesen ersten männlichen Praktikanten seit langem, der so gar nicht in den Kindergarten zu passen schien. Durch den Einsatz männlicher Praktikanten und Mitarbeiter erhofft man sich eine pädagogische Bereicherung in der Arbeit mit gemischtgeschlechtlichen Kindergruppen. In der ersten Zeit schienen sich diese Überlegungen auch zu bewahrheiten. Marco brachte viele gute neue Impulse in das Leben der „Wichtelgruppe", so heißt die Gruppe, in der er eingesetzt ist. Ines (26) seine Praxisanleiterin war erst sehr zufrieden mit Marco, bis sie anfing, sich mehr und mehr über einige Verhaltensweisen, die sie bei Marco beobachtete, Gedanken zu machen. Sie registriert in letzter Zeit einen erhöhten Geräuschpegel im Gruppenraum. Kinder, zu denen sie sonst einen lebendigen Kontakt hatte, widersetzen sich ihr. Insgesamt scheint die ruhige schöne Atmosphäre in der Gruppe einer Tendenz zum Ausagieren gewichen zu sein.
Eine Situation in einer Mittagspause verdeutlicht einige Schwierigkeiten, die sich für die Teammitglieder im Umgang mit Marco ergeben. Während die weiblichen Teammitglieder vorsichtig ihren Joghurt löffelten oder Obst abschälten und aßen und sich gleichzeitig bei einer Tasse Kaffee angeregt unterhielten, holte Marco aus seinem grünen Rucksack aus der Ecke eine Büchse Cola, einen halben Ring Fleischwurst und ein Brötchen, legte sie vor sich auf den Teller und begann mit seinem Taschenmesser, die Pelle von der Wurst zu lösen. Da er hoch konzentriert beschäftigt war, konnte er die teilweise erstaunt-entsetzten Blicke der um ihn herum versammelten Erzieherinnen nicht wahrnehmen. Ungerührt aß Marco genüsslich seine Fleischwurst und blickte interessiert in die Runde.

***Marco, idealistischer, leicht tolpatschiger angehender Erzieher könnte sich so vorstellen:** Ich bin ganz stolz, dass ich es geschafft habe, zu fast allen Kindern einen guten Draht zu haben. Sylvia und Manuela würden mich, glaube ich, gerne als Papa adoptieren. Vielleicht hat ja auch ihr eigener Vater wenig Zeit für sie. Ganz viel Spaß habe ich, wenn ich mit den Jungen werken kann. Vielleicht schaff ich es auch noch, eines von den Mädchen dazuzuholen. Mit meinen handwerklichen Fähigkeiten kann ich im Kindergartenbereich doch eine Menge bewirken, das hätte ich nicht für möglich gehalten, dass man hier so viele Freiräume hat. Ein bisschen seltsam ist das schon, nur mit Frauen zu arbeiten. Irgendwie fühle ich mich in den Gesprächen in der Pause etwas unwohl, mir fällt auch oft nichts ein, worüber ich mit Ines oder den anderen reden könnte.*

***Ines, zurückhaltende, feinfühlige Erzieherin, wenig älter als Marco, könnte die Situation wie folgt kommentieren:** Erst fand ich das ja gut, mit einem männlichen Praktikanten zu arbeiten. Ich finde sowieso, dass Männer wesentlich mehr Erziehungsarbeit leisten und sich Zeit für die Familie nehmen müssten. Deshalb habe ich es begrüßt, mit Marco in einer Gruppe zu sein. Je länger ich mir das aber anschaue, umso mehr Zweifel kommen mir – ich kriege keine gute Beziehung zu ihm. Beim letzten Anleitungsgespräch habe ich ihn vorsichtig darauf hingewiesen, er solle sich doch auch mehr mit den ruhigeren Kindern zusammensetzen, sich mehr Zeit nehmen und*

beobachten, mehr Gelassenheit im Umgang mit den Kindern an den Tag legen. Es scheint, als habe Marco immer noch nicht verstanden, dass im Kindergarten nicht dauernd „Halligalli" angesagt ist.

Margot, engagierte Kindergartenleiterin, Mitte 30, verheiratet, 2 Kinder, über Marco: *Marco ist ein ganz Netter. Er bringt neue Ideen mit als Praktikant. Viele Kinder mögen ihn. Etwas ungehobelt und derb tritt er ja manchmal schon auf. Auch auf die Sprache muss er noch wesentlich mehr aufpassen. Vor den Kindern zu fluchen, weil er ein Werkzeug nicht finden konnte, ist sicherlich kein gutes Erziehervorbild.*

Leonie, Kollegin von Ines, hat klare Position zu Marco bezogen: *Ich habe es ja gleich gewusst, mit diesem Praktikanten kann es nur Ärger geben. Ich hab mich auch von Anfang an im Team geweigert, ihn in meine Gruppe zu nehmen. Wie der sich schon benimmt und aufführt. Diese Szene mit der Fleischwurst, einfach unappetitlich. „Machomanieren" – einfach widerlich. Erzieherinnen passen einfach besser in den Kindergarten. Sie sind einfühlsamer, sozial kompetenter, einfach flexibler im Verhalten. Meiner Meinung nach ist das der letzte männliche Praktikant, der hier arbeitet.*
2 Mütter, die ihre Kinder vom Kindergarten abholen, tauschen sich draußen vor der Tür aus: *Männer im Kindergarten... (lassen Sie Ihrer Fantasie freien Lauf)*

Weitere Rollenbesetzungen: ein (ehemaliger) Kollege von Marco, Mitschüler/innen von Marco, eine Begleitlehrerin usw.

1. Entwickeln Sie ein Szenario, in dem die unterschiedlichen Ansichten und Erwartungshaltungen, die an Marco gestellt werden, deutlich zur Sprache kommen.
2. Machen Sie nach dieser Szene in der Gesamtgruppe eine Liste von „Fettnäpfchen", in die Marco hineingetreten ist, und überprüfen Sie in diesem Zusammenhang auch die Vorurteile der Erzieherinnen gegenüber Marco.
3. Arbeiten Sie in Kleingruppen Merkmale vermeintlich weiblicher bzw. vermeintlich männlicher Erziehereigenschaften heraus und diskutieren Sie im Plenum kontrovers die Bedeutung dieser Eigenschaften für Erziehungsprozesse im Elementarbereich.

2.2 Probleme in der Berufspraxis – Berufsrollenkonflikte und Rollenanalyse

Immer wenn Menschen von einem sozialen Umfeld in ein anderes wechseln, kann es zu Störungen bisher vertrauter Gewohnheiten des sozialen Miteinanders in einer neuen Umgebung kommen. Unter einer sozialen Rolle versteht die Soziologie, das ist die Wissenschaft, die sich mit den verschiedenen Formen des Zusammenlebens und der sozialen Organisation beschäftigt, ein Bündel von Verhaltenserwartungen, die an einen Menschen von seiner Umgebung herangetragen werden. Die Erwartungen, die an ein Verhalten geknüpft werden, orientieren sich an den Normen und Werten einer Gesellschaft. So erwarte ich selbstverständlich, wenn ich jemandem die Hand reiche, dass er sie mir auch reicht, weil dieses Verhalten der sozialen Übereinkunft des Begrüßungsrituals entspricht. Geschieht das nicht, weil dieser Mensch etwa aus einem anderen Kulturkreis oder einem „unkonventionellen" Gesellschaftszusammenhang stammt, hinterlässt dieses Verhalten Unsicherheit und Zweifel, alles richtig gemacht zu haben. Genauso kann man auch selbst „aus der Rolle fallen". Soziale Verhaltensweisen und Rollen, die Menschen lernen und beibehalten, werden durch positive oder negative Sanktionen (Strafe oder Belohnung als Reaktion) sozial beeinflusst. Rollen werden also sozial erzeugt und gelernt. Ein Rollenverhalten für sich allein gibt es nicht. Es ist dynamisch auf andere Bezugspersonen oder -gruppen gerichtet. Den Vorgang des Verhaltens aus wechselseitigen Rollenerwartungen heraus nennt man **soziale Interaktion**. Die soziale Persönlichkeit vereinigt viele Rollen, die wir gleichermaßen nach den Erfordernissen der jeweiligen Situation spielen als Kind, Mutter, Mann, Frau, Schüler, Lehrerin, Praktikantin, Kindergartenleiterin oder berufserfahrene Erzieherin. Diese Rollen können auch ganz widersprüchliche Forderungen an ein und dieselbe Person stellen. Während die Theorie sozialer Rollen sehr stark auf wechselseitiges Verhalten oder Handeln aus Rollen heraus ausgerichtet ist, stellen andere soziologische Begriffe mehr auf die Rangordnung oder Bewertung sozialer Orte ab, die Menschen gesellschaftlich innehaben und die sie unterschiedliche Perspektiven einnehmen lassen.

Definitionen

Soziale Position

Der Begriff der sozialen Position meint die Stellung oder den Platz innerhalb eines sozialen Feldes, wo sich Verhaltensschemata „verdichten" bzw. konzentrieren, zum Beispiel in der gesellschaftlichen Position „Arbeitnehmer" oder „Arbeitgeber" zu sein. (vgl. Wössner, 1976, S. 83) Zugewiesene oder zugeschriebene Positionen können Menschen ohne ihr Zutun bekommen, wie die Position als 3. Geschwister von 4 Kindern oder die Position als Mann oder Frau, Schwarzer oder Weißer, oder aber durch eigenes Dazutun erwerben, wie den Beruf als Tischler, Arzt oder Erzieherin, bzw. auch frei wählen, wie die Stellung als Ehemann, Vater, Kollege oder Freund. (vgl. Henecka, 2006, S. 84)

Sozialer Status

Wird die soziale Einordnung mit der Frage der Rangordnung einer sozialen Position verbunden, spricht man vom sozialen Status, den ein Mensch gesellschaftlich haben kann. Die von außen an eine Position herangetragene Einschätzung kann hoch, aber auch gering sein. Der Status „Unternehmer zu sein" ist ein anderer als der eines „abhängig Beschäftigten". Statussymbole wie Autos, Kleidung und Lebensstil geben Hinweise auf den sozialen Rang.

Soziales Prestige

Der Begriff des sozialen Prestiges bezieht sich dagegen insbesondere auf das Ansehen einer Stellung in der Gesellschaft. Zur Frage der Einschätzung oder Einordnung tritt nun das Element der Bewertung. „Chef" und „Arbeiter" enthalten solche inneren und äußeren Bewertungen einer Position, wobei sich der Status, den jemand gesellschaftlich innehat, nicht unbedingt mit dem Prestige decken muss. So kann ein Arbeiter von außen als „Malocher" erscheinen, in der Bewertung seiner Bezugsgruppe ein vorbildlicher Kumpel sein. (vgl. Wössner, 1976, S. 84)

Soziale Rolle

Letztendlich lässt sich jetzt auch die Definition der sozialen Rolle besser verstehen. „Zu jeder Stellung, die ein Mensch einnimmt, gehören gewisse Verhaltensweisen, die man vom Träger dieser Position erwartet; (...) Soziale Rollen sind ein Bündel von Erwartungen, die sich in einer gegebenen Gesellschaft an das Verhalten der Träger von Positionen knüpfen." (vgl. Dahrendorf, 1971, S. 32 f.)

Was hier in den Begriffen der Soziologie so objektiv und mechanistisch beschrieben wird, als würde ein Automechaniker die Funktion eines Motors analysieren, spielt in unserem Alltagsleben eine wichtige Rolle. Die Gewinnung einer klaren sozialen und beruflichen Identität ist mit heftigen Auseinandersetzungen mit den verschiedenen Ansprüchen uns umgebender Gruppen und Bezugspersonen gekennzeichnet. „Das Bewusstsein des ‚Selbst' ist von der sozialen Umwelt abhängig". (vgl. Wössner, 1976, S. 85.) Das Gefühl, etwas wert zu sein, etwas im Leben zu gelten (Selbstwertgefühl) steht in Abhängigkeit zu den Reaktionen der sozialen Umwelt. Gefühle, die uns bei diesem Ringen um soziale Identität (Rollenkonflikte) begleiten, sind zum Beispiel Schuldgefühle bei der Verletzung von Erwartungen anderer, Enttäuschung über eine getroffene Entscheidung, Überforderung, Niedergeschlagenheit, Freude über ein gelungenes Angebot, das Gefühl von Vertrautwerden oder Unsicherheit in einer Rolle.

2.2.1 Rollenkonfusion – vom Schüler zum Praktikanten

Der Wechsel von einer Rolle in eine andere verläuft bei vielen Berufsanfängern nicht unproblematisch. Wenn man sich überlegt, dass seit Beginn der Grundschulzeit 10 reguläre Schuljahre vergangen sind und entsprechend das Verhalten auf die Erwartungen des vertrauten sozialen Systems „Schule" abgestimmt ist, fällt ein Wechsel in eine neue soziale Erfahrungswelt schwer, weil die Kontur der Rolle eines Praktikanten oder später einer Erzieherin im Anerkennungsjahr ziemlich undeutlich oder diffus im Umriss erscheint. Die Fragen „Was erwartet man hier von mir (im Kindergarten, im Heim oder im Kinder- und Jugendzentrum)? Wie muss ich mich verhalten? Was ist erlaubt, nicht erlaubt?" begleiten Praktikantinnen häufig am ersten Praxistag zusammen mit einem Gefühl von Unsicherheit. Um dieses Gefühl ein Stück abbauen zu können, ist es sinnvoll, beide Rollen – die des Schülers und die des Praktikanten – hinsichtlich der darin deutlich werdenden Erwartungshaltungen zu vergleichen.

Bezugsrahmen der Rolle „Schüler"

Bei einem Wechsel der Rolle vom Schüler zum Praktikanten kann es passieren, dass die in dem neuen Berufsfeld maßgeblichen Gruppen und Personen auf den ersten Blick gar nicht in Erscheinung treten oder in ihrer Wertigkeit nicht richtig eingeordnet werden können.

Bezugsrahmen der Rolle „Praktikant" am Beispiel Kindergarten

1. Fertigen Sie allein oder in einer Kleingruppe zur Rolle eines Schülers bzw. der eines Praktikanten eine Liste an, in der Sie die ausgesprochenen oder unausgesprochenen Erwartungen der beteiligten Vertreter oder Institutionen sammeln.
2. Vergleichen Sie die so gewonnenen Rollenprofile miteinander, stellen Sie die signifikanten Unterschiede zwischen beiden Rollen heraus und beschreiben Sie die Praxisprobleme, die sich aus der unterschiedlichen Rollenauffassung ergeben können.
3. Gehen Sie anschließend die drei Beispielsituationen vom Anfang des Kapitels durch und arbeiten Sie die Stellen heraus, an denen sich der Wechsel in eine berufliche Rolle besonders problematisch darstellt.
4. Wenn Sie dann noch Lust auf eine praktische Übung haben, probieren Sie doch Folgendes aus: Wählen Sie jemanden aus Ihrer Gruppe, der sich als Praktikant mitten in den Raum stellt. Gruppieren Sie um ihn herum Personen aus dem zukünftigen Praxisfeld und lassen Sie diese Personen Aufforderungen bzw. Erwartungen an den Praktikanten äußern. Unterstreichen Sie die ganze Szene mit entsprechenden Gesten und Posen. Lassen Sie die Personen nacheinander und dann zusammen als Chor auf den Praktikanten einreden. Werten Sie die Erfahrungen im anschließenden Gruppengespräch aus.

2.2.2 Interrollenkonflikt – die Übersicht verlieren

Neben diesen Schwierigkeiten, überhaupt in eine neue Rolle, die weitestgehend unbekannt ist, einzusteigen, kommt als weitere Erschwernis hinzu, dass wir uns nicht nur in einer einzigen sozialen Rolle bewegen. Wir müssen uns den Tag über mit verschiedenen Rollenerwartungen auseinandersetzen, die je nach Erfordernis in Alltagssituationen angewendet werden. Neben der Praktikantenrolle kann das zum Beispiel meine Rolle als Mann oder Frau, als Angehöriger einer Religionsgemeinschaft oder Autofahrer, Vereinsmitglied, Tochter oder Sohn usw. sein. Die unten stehende Abbildung zeigt eine solche **Rollenkonfiguration** einer sozialen Person.

Rollenkonfiguration einer Person am Beispiel Marcos (siehe Planspiel zu Beginn des Kapitels)

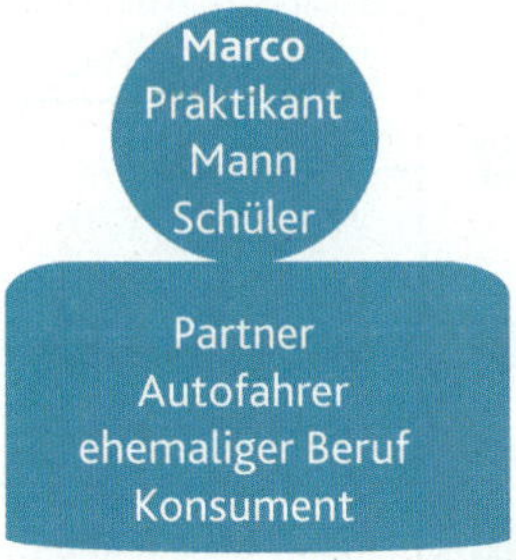

Das charakteristische Merkmal des Interrollenkonfliktes besteht im Nebeneinander unterschiedlicher sozialer Rollen, deren wertgebundenen, sozial verbindlichen Ansprüchen und Erwartungen man nicht gleichermaßen gerecht werden kann. So ist es für Marco, den ehemaligen Tischler, ungemein schwierig, in dem Arbeitsfeld Kindergarten sowohl seiner „Mann-Rolle" wie auch den Erziehungsvorstellungen seiner Kolleginnen und Erwartungen an seine „Praktikantenrolle" adäquat zu entsprechen. Genauso schwierig ist es, in einer Ausbildungssituation zur Erzieherin gleichzeitig Schülerin (Lernende) wie auch Praktikantin (Handelnde) zu sein. Das Dilemma solcher Interrollenkonflikte ist die „Qual der Wahl", das eine zu lassen und sich für das andere zu entscheiden.

Ein extremes Beispiel für eine solche soziale Zwickmühle habe ich einmal bei der alleinerziehenden Mutter einer sechsjährigen Tochter erlebt, die als Praktikantin im Kindergarten eingesetzt war. Um das Praktikum machen zu können, musste sie ihr Kind zu ihrer Mutter, zu der sie ein sehr gespanntes Verhältnis hatte, bringen. Als Lösung dieses Loyalitätskonfliktes entwickelte die Praktikantin die Strategie, sich regelmäßig im Kindergarten zu verspäten, um den für sie unerträglichen Konflikt zwischen den Aufgaben einer Mutter, Verpflichtungen in der Tochterrolle und den Anforderungen der Ausbildung gerecht zu werden, zu lösen. Kein Wunder, dass diese Strategie sich besonders hemmend und unheilvoll in Bezug auf die Ausbildungssituation entwickelte.

2.2.3 Intrarollenkonfikt – „von der Rolle kommen"

Ein weiteres Problemfeld, das Berufsanfänger verunsichern kann, entsteht daraus, dass Rollen im sozialen Leben nicht nur nebeneinander existieren, sondern dass man in ein und derselben Rolle, hier der Praktikantenrolle, unterschiedlichen Erwartungen ausgesetzt ist, die sich widersprechen oder miteinander konkurrieren können. Während beim Interrollenkonflikt Widersprüche noch im äußeren Bezugsrahmen geortet werden können, wie etwa Marcos Widersprüche zwischen seiner alten Berufsrolle als Tischler und seiner neuen Rolle als Praktikant im Kindergarten, sind Intrarollenkonflikte wesentlich schlechter auszumachen, weil sie sich als gegenläufige Verhaltenserwartungen sozusagen im Inneren einer handelnden Person abspielen und nach außen häufig nur als Handlungsblockaden in Erscheinung treten. Intrarollenkonflikte sind vielschichtig und komplex aufgebaut. Um sie zu verstehen, muss man die einzelnen *Rollensegmente* (Rollenanteile) untersuchen, aus denen sich eine Rolle zusammensetzt.

Der Schnitt durch eine Praktikantenrolle

Ein Praktikant beispielsweise muss sich neben seinem Verständnis und der Sympathie für die zu betreuenden Kinder gleichzeitig mit Erziehungsmaßregeln des Elternhauses oder den Arbeitsaufträgen des Teams auseinander setzen. Ebenso können Erwartungen und Wünsche der Praxisanleitung in Konflikt zu Anforderungen der schulischen Ausbildung treten.

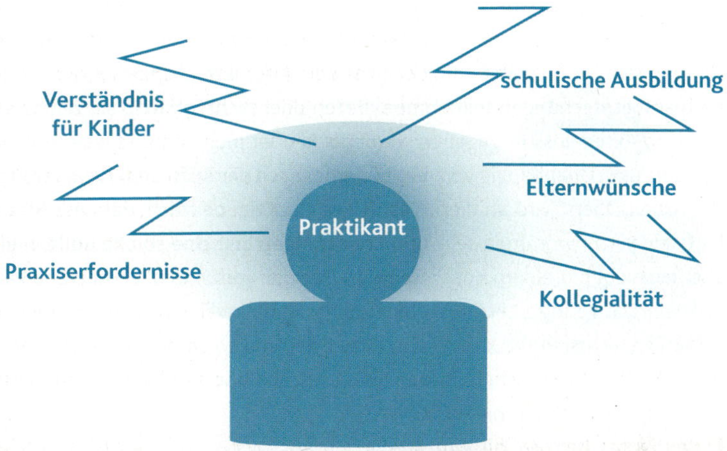

Ein Beispiel aus der Heimerziehung verdeutlicht einen solchen Intrarollenkonflikt eines Praktikanten. Beim Mittagessen hatten sich zwei Jungen übel danebenbenommen und mussten aufgrund des Vorfalls den Nachmittag im Haus verbringen. Die beiden Jungen – begeisterte Fußballfans übrigens – blieben also nachmittags knurrend und maulend in der Gruppe. Während der Praktikant kurzzeitig mit der Beaufsichtigung der Jungen betraut wurde, begannen diese im Flur mit einem Ball zu kicken. Da Ballspielen in der Gruppe aber grundsätzlich verboten ist, geriet der Praktikant in folgende innere Konfliktsituation: Er versuchte zwar das Verbot durchzudrücken, doch war ihm bewusst, dass die Jungen rebellierten, weil sie mit Recht sagen konnten, dass sie draußen nicht spielen dürften. Für den Praktikanten wurde die Situation hoffnungslos und entsprechend war er blockiert in seinen Reaktionen. Hin- und hergerissen zwischen zwei widersprüchlichen Handlungsanweisungen aus dem Team und seinem Verständnis für die Bedürfnisse der beiden Jungen, suchte er nach einer gerechten Lösung.

Zu den am häufigsten benutzten Strategien zur Entschärfung von Intrarollenkonflikten und zur scheinbaren Lösung solch belastender Situationen gehören folgende Lösungsmuster:

- die *Handlungsverzögerung*, bekannt auch als das Aussitzen von Problemen, indem der Betreffende darauf wartet, dass sich das Problem von allein löst oder dass die eine oder andere Partei ihre Erwartungen reduziert oder vergisst.
- die *Handlungsverschleierung*, bei der die Handlung als solche oder die Konsequenzen, die sich aus ihr ergeben, gewissermaßen eingenebelt werden nach dem Motto: „Ich war das nicht oder ein anderer hat das so entschieden".
- die *Schaukelpolitik*, je nach Situation gibt man den Erwartungen der einen oder anderen Seite nach und versucht, es jedem recht zu machen.
- bei der Entscheidung nach der *Legitimität* einer Anforderung richtet sich das Verhalten an der Position aus, der man am meisten Berechtigung zuweist.
- bei der Handlung nach dem *Sanktionskalkül* orientiert sich das Verhalten an der Partei, die über die stärkeren Sanktionsmittel verfügt, also im Regelfall an den Aufträgen und Interessen der Leitung.

(vgl. Henecka, 2006, S. 92 f.)

Typisch für solche Rollenkonflikte von Praktikanten, die weder „Fisch noch Fleisch" sind und zwischen angeleitetem und selbstständigem Tun hin- und herpendeln, sind auch Statusprobleme und Prestigefragen, die an eine solche Rolle geknüpft sind. Häufig ist der Status von eingesetzten Praktikanten auch für die Teams im Arbeitsfeld nicht ganz klar. Konflikte entzünden sich daran, ob (Kurzzeit)praktikanten an Teambesprechungen teilnehmen dürfen oder nicht, ob man sie zeitweise allein in der Gruppe lassen kann, ob Akteneinsicht gegeben werden soll oder nicht, ob und welche Anweisungen ein Praktikant geben darf usw. Unabhängig von rechtlichen Fragen der Aufsichtspflichtverletzung und der Sorgfaltspflicht des Arbeitgebers wird an diesen strittigen Punkten deutlich, dass des Status eines Praktikanten im Arbeitsfeld verschwommen sein kann. Nicht zuletzt ist eine solche Rolle in einer Ausbildungssituation sicherlich nicht mit einem hohen sozialen Prestige verbunden. Verheerend wird es, wenn Praktikanten das vermeintlich geringschätzige Außenbild der Rolle in die Eigenbewertung übernehmen nach dem Motto: „Prakti ist nichts, Prakti kann nichts". Hier hilft nur gesundes Selbstbewusstsein und aus seiner Lernsituation das Beste zu machen. Trauen Sie sich deshalb von Anfang an, in Ihrer Praxisstelle zu fragen:

- Welche Position ist mir zugedacht?
- Wer ist für mich definitiv zuständig?
- Was muss ich im Umgang mit den Kindern beachten?
- Welche Erwartungen haben meine Praxisanleitung, das Team, beteiligte Eltern an mich?
- Welche Regeln in der Gruppe gilt es zu beachten?
- In welche offenen oder versteckten „Fettnäpfchen" kann man in dieser Einrichtung treten?
- Und ein letzter Tipp: Bitten Sie so oft es geht um Feedback zu Ihrem Verhalten im Kontakt zu den Kindern, zum Team oder bei Außenkontakten mit Eltern.

1. **Gehen Sie die drei Praxissituationen vom Anfang des Kapitels noch einmal durch und untersuchen Sie, an welchen Stellen Schwierigkeiten beim Wechsel in die Berufsrolle bzw. Status- oder Prestigeprobleme auftreten.**
2. **Analysieren Sie, welche Typen von Rollenkonflikten in der jeweiligen Situation durchscheinen.**
3. **Entwickeln Sie im Gespräch mit Ihren Mitschülern Lösungsstrategien für die dargestellten Situationen.**

2.3 Helfen – was heißt das überhaupt?

Helferberufe wie Erzieherinnen, Sozialarbeiter und -pädagogen, Kranken- und Altenpfleger, Psychologen, Heilpädagogen, Heilerziehungspfleger usw. haben sich aus der ursprünglich privaten und alltäglichen Rolle des Helfens im Familienverband heraus entwickelt und über die Funktionalisierung der Rolle das Bild eines Berufshelfers mit einem öffentlichen sozialen Auftrag entstehen lassen. Ursprüngliche Hilfen des Familienverbandes wie Trösten, Beraten, Ermuntern, Pflegen und Erziehen sind Teil einer modernen sozialen Dienstleistung geworden, deren Ziel eine professionelle Versorgung benachteiligter Menschen oder die Erziehung von Kindern ist. Obwohl sich der gesellschaftliche Auftrag an sozialpädagogische Berufsbilder erheblich gewandelt hat, lassen sich in den widersprüchlichen Auffassungen, was eigentlich wirklich effektive sozialpädagogische Hilfe ist, noch die Relikte der privaten und personengebundenen Funktion der Hilfeleistung erkennen, wie sie auch in dem folgenden Bewerbungsgespräch deutlich werden.

Das folgende Einstellungsgespräch findet in einer therapeutischen Wohngruppe eines Jugendhilfeverbandes statt. Am Gespräch nehmen zwei Teammitglieder und der Bewerber teil.
***Teammitglied 1:** Also, Sie interessieren sich für die Heimerziehung und die Arbeit mit verhaltensschwierigen Jugendlichen. Was interessiert Sie am meisten an dieser Tätigkeit?*
***Bewerber:** Ja, ich habe meine bisherigen Praktika im Kindergarten gemacht. Das hat mir zwar riesigen Spaß gemacht, aber irgendwie ist das keine Herausforderung für mich. Jugendlichen mit Problemen zu helfen, finde ich viel reizvoller. Man ist doch viel wichtiger für die.*
***Teammitglied 2:** Sie sagten gerade, Jugendlichen helfen, was verstehen Sie eigentlich darunter?*
***Bewerber:** Oh, eine ganze Menge. Ich bin verständnisvoll, kann gut zuhören, aufmuntern, begeistern und motivieren. Ich spiele Gitarre und bin kreativ, für all diese Dinge kann ich die Jugendlichen sicherlich interessieren. Ich kann ihnen eine Menge bieten.*
***Teammitglied 1:** Wenn wir Ihnen jetzt sagen würden, das ist eigentlich genau das, was wir nicht unter Hilfe verstehen. Wir suchen jemanden, der den Jugendlichen nicht etwas gibt, sondern vielleicht auch wegnimmt – Vertrauen, das sie missbrauchen, oder Geld einteilt, das sie verschwenden –, was sagen Sie dann?*
***Bewerber:** Das verstehe ich nicht. Denn ich hab' immer gemeint, diese Kinder und Jugendlichen im Heim haben so viel Schlechtes erlebt, wie kann man denen noch etwas wegnehmen oder vorenthalten. Also mich macht das ganz sauer. Ich finde, die brauchen ganz viel Verständnis und Hilfe.*
***Teammitglied 2:** Sicherlich haben Sie Recht, wenn Sie sagen, viele Kinder und Jugendliche im Heim hätten Mangel erlebt. Deshalb ist es vielleicht besonders wichtig, nicht wahllos zu geben, sondern ihnen die Erfahrung zu vermitteln, das Richtige zu nehmen.*

1. Halten Sie Ihre erste Reaktion auf das Gespräch fest und notieren Sie dann, welche unterschiedlichen Auffassungen von Hilfe sich aus dem Gespräch ergeben.
2. Formulieren Sie Ihre eigene Vorstellung von Helfen, die Sie anstelle des Bewerbers äußern würden.

2.3.1 Die normative Begründung sozialpädagogischer Hilfe

Der Begriff „Norm" meint einen Wertmaßstab, der unser Handeln in Bezug auf andere Menschen steuert und ethisch legitimiert. Der gesellschaftlich hoch angesehene Wunsch, jemandem zu helfen, kann vollkommen unterschiedlich begründet werden, je nachdem, welche Wertüberzeugungen als maßgeblich für das Tun gesetzt werden. Eine Auswahl von Sprichwörtern um das Thema „Hilfe und Helfen" verdeutlicht die Bandbreite dessen, was Hilfe alles sein kann und welche unterschiedlichen Wertvorstellungen sich hierin ausdrücken können.

- „Hilfe braucht keine Erwiderung."
- „Geben ist seliger denn nehmen."
- „Was du nicht willst, dass man dir tu', das füg' auch keinem anderen zu."
- „Hilf dir selbst, sonst hilft dir keiner."
- „Ein Freund in der Not ist besser als tausend Bekannte."
- „Eine Hand wäscht die andere."
- „Wenn du jemandem helfen willst, gib ihm keinen Fisch, sondern eine Angel."
- „Viele Hände, leichte Arbeit."
- „Hilf dir selbst, dann hilft dir Gott."

1. Erweitern Sie im Unterrichtsgespräch die Liste von Sprichwörtern zum Thema „Hilfe und Helfen".
2. Entscheiden Sie sich für ein Sprichwort, dass Ihnen am sympathischsten erscheint und vielleicht auch der Tradition Ihrer Familie am besten entspricht.
3. Untersuchen Sie an diesem wie auch an den anderen Sprichwörtern, welches Motiv von Hilfe beschrieben wird und welche normative Einstellung der Hilfe zugrunde liegt.

2.3.2 Helferrolle und Helfertypen

Aus der Sichtung gesellschaftlicher Vorstellungen zum Thema „Hilfe" lassen sich fünf grundlegende Helfertypen herauskristallisieren, die in ein sozialpädagogisches Berufsrollenverständnis eingehen. Eine Übersicht verdeutlicht diese unterschiedlichen Helfertypen und die sie leitenden Handlunsmotivationen in Erziehungsprozessen.

Formen sozialpädagogischer Hilfe

Typ A: fürsorgend

Typ B: korrigierend

Typ C: solidarisch

Typ D: anstoßend

Typ E: begleitend

Typ A: Der Fürsorgende	**Motiv:** Geben, Opfern, Spenden	**Ethik**[1]: Schutz, Selbstlosigkeit, Nächstenliebe	**Gesellschaftliches Vorbild:** Mutter, Mütterlichkeit
Typ B: Der Korrigierende	**Motiv:** Nehmen, Eingrenzen, Strafen	**Ethik:** Verbesserung, Korrektur, Verantwortung	**Gesellschaftliches Vorbild:** Vater, Autorität
Typ C: Der Solidarische	**Motiv:** Teilen, Verteilen, Mitbestimmen	**Ethik:** Solidarität, Demokratie, Mitverantwortung und Mitgestaltung	**Gesellschaftliches Vorbild:** Geschwister, Gemeinschaft Gleicher
Typ D: Der Anstoßende	**Motiv:** Anregen, Fördern, Initiativen geben	**Ethik:** Wachstum, Selbsthilfe, Autonomie	**Gesellschaftliches Vorbild:** Entwicklungshelfer
Typ E: Der Begleitende	**Motiv:** Begegnen, Mitgehen, Stützen	**Ethik:** Vertrauen, Gleichrangigkeit, Gemeinschaft, Respekt	**Gesellschaftliches Vorbild:** Freundschaft, Partnerschaft

1: Ethik: 1. Lehre vom Wollen und Handeln des Menschen, 2. allgemein gültige Werte der Lebensführung, die sich aus der Verantwortung gegenüber anderen herleiten

1. Ordnen Sie den dargestellten Helfertypen klassische sozialpädagogische Arbeitsfelder zu.
2. Erläutern Sie an einem Praxisbeispiel, wie unterschiedliche Helfertypen oder Teilstücke der Helferrolle miteinander in Konflikt geraten können.
3. Erstellen Sie von sich selbst ein Helferprofil in Form eines Kreisdiagramms, indem Sie je nach Vertrautheitsgrad mit dem jeweiligen Rollensegment innerhalb des Kreises ein Teilstück graduell ausfüllen, schraffieren oder unberücksichtigt lassen. Vergleichen Sie Ihr Helferprofil mit demjenigen Ihrer Mitschüler und diskutieren Sie, warum Ihnen die eine oder andere Form der Hilfe mehr oder weniger sympathisch ist.
4. Wiederholen Sie diesen Versuch nach Ihrem ersten Praktikum und registrieren Sie, welche neuen Anteile Sie kennengelernt haben.

2.4 Entmündigende und professionelle Hilfe in der Sozialpädagogik

Zur Problematik sozialpädagogischer Arbeit gehört, dass sie aufgrund des Ursprungs der Helferrolle in personalen, mitmenschlichen Bezügen immer wieder in Gefahr gerät, eine Form des Helfens einseitig in den Vordergrund zu rücken und Menschen ausschließlich als Hilfsbedürftige aufzufassen. Zugespitzt könnte man sagen, dass die neu entstandene Helferkultur es immer wieder schafft, abhängige schwache Menschen in weiterer Abhängigkeit zu halten. Durch eine an den Defiziten – also am Nicht-Können – orientierten Sicht auf hilfsbedürftige Menschen werden Entwicklungschancen oder persönliche Ressourcen oft missachtet, die Menschen im Rahmen ihres Selbsthilfepotenzials nutzen könnten. Ein Weg der Verbesserung sozialpädagogischer Hilfe ist die Vervollständigung der eigenen Wahrnehmung in seiner beruflichen Rolle als Erzieher, Sozialpädagoge, Psychologe usw. und die Auseinandersetzung mit der gesellschaftlichen Dienstleistung, die von sozialen Berufen erbracht wird. Das verdeutlicht der folgende Textausschnitt, der sich sehr kritisch mit dem „Geschäft der Nächstenliebe" auseinander setzt.

2.4.1 Hilfe und Fürsorge als Produkt und Ware

„Das Geschäft der modernen Gesellschaft heißt Dienstleitung. In der modernen Gesellschaft ist soziale Dienstleistung ein gutes Geschäft geworden.
Darüber hinaus, und das ist von grundlegender Bedeutung, zeichnet sich jede moderne Gesellschaft (...), durch den steigenden Prozentsatz von Dienstleistungen in ihrem Bruttosozialprodukt aus, und zwar geht es dabei (...) auch um soziale Dienstleistungen wie die Vollziehung von Hochzeiten, Geburtenkontrolle, Beratung, Erziehung, Rechtswesen, Jugendfürsorge, die Erwachsenen und die Alten mit all ihren Bereichen. Und das alles fällt unter die Überschrift der sozialen Hilfeleistung.
Dieser Bereich wirtschaftlicher Entwicklung ist durch sein unbegrenztes Potenzial ausgezeichnet: Die Produktion von Dienstleistungen kennt ja keine der Begrenzungen, denen die Produktion von Gütern unterliegt – Ressourcen, Kapital und Standort. Insofern hat das Geschäft der sozialen Dienstleistung unbegrenzte Möglichkeiten der Ausdehnung. Es scheint kein Ende der Bedürfnisse zu geben, für die Dienstleitungen produziert werden können. (...)

Dienstleistungen sind etwas, wofür man bezahlt. Das „Gut“, das wir erhalten ist „Fürsorge“ (care). Und Fürsorge ist letztlich der Ausdruck von „Liebe“. (...) Fragt man irgend jemanden aus dem Dienstleistungsgewerbe nach der grundlegendsten Befriedigung in seiner Arbeit, so wird die Antwort gewöhnlich von Begriffen wie Fürsorge und Hilfe für den Menschen durchsetzt sein. Fragt man weiter, so lautet die Antwort normalerweise, dass der Betreffende „Menschen liebt“.

Da Liebe kein politischer Begriff ist, ist auch Fürsorge keine politische Angelegenheit – und so wird Dienstleistung das einzige Geschäft, das ein unbegrenzt und unbezweifelbar unpolitisches „Gut“ ist – es entzieht sich der Kritik der Kundschaft. Ein Tabu. (...)
Der Begriff „Fürsorge“ ist ein mächtiges politisches Symbol. Dabei bleibt verschleiert, dass sein Gebrauch die politischen Interessen der Dienstleistenden selbst verschleiert. Dieser Sachverhalt wird durch die symbolische Verbindung zwischen Fürsorge und Liebe noch undeutlicher. So werden letztlich die politisch-ökonomischen Aspekte aller Dienstleistung hinter der Maske der Liebe verborgen. Hinter dieser Maske befindet sich ganz einfach der Dienstleistende, seine Systeme, Techniken und Technologien – ein Geschäft, das Märkte braucht, eine Wirtschaft, die neue Wachstumsbereiche sucht, Millionen von Berufstätigen, die auf Einkommen angewiesen sind. Dabei ist entscheidend, dass wir begreifen: Die Maske der Dienstleistung ist kein falsches Gesicht. Die Macht der Dienstleistungsideologie wird gerade dadurch deutlich, dass die meisten Dienstleistenden diese Maske nicht von ihrem eigenen Gesicht unterscheiden können. (...)
Um die Maske und das Gesicht zu unterscheiden, müssen wir ein weiteres Symbol betrachten – was heißt Bedürfnis? Wir sagen, dass Liebe ein Bedürfnis ist. Fürsorge ist ein Bedürfnis. Dienstleistung ist ein Bedürfnis. Menschen sind Ansammlungen von Bedürfnissen. Die Gesellschaft hat Bedürfnisse. Die Wirtschaft sollte so angelegt sein, dass sie Bedürfnisse befriedigt.
In einer modernen Gesellschaft, in der das Hauptgeschäft die Dienstleistung ist, gehört es zur politischen Realität, dass das zentrale „Bedürfnis“ sowohl ein „angemessenes Einkommen“ für die beruflich Dienstleistenden als auch das von ihnen verkündete wirtschaftliche Wachstum ist. Die Masken der Liebe und Fürsorge verschleiern diese Realität, sodass die Öffentlichkeit die professionalisierten Interessen nicht wahrnehmen kann, in deren Rahmen Bedürfnisse produziert werden, um eine Dienstleistungsökonomie zu rechtfertigen. (...)
Nehmen wir ihnen die Maske der Liebe einfach fort, dann blicken wir in das Gesicht von Dienstleistenden, die auf ein Einkommen angewiesen sind wie ihre Wirtschaft, die ohne Wachstum verdorren würde.“
(McKnight, 1977, S. 37 ff.)

1. Arbeiten Sie aus dem Text die zentralen Argumente zur Problematik des „Geschäftes mit der Nächstenliebe" heraus.
2. Geben Sie Beispiele für das Wachstum des Bereiches „sozialer Dienstleistungen" und die damit einhergehende Weckung neuer Bedürfnisse in Zusammenhang mit der Entwicklung neuer sozialpädagogischer Hilfeformen an.
3. Diskutieren Sie in Kleingruppen, welche Konsequenzen sich aus dem vorliegenden Text für das eigene Berufsrollenverständnis als Erieherin und die Standortbestimmung als Berufshelfer ergeben.

Neben der Erkenntnis, dass „Erziehung" niemals in einem luftleeren, apolitischen Raum stattfindet, dass also die Tätigkeit als Erziehender im Kindergarten, im Heim, in der offenen Kinder- und Jugendarbeit oder im Umgang mit Familien Teil einer gesellschaftlichen und öffentlichen Dienstleistung ist, liegt eine weitere Schwierigkeit der Rollenfindung als Helfer in der Verquickung von Ich-bezogenen Wünschen nach Anerkennung, Wert und Geltung mit den Bedürfnissen und Anliegen des oder der zu Betreuenden. Und dabei ist es egal, ob ich als Erzieher Kinder, Jugendliche oder Erwachsene betreue. Die Kunst, in einer helfenden Beziehung geregelt mit Nähe und Ferne zum anderen Menschen umzugehen, hängt mit einer genauen Selbstwahrnehmung eigener Wünsche nach Anerkennung, Lob oder Sympathie und der Unterscheidung von fremden Bedürfnissen nach Hilfe und Unterstützung zusammen. Der Spruch, dass „Maurer und Erzieher ihre Kelle sauber halten sollen", bezieht sich auf die sorgsame Differenzierung eigener bzw. fremder Anteile. Auf das Problem der „narzistischen" (auf das eigene Selbst bezogenen) Aufladung des Helfers am Klienten macht ein neuerer Text von Wolfgang Schmidbauer aufmerksam, der auch auf Ansätze der Psychohygiene für berufliche Helfer hinweist.

2.4.2 Über die Kunst des richtigen Helfens

„Die Helfer-Kultur ist in sich gespalten und widerspruchsvoll. Einerseits, eben am Schreibtisch, wird betont, wie wesentlich es ist, Fehler machen zu dürfen und über Fehler offen sprechen zu können. Auf der anderen Seite erlebt jeder, der unter Kollegen, die er nicht sehr gut kennt, eben dieser Verpflichtung nachgeht, wie beliebt es ganz unabhängig von diesem Dogma ist, das eigene Selbstgefühl dadurch aufzubessern, dass dem Fehlerhaften vermittelt wird, dem Kritiker könne niemals geschehen, was er da verbockt hat. Wer selbstbewusst ist, wird dennoch seine Fehler eingestehen und seine Kritiker kritisieren, und er wird auch erleben, dass sich diese zurückziehen und er unerwartet Sympathisanten findet.
Aber – zynisch gesagt – wer, der wirklich ein festes Selbstvertrauen besitzt, wählt den helfenden Beruf? Es gibt sicher Ausnahmen, und die Bedingungen dieser Berufsentscheidung sind so vielfältig wie andere auch. Aber die potenziell konfliktträchtige, irrationale Komponente dieser Motivation ist doch die, dass ein primär unsicheres Selbstgefühl dadurch stabilisiert wird, Abhängigkeit und Bedürftigkeit nach außen zu delegieren. Wer davon träumt, ein großer Helfer zu sein, signalisiert deutlich, dass er sich nicht eingesteht, wie verwundbar er ist und wie sehr er sich Liebe wünscht, ohne etwas dafür tun zu müssen – aber auch zu können. Der künftige Helfer träumt davon, etwas zu erwerben, das er von seiner Person abspalten kann, das er nicht ist, sondern das er hat, und mit dessen Hilfe er Liebe und Aufmerksamkeit gewinnt.
Man könnte sagen, dass der Helfer, weil er mehr als andere unsicher ist über die Liebenswürdigkeit seiner Person, sich ein zusätzliches Mittel wünscht, um Liebe zu erwerben oder, wenn das nicht gelingt, wenigs-

tens die emotionalen Beziehungen zu kontrollieren, die er eingeht. Das heißt auch, dass er sich in der glückenden Interaktion mit einem Schützling manisch, grandios und überlegen fühlt, während ihn umgekehrt die scheiternde Interaktion depressiv stimmt und ihn mit Gefühlen der Wertlosigkeit erfüllt. (...)
Auf den Segelschiffen gab es eine eiserne Regel für die Matrosen: eine Hand für das Schiff, eine für mich. Wer mit beiden Händen nach der Anerkennung durch die Klienten greift, stürzt leicht ab und nützt dann keinem von denen mehr, die er übereifrig retten wollte."
(Schmidbauer, 1997, S. 141, 145 f.)

Helferinteraktion aus kommunikationspsychologischer Sicht

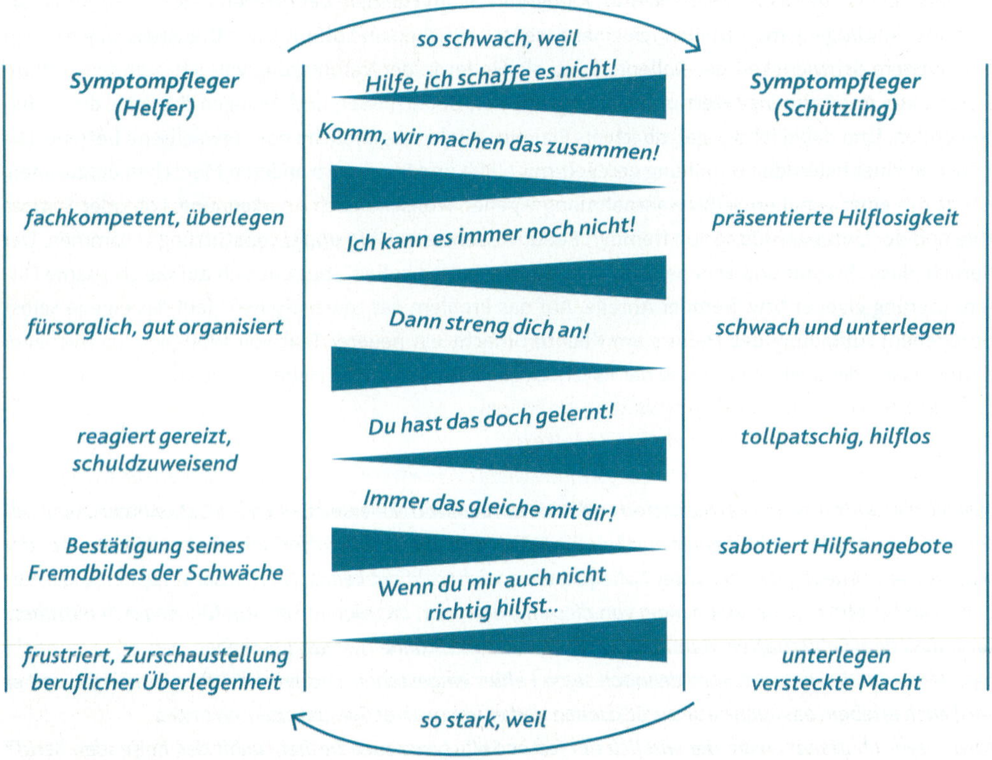

1. Erläutern Sie mithilfe von Textaussagen, wie es zum Verschwimmen der Kontur von Helfer und Schützling kommen kann.
2. Sammeln Sie Praxisbeispiele, die mit dem Problem der Unterscheidung eigener und fremder Anteile in der pädagogischen Arbeit zu tun haben.
3. Setzen Sie sich kritisch – auch unter Berücksichtigung der eigenen Berufswahlmotivation – in kleineren Gruppen mit der Argumentation W. Schmidbauers auseinander, indem Sie auch andere als auf das eigene Selbst bezogene Motivationen sammeln und mit den oben gemachten Aussagen vergleichen.
4. Entwickeln Sie im Gespräch in der Kleingruppe Vorschläge und Hilfsmöglichkeiten, die die Unabhängigkeit von Erziehern und Schützlingen fördern und objektive Unterstützungsmaßnahmen ermöglichen.

Grundpose des helfenden Stils

2.5 Erzieherische Beziehungsgestaltung als professionelle Hilfe

Eine Szene aus dem Erziehungsalltag im Heim

„Die Eltern der blauen Gruppe waren zum Elterntag eingeladen worden. Sie waren den ganzen Tag zu Gast. Kinder und Erzieher hatten Kuchen gebacken und Essen gekocht. Kinder, Eltern und Erzieher spielten zusammen in der Turnhalle und machten im Wald eine Sternwanderung mit anschließendem Picknick. Es waren Stunden mit vielen gegenseitigen Erfahrungen und Einsichten. Abends sehe ich, wie Marga, die Gruppenerzieherin, Geschirr und Reste, die vom gemeinsamen Essen übrig blieben, über den Hof trägt. Sabine, ein 12-jähriges Mädel dieser Gruppe, geht auch über den Hof, scheinbar ignorierend, wie sich die Erzieherin abmüht.
Ich weiß um die zusätzliche Arbeit, die ein solcher Elterntag macht und kenne das besondere Engagement der Erzieherin, und ich kenne aber auch Sabine und wie sie sich gerne „drückt" – wie wir so zu sagen pflegen. Die Erzieherin sehen und sich gleichzeitig an ihr Engagement zu erinnern und das Kind sehen und sich gleichzeitig an seine üblichen Einstellungen zu Anstrengung und Hilfsbereitschaft zu erinnern, führen im Hinblick auf die erzieherische Erwartung und das Erziehungsziel gegenseitiger Hilfe zu dem Impuls, Sabine aufzufordern oder zu bitten, doch mitanzupacken! Diesem Impuls komme ich nicht nach. Denn ich weiß von mir, dass mehr in mir ist, als der hier übliche erzieherische Impuls.
Angestoßen durch die Wahrnehmung (die überlastete Erzieherin und das „faule" Kind) – ich wählte hier bewusst eine solche wertende Zuschreibung – ist in mir ein Prozess abgelaufen, dessen Endprodukt – vielleicht unter dem scheinbaren Zwang, gleich handeln zu müssen – die bewusste Absicht ist, Sabine einen Impuls zu geben, hier zu helfen. Dieses „Endprodukt" liegt schon auf der Zunge: Sabine, pack doch mal mit an. Oder: Ich sehe, du hast nichts zu tun; oder gar: Das ist ja allerhand, dass du die Marga alleine schaffen lässt! Dann wäre ich schon dabei, eine Situation und den in ihr verflochtenen Menschen zu bewerten auf-

grund eines vorschnellen Urteils – eines Vorurteils: Sabine, die Drückebergerin. Jetzt sehe ich Sabine noch einmal genauer an. Sie schaut brummig drein. Hat sie sich etwa über Marga geärgert? Oder was ist da los? Ich weiß es nicht. Inzwischen bin ich aber in besseren Kontakt mit mir gekommen. Ich verweile und kann mich nun umfassender dem Kind erschließen, indem ich gerade die in mir ablaufende seelische Dynamik artikuliere und sie so mir selbst und dem Kind bewusst mache: „Ich sehe die Marga – sie hat noch viel zu tun!" – „Du hilfst ihr nicht!" Ich kann das jetzt ruhig sagen, als die Beschreibung dessen, was ich sehe.
Das will ich ihr zunächst sagen. Sabine wollte an mir vorbeigehen – jetzt verharrt sie halb abgewendet. Ich bleibe im Kontakt: „Du siehst es, und ich bin sicher, dass die Marga froh ist, wenn Du ihr helfen würdest." Sie äußert nur brummig: „Ich hab' keine Lust!" und geht langsam, sichtlich mit sich selber beschäftigt, weiter. Die so veränderte Situation nehme ich wieder auf: „Du gehst" – „Du bringst es jetzt nicht fertig, ihr zu helfen". Ich spüre eine wachsende Spannung in mir – ich habe die Beziehung aufgenommen. Ich habe uns beiden die Situation klar gemacht. Ich stehe unter Handlungsdruck und spüre die damit verbundene Spannung. Es ist eine unangenehme Empfindung, in der sich die Unklarheit meiner Gefühle spiegelt. Es ist Ärger und Enttäuschung, aber auch noch etwas anderes mit dabei. Was hindert mich aber im Augenblick, selber mitanzufassen? Mein Schreibtisch läuft nicht weg. Die Situation, das Hier und Jetzt ist nicht durch meine erzieherischen Absichten gegenüber Sabine, sondern auch gegenüber der Erzieherin bestimmt. Ich fühle mich selbst zur Hilfe motiviert. Ich erkenne, dass dies jetzt wichtig ist und aus dieser Bewertung heraus kann ich jetzt zu Sabine feststellend – nicht vorwurfsvoll – sagen: „Marga braucht jetzt Hilfe, Du bringst es nicht fertig, ihr zu helfen – dann helfe ich ihr!" Jetzt gehe ich mit ihr zusammen zurück, um aus dem Gästehaus weiteres Geschirr zu holen. Neben Sabine hergehend, wird mir jetzt klar, dass sie ganz allein hier im Hof ist. Die anderen Kinder der Gruppe sind nicht da. Ich selbst habe nicht mitbekommen wie der Elterntag in der letzten Stunde verlaufen ist. Genau dies sage ich ihr und jetzt wird mir plötzlich klar: ihre Mutter ist früher als die anderen Eltern gefahren. Das ist wohl der tiefere Grund ihrer Misslaunigkeit. „Sabine, das passt Dir nicht, dass Deine Mutter schon so bald weggefahren ist" – Jetzt kann ich kurz meinen Arm um ihre Schultern legen. Ich bin näher dran – eine Antwort erwarte ich nicht mehr. Jetzt will ich nichts mehr von ihr. Sie hat im Augenblick wahrlich genug zu tragen an diesem Gefühl der Verlassenheit – und dann soll sie auch noch das Kaffeegeschirr ihrer Mutter wegtragen, die sie als erste verlassen hat, obwohl die Mutter gar nicht so weit weg wohnt. Mit meiner Hand, mit der ich sie etwas näher an mich herandrücke, bringe ich wohl nun besser zum Ausdruck, was ich empfinde, als durch in diesem Augenblick unnötige, sicher nur störende Worte. Danach löse ich mich sanft von mir und gehe die Treppe hinauf, um zu tun, was ich vorher als meine Entscheidung mitgeteilt hatte. Im Weitergehen überlege ich, was mit Sabine weiter geschehen müsse. Marga bestätigt das Dilemma. Die Mutter hat sich so „auf die feine englische Art davongemacht!" Der Erzieherin war schon vorher klar, was mir erst in der geschilderten Situation klar werden musste. Wir packen zusammen an – und etwas später ist auf einmal Sabine mit dabei."
(Flosdorf, 1988, S. 115 ff.)

„Dem Kind Raum geben"

1. Analysieren Sie mithilfe des Schemas zum Aufbau der Helferrolle, welche unterschiedlichen Rollenanteile in der helfenden Beziehung in diesem Beispiel angesprochen werden.
2. Arbeiten Sie die unterschiedlichen Prozessmerkmale in der gelungenen Interaktion zwischen Erzieher und Kind heraus.
3. Charakterisieren Sie die Werte und Normen, die in der pädagogischen Grundhaltung des Erziehers in dieser alltäglichen Begegnungssituation zum Vorschein kommen.

Die Grundsätze einer kommunikativen Begegnungspädagogik, wie sie in der gerade beschriebenen Konfliktsituation geschildert werden, lassen sich selbstverständlich auf andere pädagogische Bereiche des Kindergartenalltags oder der Arbeit in der Behindertenhilfe bruchlos übertragen.
Wesentliche Elemente der offenen Begegnungshaltung zwischen Erzieherin und Schützling sind:
- die bedingungslose Akzeptanz des anderen mit den an ihm wahrgenommenen Gefühlen, Stimmungen und Reaktionen,
- die Offenheit des Umgangs mit sich und dem anderen, wobei der Erzieher ein Modell für das Verhalten des Kindes ist,
- das Bemühen um eine vorurteilsfreie, wertneutrale Eigen- und Fremdwahrnehmung, die zur Basis des Aufbaus wechselseitigen Vertrauens wird.

In der Begegnung zwischen Erzieher und Kind versteht sich der Pädagoge als sein eigenes pädagogisches Instrument. Seine Empfindungen, Wahrnehmungen, Handlungsimpulse und Ausdrucksmöglichkeiten werden zum Spiegel der blockierten Gefühle des Kindes, das sich durch ein Misserfolgserlebnis getrennt und entfernt von anderen erlebt. Die annehmende, verstehende pädagogische Haltung hilft dem Kind, diese emotionale Barriere zu überwinden und Vertrauen in die soziale Umwelt wieder aufzubauen. Das folgende Modell der helfenden und heilenden Beziehung zwischen Erzieher und Kind veranschaulicht die Bestandteile und den Prozess des Beziehungsaufbaus.

Beziehung als erzieherische Hilfe

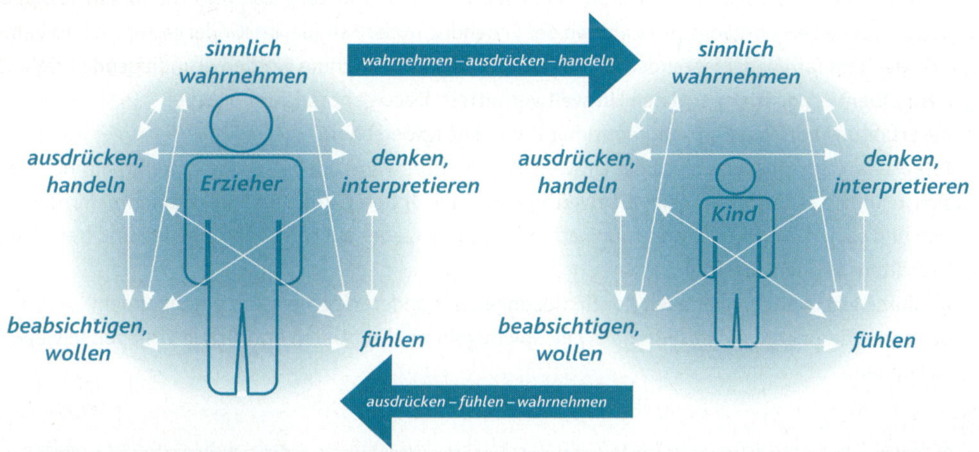

(Quelle: Flosdorf, 1988, S. 120 f.)

Was hier als Prozess zwischen Erzieher und Kind abläuft, ist Teil einer komplexen Erziehungswirklichkeit. Das Kind und der Erzieher treten als Interaktionspartner in einem Veränderungsprozess auf, an dem beide gleichrangig beteiligt sind. Im Erzieher läuft dabei ein innerer Dialog ab zwischen den Polen Wahrnehmen, Denken, Fühlen, Beabsichtigen und Handeln. Der erste Impuls des Helfers, im obigen Beispiel Sabine gegenüber, bestand darin, sie zurechtzuweisen und für die Arbeit zu motivieren. Die Überprüfung der Wahrnehmung (Sabines brummiges Gesicht) führte zu einer veränderten Haltung. Der Erzieher begibt sich auf die Suche und spiegelt seine Wahrnehmungen wider. Eine neue Kontaktbasis entsteht. Aufgrund dieser neuen Basis entwickelt sich ein neues Verstehen der belastenden Situation Sabines, das die pädagogische Lösung der Situation vorbereitet.
Die Prozessdynamik in der Begegnungspädagogik verläuft spiralförmig. Wahrnehmen, Verstehen, Erklären und die Suche nach einer Kontaktbasis verstärken wechselseitig die pädagogische Beziehung. Pädagogische Hilfe in dieser Form setzt natürlich eine gute Selbstwahrnehmung und eine Menge Erfahrungswissen voraus, die Berufsanfänger durch Selbstbeobachtung und Reflexionsgespräche mühsam erwerben müssen. Trotzdem liefert dieses Modell der pädagogischen Beziehungsarbeit einen Eindruck, aus welchen komplexen Eigenschaften sich sozialpädagogische Schlüsselqualifikationen zusammensetzen.

Erziehung als Sozialisationshilfe

Unter „Sozialisation" versteht man den Prozess der Übernahme von sozialen Rollen und des Hereinwachsens in diese Rollen, die die Gesellschaft für Menschen bereithält. Soziale Einstellungen und Verhaltensweisen, soziale Wertorientierungen, die Fähigkeit, sich in andere einzufühlen und zu kommunizieren, Konflikte einzugehen und zu lösen, sind soziale Fähigkeiten, die in der Rollenübernahme gelernt werden. Sozialisation und soziales Lernen setzen nach der Geburt ein und prägen ein Leben lang die Entwicklung des Menschen bis hin zur Verarbeitung des Ausscheidens aus dem Beruf und die Erfahrung von Trauer und Tod bei Verlust von Partnern oder Angehörigen.
Die anthropologische[1] Grundlage der Sozialisationserfahrung besteht in dem angeborenen Kontakt- und Orientierungsbedürfnis von Menschen. Die Fähigkeit zur Interaktion (das wechselseitige Verhalten aus sozialen Rollen heraus) und zur Kommunikation (die Übermittlung von Informationen) bilden die Basis für soziale Lernvorgänge. Im Rahmen der Erziehung in der Familie, im Kindergarten, in familienergänzenden und familienersetzenden Einrichtungen oder in der Schule werden grundlegende Erfahrungen zur Orientierung in der sozialen Umwelt vermittelt. Dazu gehören zum Beispiel:

- die Erfahrung von Konstanz und Kontinuität von Bezugspersonen,
- Fähigkeiten, Informationen aus der Umwelt zielgerichtet wahrzunehmen und zu verarbeiten,
- sich in andere emotional hineinversetzen zu können oder deren Rolle im Spiel kennen zu lernen,
- sich und seinen Wert in der Kommunikation zu erfahren, aber auch Grenzen eigenen und fremden Verhaltens kennen zu lernen,
- Konflikte einzugehen, aber auch Konfliktlösungen mit anderen gemeinsam auszuhandeln,
- Wertorientierungen und gesellschaftliche Spielregeln zu akzeptieren und sich in Gruppen bewegen zu können.

1: *Anthropologie ist die Wissenschaft vom Menschen und seiner Entwicklung in natur- und geisteswissenschaftlicher Hinsicht.*

Gerade die frühen Sozialisationsprozesse sind dadurch gekennzeichnet, dass die Interaktion zwischen Erziehern und Kindern oder Heranwachsenden komplementär (sich ergänzend) aufgebaut ist, so in der Eltern-Kind-Beziehung, im Verhältnis zwischen Lehrer und Schüler oder der Situation Ausbilder und Auszubildender.

Bei solchen komplementären sozialen Positionen geht es in erster Linie nicht um die Frage von Über- oder Unterordnung oder des sozialen Wertes, sondern um die klare Zuordnung der Positionen im sozialen Feld, wobei sich die Interaktionen wie ein Schlüssel im Schloss wechselseitig ergänzen und verstärken. Mit der Zunahme sozialer Autonomie bei den Kindern verändert sich auch das Helferverhalten der Erzieher. Von der elterlichen Fürsorge und Verhaltenskorrektur verlagert sich das Schwergewicht hin zur Motivation und Unterstützung der Initiativen des Kindes, bis letztlich das solidarische Begleiten des Herauswachsens von Kindern aus der Familie die Erziehung abschließt. Dieser Prozess erzieherischer Hilfen verläuft dann wachstumsorientiert und produktiv, wenn Erzieher ihr Verhalten dynamisch auf die veränderten sozialen Bedürfnisse von Kindern einstellen können und in Kontakt mit ihnen bleiben. Werden Bindungs- und Orientierungsbedürfnisse von Kindern ignoriert, missachtet oder vorzeitig an die Seite geschoben, kann es zu gravierenden Störungen im sozialen Entwicklungsprozess von Kindern und Jugendlichen kommen.

Merkmale gelungener Interaktionen und Lenkung

Merkmal	Muster	Elemente
1. Initiative und Empfang (0 – 6 Jahre) 	Aufmerksam sein	• Zuwenden • Anschauen • Freundlicher Gesichtsausdruck • Freundlicher Tonfall • Freundliche Körperhaltung
	Sich einstimmen	• Dem Kind folgen • Kopfnicken • „Ja" sagen • Zustimmend benennen • Mitmachen
2. Austausch in der Runde (6 Jahre +) 	Kreis bilden	• In die Runde schauen • Den Kreis einbeziehen • Empfang bestätigen
	An die Reihe kommen lassen	• Jeder ist gleichermaßen dran • Du bist dran, ich bin dran

Merkmal	Muster	Elemente
3. Sich gemeinsam beraten (12 Jahre +) 	Meinungsbildung	Meinung • äußern • annehmen • austauschen • untersuchen
	Inhalte	Themen • vorschlagen • ausarbeiten • verändern
	Beschlüsse fassen	Absprachen • vorschlagen • vereinbaren • verändern
4. Mit Konflikten umgehen (16 Jahre +) 	Gegensätze benennen	• Absichten untersuchen
	Kontakt wiederherstellen	• Phase 1, 2, 3 wiederaufsuchen und verstärken
	verhandeln	• Standpunkte feststellen • Regeln vereinbaren

(vgl. Eylarduswerk (Hrsg.), 1996)

Grundgedanken des „Video-Home-Trainings" in der pädagogischen Arbeit

1985 wurde in der stationären und teilstationären Jugendhilfeeinrichtung „De Widdonck" in den Niederlanden ein videogestützes Verfahren in der Elternarbeit entwickelt und ausprobiert mit dem Ziel, Erziehungsprobleme und Kommunikationsstörungen zwischen Eltern und Kindern pädagogisch zu bearbeiten, um die Integration der Kinder und Jugendlichen im Familienverband zu erhalten bzw. eine Wiederaufnahme von Kindern in die Familie zu ermöglichen. Die Grundlage der pädagogischen Arbeit mit den Eltern und Kindern liefern Videoaufnahmen in für Familien typischen Alltagssituationen, z. B.. beim gemeinsamen Essen, beim Spielen, beim gemeinsamen Gespräch oder Spielplatzsituationen, um lösungsorientierte Hilfen für die Kommunikation zwischen Eltern und Kindern zu entwickeln. Die Maxime der Niederländer für ihre pädagogische Arbeit mit den Familien geht konsequent davon aus, die Familien in dem zu bestärken, was gut ist in der Interaktion zwischen Eltern und Kindern. Nicht die Probleme der Familien stehen im Vordergrund,

sondern die positiven Ansätze der familiären Kommunikation. Die Videomitschnitte werden Bild für Bild, Sequenz für Sequenz, erst durch den „Video-Home-Trainer", dann zusammen mit den Familien angeschaut und ausgewertet. Eine Trainingseinheit umfasst etwa 8 – 10 über einen mehrmonatigen Zeitraum verteilte Treffen mit den Familien. Immer lassen sich positive Anteile im Verhalten der Familien herausarbeiten und gezielt verstärken, die zur Grundlage gelungener Familieninteraktion werden können. Aus Sicht der Psychologie gehen in dieses pragmatisch ausgerichtete Verfahren Gedanken aus der Verhaltenspsychologie, aus der Familientherapie und der Kommunikationspsychologie ein. Insbesondere aber auch die Beobachtungen, die man zum Bindungs- und Kontaktverhalten von (Klein)kindern zu ihren Hauptbezugspersonen gemacht hat, spielen in der videogestützten Beobachtung der Familien ein große Rolle.
Kinder und Kleinkinder haben von Geburt an ein festgelegtes Grundmuster, mit dem sie **Kontakt** herstellen und **Initiativen** der Betreuungsperson auslösen. Bindungswünsche des Kindes und elterliche Fürsorge passen wie der Schlüssel in ein Schloss. Bis etwa zum 12. Lebensjahr überwiegen noch die Kontaktwünsche des Kindes zu den Eltern und werden erst danach durch andere altersspezifische Kontaktmuster abgelöst. Die Grundprinzipien eines guten Kontaktverhaltens von Erziehungspersonen beinhalten einige grundlegende, für Kinder aber äußerst wichtige Signale, die sowohl sprachlich als auch über die Körpersprache ausgedrückt werden:

- über die Herstellung des Blickkontaktes,
- über das Verbalisieren dessen, was ich beim Kind sehe oder was mich an seinem Verhalten beschäftigt,
- die Verstärkung der Initiativen des Kindes durch verbale Wiederholung, Kommentierung oder Beantwortung,
- durch die positive Lenkung und Führung der Initiativen des Kindes nicht nur durch Verbote, sondern mit der Benennung dessen, was erwünscht und akzeptiert würde,
- durch die gerechte Verteilung der Aufmerksamkeit gleichmäßig auf alle Kinder, sodass bei keinem Kind der Eindruck entsteht, es käme zu kurz oder es würde ungerecht behandelt.

(vgl. Eylarduswerk (Hrsg.), 1996)

Seit Beginn der 1990er-Jahre hat sich das „Video-Home-Training" auch in Deutschland besonders im Heimbereich und in der sozialpädagogischen Arbeit mit Familien etabliert. Aber auch in anderen Praxisbereichen wird das „Video-Home-Training" mittlerweile eingesetzt. Denn die Grundregeln für einen gelungenen Kontakt und positive Lenkung gelten selbstverständlich auch für Berufserzieher, sodass das „Video-Home-Training" zum Beispiel zur Verbesserung des Kontakts von Erzieherinnen in Kindergärten, Wohngruppen, in der Teamarbeit oder in Unterrichtssituationen von Lehrern in der Schule angewendet wird. Auch einige Fachschulen sind bereits dazu übergegangen, das Kontaktverhalten und die Initiativgebung angehender Erzieherinnen durch den gezielten Einsatz des VHT in der praktischen Ausbildung vor Ort zu verbessern.

3 Sozialpädagogische Methoden

Der Weg von der ehrenamtlichen Hilfe über staatlich-fürsorgerische Maßnahmen hin zum Bild moderner sozialpädagogischer Berufe (Sozialpädagoginnen, Sozialarbeiterinnen und Erzieherinnen) ist durch die Entwicklung und den Aufbau eines geregelten Instrumentariums von Arbeitsansätzen mit geplantem Vorgehen gekennzeichnet. Ein wesentliches Ziel der sozialpädagogischen Arbeit heute wie früher ist es, soziale oder psychische Gefährdungen von Kindern, Heranwachsenden, Jugendlichen oder aus anderen Gründen benachteiligten Menschen frühzeitig zu erkennen und individuell zugeschnittene Lösungen zu entwickeln.
Der Begriff „Methode" (*griech.: methodos = Weg zu etwas hin/Weg einer Untersuchung*) in der Sozialpädagogik sollte deshalb auch in einem wortwörtlichen Sinn aufgenommen und verstanden werden. Er stellt die Frage nach dem richtigen Weg einer Problemlösung, nach einem planmäßigen Vorgehen, wie die Schwierigkeiten eines Menschen in der Begegnung mit dem Sozialpädagogen am besten bewältigt werden können. Je nach Problemlage, die ich bei einem Menschen antreffe, kommen daher unterschiedliche (Methoden) Wege in Frage, die ich einschlagen kann und die manchmal auch erst kombiniert zum Ziel führen.
Anders als in der Schulpädagogik geht es bei dem Begriff „Methode" in der Sozialpädagogik nicht so sehr um das „Wie" der Vermittlung von Lehrinhalten, sondern um wissenschaftlich begründete Arbeitsansätze, die die Hauptrichtung der Arbeit mit Menschen festlegen. Sie bieten zudem den Vorteil, dass sie Ziele und Inhalte der sozialpädagogischen Arbeit argumentativ und wissenschaftlich begründen. Das entspricht der Forderung nach Fachlichkeit und Qualität sozialpädagogischer Arbeit, die von Eltern, gesellschaftlichen Institutionen und Politik mit Recht eingefordert werden. Hintergrundwissen aus dem Bereich der Soziologie, der Pädagogik, der Psychologie, rechtliche Kenntnisse und politische Analysen gehen in das Handwerkszeug von Erzieherinnen zur professionellen Hilfe am Menschen ein. Die Sozialpädagogik ist eine integrative, praxisorientierte Wissenschaft, die sich bemüht, Problemlösungen situationsangemessen und auf die Bedürfnisse des Einzelnen oder von Gruppen individuell zugeschnitten zu entwickeln. Das bedeutet in der Praxis, dass es kein Rezept oder starres Handlungsschema zur Bewältigung eines Problems gibt. Die sozialpädgogische Arbeit von Erziehern lebt von der Flexibilität, mit der eigene persönliche Bedingungen und Stärken, theoretische Kenntnisse und Erfahrungswissen auf gesellschaftliche Problemzusammenhänge übertragen und Lösungen erarbeitet werden. Eine alle Schwierigkeiten von Menschen oder gesellschaftliche Notstände umfassende allgemeine sozialpädagogische Theorie gibt es nicht. Deshalb sollte die Einführung in die sozialpädagogische Methodenlehre auch nur zur groben Orientierung im Berufsfeld dienen. Zu den Methoden der Sozialpädagogik gehören:

- die *Einzelfallhilfe* (Casework),
- die *soziale Gruppenarbeit* (Social Groupwork),
- und die *Gemeinwesenarbeit* (Social Community Organization).
- Zunehmend ergänzen Erkenntnisse aus der *Familientherapie* (Systemische Ansätze) diese klassischen drei Methoden im Aufbau eines sozialpädagogischen Handlungskonzeptes.

Neben unterschiedlichen wissenschaftlichen Hintergründen kommen in diesen Arbeitskonzepten der Sozialpädagogik ebenfalls bedeutende Unterschiede in den anthropologischen Auffassungen über den Menschen und in Bezug auf ethische Werte und Normen zum Tragen, die in die Definition der beruflichen Rolle der Erzieherin eingehen und deren professionelle Haltung prägen. Zu grundlegenden Werten und Normen, die in die professionelle Haltung sozialpädagogischer Berufe (**Berufsethos**) einfließen, gehören:

- ein grundlegendes demokratisches und humanistisches Wertverständnis in der Beachtung von Würde und Freiheit anvertrauter Menschen (Schweigepflicht und Klientenschutz als Grundlage der Arbeit),
- eine akzeptierende, bejahende, auf Partnerschaft und Solidarität aufgebaute Begegnungshaltung, die es dem anderen ermöglicht, Vertrauen aufzubauen (Respekt und Wertschätzung als Basis des Handelns),
- ein von den pädagogischen Zielen her auf Emanzipation (Befreiung) und Autonomisierung (Selbstverantwortung) angelegter pädagogischer Prozess, der die Unabhängigkeit und Individualität aller Menschen achtet (Integration und Wachstum).

Die methodischen Grundschritte, die das Arbeitsvorgehen in der Sozialpädagogik bestimmen, sind bei allen vier vorgestellten Hauptmethoden identisch. Man bezeichnet sie als so genannten Dreischritt im geordneten Prozessablauf von Informationssammlung, -auswertung und darauf aufbauenden Fördergesichtspunkten:

- Fallstudie/Erhebung
  (**PSA** = Psychosoziale Anamnese)
- Auswertung und Analyse
  (**PSD** = Psychosoziale Diagnose)
- Planung und Förderung
  (**PSF** = Psychosoziale Förderung)

Prozessdiagnostik

(vgl. Kunert/Zeissner, 1986, S. 104)

Die Abfolge dieser drei Schritte ist als ein offener Prozess zu verstehen, in dem zu jeder Zeit Planungsgrundlagen und Zielvorstellungen aufgrund neuer Informationen oder Beobachtungen korrigiert werden können. Ein Mittel zur Korrektur des Handelns und der (Selbst)wahrnehmung ist die fallbezogene Supervision (psychologische Fachberatung) oder kollegiale Beratung, in der die Wahrnehmung des Falles überprüft und häufig neue Zugänge oder Ansätze sichtbar gemacht werden können.

3.1 Sozialpädagogische Problemlagen

Alexander K. ist neun Jahre alt, schmächtig, von blasser Gesichtsfarbe und sehr zurückhaltendem Auftreten in Kontakten zu gleichaltrigen Kindern und im Gespräch mit Erwachsenen. Er besucht die 3. Grundschulklasse in einer Kleinstadt im ländlichen Raum. Seit einigen Monaten beobachten die ihn unterrichtenden Lehrerinnen und Lehrer, dass sich der sowieso immer unsicher wirkende Junge innerhalb der Klassengemeinschaft noch mehr isolierte. Er bekam im Unterricht überhaupt nicht mehr den Mund auf, beteiligte sich nicht an Spielen auf dem Schulhof oder in der Klasse und starrte während des Unterrichts häufig minutenlang vor sich hin oder schaute aus dem Fenster. In den Pausen versteckte sich Alexander vor den anderen Kindern im Gebüsch nahe der Turnhalle. Einige Male lief er im letzten Schulhalbjahr auch aus der Schule davon und verbrachte die Zeit bis zum Schulschluss in der Stadt. Beim Umkleiden für den Sportunterricht sah der Sportlehrer als Spuren wahrscheinlicher Misshandlungen handtellergroße Hämatome (Blutergüsse) und Striemen im Bereich des Rückens. Auf Befragen gab Alexander an, er wisse nicht, woher seine Verletzungen stammen. Er versuchte diese Verletzungen beim Umkleiden und Duschen vor den anderen Kindern zu verstecken. Aufgrund der festgestellten Verletzungen, die auf gewalttätigen Missbrauch in der Familie hindeuteten, wurde von der Klassenlehrerin das Jugendamt eingeschaltet, um die Grundschule im Umgang mit dem Problem zu beraten.

Alexander stammt aus einer Aussiedlerfamilie, die vor 4 ½ Jahren aus Kasachstan in die Bundesrepublik übergesiedelt ist. Er wuchs in einem Dorf innerhalb eines Großfamilienverbandes mit Cousins und Cousinen, Großeltern, Tanten und Onkeln auf. Er hatte viel Platz zum Spielen mit seinen Freunden im Dorf, betreute die Tiere (Gänse, Enten, Kaninchen, Tauben), die die Familie hielt. 1995 übersiedelte die Familie K. in die Bundesrepublik Deutschland wie auch schon große Teile der Familie vor ihr. Herr K. ist 43 Jahre alt, gelernter Landmaschinenmechaniker, Frau K. ist 36 Jahre alt. Das Ehepaar ist seit Juli 1986 verheiratet. Im Jahr darauf wurde die älteste Tochter Vera geboren. Es folgten Alexander (1990), sein Bruder Sergej (1993) und kurz nach der Übersiedlung der Familie Max (1996). Wenn seine jüngeren Brüder aus dem Kindergarten kommen, ist es die Aufgabe von Alexander, auf sie aufzupassen. Alexander kann sich in der deutschen Umgangssprache fließend ausdrücken, wobei seine Sprache noch eine leichte Akzentfärbung aufweist.

Nach ihrer Übersiedlung wohnte die Familie ein halbes Jahr in einem Übergangsheim in einer 2-Zimmer-Behelfswohnung. Anfang 1996 zogen sie in ein Mehrfamilienhaus in eine 4-Zimmerwohnung in eine kleine Stadt in Norddeutschland. Das Siedlungsgebiet, in dem kaum Möglichkeiten zum Spiel draußen gegeben sind, liegt am Stadtrand. Im Laufe der letzten Jahre hat sich hier durch den Zuzug von Aussiedlerfamilien, ausländischen Familien und sozial benachteiligten einheimischen Familien ein sozialer Brennpunkt entwickelt. Zu den Problemen, die in diesem Stadtgebiet in Erscheinung treten, gehören Sozialhilfebezug, Arbeitslosigkeit und Alkoholkonsum in den Familien, die schwierige Erziehungssituation alleinerziehender Frauen mit Kindern und Nachbarschaftsstreitigkeiten um die Übernahme von Aufgaben in der Hausgemeinschaft.

Zum Erscheinungsbild dieses Stadtteils gehören Heranwachsende und Jugendliche, die sich nachmittags und abends auf Schulhöfen und Parkplätzen vor Geschäften treffen, weil sie keine Möglichkeiten zur Freizeitgestaltung haben. Mangelnde Sportangebote und das Fehlen eines Jugendzentrums in einer unattraktiven, verwahrlosten Umgebung verschärfen die sozialen Probleme weiter. Schlägereien zwischen den unterschiedlichen jugendlichen Gruppen, Drogen- und Alkoholkonsum, Randalieren und Diebstähle in den umliegenden Geschäften gehören mittlerweile zum Tagesgeschehen in dieser menschenfeindlichen Lebenswelt. Hohe Mieten und ausstehende Renovierungsarbeiten gegen Schwamm- und Schimmelbefall in den Wohnungen führen immer wieder zu Auseinandersetzungen der Mieter mit den Wohnungbaugesellschaften und -genossenschaften, die in den 1960er-Jahren dieses Wohngebiet gebaut haben.

Alexanders Familie hat mit all diesen Problemen in der Nachbarschaft ihres Stadtteils relativ wenig zu tun. Sie lebt sehr isoliert in ihrer Wohnung und besitzt keinerlei Kontakt zu anderen Familien. Die Verwandtschaft aus dem Ursprungsort der Familie K. lebt von Nord bis Süd verstreut in den unterschiedlichsten Regionen in Deutschland. Der Vater von Alexander hat schnell nach der Übersiedlung der Familie eine Anstellung in einer Tiefbaufirma gefunden. Er gilt als ungemein arbeitsam und fleißig, in seiner freien Zeit greift er auch häufig zur Flasche. Die Mutter von Alexander ist eine einfache Frau. Sie wirkt verschüchtert und ratlos, wenn sie auf das Verhalten von Alexander angesprochen wird. Sie arbeitet mit wechselnden Einsatzzeiten Teilzeit in einer Gebäudereinigungsfirma. In einem Elterngespräch in der Schule auf die Verletzungen angesprochen, meinten beide Elternteile, dass diese sicherlich auf Schlägereien mit Mitschülern oder Unfälle beim Spielen zurückzuführen seien. Angesprochen auf die beschriebenen Kontaktschwierigkeiten Alexanders wussten beide keine Erklärung dazu. Was das Weglaufen aus der Schule beträfe, meinte Alexanders Vater, dass in Deutschland die Lehrer zu wenig Autorität hätten: „Ein paar Schläge, die machen doch nichts, die bringen Kinder auf den geraden Weg", meinte er. Seine anderen Kinder seien doch auch alle in Ordnung, zu essen gäbe es genug, Kleidung zum Anziehen auch, die Kinder hätten ein sorgenfreies Leben.

1. Gehen Sie den vorliegenden Fallbericht durch und benennen Sie die unterschiedlichen Einflussgrößen, die auf die Lebenssituation Alexanders einwirken.
2. Erläutern Sie an diesem Fall die Probleme des Kindes aus Sicht der Grundschullehrerin, einer Erzieherin im Kindergarten, wo die beiden jüngeren Geschwister untergebracht sind oder eines Jugendamtmitarbeiters bei der Entwicklung weiterführender Hilfen.

Am Beispiel des neunjährigen Alexanders, an dessen Stelle auch ein Kind aus dem Kindergarten, ein misshandeltes Mädchen in einem Kindertreff oder eine Frau in einem Frauenhaus hätte stehen können, zeigt sich etwas, was die soziale Arbeit ungemein schwierig macht. Neben dem Impuls im Helfer, unmittelbar und sofort einzugreifen, das Kind also aus der Familie herauszunehmen und zu schützen, was an den eigentlichen Problemen selten etwas ändert, lässt sich aufgrund der Vielschichtigkeit und Verwobenheit der Situation kaum ein Ansatzpunkt finden, der auf Anhieb zu einer Lösung führen könnte. Die verschiedenen Faktoren, die auf die Lebenssituation Alexanders einwirken, lassen sich in Form einer Grafik veranschaulichen.

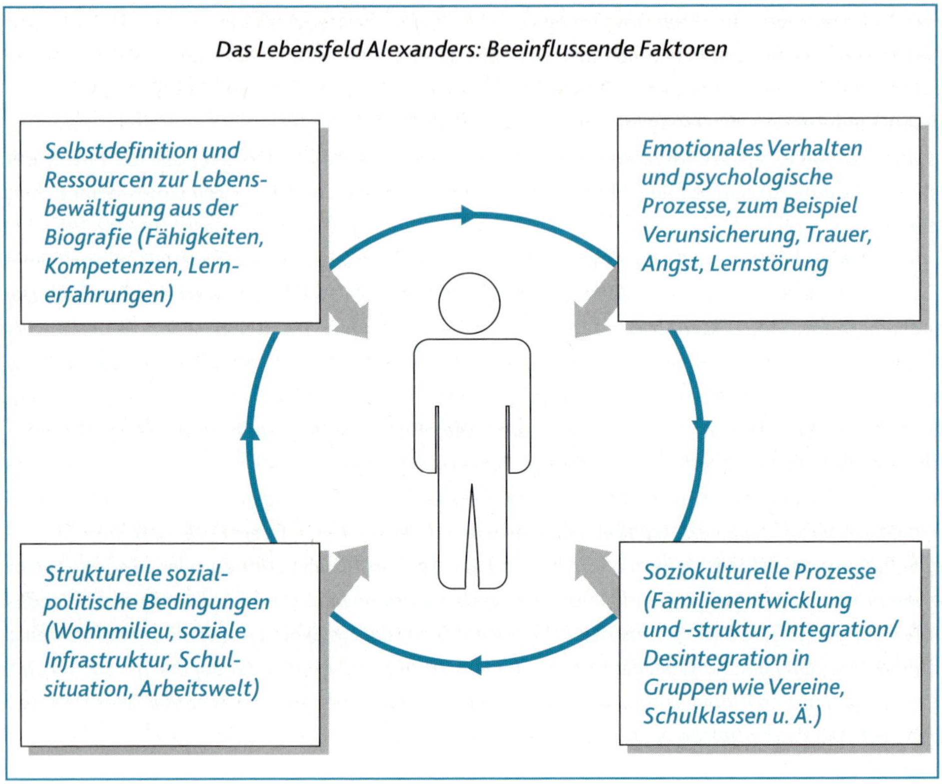

An diesem Fallbeispiel zur Gewaltsituation in einer Familie lassen sich die unterschiedlichen psychosozialen Faktoren darstellen, die auf die Lebenssituation des neunjährigen Alexanders Einfluss nehmen. Sie tragen in sich Möglichkeiten zur sozialpädagogischen Intervention (Einflussnahme) in den Problemzusammenhang.

1. Auf der Ebene des Einzelfalles zeigen sich bei Alexander die psychischen Folgen der Gewalterfahrung in der Familie in Form von Verhaltensauffälligkeiten wie emotionaler Verschlossenheit, Tendenzen des Weglaufens, die Störung des Selbstwertes und vieles mehr.
2. Damit zusammenhängend ist gleichzeitig die soziale Dimension des Falles betroffen. Erstens liegt der Ursprung der Gewalt im sozialen System der Familie und zweitens sind soziale Prozesse von Alexanders Integration in Gruppen betroffen. Hierzu zählen auch die Veränderung kultureller Werte und Erziehungsvorstellungen, die Aussiedlerfamilien bei der Übersiedlung häufig als „Kulturschock" erleben und das System Familie bis an die Grenze der Belastungsfähigkeit bringen kann.
3. Nicht zuletzt wirken auch sozialökologische Faktoren der sozialen und politischen *Verfassung des Gemeinwesens* (Städte, Stadtviertel, Dörfer) auf die familiäre Situation und individuellen Bedingungen zurück. Sozialpolitische Bedingungen, die einen immensen Einfluss auf die Gestaltung von Lebensmöglichkeiten und die Bereitstellung pädagogischer Hilfen ausüben können, sind die Situation des regionalen Arbeitsmarktes, das Wohnmilieu, die Höhe der Mieten, Möglichkeiten zum Spielen für

Kinder, Angebote der Kommunikation oder der Freizeitgestaltung in einem Wohnviertel, Erreichbarkeit und Öffnungszeiten von Kindergärten, Schulen und die Möglichkeit nachschulischer Betreuung. Leider ist diese kritische politische Sicht auf soziale Räume und ihre Gestaltungsmöglichkeiten in den letzten Jahrzehnten zunehmend in Vergessenheit geraten.

4. Als letzte Ebene des Falls „Alexander" habe ich die Dimension der Ressourcen hervorgehoben. Das sind die bislang verborgenen Hilfs- und Wachstumsmöglichkeiten einer Person, eines sozialen Systems oder eines sozialökologischen Milieus. Man versteht darunter die Erschließung und Stärkung von Selbsthilfekräften, die jeder Mensch für die Verbesserung und Überwindung seiner Lebensschwierigkeiten in sich trägt. Darin einbegriffen sind ebenfalls die Möglichkeiten der Aktivierung von neuen Problemlösungsfähigkeiten im System Familie oder die Mobilisierung von Ressourcen im sozialen Nahraum wie zum Beispiel der Nachbarschaft oder Gemeinde-Institutionen.

Aus der Analyse des Falls lassen sich drei wesentliche Aspekte herausheben, die gerade für Berufsanfänger in der Sozialpädagogik von großer Bedeutung sind:

- Das Allheilmittel oder eine universelle Methode im sozialpädagogischen Arbeitsfeld gibt es nicht und kann es angesichts der Komplexität von Problemlagen nicht geben.
- Was die Arbeit im sozialpädagogischen Feld schwierig macht, ist die Mehrdimensionalität der unterschiedlichen Faktoren, die in Wechselwirkung zueinander stehen, sodass man selten Ursache- und Wirkungszusammenhänge (Kausalketten) ausmachen kann.
- Die Kunst der geplanten sozialpädagogischen Hilfe besteht nicht zuletzt im Auffinden des Punktes, von dem aus sich ein Problem „aushebeln" lässt. Ansatzmöglichkeiten dazu lassen sich auf jeder Ebene des vorgestellten Regelkreises finden.

3.2 Einzelfallhilfe (Casework)

Die Grundzüge der sozialen Einzelfallhilfe wurden in den USA bereits während und unmittelbar nach dem Ersten Weltkrieg vor allem durch Mary E. Richmond geprägt. Wie der Name schon ausdrückt, geht es in der Einzelfallhilfe um die Beseitigung sozialer Probleme, in die ein Mensch sich verstrickt und die er aus eigener Kraft nicht mehr bewältigen kann. Dazu gehören Armut, Erziehungsprobleme, mangelnde Gesundheitsvorsorge, Arbeitslosigkeit, Drogen- oder Alkoholabhängigkeit, Gewalt in Familien, Straffälligkeit und vieles Andere mehr. In ihrem Ursprung ging die Einzelfallhilfe davon aus, dass es in jedem Menschen Kräfte gibt, die es ihm ermöglichen, sich durch eigenes Bemühen aus Problemen zu lösen und sich selbst zu helfen. Dadurch, dass man dem Einzelnen hilft, sich zu entwickeln und sich in seiner sozialen Umgebung wieder zurechtzufinden, wird gleichzeitig der Demokratisierungsprozess in einer Gesellschaft vorangetrieben. Die vordringlichste Aufgabe der Gesellschaft sollte nach der Auffassung Mary Richmonds darin bestehen, die gravierendsten sozialen Missstände zu beseitigen und die Wohlfahrt des Einzelnen zu fördern. In dieser hoffnungsvollen Einschätzung der Möglichkeiten sozialpädagogischer Hilfen spiegelt sich der grundlegende Optimismus der amerikanischen Philosophie des „American way of life" in einer demokratischen Gesellschaft, in der das Glück und die Wohlfahrt des Einzelnen als Ziel staatlicher Politik in die Verfassung aufgenommen wurde.

Die Soziale Diagnose, so auch das gleichnamige Buch (Social Diagnosis) von Mary E. Richmonds aus dem Jahr 1917, schließt die soziale Umgebung eines Individuums mit ein. Im Mittelpunkt sozialer Diagnostik steht die systematische Überprüfung und Sichtung von Hilfsquellen in der Umgebung eines Einzelnen, die sich für den Prozess der Hilfestellung nutzbar machen lassen. In dem von Mary Richmonds angefertigten Diagramm zur Aktivierung sozialer Hilfen lassen sich die Grundmuster moderner sozialpädagogischer Hilfestellungen bereits gut erkennen.

Ab Mitte der 1920er-Jahre des 20. Jahrhunderts beeinflussten immer mehr psychologische Theorien – durch das Vordringen der Psychoanalyse und verhaltenspsychologischer Ansätze in den USA – die Entwicklung des Arbeitsinstrumentariums der Einzelfallhilfe. Damit veränderte sich der Blickwinkel auf die Entstehungszusammenhänge sozialer Probleme. Die äußeren Faktoren sozialer Not gerieten nicht mehr ausschließlich in das Blickfeld des „Caseworkers“, denn die psychologischen Theorieansätze ermöglichten eine neue Sichtweise auf die Entstehungsbedingungen sozialer Notlagen.

Soziale Ressourcen (Hilfsquellen) in der Einzelfallhilfe

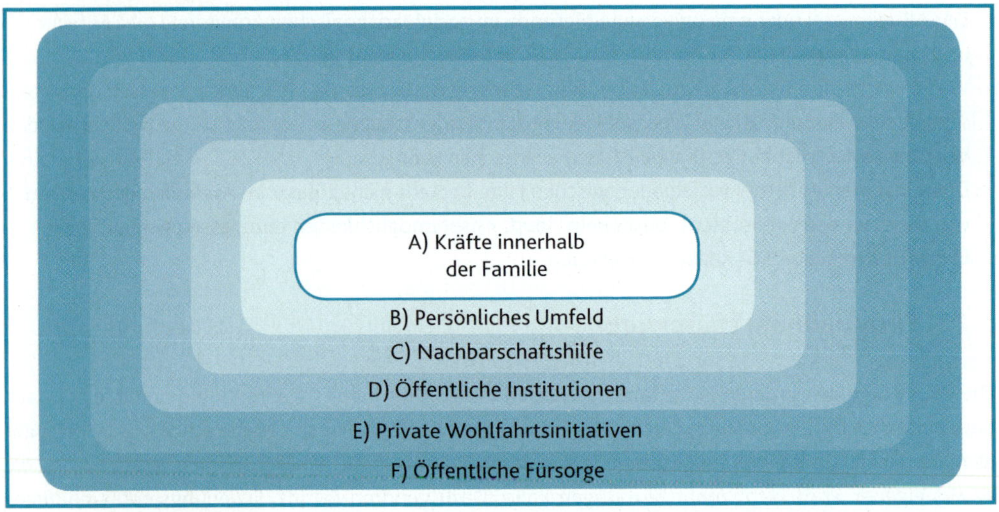

A) Kräfte innerhalb der Familie, z. B.. emotionale Fähigkeiten, Training, Anstrengung, soziale Entwicklung

B) Persönliches Umfeld, z. B.. Angehörige und Freunde

C) Nachbarschaftshilfe, z. B.. durch Nachbarn, Vermieter, kirchliche Unterstützung, Ärzte, Bildungseinrichtungen usf.

D) Unterstützung durch öffentliche Institutionen, z. B.. Lehrer, Polizeibehörde, Ämter

E) Private Wohlfahrtsinitiativen, z. B.. Wohlfahrtsverbände, Kirchengemeinden, Kinderheime, Vereine zum Kinderschutz, Gemeindeschwestern

F) Öffentliche Fürsorge, z. B.. Nichtsesshaftenhilfe, öffentliche Gesundheitsfürsorge

Man erkannte, dass viele soziale Probleme wie z. B.. Arbeitslosigkeit, Straffälligkeit, Schulschwierigkeiten und Verhaltensauffälligkeiten bei Kindern und Jugendlichen häufig mit seelischen Blockaden oder Hemmungen einhergehen. Soziale Schwierigkeiten stehen oft in Verbindung zu psychischen Problemen oder sind das Ergebnis fehllaufender familiärer Prozesse. Ausgehend von unterschiedlichen psychologischen Theorien haben sich vier grundlegende Arbeitsrichtungen in der Einzelfallhilfe herauskristallisiert:

- *die diagnostische oder psychosoziale Einzelfallhilfe* (Florence Hollis) – orientiert an psychoanalytischen Hintergründen,
- *die funktionelle Schule* nach Ruth E. Smalley, die in den Mittelpunkt ihrer Analyse den aus der Gestalttherapie entlehnten Begriff des individuellen Wachstums und der Klientenzentrierung (Rogers) stellt;
- *die problemlösungsorientierte Richtung*, die auf individuelle Bewältigungsmuster sozialer Schwierigkeiten abstellt sowie
- *die verhaltensändernde Methode*, in der Erkenntnisse der Lern- und Verhaltenspsychologie (Watson, Wolpe, Skinner) nutzbringend für die Klienten umgesetzt werden.

(vgl. Roberts/Nee, 1977)

Die Rezeption dieser wie auch der anderen in den USA entwickelten Methoden der Sozialarbeit/Sozialpädagogik begann in Deutschland erst nach dem 2. Weltkrieg im Zuge der Demokratisierung der sozialpolitischen Strukturen in der Gesellschaft und der Ausbildung von Sozialpädagoginnen. Ein pluralistsiches Wertverständnis, Offenheit und Toleranz sowie fachliche Kompetenz gingen als Grundvoraussetzungen in das Berufsbild des Sozialpädagogen ein.

Grundsätzliches zur Methode der Einzelfallhilfe

„Der Mensch bedarf zur Sicherung seiner Existenz eines Mindestmaßes an Befriedigung ganz bestimmter Bedürfnisse im körperlichen, geistigen und seelischen Lebensbereich. So verträgt er zum Beispiel nur ein gewisses Maß an Hunger, Kälte, Bewegungseinschränkung und Sauerstoffmangel, ohne ein Gefühl von Bedrohung seiner körperlichen Existenz zu empfinden. Das Gleiche gilt aber auch im Falle der Nichtbefriedigung seiner geistigen und seelischen Bedürfnisse, die – wenn auch vielleicht nicht gleich und ebenso leicht erkennbar wie die körperlichen – mit derselben Intensität nach Befriedigung drängen und von gleicher existenzieller Bedeutung sind. Die Methode der Einzelfallhilfe geht deshalb von der Überzeugung aus, dass es für die seelische Existenz des Menschen – man könnte auch sagen: für seine seelische Gesundheit – nicht ausreicht, keinen seelischen Mangel zu empfinden und vor seelischen Schädigungen bewahrt zu bleiben, dass vielmehr das Erleben gefühlsmäßiger (seelischer) Befriedigungen eine absolute Notwendigkeit ist. Die Befriedigung bestimmter emotionaler Bedürfnisse wird also in ihrer Bedeutung als der Befriedigung körperlicher Bedürfnisse gleichwertig betrachtet.
Die Bedrohung der existenziellen Sicherheit in dem hier gemeinten Sinn kann sehr verschiedene Ursachen haben. Sie kann entweder mehr die Folge äußeren Geschehens sein, z. B.. durch wirtschaftliche Not,

Krankheit, Kriegsfolgen aller Art usw. oder vorzugsweise im Menschen selbst liegen, häufig zurückgehend auf persönliche innere Erlebnisse wie den Verlust geliebter Menschen, eine unglückliche Kindheit usw.
Es ist Aufgabe der Einzelfallhilfe, dort helfend wirksam zu werden, wo sich Menschen in ihrer körperlichen, geistigen oder seelischen Existenz bedroht fühlen oder sind und Hilfe brauchen, um mit bestimmten wirtschaftlichen oder persönlichen Schwierigkeiten fertig zu werden.
Soziale Hilfeleistungen dienen nicht allein der Existenzsicherung des einzelnen Bürgers, sie liegen auch im Interesse des Staates selbst. Die Geschichte liefert genügend Beispiele dafür, dass Menschen, denen die Möglichkeit der Befriedigung ihrer existenziellen Grundbedürfnisse in erheblichem Maße versagt bleibt, eine Gefahr für die Gemeinschaft darstellen. Der natürliche Selbstbehauptungswille des Menschen lässt ihn die Bedrohung seiner Existenz nicht widerstandslos hinnehmen. Gefühle von Unlust, Verzweiflung und Feindseligkeit, Aggression gegen die Nicht-zu-kurz-Gekommenen, befriedigter Lebenden und Wünsche nach Vergeltung sind natürliche Reaktionen auf eine solche Bedrohung. So liegt es – abgesehen von der Verantwortung des Einzelnen gegenüber seinen Mitmenschen – auch im Interesse der Gemeinschaft, den Ursachen für die Entstehung derartiger, weder das Individuum noch die Gemeinschaft fördernder Reaktionen zu begegnen."
(Bang, 1968)

1. Fertigen Sie eine Übersichtsliste körperlicher, seelischer und geistiger Bedürfnisse an, die als Entwicklungspotenzial in jedem Menschen vorhanden sind und geben Sie Beispiele für mögliche Schädigungen oder Störungen in der Bedürfnisbefriedigung an.
2. Erläutern Sie mithilfe der Textaussagen die sozialpädagogische Zielsetzung der Methode der Einzelfallhilfe mit Beispielen aus gesellschaftlichen Problemzusammenhängen.
3. Übertragen Sie das Grundmuster der Einzelfallhilfe auf das eingangs vorgestellte Fallbeispiel „Alexander" und analysieren Sie an diesem Fall die Verletzung von Grundbedürfnissen und Entwicklungshemmungen. Erläutern Sie an diesem Fall ferner die Notwendigkeit eines frühzeitigen sozialpädagogischen Eingreifens.

3.2.1 Zur Funktion der Falldiagnose im Rahmen des pädagogischen Verstehens

Ein Kernstück der Fallarbeit ist die Erhebung aller für das Zustandekommen eines Problemverhaltens wichtigen Informationen und Daten zur Vorgeschichte eines zu betreuenden Kindes, Jugendlichen oder eines anderen in seiner sozialen Entwicklung blockierten Menschen. Hinsichtlich der Förderung von Kindern und Jugendlichen sind Informationen über innerfamiliäre Beziehungen zu Eltern, Geschwistern, Großeltern oder anderen für das Kind wichtigen Bezugspersonen besonders wichtig. Informationen zur Entwicklung eines Kindes oder Jugendlichen können sowohl durch eigene Befragung wie auch durch Befragung von Eltern oder anderen Bezugspersonen gewonnen werden.

Die soziale **Anamnese** (*griech. Wiedererinnerung*) dient dazu, einen Überblick über die Entwicklungsgeschichte eines Menschen zu bekommen, wichtige soziale und psychische Entwicklungsphasen zu erfassen und letztlich auch Störungen und Störungshintergründe zu vermerken. Unter heilpädagogischen Aspekten sollten ebenfalls Auffälligkeiten oder Entwicklungsverzögerungen im Bereich der Sprachentwicklung, der motorischen Entwicklung, Störungen in der Koordination von Bewegungsabläufen oder sensorische Störungen in der Reizaufnahme oder -verarbeitung mit aufgenommen werden.
Dabei geht es in der pädagogischen Diagnostik nicht um die Etikettierung einer Lebensgeschichte oder um die „Schaffung eines gläsernen Menschens" in Form einer mechanisierten pädagogischen Subjekt-Objektbeziehung, sondern darum, sinnvolles pädagogisches Handeln auf die Basis gesicherter und objektivierbarer Daten zu stellen, um in der Zusammenarbeit mit dem Beteiligten zu einem besseren Verstehen seiner Lebensschwierigkeit zu gelangen. *Einfühlen* in den anderen und *Verstehen* des anderen haben in der pädagogischen Begegnung zum Ziel, dem Klienten zu einem besseren *Selbstverständnis* zu verhelfen und verbaute Wege des seelischen und sozialen Wachstums zu erschließen.
Das Zusammenwirken sozialer und psychischer Faktoren bei der Entstehung von Verhaltensauffälligkeiten lässt sich am besten in Form einer tabellarischen Übersicht zu der Biografie eines Menschen gewinnen. (Siehe Eingangsbeispiel)

3.2.2 Lebenslaufanalyse – die biografische Leiter

Beispiel Alexander K. (biografische Leiter) (Erhebungszeitpunkt 08/1999):

Familiengeschichte	Lebensalter	Soziale Erfahrungen	Psychische Erfahrungen	Verhalten und Symptome
Heirat der Eltern Juli 1986, Herr K., Frau K.				
Geburt der ältesten Tochter Vera – 1987,		Vorgeburtliche Situation ohne Information		
Geburt von Alexander, 1993- Geburt von Sergej	0,0 (Jan. 1990)	Geburt im Krankenhaus, keine Infos zum Geburtsverlauf		
Aufwachsen **Alexanders** in einem Dorf in Kasachstan	5,6 (bis Juli 95)	Großfamilie, Nachbarschaft, Freunde		

Familiengeschichte	Lebensalter	Soziale Erfahrungen	Psychische Erfahrungen	Verhalten und Symptome
Juli 1995 – Übersiedlung nach Deutschland	5,6	Zerfall des Großfamilienverbandes, Verlust von Freunden	Verunsicherung, Ausgeliefertsein, Objekt fremder Entscheidungen	
Juli – Nov.1995 – Übergangsheim	5,6 – 5,10	schlechte Wohnverhältnisse, Einengung	neues und fremdes Kulturmilieu, Unsicherheit, Isolation	
Umzug nach P.-Stadt, Vater findet Arbeit, Mutter zu Hause, Geburt von Max 1996, Alexander besucht 1 Jahr Kiga	5,10 – 7,0	finanzielle Probleme der Familie, Überforderung von Frau K.	Kontakt- und Sprachprobleme	Rückzugstendenzen
Einschulung **Alexanders**	August 1997, Alter: 7,6	Verbesserung der Sprache, erste Kontakte in der Klasse	erste Integrationsansätze, emotionale Stabilisierung	
nach Aussagen von Nachbarn zunehmende Gewalttätigkeiten in Familie K., Alkoholkonsum, A. muss auf Geschwister aufpassen und sie versorgen	Febr./März 98	Kontaktabbruch, Verschlossenheit	erste Sprachverweigerungen	erste Angstsymptome, zunehmende Unsicherheit
beobachtete Gewaltexzesse in der Familie, Grundschule stellt Misshandlungsspuren fest, Information des Jugendamtes	Anfang 99, Alexander 9,0 – 9,6	Isolation, Verstecken, Außenseiterposition	emotionale Verschlossenheit, Sprachverweigerung, extreme Gehemmtheit	Weglaufen, Verstecken, Ängstlichkeit bei Berührung und Ansprache

Aus der kurzen Sichtung von Alexanders Lebenslauf lässt sich auf der Zeitachse deutlich herausarbeiten, dass auf eine kindheitsprägende längere Kontinuitätsphase (0 – 5,6 J.) häufige, kurzfristige Veränderungen innerhalb der Biografie des Kindes folgen, die unter sozialer Perspektive deutlich als radikale und abrupte Wechsel des sozialen Milieus (von der dörflichen Gemeinschaft in städtische Strukturen, von einem vertrauten Kulturkreis in ein fremdes Land, von der Großfamilie zur isolierten Kleinfamilie) hervortreten. Das Lebensmuster, das sich hier abzuzeichnen beginnt, ist also im Wesentlichen durch die Erfahrung von Entwurzelung und Desintegration gekennzeichnet, die sich auf allen Ebenen der Tabelle wiederfinden lassen:

- Alexanders soziale Entwurzelung zeigt sich in der sprachlichen und kulturellen Isolation des Kindes, das in Gruppen kaum Fuß fassen kann und schnell in die Rolle des Außenseiters gerät. Die soziale familiäre Erfahrung ist durch den Zerfall traditioneller verwandtschaftlicher Beziehungen gekennzeichnet, die durch die Selbstisolation der Familie verstärkt wird, sodass Alexander beinahe zwangsläufig in die Rolle des „Prügelknaben" gerät.
- Auf der psychischen Ebene reagiert das Kind auf die Veränderungen in seinem Lebensumfeld erst mit Rückzugstendenzen, dann Gefühlsblockaden, später im Rahmen von Kompensationsversuchen über Weglaufen oder das Verleugnen der Realität. Die Erfahrung, dass Erwachsene übermächtig sind und man ihnen ausgeliefert ist, hat sich bereits in die Psyche des Kindes eingegraben.
- In der Familie misshandelte Kinder verarbeiten erlittene Gewalt häufig in der Form, dass sie ein Lebensskript entwickeln, in dem die Grunderfahrung des „ich bin nicht o.k., du bist nicht o.k." als Erlaubnis zur Weitergabe von Wut und Rache einprogrammiert ist. Gewalt dient dann als Lösung erlittener Demütigung und Hilflosigkeit, die als Opfer gefühlt wurden. (Siehe Kap. 6)

Deutlich wird an diesem Fall auch, dass eine Einzelfallhilfe, die ohne Berücksichtigung der sozialen Umgebung erfolgt, zu kurz greift und an den eigentlichen Problemen nichts ändert. So wäre es in diesem Fall ganz wichtig, neben den Hilfen für das misshandelte Kind, z. B.. in einer ganztägigen familienergänzenden Betreuung (Tagesgruppe oder Nachschulbetreuung), auch die Familie selbst im Rahmen der Arbeit sozialpädagogischer Familienhilfe mit einzubeziehen. Damit würde man dieser Familie Integrationshilfen zur Überwindung ihrer Isolation geben.

3.3 Soziale Gruppenarbeit (Social Groupwork)

Einer der Pioniere, der sich mit dem Verhalten von Menschen in Gruppen sowie der pädagogischen Steuerung von Gruppenprozessen auseinandersetzte, war der Kinder- und Sozialpsychologe Kurt Lewin (1890 – 1947), der 1933 als jüdischer Wissenschaftler infolge der Rassengesetzgebung aus Deutschland in die USA emigrierte. Ihm gelang es, durch unzählige Beobachtungen von Kindern und infolge sozialpsychologischer Experimente nachzuweisen, dass sich das Verhalten von Menschen in sozialen Kontexten nach ähnlichen Gesichtspunkten organisiert und strukturiert wie die Selektion und Organisation von Reizen und Reizmustern im Rahmen von Wahrnehmungsprozessen. Die Beobachtung von Kindern hatte für Kurt Lewin deshalb einen besonderen Reiz, weil Kinder anders als Erwachsene einen erheblich kleineren und überschaubareren Lebensraum haben, sodass sie mit Grenzen ihrer sozialen Umgebung schneller in Berührung kommen.

Der amerikanische Lernpsychologe Edward Tolman würdigte nach dem Tod Kurt Lewins 1947 im Rahmen einer akademischen Trauerfeier dessen Forschungsergebnisse mit folgendem Vergleich: „Freud, der Kliniker, und Lewin, der Experimentator, dies sind die beiden Männer, deren Namen in der Geschichte der Psychologie vor allen stehen werden. Denn es sind deren gegensätzliche, aber sich ergänzende Einsichten, welche die Psychologie zur Wissenschaft gemacht haben; eine Wissenschaft, die auf Menschen und die menschliche Gesellschaft anwendbar ist." (Tolman, 1947, S. 3)

3.3.1 Die soziale Feldtheorie

Zu den überraschenden Forschungsergebnissen, die Lewin während seiner Experimente gewann, gehört, dass die Umgebung oder das Umfeld *(Kontext)*, auf die ein Mensch trifft, einen erheblichen Einfluss auf das gezeigte Verhalten haben kann. Räume – und dabei ist es erst einmal egal, ob es physikalische oder soziale Lebensräume sind – prägen die menschliche Erfahrungswelt und nicht zuletzt auch die Entwicklung von Problemlösungen, mit denen Menschen Schwierigkeiten in ihren Lebensfeldern entgegenwirken können. Ähnlich wie in einem magnetischen Kraftfeld beeinflussen soziale Kräfte des Lebensfeldes eines Menschen und weitere Erfahrungen in bestimmten sozialen Kontexten die Richtung und Bündelung psychischer Energien, die, wie bei Kindern gut beobachtbar ist, erst einmal auf Kontakt und lokomotorische Expansion (Bewegungserkunden von Räumen) gerichtet sind.
Anziehung *(Attraktion)* und Abstoßung *(Aus dem Felde gehen)* gehören zu den Hauptwirkungen, die von Gruppen und Gruppenkontexten *(Soziale Felder)* ausgehen können. Wenn die zielgerichtete Aktivität oder die psychische Energie in ihrer Zielrichtung gehemmt – das heißt, die psychische Sättigung verhindert – wird, kann es zu unterschiedlichen Reaktionen auf diese Zielhemmung kommen. Ergebnislose Lösungsversuche können bei Probanden ganz unterschiedliche emotionale Reaktionen auslösen: Ärger, Entmutigung, Gleichgültigkeit, Resignation, Verweigerung, „innere" Emigration bis hin zur Flucht aus dem Feld und Vermeidung von Schwierigkeiten (siehe Kap. 5).

Störungen und Konflikte im sozialen Lebensfeld

Ein klassischer Versuchsaufbau, mit dem Kurt Lewin noch in Berlin experimentierte, sah folgendermaßen aus:

„Nehmen wir einmal an, ein Kind wolle seine Puppe wiederbekommen und auf dem Weg zum Ziel befinde sich ein Hindernis, von Lewin topologisch als ‚Barriere' bezeichnet. Dieses Hindernis kann physikalischer Art sein, etwa eine Gartenbank, es kann auch im Verbot eines Erwachsenen bestehen.
Eine solche Barriere wird die Aktion des Kindes auf das Ziel hin erschweren; sie wird sie aber in der Regel nicht ganz zum Stehen bringen, sondern zunächst nur aus der ursprünglichen Richtung abdrängen. Das Kind wird vermutlich versuchen, den Erwachsenen umzustimmen. Das Verhalten macht einen zielstrebigen Eindruck. (...) Die psychologische Situation des Kindes kann zum Konflikt werden; dies besonders dann, wenn die erwachsene Person bei Zuwiderhandlung Strafe androht. Lewin sieht im Konflikt entgegengesetzt gerichtete, etwa gleich starke Feldkräfte, die gleichzeitig auf das Individuum einwirken."
(Lück, 1996, S. 46 f.)

Experimentalsituation nach Kurt Lewin (1931)

1. Die motivationale Kraft des psychologischen Feldes

Ein Ziel mit einem positiven Aufforderungscharakter zieht das Interesse eines Kindes auf sich. Der Vektorpfeil veranschaulicht die Feldkraft des psychologischen Feldes.

2. Ein Hindernis versperrt den Weg

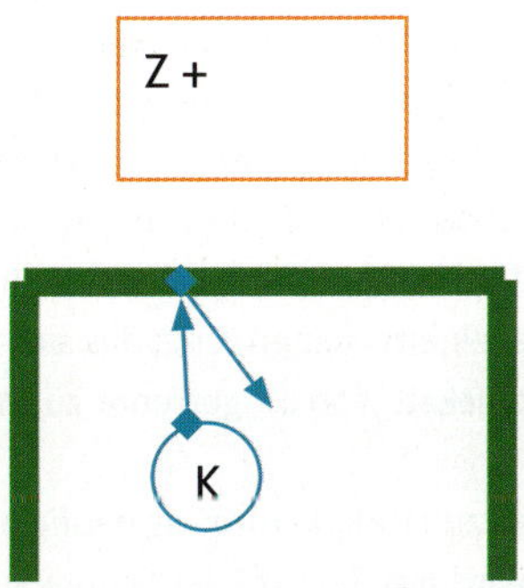

Eine U-förmige Gartenbank (grün) verhindert in dieser Experimentalsituation mit etwa 1 1/2–jährigen Kindern (=K) die Bewegung auf ein attkratives Spielzeug (=Z) hin. Die Motivation zur Erkundung des Spielzeuges und des Raumes wird durch die in den Weg gestellte Barriere gebrochen, dargestellt durch den abgelenkten Pfeil.

3. Eine Problemlösung wird entwickelt

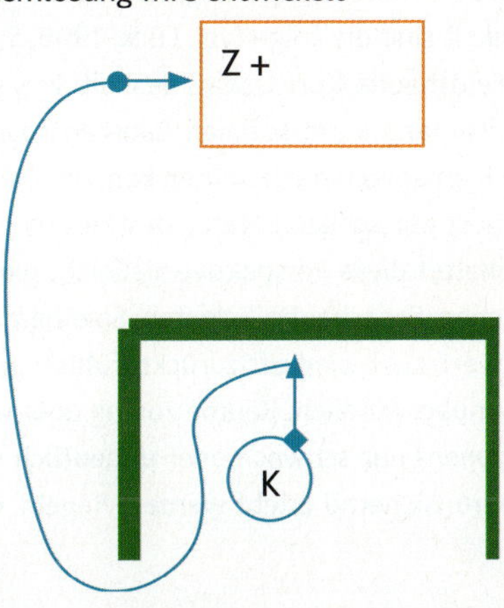

Der Weg eines 3 bis 4-jährigen Kindes. Um die Barriere zu überwinden, kommt es zu Suchbewegungen. Zwar wird die Lokomotorik einstweilen von der Barriere gehemmt, aber die Attraktion des erwünschten Gegenstandes ist so groß, dass es zu neuen Problemlösungen kommt. Die Situation ist so beschaffen, dass es weder zur Resignation noch zum „aus dem Felde gehen" kommt.

(vgl. Lück, 1996, S. 46 ff.)

1. Sammeln Sie in Ihrer Klasse Beispiele aus den Lebensfeldern von Kindern, an denen Sie die „positive Anziehung" von Spiel- oder Gruppensituationen in Richtung einer Ermutigung des Kindes belegen können.
2. Stellen Sie eine Liste sozialer, kultureller oder psychologischer „Barrieren" zusammen, die sich durch Erziehungseinflüsse auf die Lebensfelder von Kindern auswirken können.
3. Analysieren Sie mithilfe der sozialen Feldtheorie das Lebensfeld des neunjährigen Alexanders vom Anfang des Kapitels und achten Sie genau darauf, welche sozialen Barrieren eine Integration des Kindes in das soziale Feld der Gruppe verhindern.

Hindernisse in der Lebenswelt von Kindern können für Außenstehende klar und deutlich erkennbar sein, wie im Falle Alexanders die „Barriere" der Sprache, Kultur oder die isolierende Enge einer Familie. Manchmal hat ein Beobachter aber wesentlich größere Mühe, die Hemmnisse des kindlichen sozialen Expansionsdranges auszumachen, wenn es zum Beispiel um die Wirkung vorgefertigten „Massenspielzeuges" oder um die Erfassung des Raumes der Kindheit durch die Werbeindustrie geht, die Kinder als Konsumobjekte mittlerweile entdeckt hat. Als Konflikte in der Auseinandersetzung mit sozialen Räumen treten häufig folgende auch in der Verhaltensforschung mit Tieren experimentell nachgewiesenen Grundmuster auf:

- der *Appetenz-Appetenz-Konflikt* mit zwei motivational gleich starken positiven Anreizen, zum Beispiel Eis zu essen oder fernzusehen, die eine Entscheidung des Kindes hemmen können,
- der *Aversions-Aversions-Konflikt*, wenn zwei gleich starke, negativ erlebte Wahlmöglichkeiten einer Entscheidung im Weg stehen wie im Fall eines Schülers, der wählen kann, ziemlich schlecht vorbereitet eine Klausur zu schreiben oder einen Nachschreibetermin in Kauf zu nehmen,
- der *Appetenz-Aversions-Konflikt*, wenn Anreiz und Verbot aus der gleichen Richtung auf das Kind einwirken und so die Entscheidung lähmen wie bei einem kleinen Kind, das sich von der Mutter entfernen möchte, gleichzeitig aber die Angst entwickelt, von ihr getrennt zu werden.

Werden Konflikte in einem sozialen Feld für ein Kind zu stark, kommt es häufig zu Lösungen, die man als „Aus-dem-Felde-gehen" bezeichnen kann. Das wird am Beispiel der Schulangst gut erkennbar, bei der die Angst vor Bloß-Stellung vom Lehrer oder in der Klasse gleich stark wird wie die Angst vor Strafe oder Sanktionen durch das Elternhaus. Schulschwänzen, Schulverweigerung, Abtauchen oder Abhauen aus einer unmenschlichen Lebens- und Schulwirklichkeit sind die Folge (vgl. Lück, 1996, S. 48 f.).
Für eine „soziale Pädagogik" sind die Aussagen der Feldtheorie Kurt Lewins deshalb von zentraler Bedeutung, weil die Entwicklung von Kindern sich von Anfang an in sozialen Räumen abspielt, die das Lernen und sozialen Austausch begünstigen, aber auch entsprechend hemmen können. Das emotionale Erleben befriedigender Beziehungen in Gruppen gehört zur sozialen Natur des Menschen. Für Erzieherinnen in sozialpädagogischen Arbeitsfeldern beinhaltet diese Perspektive vielleicht eine neue Sicht auf Entwicklungsstörungen bei Kindern und Jugendlichen. Sprachauffälligkeiten, Spielhemmungen, Aggressivität, Kontaktscheu oder ein schwaches Selbstvertrauen sind oft zurückzuführen auf Störungen in Lebensfeldern von Menschen, in denen Barrieren unüberwindlich, Räume zu eng oder weit gesteckt sind oder die Erfahrung sozialer Grenzen *(Demarkationen)* nur schwach oder undeutlich wahrgenommen werden oder Beziehungen als bedrohlich und verunsichernd erlebt werden. Regeln, Grenzen und

Strukturen bieten Kindern und Heranwachsenden Halt in für sie unüberschaubaren sozialen Räumen. Anerkennung, Ermutigung und beispielhaftes Vormachen stärken die Motivation die Welt zu erkunden und unmittelbare Erfahrungen zu machen. Das Erfahrungs- und Handlungsfeld, in dem diese Erfahrungen gemacht werden, heißt „soziale Gruppe".

3.3.2 Was ist eine Gruppe?

1. **Beurteilen Sie die folgende Aufzählung sozialer Situationen oder Gemeinschaften danach, ob es sich Ihrer Meinung nach um soziale Gruppen handelt oder nicht:**
   Publikum im Kino, Fanclub, Clique von Jugendlichen, Fußballverein, Spielkreis am Nachmittag, Bundeswehr, Fans bei einem Bundesligaspiel, Schlange an der Kasse, Paarbeziehung, Discobesucher, Familie, Staat.
2. **Legen Sie Kriterien fest, die das soziale Gebilde „Gruppe" definieren.**
3. **Vergleichen Sie die von Ihnen entwickelte definitorische Eingrenzung mit der professionellen soziologischen Definition unten und stellen Sie Gemeinsamkeiten und Abweichungen fest.**

Auch nach der Überzeugung vieler Soziologen ist es gar nicht so einfach zu benennen, was genau eine Gruppe ist und was ihren Charakter ausmacht. Fängt eine Gruppe bei zwei Personen an, gehören große Gruppen mit Mitgliederzahlen von über 15 oder 20 Mitgliedern noch zum Kern dieses sozialen Gebildes?
Eine soziologische Definition soll an dieser Stelle weiterhelfen:

Definition

Soziale Gruppe

Unter einer sozialen Gruppe versteht man „eine bestimmte Anzahl von Mitgliedern, die zur Erreichung eines gemeinsamen Ziels über längere Zeit in einem relativ kontinuierlichen Kommunikations- und Interaktionsprozess stehen und ein Gefühl der Zusammengehörigkeit (Wir-Gefühl) entwickeln. Zur Erreichung des Gruppenziels und zur Stabilisierung der Gruppenidentität ist ein System gemeinsamer Normen und eine Verteilung der Aufgaben über ein gruppenspezifisches Rollendifferenzial (Verteilung von Positionen aufgrund Verhaltenserwartungen) erforderlich."
(Schäfers, 1986, S. 117)

Zu den Merkmalen einer Gruppe zählen also:
- Verbindungen und Beziehungen von Menschen über einen längeren Zeitraum hinweg,
- gemeinsame Interessen, Zwecke oder Ziele, die Menschen verbinden,
- die Herausbildung eines gemeinsamen Gruppengefühls, einer gemeinschaftlichen Identität,
- ein gemeinschaftliches Ordnungssystem von Werten und Normen, das verhaltensregulierend wirkt,
- die Ausbildung einer sozialen Hierarchie, die die Verteilung von Gruppenpositionen steuert.

Übersicht über Gruppenformen

Primärgruppen	Sekundärgruppen	Formelle Gruppen	Informelle Gruppen
z. B. Familie, Clique, Banden, Krippen u. Ä.	z. B. Schule, Parteien, Seminare, Vereine	z. B. Arbeitsgruppen, Lehrerkollegien	z. B. Kollegengruppen, Bürogemeinschaften
• primäre emotionale Erfahrung • „Face to face"-Kommunikation • ganzheitliche Erfahrung	• Zweck und Sachlichkeit • formale Kommunikation • Teilerfahrungen	• Organisationsabläufe • Funktion • Effektivität	• persönlicher Bezug, Geborgenheit • Privatheit • persönliche Bedürfnisse

(Henecka, 2006, S. 146 ff.)

1. Erstellen Sie eine Liste „sozialer Erfahrungen", die Kinder in erster Linie in Primärgruppen machen; vergleichen Sie diese Erfahrungen mit sozialen Funktionen, die Kinder in Sekundärgruppen erlernen.
2. Klären Sie in einem Unterrichtsgespräch, in welche Gruppenkategorie eine Familienwohngruppe im Heim, eine Kindergartengruppe, Spielgruppen oder Ihre eigene Klassengemeinschaft gehören mag.

3.3.3 Wie bilden sich Gruppen?

„Zwischen zwei Gruppen von Jungen in einem Sommer-Camp (in den USA) wurden Spannungen erzeugt. Diese wurden später überwunden, als beide Gruppen an gemeinsamen Zielen arbeiteten. Zu Beginn verteilten die Vl (Versuchsleiter) die Jungen zum Schlafen auf verschiedene Zelte und hielten sie auch für die Gruppenaktivitäten am Tag getrennt. Am Ende dieses Teils des Experimentes hatten beide Gruppen feste Gruppenstrukturen erworben, einschließlich der Gruppenführer und Gruppennamen „Klapperschlangen" und „Adler" und anderer Identifikationssymbole. Der nächste Schritt bestand darin, beide Gruppen durch eine Reihe von wettbewerbsartigen Ereignissen zur Rivalität anzuregen. Wie vorhergesagt, brachte die auf diese Weise erhöhte in-group-Solidarität ungünstige Stereotype für die outgroup und ihre Mitglieder hervor. Nachdem sie einen Wettkampf im Tauziehen verloren hatten, verbrannten die „Adler" die Fahne der „Klapperschlangen". Die „Klapperschlangen" rächten sich, und es gab eine Serie von Zeltüberfällen, begleitet von Beschimpfungen, Faustkämpfen und anderen Äußerungen von Feindseligkeit. Während des Konflikts erhob sich ein körperlich wagemutiger Bandenführer und ersetzte den weniger aggressiven Jungen, der die „Adler" zu Friedenszeiten geführt hatte. (...) Es wurde dann von der Leitung des Camps ein Versuch unternommen, die Feindseligkeiten abzubrechen und die beiden Gruppen zur Kooperation zu bringen. Zuerst wurden die rivalisierenden Gruppen bei angenehmen

Aktivitäten, wie Essen und Knallfrösche abschießen, in engen Kontakt gebracht. Sie weigerten sich jedoch sich zu mischen, und die Aktivitäten boten ihnen nur weitere Gelegenheiten für die Äußerung von Feindseligkeiten. Allein der Kontakt zwischen den Gruppen reduzierte die Spannung nicht.
Dann wurden Situationen entworfen, die zur Interaktion der Gruppen bei der Erreichung eines gemeinsamen Zieles führen sollten, d. h. wichtige Aufgaben, die die gemeinsamen Anstrengungen beider Gruppen erforderten. Die eindruckvollste Episode während dieser Phase war der Einsatz des Seils, das normalerweise beim Tauziehen benutzt wurde, als Werkzeug. In seiner Funktion beim Tauziehen war es Gegenstand einer höchst gespannten Situation gewesen. Auf einem Ausflug „versagte" der Wagen, mit dem das Essen transportiert werden sollte, und die Jungen beschlossen, das Seil zu benutzen, um das Fahrzeug zu ziehen. Nachdem sie das Seil an der Stoßstange befestigt hatten, zogen beide Gruppen an verschiedenen Enden. Am nächsten Tag jedoch, als der Wagen wieder „versagte", mischten sich die Gruppenmitglieder an den beiden Enden des Seils und gaben die Gruppenunterschiede auf. Als der Wasservorrat des Camps zu Ende ging, arbeiteten die Gruppen ebenfalls zusammen, um dem Problem abzuhelfen."
(Zimbardo, 1992 S. 601.)

1. Rekonstruieren Sie aus dem beschriebenen Gruppenprozess die typischen Merkmale einer Gruppenbildung, wie sie auf der vorherigen Seite beschrieben sind.
2. Beschreiben Sie die Dynamik des Prozesses in und zwischen den Gruppen.
3. Versetzen Sie sich in die Rolle eines „Adlers" oder einer „Klapperschlange". Äußern Sie aus Ihrer Rolle, was Sie über die eigene bzw. fremde Gruppe denken.
4. Übertragen Sie die von den Versuchsleitern entwickelte Konfliktlösung auf andere Ihnen bekannten Gruppensituationen im Kindergarten, Heim, der offenen Jugendarbeit oder anderen Praxisfeldern und sammeln Sie Ideen, wie man Gruppen zu besserem Kontakt und sozialem Austausch bewegen kann.

Bemerkenswert an diesem sozialen Experiment ist auch, dass sich durch pädagogische Maßnahmen die sozialen Wahrnehmungsmuster und Einstellungen grundlegend beeinflussen ließen (vgl. Kap. 4). Aufgrund von Befragungen während des Versuchs stellte man fest, dass während der Phase extremer Konkurrenz nur 6 % der „Adler" bzw. 8 % der „Klapperschlagen" einen Jungen der anderen Gruppe als Freund wählten, während am Ende des Experiments 36 % (Klapperschlangen) und 23 % (Adler) einen Jungen aus der ehemals gegnerischen Gruppe zum Freund erkoren (gemessen an der Gesamtzahl von Freundschaften). Auch in der Beurteilung von Gruppenmitgliedern der jeweils anderen Gruppe gab es zum Ende des Experiments hin keine bedeutsamen Unterschiede in der Bewertung von *in-group-* oder *out-group-Mitgliedern* (vgl. Zimbardo, 1992, S. 601).

1. Übertragen Sie die sozialpsychologischen Vorgänge in den Gruppen auf andere gesellschaftspolitische Zusammenhänge wie die Diskriminierung von Minderheiten und überprüfen Sie die Wahrnehmungsvorgänge in den jeweiligen Gruppen mit der Realität.
2. Entwickeln Sie dabei auch Ideen zur Veränderung von Vorurteilen in der Bewältigung interkultureller Konflikte.

Phasen der Gruppenbildung

Nach W.R. Bion, einem englischsprachigen Psychoanalytiker, durchlaufen soziale Gruppen, die nicht nur als reine „Zweckgruppen" funktionieren, für Gruppensituationen typische Phasen, die ein Grundmuster der sozialen Evolution des Menschen widerspiegeln: Nach Bion sind dieses: (1) Kampf und Flucht (fight and flight), (2) Paarbildung (pairing) und (3) Abhängigkeit und Unabhängigkeit (dependency) der Gruppenmitglieder untereinander (siehe Bion, 1974). Die Themen, die in den einzelnen Phasen der Gruppenbildung aufscheinen, beinhalten soziale Erfahrungen wie Vertrauen und Misstrauen in der Gruppe, das Abstecken eigener Distanzräume mit der Suche nach Anschluss und Koalitionen in der Gruppe und als letztes die Frage des Eintauchens in das Kollektiv der Gruppe mit der Gefahr des Verlustes eigener Identität.

Der Reifegrad der einzelnen Gruppenmitglieder entscheidet über die Abgrenzung, Struktur und Themen, die eine Gruppe entwickelt. So entwickelt jede Gruppe eine ganz spezifische Gestalt, geprägt durch die Interaktionen (Rollen und Rollenerwartungen) bzw. durch den Kommunikationszusammenhang (Senden von Botschaften). Daraus ergeben sich auch spezifische Formen der Beziehungsmuster und Konfigurationen.

Gruppe in der Orientierungsphase

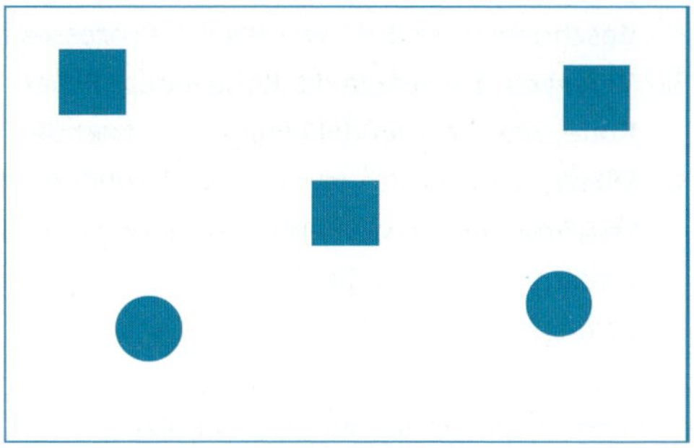

Charakteristik: Menschen treffen sich unverbindlich. Sie nehmen Fühlung auf, „tasten" sich ab. Man prüft, mit wem man Kontakt aufnehmen könnte. Geprägt durch Unsicherheit, Distanz, „Small-Talk": „Wie wars im Urlaub?", „Der Lachs-Salat auf dem Buffet ist herrlich", „Dieser ewige Regen ist schrecklich" und so weiter und so fort.

Gruppenstrukturen bilden sich heraus

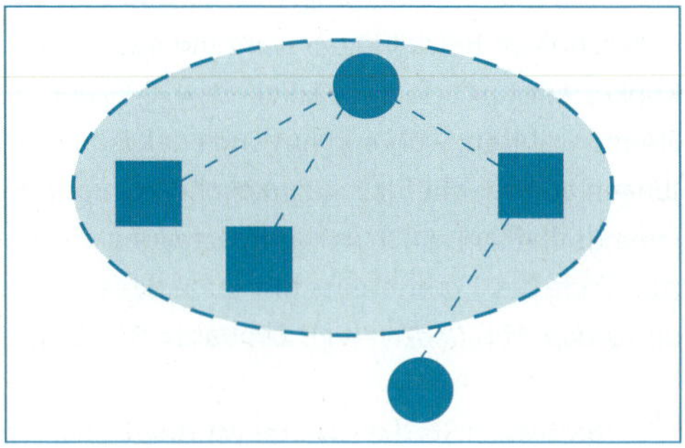

Charakteristik: Positionen der einzelnen Mitglieder festigen sich, Themen des Austausches werden gefunden, Distanzräume verändern sich, Verbindung und Verbindlichkeit untereinander werden stärker, Grenzen nach außen treten klarer hervor. Persönlichere Gespräche über Vorlieben oder Abneigungen werden möglich.

Soziale Interaktion in der Gruppe

Charakteristik: Rollen in der Gruppe werden vergeben. Sympathien/Antipathien treten deutlicher hervor. Verbindungen untereinander gewinnen an Festigkeit. Gemeinsame Werte und Überzeugungen bilden die Basis zur Abgrenzung im sozialen Feld. Die innere Dynamik kann auch zum Ausschluss einzelner Mitglieder führen. Die Grundsätze, nach denen sich Gruppen im sozialen Umfeld abbilden, verweisen auf Zusammenhänge mit der Gestaltpsychologie:

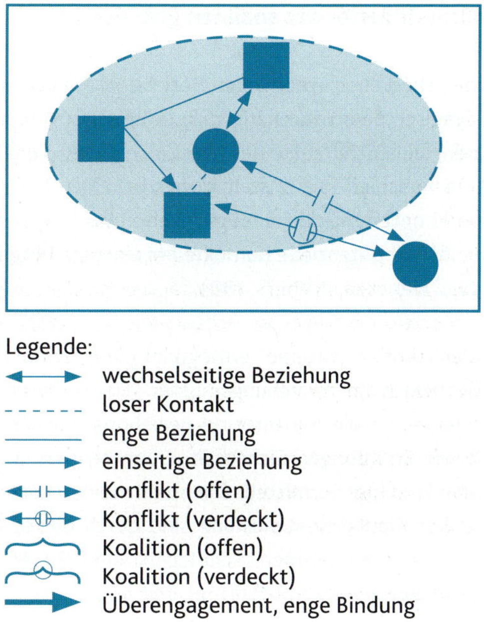

- Das Ganze (Gruppe) ist mehr als die Summe seiner Einzelteile (Gruppenmitglieder).
- Erst der Hintergrund der sozialen Erwartungen, die den Kontext bilden, lassen das Gruppengefüge hervortreten.
- Eine Gruppe ist eine durch Erinnerung, Denken und Fühlen verbundene Einheit, geprägt durch gemeinsame Werte, Überzeugungen und das Gefühl, dazuzugehören.
- Gestaltwechsel und Strukturveränderungen sind durch Lernprozesse beeinflussbar, die sich auf die Gruppe als Ganzes beziehen.

3.3.4 Soziale Entwicklung und das Lernfeld der Gruppe

Genau wie die psychologische Entwicklung eines Menschen durchläuft auch seine soziale Entwicklung Phasen, die das soziale Wesen Mensch formen. Im Zentrum der sozialen Entwicklung steht die Erfahrung von Kontakt und Kommunikation, die Bindungsbedürfnisse des Kindes aufnehmen und in den Beziehungen entsprechende emotionale, soziale und auf Verhaltenssteuerung bezogene Erfahrungen weitergeben. Es nimmt nicht Wunder, dass die wesentlichen sozialen Reifungsschritte mit den grundlegenden psychosexuellen Entwicklungsphasen korrespondieren.

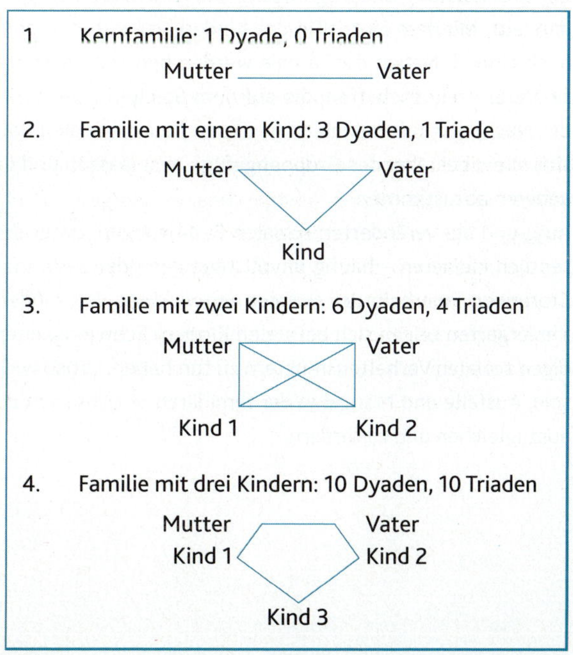

Grundmuster der sozialen Entwicklung

Alle theoretisch möglichen Beziehungsrelationen in Gruppen lassen sich berechnen. Diese umfassen dyadisch oder triadisch geprägte Beziehungen, Cliquen sowie größere Koalitionen und Konfigurationen, die auftreten können. Danach ergeben sich:

- 6 verschiedene Konstellationen bei einer 3-Mitgliedergruppe,
- 90 unterschiedliche Möglichkeiten bei einer 5-Mitgliedergruppe und
- 28 501 potenzielle Kontakte bei einer 10-Mitgliedergruppe.

(vgl. Henecka, 2006, S. 130).

Rollenspiel im Kindergarten: Das Spiel in der Gruppe ermöglicht die Verarbeitung sozialer Alltagserfahrungen.

Das Lernfeld „Gruppe" ermöglicht die Erfahrung unterschiedlichster Beziehungsmuster. Der Ursprung aller Dyaden ist die Mutter-Kind-Beziehung, die als emotionale Erfahrungen Sicherheit, Geborgenheit, Konstanz und Stabilität vermittelt. Die ersten beiden Lebensjahre in der Kindheitsentwicklung sind durch dieses Grundmuster einer intimen, schutzgebenden Beziehung zu einer Bezugsperson bestimmt. Mit der Erweiterung des motorischen Radius des Kindes kommt es zur sozialen Flexibilisierung der Kindheit. Neben Zweierbeziehungen werden insbesondere Dreiecksbeziehungen mit dem Element von Wahlmöglichkeit und Konkurrenz zu Bezugspersonen (weitere Elternteile, Großeltern, Geschwister) wichtig. Das klassische „ödipale" Dreieck ist eine solche triadische Beziehungsform, in der die Erfahrung der Grenzziehung und Abgrenzung des Elternsystems vom Kind die gelungene Form der Verarbeitung darstellt. Mit dem Eintritt in das Kindergartenalter verändert sich die Qualität der Beziehungsmuster noch einmal: Neben der Familie werden nun soziale Kontakte im Nahraum von Kindern wichtig. Das sind z. B.. Freundschaften, die auf dem Spielplatz geknüpft werden, oder Kontakte, die zu Kindern in der Nachbarschaft bestehen. In diesen neuen sozialen Räumen lernen Kinder, Kontakte herzustellen, sich in ein bestehendes Gruppengefüge einzupassen und das eigene Verhalten auf die Bedürfnisse von anderen abzustimmen.

Aufgrund der veränderten sozialen Bedingungen, unter denen Kinder heutzutage aufwachsen, in wesentlich kleineren – häufig unvollständigen oder zusammengesetzten – Familien, kann es zu vielerlei Störungen innerhalb der sozialen Entwicklung von Kindern kommen. Gerade beim Übergang in den Kindergarten zeigen sich bei vielen Kindern Schwierigkeiten, die mit eingeschränkten oder unvollständigen sozialen Verhaltensmustern zu tun haben. Umso wichtiger wird es in der elementaren Pädagogik sein, Ausfälle und Mängel in der familiären Sozialisation durch gezielte gruppenpädagogische Ansätze auszugleichen und zu fördern.

1. Erstellen Sie ausgehend vom Text eine Übersicht über die wichtigsten sozialen und emotionalen Lernerfahrungen, die Kinder oder Jugendliche im Gruppenkontakt machen.
2. Gruppenkontakte beinhalten ja nicht nur positive Erfahrungen. Sammeln Sie Beispiele für negative Gruppenerfahrungen von Kindern und Jugendlichen und entwickeln Sie im Gespräch in Ihrer Klasse gruppenpädagogische Hilfen zur Überwindung dieser Schwierigkeiten.
3. Fertigen Sie in Ihrem nächsten längeren Praktikum eine soziometrische Überblicksskizze Ihrer Gruppe an, in der Sie Nähe und Ferne von Beziehungen, Beziehungsqualitäten, Positionen und die Rollenverteilung herausarbeiten (siehe Skizzen S. 88/89). Hilfreich dafür ist es, sich die Gruppe verfremdet aus der Vogelflugperspektive oder als Fische in einem Aquarium vorzustellen. Vergleichen Sie Ihre Wahrnehmungen zur Gruppe mit denen Ihrer Praxisanleiterin oder anderen Praktikanten.

3.4 Soziale Gemeinwesenarbeit

Anders als die Einzelfallhilfe oder die Gruppenarbeit, in deren Mittelpunkt konkrete Arbeit mit Einzelnen oder Gruppen steht, stellt die „Gemeinwesenarbeit" methodisch viel mehr auf die Umgebungshilfe in sozialen Nahräumen des Menschen ab. Vom Selbstverständnis her zielt diese Methode auf die Veränderung und Verbesserung sozialer Umwelten in offenen pädagogischen Feldern. Deutlicher als bei den beiden vorgenannten Arbeitsansätzen liegt der Schwerpunkt der Gemeinwesenarbeit deshalb auch in der Präventionsarbeit (Verhinderung) mit dem Bemühen, soziale Defizite und Probleme im Lebensumfeld von Menschen durch Aktivierung und Ingangsetzen von Selbsthilfe der Betroffenen auszugleichen und zu verbessern.
Der etwas altertümliche Begriff *Gemeinwesen*, der vielen kaum noch geläufig ist, meint die Struktur und Verfassung einer Gemeinschaft mit den vielen Verbindungen und Verknüpfungen, die Menschen in einer Gemeinschaft haben können:

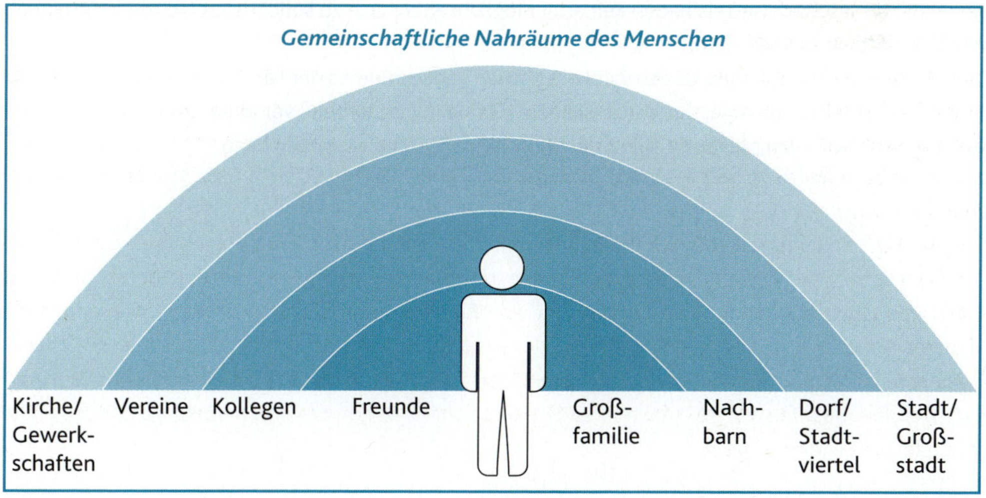

Wie wir an dem Eingangsbeispiel Alexanders und seiner Familie sehen konnten, haben soziale Umwelten einen erheblichen Einfluss auf die Befindlichkeit und das Verhalten der in ihnen lebenden Menschen. Reaktionen auf unzulängliche Bedingungen innerhalb eines sozialen Gemeinwesens können in Lethargie, Abstumpfung, Abbau sozialer Fähigkeiten oder auch in offener Gewalt bestehen. Eine Analyse der Probleme des Stadtviertels (Gemeinwesen), in dem Alexander und seine Familie wohnen, verdeutlicht die Vorgehensweise und den Hilfsansatz, der von der Gemeinwesenarbeit innerhalb der sozialpädagogischen Arbeit geleistet wird:

Die Familie Alexanders wohnt in einer tristen Wohnblocksiedlung am Rande einer kleinen Stadt. In der 4-Zimmerwohnung leben sechs Menschen auf engstem Raum. In diesem Stadtviertel finden sich kaum einheimische Familien. Die Nachbarschaft besteht aus zusammengewürfelten sozialen Gruppierungen, die kaum etwas gemeinsam haben. Viele dieser Familien sind unvollständig oder neu zusammengesetzt und fast alle haben großteils den Kontakt zu ihren ursprünglichen Herkunftsorten und dem Familienverband verloren.

Im Wohnviertel der Familie Alexanders fehlen Kommunikations- und Kontakträume, wo Menschen sich treffen können. Möglichkeiten des Austausches wurden von den Städteplanern in den 1960er-Jahren wohl noch nicht vorgesehen. Ebenso mangelt es an Spielmöglichkeiten für Kinder, ihr Spielraum ist die verkehrsreiche Straße; der Schulweg ist sehr gefährlich. Die Situation der Jugendlichen stellt sich noch schlimmer dar. Wenn sie nicht zu Hause rumhängen wollen, bleiben ihnen nur die Straße oder „wilde" Treffpunkte wie Parkplätze vor Supermärkten, Bushaltestellen und Ähnliches. Wen wundert es, wenn eine Reaktion von Jugendlichen auf solch reizlose Umwelten darin besteht, Drogen oder Alkohol zu konsumieren, um sich die Welt erträglicher und erlebnisreich zu machen.

Jugendarbeitslosigkeit, Gewalttätigkeiten, Alkoholkonsum, knappe finanzielle Mittel, hohe Mieten, ungesunde Wohnverhältnisse, Nachbarschaftsstreitigkeiten und die Abhängigkeit von den Wohnungsgenossenschaften gehören in das Alltagsbild der Wohnumgebung, in der Alexander aufwächst. Die Bewohner dieses Stadtviertels haben keinerlei Möglichkeiten, sich zu solidarisieren und ihre Probleme gemeinschaftlich zu verändern.

Diese kurze Situationsanalyse des sozialökologischen Lebensraumes der Familie Alexanders zeigt soziale Problemzusammenhänge, mit denen sich die „Gemeinwesenarbeit" vor allem unter dem Gesichtspunkt befasst, wie man präventiv auf soziale Konfliktpotenziale einwirken kann.

1. Beschreiben Sie, wie und wodurch die Einbindung von Menschen in gemeinschaftliche Nahräume gestört wird.
2. Analysieren Sie die soziologischen und ökonomischen Faktoren, die zu einer Veränderung des Gemeinwesens führen.
3. Erläutern Sie die Wirkungen, die sich aus veränderten sozialen Umwelten für Einzelne und Familien ergeben.

3.4.1 Zur Geschichte der Gemeinwesenarbeit

Die Gemeinwesenarbeit ist der dritte große Arbeitsansatz innerhalb der Sozialpädagogik. Ihr Ziel ist es, methodisch planvoll auf die Lebensumgebung von Menschen einzuwirken, um soziale Netze aufzubauen oder bestehende Verbindungen und Hilfsmöglichkeiten besser auszunutzen. Intakte soziale Bezüge und menschenfreundliche Räume der Kommunikation und des Austausches vermitteln dem Einzelnen ein Gefühl der Sicherheit und Identität mit dem Raum, in dem er lebt, wohnt und arbeitet. Die sozialen Orte, an denen das geschehen kann, sind zum Beispiel Straßenzüge, Wohnviertel, Stadtteile, Dorfgemeinschaften oder (Groß)städte. Überall da, wo der gemeinschaftliche Raum und der Austauschprozess durch die Entwurzelung von Gruppen erheblich gestört ist, können *soziale Brennpunkte* entstehen, die mit der Zeit eine eigenständige Dynamik der Problementstehung und -beibehaltung erhalten können.

Der Ursprung der Gemeinwesenarbeit liegt im 19. Jahrhundert, als durch die in Schwung kommende Industrialisierung die Strukturen des traditionellen Gemeinwesens, organisiert in Familienverbänden, Handwerkerzünften oder landwirtschaftlich feudalen Abhängigkeiten, zerbrachen. Um die industriellen Wirtschaftszentren ballten sich durch Massenzuzug Menschen in armseligen „Slumvierteln" zusammen, die Zunahme der Bevölkerungszahlen der deutschen Großstädte verlief nach 1850 explosionsartig. Obdachlosigkeit, Enge, Schmutz, giftige Emissionen der Industrie, das Risiko von Arbeitslosigkeit, Unfällen oder die geringe Lebenserwartung der Arbeiter erzeugten ein soziales Elend, das auch zur Gefahr für den Staat werden konnte. Vor diesem Hintergrund der Entstehung der *sozialen Frage* wurden erste sozialpolitische Hilfsangebote entwickelt, die dem Elend abhelfen sollten.

Den Traditionen, aus denen sich der Gemeinwesengedanke speist, ist die Idee der Selbsthilfe gemeinsam. Sozialpädagogische Arbeit ohne eine Aktivierung und Mobilisierung der betroffenen Menschen verpufft und bleibt aussichtslos.

Die Merkmale der äußeren Armut des 19. Jahrhunderts spielen heutzutage in den modernen Industrieländern keine große Rolle mehr. Slums und Ghettos gehören sicherlich nicht mehr zum Erscheinungsbild heutiger Großstädte in Westeuropa. Dafür sind „moderne" Zivilisationsghettos in den Städten gewachsen, die ein gemeinschaftliches Zusammenleben in einem weit stärkeren Maße behindern können als die „alte" soziale Not. Vereinsamung, Sprachlosigkeit, Isolation und Fremdheit prägen die Erfahrungswelt vieler Menschen. Die Lebenswelt von Kindern und Jugendlichen ist – wenn man mit offenen Augen die Welt betrachtet – an vielen Stellen lebensfeindlich und karg – trotz vordergründigem materiellen Wohlstand.

Zur Verbesserung der sozialen Infrastruktur (Verkehrswege, sozialpädagogische Angebote, Schulen, Freizeitmöglichkeiten, Wohn- oder Beratungsangebote usw.) innerhalb eines Stadtteils oder Wohnviertels können folgende Maßnahmen beitragen:

- die Einrichtung von Kommunikationszentren (Gemeinschaftszentren für Kinder-, Jugend- und Erwachsenenarbeit) im Rahmen von Stadtteilarbeit,
- die Überprüfung des Bedarfs betreuter Schulzeit oder von Nachmittagsbetreuung in Kindertagesstätten,
- die Einrichtung von Abenteuer- oder Naturspielplätzen, Bolzplätzen, Versorgung benachteiligter Stadtviertel mit Aktionen offener Kinder- und Jugendarbeit,
- die Verbesserung der Wohn- und Umweltbedingungen in einem Straßenzug durch Verkehrsberuhigung, Renaturierung gepflasterter Verkehrsflächen und Ausweisung von Straßenspielflächen,
- der Wiederbezug der Innenstädte mit Familien und Kindern, die in den Städten leben, spielen, wohnen können,
- der Anschluss ländlicher Räume an Kommunikations- und Kulturmöglichkeiten von Städten aufgrund einer Verbesserung des öffentlichen Nahverkehrs.

Als Träger und Initiatoren für Vorhaben der Gemeinwesenarbeit kommen Bürger- und Stadtteilinitiativen, Elterninitiativen zur Gründung eines neuen Kindergartens, Kirchengemeinden, Nachbarschaftskreise, Sebsthilfegruppen, Betroffenengemeinschaften, kommunale Verbände, Sportvereine, Jugendverbände usw. infrage. Die professionelle Rolle des Sozialpädagogen beschränkt sich im Wesentlichen auf die Stützung der Aktivitäten der betroffenen Gruppen und auf die Moderation und Steuerung des Planungs- und Diskussionsprozesses für das Vorhaben, das gemeinsam umgesetzt werden soll.

3.4.2 Die Methode der Projektarbeit

Was ist eigentlich ein Projekt? Und: Was ist das Besondere an der Projektarbeit? Dazu ein Text aus der Gemeinwesenarbeit in einem sozialen Brennpunkt, einer Obdachlosensiedlung am Rande einer Großstadt:

„Der Gedanke für die Anwendung der Methode der Gemeinwesenarbeit in sozialen Brennpunkten (z. B.. Obdachlosensiedlungen) geht davon aus, dass soziale Konflikte ihren Ursprung sowohl in der Person des Einzelnen als auch in seiner Umwelt haben können. Daher kann es nicht genügen, etwa nur individuelle Anpassungshilfen zu geben, sondern diese sind zu ergänzen durch eine Umgestaltung oder Beeinflussung der für Konflikte ursächlichen Umweltbedingungen. So unter anderem dadurch, dass sich die einzelnen sozialen Hilfen, sei es die Einzelfallhilfe, die soziale Gruppenarbeit oder die Gemeinwesenarbeit gegenseitig ergänzen müssen.
Bezogen auf die betroffene Bevölkerung dieser Siedlung heißt das: Nur dann kommt es zu einer sozialen Integration und Emanzipation, wenn es gelingt, das Gefühl des Eigenwertes und der Eigeninitiative dieser Personengruppe zu wecken.
Der Gedanke der Gemeinwesenarbeit richtet sich daher nicht so sehr auf eine auf die Einzelperson gerichtete Therapie, sondern vorrangig auf die Notwendigkeit, das Gruppenbewusstsein im positiven Sinne zu ändern, um damit den kollektiven Sinn für vorhandene Möglichkeiten zu mobilisieren. Dabei ist die Eigenverantwortung bei Wahrung des Selbstbestimmungsrechtes der Betroffenen unter Anwendung des demokratischen Prinzips zu fördern. Die Notlage der anderen – in diesem Falle der Gruppe (Bevölkerung der Siedlung) – wird zum Maßstab der Hilfe gemacht. Die Betroffenen artikulieren selbst, was sie benötigen. Es wird dadurch erreicht, dass der Zustand der Resignation und Lethargie, in dem sich die Mehrzahl dieser Menschen befindet, überwunden wird. Das heißt, der Gemeinwesenarbeiter akzeptiert sie alle, wie sie nun einmal sind. Das in der Gemeinwesenarbeit tätige Team arbeitet nicht „für", sondern „mit" den Betroffenen, um das gesteckte Ziel zu erreichen.
Hilfe zur Selbsthilfe besteht nämlich nicht darin, die Leute mit Angeboten zu überschütten, sondern sie zur Aktivität und Eigeninitiative und damit zur Mitverantwortung für das, was getan wird oder getan werden soll, anzuregen. (...)
Die Arbeit im Gemeinwesen selbst bzw. mit den in diesem Gemeinwesen wohnenden Personen beginnt mit der Aktionsuntersuchung. Was können die Betroffenen selber tun? – Durch diese Aktionsuntersuchung (oder „aktivierende Befragung") wollen wir erfahren, wo die Betroffenen stehen, was sie denken und was sie fühlen (Ausgangssituation). Gleichzeitig beginnt bei der „aktivierenden Befragung" schon die eigentliche Hilfe, denn um antworten zu können, beginnen sie (vielleicht zum ersten Mal), über ihre eigenen Probleme nachzudenken und deren Lösung zu suchen.

Bei der Betroffenenbefragung gilt es herauszufinden:
a) Fakten, wie sie die Betroffenen sehen – oft in Form von Meinungen.
b) Den Punkt der Entrüstung – worüber regen sich die Betroffenen am meisten auf und worüber sind sie im Zweifel? Kann man sie neugierig machen?
c) Welche Leute haben Ideen (welche?) – wer ist zur Mitarbeit ggf. Mitverantwortung bereit?"
(Knop/Moos, 1971, S. 1 ff.)

1. Arbeiten Sie aus dem Gedankengang der Autoren diejenigen pädagogischen Aussagen heraus, die Sie als wesentlich für die Planung und Durchführung von Projekten ansehen.
2. Übertragen Sie den eingangs des Kapitels vorgestellten „methodischen Dreischritt" auf das Vorgehen der Gemeinwesenarbeit. Stellen Sie unterschiedliche Planungsphasen bei der Projektplanung heraus.
3. Prüfen Sie, ob sich das vorgestellte Beispiel der Projektarbeit in einer Obdachlosensiedlung auf andere Praxisfelder der Arbeit mit Kindern, Jugendlichen oder benachteiligten Menschen übertragen lässt.

3.4.3 Pädagogische Netzwerkarbeit

Kooperationen sozialpädagogischer Einrichtungen mit unterschiedlichen Arbeitsaufträgen (z.B. Kindergärten und Jugendheime, Behinderteneinrichtungen und ambulante Dienste) oder auch die Einbeziehung von Schulen, gewerkschaftlichen Verbänden oder Kirchengemeinden können ein Teil der vernetzten Arbeit in einem Stadtteil sein und zu einer erheblichen Verbesserung der Lebensqualität in Städten und Gemeinden und einer besseren Abstimmung kommunaler Sozialpolitik beitragen. Neuere Theorieansätze in der Sozialpädagogik, die unter den Schlagworten der Arbeit mit sozialen Netzwerken und der Optimierung sozialer Unterstützung durch Einführung sozialpolitischer Steuerungsmodelle bekannt geworden sind, lassen sich ihrem Kern nach lückenlos in die theoretischen Überlegungen der Gemeinwesenarbeit einpassen.
Die Bildung von themenorientierten Arbeitskreisen etwa zur Gewalt- oder Suchtprävention, Unterstützung von Familien oder der Arbeit in sozialen Brennpunkten kann durch Einrichtung so genannter runder Tische, an denen Vertreter unterschiedlicher sozialpädagogischer Einrichtungen teilnehmen, zu einem Anfangspunkt einer Verbesserung der sozialpädagogischen Versorgung eines Stadtteils werden. Für sozialpädagogische Einrichtungen beinhaltet das Konzept der Gemeinwesenarbeit die Chance, neben den Bedürfnissen des Einzelnen oder der Gruppe die sozialökologische Perspektive von Lebensräumen und ihren Gestaltungsmöglichkeiten in ihre Arbeit einfließen zu lassen.

Beispiel für sozialräumliche Vernetzung: Familienzentren in der Pilotphase

Weit über 90 Prozent aller 3- bis 6-jährigen Kinder in Deutschland besuchen eine Kindertageseinrichtung. Deshalb bieten sich Kindertagesstätten und Kindergärten als sogenannte Knotenpunkte innerhalb des sozialen Netzes einer Gemeinde an, um einerseits durch z.B. die Veränderung von Öffnungszeiten und andererseits durch zusätzliche Erziehungs- und Bildungsangebote sozialräumliche Strukturen zu verbessern. Kindertagesstätten erreichen durch die Verankerung in der Gemeinde fast alle Familien der 3- bis 6-jährigen Kinder und ermöglichen darüber hinaus, wenn sie zu Familienzentren umgewandelt wurden, ein niedrigschwelliges Beratungs- und Erziehungsangebot für den weiteren Weg der Kinder zu Heranwachsenden und Jugendlichen. Daraus ergibt sich für die Jugendhilfe die Chance einer besseren Akzeptanz von Hilfen in schwierigen Familiensituationen.

Das Land Nordrhein-Westfalen ist seit der Gründungsinitiative 2006 dabei, flächendeckend Familienzentren in ihrem Aufbau zu unterstützen und (wissenschaftlich) zu begleiten. Mit dem Kindergartenjahr 2007/2008 gibt es in Nordrhein-Westfalen etwa 1000 dieser Zentren. 261 Einrichtungen wurden 2007 bereits zertifiziert und mit dem Qualitätsmerkmal „Familienzentrum NRW" ausgewiesen. Familienzentren kooperieren je nach gemeindlicher Infrastruktur mit den unterschiedlichsten Kooperationsstellen und -partnern. Die Bandbreite reicht von Psychologischen Beratungsstellen, Familien- und Erziehungsberatungsstellen, Familienbildungseinrichtungen, Allgemeinen Sozialen Dienst (ASD) hin zu Grundschulen, Kinder- und Jugendzentren, Ausländerberatungszentren, Sportvereine, Musikschulen oder Kinder-Kunst-Initiativen. Der Fantasie und Kreativität mögliche Kooperationspartner auf zu tun oder selbst Initiativen zu starten sind keine Grenzen gesetzt. Der Zuschnitt und das Angebot der Familienzentren richtet sich nach dem sozialpolitischen Bedarf des Sozialraumes, in dem man tätig ist, sowie den Voraussetzungen (Lage, Räume, Wege, Personal, Fachlichkeit, kulturelle und biografische Erfahrung von Mitarbeiterinnen), die innerhalb des Zentrums anzutreffen sind.

Der Arbeitsschwerpunkt liegt in der frühen Information, Beratung und Unterstützung von Familien mit Kindern aus dem Erziehungsalltag heraus. Stärken und Schwächen von Kindern können hier frühzeitig wahrgenommen und besser gefördert werden als bei Auftreten von massiven Schwierigkeiten nach Beginn der Schulzeit. Sprachtests und Lernstandserhebungen bei den über Vierjährigen runden das Programm einer fruhzeitigen Intervention zur Verhinderung von Benachteiligungen in der kindlichen Bildung und Erziehung ab. Eltern sind aufgrund der Wohnortnähe in schwierigen sozialen Verhältnissen einfacher und leichter zu erreichen als über den Zugang psychologisch-therapeutischer Schwerpunkteinrichtungen oder über die Institution des Jugendamtes.

Das Modellprojekt in Nordrhein-Westfalen lässt Familienzentren drei Wege des vernetzten Arbeitens in der Gemeinde offen:

- *als sogenanntes Lotsenmodell mit dem Selbstverständnis der Information und Weiterleitung von Familien mit Erziehungsproblemen an Kooperationspartner,*
- *als Galeriemodell mit einer teilweise eigenverantwortlichen Gestaltung von Unterstützungsangeboten von Familien z.B. mit Migrationshintergrund (Sprachkurse) oder Elternseminaren und Väter-Jungenangeboten zur Familienbildung,*
- *als Bündelmodell mit Beratungsangeboten vor Ort, gemeinsamen Aktivitäten mit den Grundschulen zur Verbesserung des Übergangs Kiga-Schule oder dem Elterntraining oder Elterncoaching zur Stärkung der Erziehungskompetenzen.*

Nicht verschweigen sollte man, dass diese innovativen Ansätze in der Bildungslandschaft nicht zuletzt aufgrund der verheerenden Ergebnisse der PISA-Studie, dem zunehmenden sozialpolitischen Druck hinsichtlich einer besseren Verbindung von Beruf und Familie sowie den deutlich sichtbaren Problemen einer fehlgeschlagenen Integrationspolitik bei Kindern und Jugendlichen mit Migrationshintergrund als Bildungsverlierer zustande kamen.

„Sich wieder ins Lebensnetz einzubinden – das heißt vor allem: Gemeinwesen zu bilden und zu pflegen (...) Das erste Prinzip ist die wechselseitige Abhängigkeit. Alle Mitglieder einer ökologischen Gemeinschaft sind in einem riesigen und komplexen Netzwerk von Beziehungen, dem Lebensnetz, wechselseitig miteinander verbunden. (...) Das Verhalten jedes lebenden Mitglieds im Ökosystem hängt vom Verhalten vieler anderer Menschen ab. (...) Die ökologische Vernetzung verstehen heißt Beziehungen verstehen. Das erfordert eine veränderte Ausrichtung unserer Wahrnehmung, wie sie für das Systemdenken charakteristisch ist: von den Teilen zum Ganzen, von Objekten zu Beziehungen, von Inhalten zu Mustern. Eine ökologisch nachhaltig organisierte menschliche Gemeinschaft ist sich der vielfachen Beziehungen zwischen ihren Mitgliedern bewusst. Die Gemeinschaft pflegen heißt diese Beziehungen pflegen."
(Capra, 1999, S.343 f.)

1. **Suchen Sie Beispiele, an denen Sie die Wechselwirkung von Störungen in den Beziehungen von Mensch und ökologischer Umwelt nachweisen können.**
2. **Übertragen Sie das systemökologische Denken auf die Problemanalyse sozialer Prozesse, zum Beispiel auf die Integration benachteiligter Randgruppen der Gesellschaft oder behinderter Menschen. Überprüfen Sie die neu gewonnene Perspektive am Eingangsbeispiel des Kapitels.**

3.5 Systemische Ansätze

Der Text von Fritjof Capra (siehe oben) eröffnet bereits die Perspektive auf den Stellenwert und die Bedeutung, die systemische Ansätze aus der Familientherapie in den letzten 20 Jahren für die Sozialpädagogik erlangt haben. Hierin öffnet sich dem pädagogischen Verständnis eine grundlegend neue Sicht auf menschliche Wirklichkeiten, Beziehungen zwischen Menschen und den in Systemen vorkommenden wechselseitigen Abhängigkeiten. Unter einem System versteht man eine organisierte Ganzheit „mit einer (begrenzten) Menge von Objekten und bestimmten Relationen (Beziehungen) zwischen diesen" (Kriz, 1994, S. 231).
Die „neue Sicht" der Systemtheorie in der Pädagogik ist dadurch gekennzeichnet, dass Eigenschaften oder Verhaltensmerkmale, die vormals als individuelle Kennzeichen eines Individuums gesehen wurden – frech, böse, verrückt, auffällig, delinquent – nun als Teil eines größeren Ganzen – eben eines Systems – erkannt werden, in dem sie einen systemerhaltenden Zweck oder Sinn besitzen. Demzufolge fragt der systemische Erklärungsansatz nicht mehr nach den Ursachen oder Ursachenbündeln, die zu einem (Fehl)verhalten führen, wie Stören im Unterricht oder gewalttätigem Verhalten in der Gruppe, sondern nach der Funktion, die ein solches Verhalten für die Kommunikation in einem System hat und den Reaktionen, die es auslöst und die wiederum auf das ursprüngliche Verhalten zurückwirken. Es geht um das „Wie?" das Verhalten in einem System wirkt, nicht um das „Warum?" das Verhalten passiert, also der Frage nach Ursachen.
Systemisches Denken ist ganzheitlich und *zirkulär* (kreisförmig) gegenüber *kausalen* und *linearen* Erklärungsansätzen, die in Form von „wenn/dann" oder „darum/weil" Erklärungsformen ablaufen. Und systemisches Denken erfasst Wechselwirkungen und Rückwirkungen, die zwischen Teilen eines Sys-

tems untereinander und dem Ganzen bestehen und es in einem Gleichgewichtszustand *(Homöostase)* erhalten. Betrachtet man die unterschiedlichen Systemebenen, in denen sich das menschliche Leben abspielt, treten wechselseitige Verbindungen zwischen und innerhalb einzelner Systeme deutlich hervor:

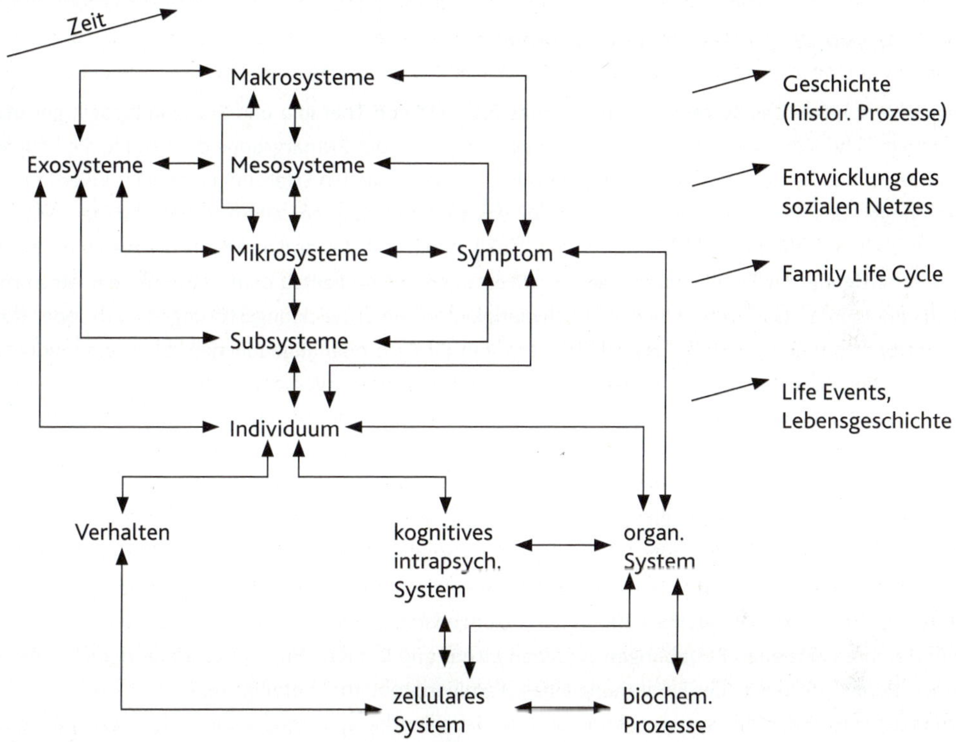

Exosysteme = Einflussnahme des Gemeinwesens (konkrete Arbeitsbedingungen, kulturelle und schulische Möglichkeiten, politische Bedingungen)
Makrosysteme = Wirtschaftliche und soziale Bedingungen des Gesellschaftssystems (Arbeitsbedingungen, Wirtschaftskrisen, Umwelteinflüsse)
Mesosysteme = Soziales Netzwerk um ein Familiensystem herum (Betrieb, Klasse, Kirchengemeinde, Nachbarschaft)
Mikrosystem = Familie und Familienstruktur, Kommunikation und Problemlösungsfähigkeit in einer Familie
Subsysteme = Beteiligung an (konkurrierenden) Teilsystemen (Geschwisterbeziehungen, Vater-Tochter-/Paar-/Eltern-Mutter-Sohn-Beziehungen)

(vgl. von Schlippe, 1987, S. 28)

1. **Machen Sie ein Gedankenexperiment und überprüfen Sie, welche Systemebenen betroffen werden, wenn Arbeitslosigkeit oder eine Krebserkrankung in einer Familie auftreten.**
2. **Erläutern Sie mithilfe des Systemmodells Schwierigkeiten, die Familien, wie die Aussiedlerfamilie K. aus dem Anfangsbeispiel, bei ihrer Integration in ein fremdes Gesellschafts- und Wirtschaftssystem haben.**

3.5.1 Pädagogik und das System „Familie"

Dass insbesondere das System „Familie" in das Blickfeld von Therapie und Sozialpädagogik getreten ist, hängt sicherlich auch damit zusammen, dass zumeist in der Primärgruppe der Familie die lang andauerndsten und emotional tiefgehendsten zwischenmenschlichen Erfahrungen gemacht werden. Die Erfahrungen aus der Herkunftsfamilie sind für das spätere Leben vor allem bei der Partnerwahl und dem Beziehungsaufbau in sozialen Gruppen maßgebend. Auf der anderen Seite setzte eine intensive Beschäftigung mit Familienprozessen und Störungen in Familien zu dem Zeitpunkt ein, als immer deutlicher wurde, dass viele individuelle Schwierigkeiten wie Entwicklungsstörungen, Lern- oder Konzentrationsstörungen, Verhaltensauffälligkeiten von Kindern oder Jugendlichen durch eine individuelle Beratung oder Behandlung in Beratungsstellen nur unwesentlich oder nicht dauerhaft verändert werden konnten. Die Kommunikation in der Familie sorgte immer wieder dafür, dass die Symptome beibehalten wurden bzw. nach einer Zeit wieder auftraten, weil sie im Familienkontext „Sinn" machten und im Rahmen des Systems systemerhaltend wirkten. Die Familientherapie hat für den „Job", den ein auffälliges Kind oder Jugendlicher für die Familie übernimmt, den Ausdruck des „Symptomträgers" geprägt, der einerseits durch sein (abweichendes) Verhalten auf die Fehlfunktion *(Dysfunktionalität)* des Systems wie ein Indikator hinweist und andererseits durch sein Verhalten dafür sorgt, dass das ganze System zusammengehalten und in ein Gleichgewicht gebracht wird. Dabei spielen nicht nur die unmittelbaren aktuellen Beziehungen zwischen Eltern und Kindern eine Rolle, sondern auch mehrere Generationen können an der Entstehung eines „Familienproblems" beteiligt sein.

Grundkenntnisse aus der Systemtheorie und der Familientherapie gehören in vielen sozialpädagogischen Tätigkeitsfeldern zum Handwerkszeug pädagogischer Berufe. Sie sind wichtig in der Arbeit der sozialpädagogischen Familienhilfe, in der Heimerziehung, in der Beratung und Frühförderung, in der Vorschulerziehung, Unterstützung und Begleitung von Familien mit behinderten Kindern sowie für die Tätigkeit in Erziehungs- und Familienberatungsstellen. Ein besseres Verständnis der Hintergründe von Kommunikationsstörungen in Familien hat dazu beigetragen, zusammen mit betroffenen Familien effizientere Hilfen zu erarbeiten, um zum Beispiel die Herausnahme und Heimunterbringung von Kindern zu verhindern und Familienprobleme am Ort ihres Entstehens zu lösen.

Ein vollständiges Bild der Entwicklung der Familienpsychologie mit dem aktuellen Forschungsstand liefert das Buch von Klaus A. Schneewind, Familienpsychologie, Kohlhammer, Berlin 1999.

Für die Ethik des pädagogischen Handelns ergeben sich aus der systemischen Sicht weitreichende Folgen. Zieht man eine solche Perspektive in seinem pädagogischen Handeln konsequent durch, dann heißt es Abschied nehmen von einer vereinfachenden Pädagogik der Unterscheidung in „gute" und „böse" Verhaltensanteile von Kindern, der klaren Erkennung von Ursachen und Wirkungen oder von einfachen Schuldzuweisungen an „vernachlässigende" oder „erziehungsunfähige" Eltern. Übrig bleibt

eine vielschichtige menschliche Wirklichkeit, der man sich unvoreingenommen und vorsichtig nähern sollte mit dem Wissen, dass die eigene Wahrnehmung und Meinung eine Perspektive unter vielen ist und der Bereitschaft, auch die manchmal äußerst schwache Erziehungsleistung von Eltern anzuerkennen. Unvoreingenommene Wertschätzung von Menschen und der Respekt vor allen Äußerungen lebendiger Systeme gehören als Grundwerte in die Haltung pädagogischer Mitarbeiter, die mit Eltern und Familien arbeiten. Die integrative (wachstumsorientierte) Familientherapeutin Virginia Satir fasste diese Grundhaltung in der Arbeit mit Menschen so zusammen: **„Instead of a box to put it** (the child) **in, we need a pot to let it grow."** (von Schlippe, 1987, S. 63)
Eine ausführliche Darstellung finden Sie in Virginia Satir: Familienbehandlung, 6. Auflage, Freiburg, Lambertus, 1987.

Die „Geburt" eines familiären Symptomträgers

„Ein Finanzbeamter und seine Frau, eine ehemalige Verkäuferin, haben lange auf ein Kind gewartet. Endlich bekommen sie eine Tochter. Die Geburt ist kompliziert. Die Nabelschnur hat sich um den Hals gewickelt. Die Atmung setzt verspätet ein. Nach einigen Monaten erleidet die kleine Marion hintereinander einige Krampfanfälle. Sie bekommt Medikamente und die Anfälle verschwinden wieder. Sie ist ein graziles Mädchen, sehr schreckhaft und sensibel. Sie weint leicht. Sie isst unregelmäßig und hat einen leicht störbaren Schlaf. Sie lernt mit geringer Verspätung laufen und sprechen. Ihre Intelligenz entwickelt sich, so weit man das durch Tests beurteilen kann, mit einer leichten Verzögerung. Sonst bestehen aber keine krankhaften Beeinträchtigungen mehr, und die Ärzte raten den Eltern, das Kind wie ein gesundes Kind anzusehen und es ganz normal zu behandeln.
Dieser Rat folgt bereits der Beobachtung, dass die Eltern in auffälliger Weise mit Marion umgehen. Vor allem der Vater sorgt dafür, dass die Tochter wie ein rohes Ei bewacht und gepflegt wird. Kommt er abends aus dem Amt, prüft er zuerst das Aussehen von Marion und erkundigt sich nach ihren Tageserlebnissen. Sobald sie einmal etwas blasser aussieht oder schlecht isst, verdächtigt er die Mutter, dass sie etwas falsch gemacht haben könnte. Andererseits reagiert er fasziniert und bewundernd auf jede sprachliche Neuerwerbung und auf die ersten unbeholfenen Bleistiftkritzeleien des Mädchens. Die Mutter muss darüber Tagebuch führen. Alles abgelegte Spielzeug, jede belanglose Kritzelzeichnung wird sorgfältig gesammelt wie historische Denkwürdigkeiten.
Die Mutter leidet darunter, dass Marion ein recht launisches und trotziges Wesen entwickelt. Es wurmt sie insgeheim, dass die Kleine stets ihren Kopf durchzusetzen versteht, aber sie beugt sich am Ende doch immer wieder den Erziehungsprinzipien ihres Mannes. Sie ängstigt sich entsetzlich vor seinen Vorhaltungen, und im Lauf der Zeit zweifelt sie immer mehr an der Berechtigung ihrer kritischen Gefühle gegenüber dem Kind. Sie fängt an, sich für derartige Regungen zu verurteilen. Und so schwenkt sie allmählich ganz auf die Seite des Mannes um. Wenn er ihr vorwirft, sie hätte verhindern müssen, dass Marion hingefallen ist und sich eine Beule geholt hat oder dass sie auf der Straße durch einen Hund erschreckt worden ist, dass sie abends nicht gleich einschlafen kann, dann steckt die Mutter diese Beschuldigungen am Ende widerspruchslos ein und verdammt sich selbst für ihr Versagen. In dem Empfinden, immer noch mehr für das Kind tun zu müssen, lässt sie Marion nicht mehr einen Augenblick allein oder unter fremder Aufsicht. (...)

Ihr Mann tut alles, um sie in diesem Verhalten zu bestärken. Er übertrifft sie darin noch dadurch, dass er bedingungslos alle Wünsche des Mädchens erfüllt und auch ihre schwer leidlichen Eigenheiten niemals rügt. Marion flüchtet sich daher gern zum Vater und beklagt sich, wenn die Mutter ihr doch einmal einen Wunsch abgeschlagen oder von ihr eine lästige Leistung verlangt hat. Sie kann sicher sein, dass der Vater ihr Genugtuung verschafft.

Die Folge der ständig erlebten Bewunderung und Verwöhnung ist, dass Marion im Hause das Regime übernimmt. Es wird getan, was sie wünscht. Natürlich will sie nicht in den Kindergarten, nachdem sie erlebt hat, dass sie bei den anderen Kindern nicht wie zu Hause ihre Ansprüche widerspruchslos durchsetzen kann. Man wagt nicht, mit ihr wegen eines schlechten Zahns zum Zahnarzt zu gehen. Denn sie lehnt den Zahnarztbesuch ab. Schließlich will sie auch zu Hause keine fremden Kinder mehr auf Besuch sehen. Denn sie will auf deren Interessen keine Rücksicht nehmen. Alle sollen sich nach ihrem Willen richten. Sie spielt nur mit dem Hund der Eltern und ihrem Spielzeug. Auch die Mutter muss sofort auf Verlangen zum Spiel antreten, sonst schreit sie so lange, bis die bestrafte Mutter sich fügt. Wie nicht anders zu erwarten, isst Marion auch nur bestimmte Lieblingsspeisen. Und sie kann sicher sein, dass ihr Speisezettel – mit Unterstützung durch den Vater – nur auf das Genaueste ihrem Verlangen entspricht."

(Richter, 1972, S. 100 ff.)

1. Sammeln Sie alle wichtigen Informationen zu den einzelnen Mitgliedern dieser Familie, vor allem auch zur „Behinderung" des kleinen Mädchens.
2. Entwickeln Sie ein Drehbuch zu dieser Familie, in dem Sie die Rollenverteilung, die strukturellen Veränderungen und das kommunikative Zusammenspiel innerhalb dieser Familie erläutern.
3. Stellen Sie Hypothesen zur Bedeutung des „Symptomträgers" in dieser Familie auf und erläutern Sie, welchen Nutzen das System aus dieser Rolle zieht.
4. Diskutieren Sie kontrovers, wer in dieser Familie die größte Mitschuld an der Misere hat.

Arbeitsaufgaben zur Auswertung des gesamten Kapitels:

1. Setzen Sie sich in Arbeitsgruppen mit einem von Ihnen gewählten Arbeitsansatz der sozialpädagogischen Arbeit – also der Einzelfallhilfe, der sozialen Gruppenarbeit, der Gemeinwesenarbeit oder des systemischen Ansatzes – auseinander, indem Sie jeweils den historischen Hintergrund, die Hauptgedanken, Arbeitsgebiete (Beispiele) und Zielsetzungen dieses Ansatzes herausarbeiten.
2. Fertigen Sie in der Klasse eine tabellarische Übersicht der Hauptmethoden an und vergleichen Sie Vor- und Nachteile dieser Ansätze.

4 Systematisches Beobachten als Grundlage pädagogischer Diagnostik

Auch im Praxisfeld der Erziehung gibt es die Notwendigkeit, diagnostisch tätig zu sein. Dabei geht es aber nicht wie in der Medizin darum, Symptome von Erkrankungen des Menschen zu erfassen, um sie entsprechend genau medikamentös oder therapeutisch zu behandeln, sondern es geht um die Erfassung von Lebenswirklichkeiten, die Menschen in ihrer Entwicklung fördern oder auch behindern können. Der Begriff Diagnose ist griechischen Ursprungs und meint erst einmal nichts anderes als zwischen zwei oder mehreren Dingen unterscheiden und diese Unterschiede benennen zu können. Diese Fähigkeit des differenzierten Wahrnehmens von Menschen und des sie umgebenden Lebensfeldes ist die Basis für jede pädagogische Arbeit. Fördern kann ich erst dann jemanden, wenn ich weiß, welche Fähigkeiten, persönlichen Eigenschaften oder sozialen Voraussetzungen eine Person – sei es ein Kind, Jugendlicher, behinderter oder nicht behinderter Mensch – in den pädagogischen Prozess miteinbringt, welche unmittelbaren Lebensschwierigkeiten ihm begegnen und welche Kompetenzen zur Lebensbewältigung vorhanden sind.

Zu einer ganzheitlichen pädagogischen Diagnostik gehört sicherlich auch immer das Element der Selbstwahrnehmung und -reflexion: Ist das, was ich im Verhalten des anderen sehe, z.B. Aggressivität, motivationale Schwächen, Kontaktwünsche oder Liebenswürdigkeit, ein Teil von mir oder ein Teil von ihm? Wie sicher und zuverlässig sind meine Wahrnehmungen und Aussagen über Menschen, die mir als Erzieherin anvertraut sind? Wenn ein Kind in meiner Gruppe, mit dem ich eine halbe Stunde vorher einen heftigen Streit hatte, mich nun angrinst, kann dies beispielsweise einen Kontaktwunsch ausdrücken oder eine Provokation oder gar eine Entschuldigung.

Der Erziehungsalltag lässt eine kritisch-hinterfragende pädagogische Grundhaltung manchmal in den Hintergrund treten. Die folgende Form der Bildung von Aussagen über das Verhalten von Menschen nennt man Zirkelschluss, weil das, was ausgesagt wird, bereits in die Voraussetzung des Beobachtens eingegangen ist: *„Sandra (5,6) ist in der Kindergartengruppe antriebsarm und kaum für das Freispiel zu begeistern“, „die Kontaktschwäche Mareikes (4,2) zeigt sich in der Tendenz, allein zu spielen, und darin, dass sie von sich aus kaum auf andere Kinder zugehen kann“* oder *„trotz intensiver Hausaufgabenhilfe ist Paul (12,3) immer noch nicht in der Lage, seine Lernschwierigkeiten zu überwinden“.*

Die pädagogische Wirkung dieser Art von Vor-Urteilen ist verheerend. Sie lässt Menschen keinen Raum zur Veränderung, zum Wachstum und für eine veränderte Selbstwahrnehmung der Erzieherin.

Zu einer angemessenen pädagogischen Diagnostik gehört deshalb die immer währende Bereitschaft, sich selbst in seinen Wahrnehmungen zu hinterfragen, eigene Beobachtungen mit Kollegen zu vergleichen und für das Kind neue Situationen zu schaffen, in denen sich Verhalten neu zeigen und verändern kann.

Pädagogische Diagnostik

Pädagogische Diagnostik in diesem Sinne meint die Kunst der richtigen Wahrnehmung erzieherischer Möglichkeiten mit der Offenheit zur Veränderung eigenen Handelns. Wahrnehmen – Beobachten – Erklären sind die Grundschritte in einem diagnostischen Prozess, dessen Ziel die Verbesserung der pädagogischen Arbeit mit Menschen ist und der deshalb auch nie zu einem Ende kommen kann.

4.1 Wahrnehmung ist immer subjektiv

1. Fassen Sie in eigenen Worten die Aussage des Bildes zusammen und beobachten Sie dabei Ihre Reaktionen.
2. Schildern Sie, was passiert, wenn Sie dasselbe Bild aus der Sicht eines Städteplaners, eines Umweltschützers, eines Kindes oder Rentners betrachten.
3. Stellen Sie sich vor, Sie seien ein Südseeinsulaner; wie sehen Sie das Bild dann?

4.1.1 Wahrnehmen heißt Ordnen und Sinn geben

Je nach Betrachtungsperspektive werden Sie ganz unterschiedliche Details des Bildes in Augenschein genommen haben, die Sie interessieren. Der Städteplaner schaut nach der Straßenführung und nach möglichen Planungsfehlern, weil Wohnbebauung so dicht an einer Hauptverkehrsstraße erfolgt ist; der Umweltschützer sieht insbesondere den Hintergrund einer Silhouette eines Kraftwerks mit den Auswirkungen auf die Natur und die Umwelt von Kindern; das Kind sucht potenzielle Spielgefährten und die Rentner sinnieren vielleicht darüber, wie denn alles war, als sie selbst Kinder waren.
Und dem Südseeinsulaner wird es schwer fallen, sich in die Gegebenheiten einer ihm fremden Kultur hineinzudenken – entspricht doch bereits die Landschaft nicht der ihm bekannten Umgebung.

Wahrnehmung ist, wie aus diesem Beispiel deutlich wird, nichts Neutrales oder Objektives, was uns Gewissheit über die uns umgebende Umwelt gibt. Sie werden im Gegenteil an sich selbst beobachtet haben, wie Sie erst verunsichert und unbewusst versucht haben, die Bildinformationen zu einem sinnvollen Ganzen zusammenzustellen und für sich ein Thema abzuleiten, das es Ihnen ermöglicht, Detailinformationen zu sortieren. Je nach Perspektive treten dabei einige Bildinformationen in den Vordergrund bzw. Hintergrund der Aufmerksamkeit oder werden – weil sie keine Bedeutung haben – ignoriert. Die Sichtweise des Beobachters oder besser sein eigener Standpunkt entscheidet also darüber, welche Infomationen aufgenommen werden und welche nicht. Menschliche Wahrnehmungsvorgänge sind deshalb nicht mit denen einer Videokamera oder eines Fotoapparates vergleichbar, die im Rahmen ihrer physikalischen Bandbreite ein wirklichkeitsgetreues Abbild liefern. Vielmehr gehen in die Auffassung der Wirklichkeit höchst subjektive Elemente wie Vorerfahrungen, situative Bedürfnisse, Sehgewohnheiten usw. ein, die die Auffassung sozialer Wirklichkeiten schon bei der Aufnahme von Reizen aus der Umwelt prägen.

Wahrnehmung

Unter Wahrnehmung allgemein versteht man den Prozess der Informationsgewinnung und -verarbeitung von Reizen aus der Umwelt oder dem Körper.

Ein Tisch ... ist kein Tisch?

Das folgende Gedankenexperiment stammt vom englischen Philosophen und Mathematiker Bertrand Russel (1872 –1970). Es zeigt, wie sich die Wahrnehmung der Dinge verändert, wenn man beginnt, systematisch zu zweifeln.

„Wie schon so oft sitze ich auch in diesem Augenblick wieder an meinem Schreibtisch. Vor und neben mir liegen Bücher, Schmierzettel, Bleistifte und noch jede Menge anderer Krimskrams. Und wenn ich jetzt aus dem Fenster blicke, sehe ich auf der anderen Straßenseite Bäume, am Himmel Wolken und die Sonne. Ich glaube, dass diese Sonne etwa 150 Millionen Kilometer von mir und der Erde entfernt ist und dass sie dank der Erdumdrehung jeden Morgen aufgeht und jeden Abend wieder untergeht. Und ebenso glaube ich, dass jeder andere Mensch, der in diesem Moment in mein Zimmer käme, all das genauso sehen würde wie ich jetzt.

Es lohnt sich eigentlich kaum, dies alles so ausdrücklich zu betonen, es sei denn, irgendjemand würde an meinem gesunden Menschenverstand zweifeln. Und selbst wenn – dann müsste er verrückt sein und nicht ich! Denn darüber besteht doch wohl kein Zweifel, dass ich jetzt vor

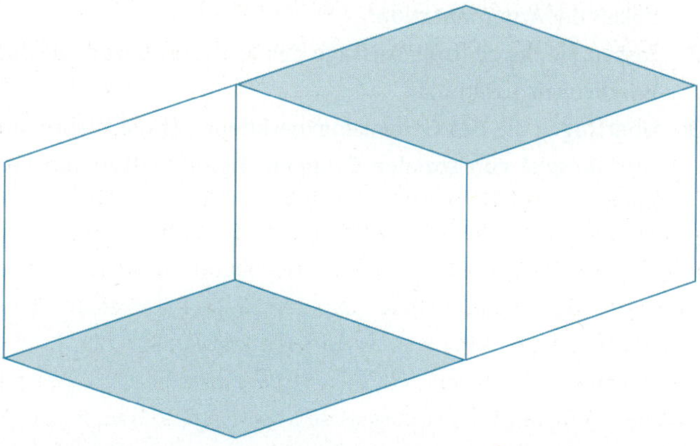

Der erste Blick allein genügt nicht – jede wirklichkeitsnahe Beobachtung berücksichtigt unterschiedliche Wahrnehmungsperspektiven.

meinem braunen Schreibtisch sitze, dass draußen die Sonne scheint und dass die Bäume auf der gegenüberliegenden Straßenseite grün sind.
Oder etwa doch? – Ausgeschlossen, denn ich sehe trotz meiner Brille ganz genau, dass dieser Schreibtisch hier, vor dem ich im Augenblick sitze, rechteckig ist und eine braune hell glänzende Oberfläche hat. Wenn ich ihn mit meiner Hand berühre, fühlt er sich glatt, kühl und hart an. Und das müsste auch jeder andere bestätigen, der ihn genau betrachtet.
Aber halt! Eben bemerke ich, dass mein Tisch nicht überall gleich braun aussieht. Stellen, die das Sonnenlicht reflektieren, erscheinen heller als die übrige Tischfläche. Und wenn ich jetzt aufstehe und um meinen Tisch herumgehe, stelle ich fest, dass es immer wieder andere Stellen sind.
Aber was soll´s, dass sich die Farbverteilung auf meinem Tisch je nach Betrachterstandpunkt und Lichtverhältnis ändert. Das mag für jemanden wichtig sein, der diesen Tisch malen will. Mir genügt es, dass ich an ihm arbeiten, lesen und schreiben kann.
Trotzdem, interessant ist das doch! – Denn es würde ja letztlich bedeuten, dass jeder diesen braunen Schreibtisch etwas anders sieht – je nachdem, wo er gerade steht – und dass niemand mit letzter Sicherheit sagen kann, ob er nun wirklich braun ist oder nicht. (...)
Seltsam, was mir vorhin noch so sonnenklar und unbezweifelbar erschien, hat sich bei genauerem Hinsehen und einigem Nachdenken als ganz schön fragwürdig herausgestellt. (...)
Mit der Form meines Tisches ist es auch nicht viel besser bestellt. Bis jetzt habe ich immer gedankenlos gesagt, er sei rechteckig. Doch wenn ich ihn jetzt von allen Seiten betrachte, zeigt er sich mir alles andere als rechteckig. Stehe ich vor ihm, so scheint seine Rückseite viel kürzer als die Vorderseite zu sein, und von hinten her betrachtet ist es genau umgekehrt. Offensichtlich hat seine Platte auch nicht vier rechte Winkel, sondern zwei stumpfe und zwei spitze. Und trete ich gar einige Meter von ihm weg, so laufen seine beiden Seiten in einem Punkt zusammen. Seine rechteckige Gestalt kann ich in Wirklichkeit niemals genau sehen. Ich muss von dem, was ich wahrnehme, auf sie schließen."
(Wittschier, 1983, S. 10 ff.)

1. Rekonstruieren Sie den Gedankengang des Autors und sammeln Sie weitere Beispiele für die Gültigkeit der Argumentation.
2. Fassen Sie die zentrale Aussage des Textes in Bezug auf das Verhältnis von Wahrnehmung und Wirklichkeit zusammen.
3. Übertragen Sie das Gedankenexperiment auf die Wahrnehmung pädagogischer Wirklichkeiten, zum Beispiel von sozialen Gruppen, Eigenschaften von Personen oder pädagogischen Problemen.

4.1.2 Soziale Wahrnehmung und Eindrucksbildung

Übung

Stellen Sie sich ein Kind vor, das sich Ihnen gegenüber oder gegenüber einer Gruppe besonders aggressiv verhält.
Schließen Sie die Augen und geben Sie diesem inneren Bild Raum, sich zu entwickeln. Notieren Sie, was Ihnen spontan zu Ihrer Vorstellung einfällt! Schildern Sie Ihren Eindruck und vergleichen Sie ihn mit den Eindrücken Ihrer Mitschülerinnen. Gehen Sie als nächstes die angeführte Liste von Merkmalen zur Eindrucksbildung durch und notieren Sie, worauf Sie reagiert haben.
Ein großer Teil von Ihnen wird eine ziemlich genaue Vorstellung von feindseligen Verhaltensweisen haben. Der Gesichtsausdruck, die Gesichtsfarbe, Stellung des Mundes und der Augen, Lautstärke und Intensität der Stimme, motorische Abläufe wie wildes Gestikulieren und die Schnelligkeit von Bewegungsabläufen stellen ein soziales Wahrnehmungsschema dar, nach dem wir relativ schnell ein Verhalten als feindselig oder harmlos einrastern. Ein Schema ist ein aus vielen Erfahrungen zusammengesetztes komplexes Ordnungsmuster, mit dem wir oft bruchstückhafte Informationen aus der Umwelt sortieren, um entsprechend schnell reagieren zu können.

> ***Merkmale der Eindrucksbildung***
>
> *körperliche Erscheinung, Körperhaltung, Gesichtsmimik, Bewegung, Gesichtsausdruck, Bewegungstempo, Stimme, Sozialer Kontakt, Stimmlage/Tonhöhe, Geruch/Geschmack,*

Obwohl soziale Wahrnehmungsschemata in vielen Punkten übereinstimmen, gibt es doch individuelle Unterschiede oder Präferenzen in der Repräsentation der Erfahrungen. Akustische oder visuelle Erfahrungen werden eher erinnert als auf den Körper bezogene Erfahrungen. Trotz vieler Übereinstimmungen besitzt jeder von uns ein individuell eingefärbtes Wahrnehmungsmuster sozialer oder personaler Eigenschaften, das auf das eigene Verhalten zurückwirkt.

Soziale Wahrnehmung

Unter sozialer Wahrnehmung versteht man deshalb generell das Wahrnehmen sozialer Zusammenhänge und Beziehungen zwischen Menschen. Das bezieht sich insbesondere auf die Erfassung sozialer Gruppenzusammenhänge und die Beziehungen von Gruppen zueinander sowie auf individuelle soziale Einstellungen, Motive und Gefühle. Die soziale Wahrnehmung ist immer von individuell erworbenen sozialen Einstellungen, kulturell vermittelten Wertvorstellungen sowie sozialen (Rollen)erwartungen geprägt.

In der pädagogischen Praxis spielen soziale Einstellungen und daraus gebildete Stereotype (Vorurteile) bei Erzieherinnen eine große Rolle, denn danach entscheidet es sich unter anderem, ob das Verhalten eines Kindes als sehr lebhaft oder „hyperaktiv“, als durchsetzungsfreudig oder „aggressiv“ beurteilt wird.

Zu den Ordnungsmustern, die in der Wahrnehmung sozialer Situationen eine Rolle spielen können, gehören:

- Die Auswahl (Selektion) von Reizen aus der Umwelt, abhängig von der Reizintensität, der Aufmerksamkeitschwelle oder motivationalen Befindlichkeiten wie z.B. Hunger, Durst, Müdigkeit, Interesse.
  Beispiel: Wenn Sie gerade in Ihrer Gruppe in eine Spielsituation mit zwei oder drei Kindern vertieft sind, werden Sie dem Rest der Gruppe für eine Zeit weniger Aufmerksamkeit schenken; erst wenn lautere Geräusche oder Bewegungen in Ihr Bewusstsein dringen, werden Sie aufmerken und die Gruppe als Ganzes wahrnehmen.
- Die Ordnungsbildung (Organisation) von Einzelelementen oder Personen in sozialen Feldern ist der Versuch, in einer ungeordneten Situation Konstellationen oder Gruppierungen auszumachen, die dem eigenen Verhalten Rückhalt oder Sicherheit versprechen.
  Beispiel: Sie gehen abends auf eine Fete zu Leuten, von denen Ihnen ein großer Teil unbekannt ist. Relativ schnell werden Sie anfangen, Gruppen oder Paare nach dem Motto „Wer gehört zu wem?" zu konstruieren, um selbst entsprechend Kontakte zu knüpfen.
- Die Betonung (Akzentuierung) ist die Tendenz, aufgrund von Wünschen, Bedürfnissen oder situativen Gefühlen Vorkommnisse in der sozialen Umwelt einseitig zu interpretieren, Details herauszuheben und überzubetonen, andere hingegen zu übersehen oder in ihrer Bedeutung zu mindern.
  Beispiel: Ich beobachte ein Kind draußen beim Spiel auf einem Klettergerüst bei riskanten Übungen, die mir Angst machen. Obwohl die Bewegungsabläufe im Alltag vielleicht unauffällig wären, nehme ich immer mehr Waghalsigkeit im Spiel des Kindes wahr und überschätze die Gefahrensituation.
- Die Verfestigung (Fixierung) von Wahrnehmungsvorgängen beruht auf der Neigung, dass sich Dinge, Ereignisse oder Verhaltensweisen aufgrund einer gebildeten Erwartungshaltung gleich oder ähnlich verhalten werden.
  Beispiel: Als das Thema „sexueller Missbrauch" immer mehr in das öffentliche Bewusstsein eindrang und sich Erzieher mit dem Thema auf Fortbildungen beschäftigten, kam es zur massenhaften Aufdeckung von Missbrauchsfällen – teilweise real, in anderen Fällen imaginiert –, weil mit einem Mal vorher gezeigtes normales Verhalten ***symptomatisch*** *wahrgenommen wurde.*
- Auch das Umfeld (Kontext), in dem Verhalten oder Menschen gesehen werden, spielt eine erhebliche Rolle gerade in Bezug auf die Beurteilung von Normalität oder Abweichung. Ein und dasselbe Verhalten wird je nach sozialer Umgebung gänzlich unterschiedlich gesehen und beurteilt.
  Beispiel: Bei einem Discobesuch ist es durchaus erlaubt, sich schrill anzuziehen, lebhaft und ausgelassen zu sein, sich viel zu bewegen, zu tanzen, in der Gruppe laut zu sein und vieles andere mehr. Zeigen Sie das gleiche Verhalten in einer anderen sozialen Umgebung, z.B. in der Oper oder einem Museum, werden Sie auffallen oder stören, weil Sie sozusagen aus der „Rolle" fallen, ganz gleich, welche Absichten Sie mit Ihrem Verhalten verfolgen.

(vgl. Martin/Wawrinowski, 1993, S. 16 ff.)

4.1.3 Der erste Eindruck

„Der erste Eindruck wartet nicht den vollständigen Erhalt von möglichen Informationen ab, sondern organisiert und integriert Informationen augenblicklich zu einem geschlossenen Bild. Er sichert uns einen

Standpunkt für Entscheidungssituationen und steuert unser zukünftiges Verhalten über kurze oder lange Zeit. Die Eindrucksbildung kann verstanden werden als Aneinanderreihung kognitiver Prozesse: Dabei werden beobachtete und nur vermutete Informationen abschließend verarbeitet. Diese Verarbeitung bereitet die Bewertung der Person bzw. die Entscheidung in einer Konfliktsituation vor. Wir kalkulieren das zukünftige Verhalten des anderen und richten unsere Verhaltensantwort darauf ein. (...)

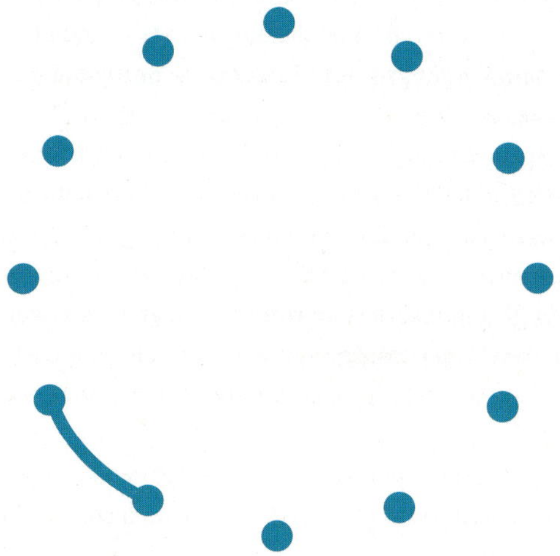

Unvollendete Reize werden als vollendet wahrgenommen. Wir sehen keine Punkte, sondern einen Kreis und die unregelmäßigen Fragmente sehen wir als Hund.

Gute Gründe machen es notwendig, die Prozesse zu verstehen, welche die Wahrnehmung von anderen und von uns selbst formen. Unsere ersten Wahrnehmungen und Beobachtungen, unsere ersten Eindrücke bestimmen im Allgemeinen schon die Richtung und die Interpretation der nächstfolgenden. Der Kontext, in dem wir einer Person begegnen, sowie unsere eigenen Motive (Bedürfnisse, Einstellungen, Gefühle) bilden weitere Orientierungspunkte für Wahrnehmung und Wahrnehmungsurteile. Dabei sind wir ständig in Gefahr, unser Selbst gar nicht richtig gewahr zu werden und uns zu belügen. Denn das Bild, das wir von uns selbst haben, ist im Wesentlichen eine Illusion, ein künstliches Ergebnis, nicht zuletzt der fortgesetzten Manipulation durch andere sowie des eigenen Bemühens, den Erwartungen anderer zu entsprechen, statt sich selbst in seiner Eigenart wahrzunehmen."

(Martin/Wawrinowski, 1993, S. 25 f.)

1. **Sammeln Sie aus Ihrer Alltagserfahrung heraus Beispiele, die zeigen, wie sich Ihr erster Eindruck von Menschen bestätigt oder aber auch überraschend grundlegend verändert hat.**
2. **Diskutieren Sie, wie das Problem der Eindrucksbildung sich in der Kommunikation von Institutionen wie Schule, Kindergarten, Beratungsstellen usw. auswirken könnte.**

4.2 Vom Wahrnehmen zum Beobachten

Wahrnehmungsvorgänge im Alltag wie auch in pädagogischen Situationen laufen beständig ab. In jeder Sekunde werden Informationen aus der Umwelt durch die individuelle Lebensgeschichte und das Erfahrungsskript eines jeden geprägt und verarbeitet. Zufällige Randbedingungen von Situationen und subjektive Wahrnehmungsmuster nehmen dabei einen starken Einfluss auf die Urteilsbildung.
Für geregeltes Beobachten dagegen gilt, dass die Beobachtung Kriterien und Regeln folgen sollte, die allgemeingültig und objektivierbar sind. Unter Beobachtung versteht man die aufmerksame und planvolle Wahrnehmung und Dokumentation von Ereignissen, Vorgängen oder Personen in Bezug auf eine klar umrissene oder geschaffene Beobachtungssituation.
Zu den Gegenständen oder Vorgängen, die in der pädagogischen Praxis beobachtet werden können, zählen insbesondere Eigenschaften und Verhaltensweisen, die Menschen in ihrer Interaktion mit der Umwelt zeigen. Dabei ist der Begriff Verhalten sehr weit zu fassen. Zum Verhalten, das registriert und beobachtet werden kann, gehören Veränderungen der physiologischen Abläufe im Körper (Temperatur, Blutdruck, Atmung, Gewicht, Schweißabsonderung) genauso wie motorische oder lebenspraktische Fähigkeiten (Spielen, Laufen, Gehen, Beweglichkeit) oder spezifischere soziale oder kulturelle Verhaltensformen (Sprache, Wortschatz, Lautbildung, Lesetechnik, sozialer Kontakt und Kommunikation).
Kriterien (Richtlinien), die für geplante Wahrnehmungsprozesse (Beobachtungen) gelten, sind die gleichen wie für psychologische oder pädagogische Testverfahren, denn eigentlich sind Tests nichts anderes als mathematisch standardisierte Beobachtungsverfahren.

- Die Zuverlässigkeit (Reliabilität) der Beobachtung wird zum Beispiel dadurch hergestellt, dass bei einer Vorgangsbeschreibung exakt die Zeit gemessen wird, die für ein festgelegtes, beobachtbares Verhalten (Konzentrationsdauer, Lese- oder Schreibleistungen, Belastbarkeit) benötigt wird.
- Die Gültigkeit (Validität) einer Beobachtung ist dadurch charakterisiert, dass im Vorhinein der Beobachtungsgegenstand oder das Verhaltenssegment, das beobachtet werden soll, festgelegt ist und dass das beobachtete Merkmal für den Beobachtungszweck aussagekräftig ist. So lässt sich zum Beispiel aus dem Beobachten des Essverhaltens keine Aussage zur Entwicklung der gesamten Motorik ableiten und umgekehrt.
- Die Objektivität einer Beobachtung ist durch Grundsätze der Wiederholbarkeit der Beobachtungssituation, einer neutralen, vorurteilsfreien Beobachtungshaltung und die dauerhafte Planmäßigkeit des Beobachtens bestimmt. So wird man etwa aus einem einmaligen Beobachten einer Leistung in einer Hausaufgabensituation nicht zu gültigen Schlüssen über das Leistungsverhalten kommen können.

Unabhängig von diesen durch die naturwissenschaftliche Tradition der Psychologie geprägten Kriterien der Objektivität von Testaufbau/Testverfahren gilt für die pädagogische Praxis, dass erst einmal all das beobachtet werden darf und sollte, was für die aktuelle pädagogische Handlungssituation von Bedeutung ist. Sinn und Zweck von Beobachtungen, letztlich das Erkenntnisinteresse, das dahinter steht, müssen im Team von der beobachtenden Erzieherin dargestellt und gerechtfertigt werden können. Für die Auswahl der Beobachtungsgegenstände und für das Erkenntnisinteresse in der Verantwortung des Erziehers spricht letztendlich auch das Argument der Evidenz (offensichtliche Gültigkeit) der Beobachtungsergebnisse hinsichtlich der Nutzanwendung in der pädagogischen Praxis.

1. Fertigen Sie eine tabellarische Liste pädagogischer Situationen oder Entscheidungen an, die durch Beobachtungen von Erziehern beeinflusst werden. Diskutieren Sie vor dem Hintergrund der Eindrucksbildung auch die ethische Tragweite der Abgabe von Beurteilungen.

4.2.1 Verhalten beschreiben

1. In der Bildsequenz unten sehen Sie ein Kind in vier unterschiedlichen Situationen. Bestimmen Sie entsprechend des Gesichtsausdrucks (Mimik) und der Körperhaltung, welches Gefühl das Kind ausdrückt. (Auflösung: unten)
2. Beschreiben Sie detailliert die Veränderungen der Gesichtszüge, der Körperhaltung und des Augenausdrucks, die Sie im Wechsel der Situationen wahrnehmen.

1.

2.

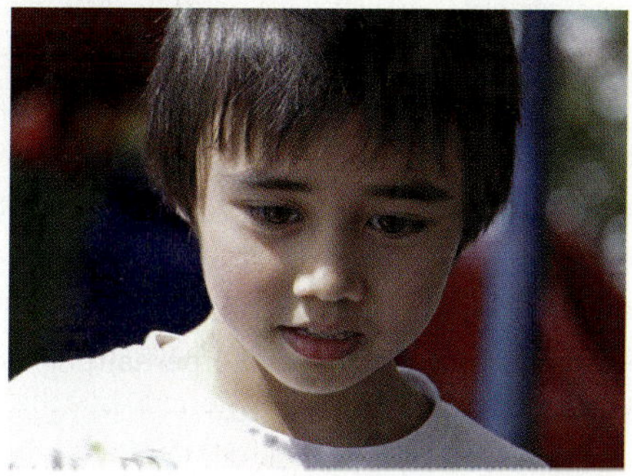

3.

4.

Auflösung: Situation 1–4 der Reihe nach: 1 = Nachdenklichkeit / 2=Aufmerksamkeit / 3 =Albernheit / 4 = Freude

Auch andere Verhaltensweisen neben der Mimik können uns Auskünfte über Menschen geben. Die *Sprache eines Körpers*, seine Haltung, die Koordination seiner Bewegungen beim Gehen, Laufen oder Tanzen lässt Rückschlüsse auf die innere Erfahrungswelt von Menschen zu. Positionen, die Menschen in der Kommunikation zueinander einnehmen können, bringen Gefühle zum Ausdruck, die als Signale an andere gesendet werden. Gesten der Hände bzw. der Finger, Gesten des ganzen Körpers wie Abwenden des Kopfes, das Zeigen der „kalten“ Schulter oder Zuwendung als „tatsächliche“ Bewegung gehören zum Bereich der *analogen Kommunikation*, der für die Beobachtung deshalb interessant ist, weil sich in diesem Bereich sehr viele Kontakt- und Beziehungssignale finden. Allerdings sind Gesten auch vieldeutig und lassen der Interpretation einen großen Raum.

1. **Beschreiben Sie möglichst genau die in den Zeichnungen 1–4 ausgedrückte Haltung des Körpers. Probieren Sie auch selbst einmal die dargestellte Pose für 1–2 Minuten aus. Berichten Sie über Ihre Erfahrungen in dieser Haltung.**
2. **Ordnen Sie der jeweiligen Körperhaltung die entsprechenden Botschaften Ablenken, Versöhnen, Anklagen und Berechnen zu.**

4.2.2 Sprache und Beschreibung

Aus den vorangegangenen Übungsteilen ließ sich ersehen, wie schwierig es ist, Eindrücke von Personen, die zunächst einmal als ganzheitliche Muster erfahren werden, zu zerlegen und in Sprache zu fassen. Sehr schnell neigen wir dazu, bestimmte Details in der Personenwahrnehmung in den Vordergrund zu stellen, andere eher zu vernachlässigen, und es fehlen oft die Worte, das, was wir wahrnehmen, genau zu benennen. Das provokative Verhalten eines Kindes mit dem Ausdruck „cool“ zu bezeichnen oder auffällige Bewegungsabläufe „irgendwie seltsam“ zu nennen, ist ein Ausdruck für Hilflosigkeit, die Berufsanfänger überkommt, wenn sie erstmalig mit der Aufgabe konfrontiert werden, ihre Beobachtungen in Worte zu fassen. Beobachtungsraster und Wortfeldübungen zur Verhaltensbeschreibung sind gute Hilfsmittel, erste Unsicherheiten in der Wahrnehmung und im sprachlichen Ausdruck zu verbessern.

1. **Arbeiten Sie zusammen mit einem Partner wechselseitig eine Verhaltensbeschreibung aus. Stellen Sie sich dabei vor, dass ein Fremder aufgrund Ihrer Beschreibung Ihren Partner am Bahnhof abholen müsste. (Wenn Informationen fehlen, ist das nicht schlimm; lassen Sie einfach eine Leerstelle.)**
2. **Erarbeiten Sie zusammen mit Ihrem Arbeitspartner weitere treffende Ausdrücke in der Wortfeldliste und tauschen Sie Ihre Ergebnisse im Klassenverband aus.**

Eine Verhaltensbeschreibung sollte möglichst genau und differenziert angefertigt werden.

Beschreibungsraster

Verhaltensbereich	Schwerpunkt	Beispiele	Wortfeld
1. Äußere Erscheinung (Besonderes, z. B. Entwicklungsverzögerung)	• Entwicklungszustand und körperliche Verfassung • Körperhaltung und Körperausdruck • persönlicher Ausdrucksstil	• Größe • Gewicht • Körperbau • Erscheinung • Kleidung • Haarfarbe, Frisur, Schmuck (Tattoos u. Ä.)	• altersentsprechend, entwicklungsverzögert • normal-, unter-, übergewichtig • schlank, zartgliedrig, gedrungen • geduckt, gerade, unscheinbar • leger, farbig, gedeckt, dunkel • blond, gewellt, lockig
2. Bewegung (Motorik) (Besonderes, z. B. Rechts- oder Linksdominanz)	• Antrieb und Körperbeherrschung • Grobmotorik/Koordination • Feinmotorik/Koordination	• Initiative • Bewegungsverlauf • Tempo • Kraftaufwand • Geschicklichkeit • Finger, Hand, Auge	• schwunglos, apathisch, eifrig • eckig, grazil, harmonisch • schnell, langsam, stockend • sparsam, überschießend • zittrig, unruhig, gelassen, zielstrebig, plump • Zusammenspiel: Auge - Hand, Hand - Hand, Handgeschick, Fingerfertigkeit
3. Gefühlsausdruck (Emotionalität) (Besonderes, z. B. Sexualisierungen, nicht kindgerechte Emotionalität)	• Grundstimmung und „Ich-Gefühl" • Differenzierung und Ausdruck-Wertorientierung	• Selbstsicherheit • Stimmung/Angst • Umgang mit Ärger und Aggression • soziale Werte	• selbstunsicher, forsch, zuversichtlich,überängstlich, scheu • angemessen, situationsorientiert, impulsiv, gewalttätig, destruktiv • egozentrisch, eingeengt, gerecht,tierlieb, religiös, naturverbunden
4. Soziales Verhalten (Besonderes, z. B. Unfähigkeit zu Beziehungen, Distanzlosigkeit)	• Kontaktbereitschaft, Kooperation • Gruppenverhalten	• Bedürfnis • Anpassung und Einordnung • Rücksichtnahme und Flexibilität	• einseitig, reaktiv, spontanleitungsorientiert, passiv, leitend, mitlaufend, solidarisch • kooperativ, initiativ, weiterführend, hemmend, unsolidarisch, spaltend
5. Kommunikation (Besonderes, z. B. Sprach- oder Hörbeeinträchtigungen)	• Körpersprache • Sprachverständnis • Sprechweise und Artikulation • Sprachstruktur	• basale Verständigung • Wort-und Satzverständnis • Lautbildung und Deutlichkeit • Satzbau/Grammatik	• unterstützend, lebhaft, nursprachlich • bedeutungserfassend, verstehend, ohne Reaktion, diefferenziert. • unartikuliert, undeutlich, nuschelnd, näselnd, stammeln, verschluckend • Jargon, einfach, dialektgefärbt, kompliziert, fehlerhaft, simpel, komplex

Verhaltensbereich	Schwerpunkt	Beispiele	Wortfeld
6. a) Spielverhalten (Besonderes, z. B. starke Unkonzentriertheit, Regelverletzungen)	• Spielinteresse • Spielformen und Spielphasen • Spielprozess • Spielergebnis	• Hemmungen • Motivation • Dauer/Unterbrechungen • Anreiz	• spontan, lustvoll, gehemmt, ideenlos, eigen-oder fremdmotiviert • gruppenkonform, freies Spiel, Rollenspiel, Regelspiel,konzentriert, allein, isoliert • störanfällig, kurzzeitig, phasengerecht • weiterführend, mobilisierend, demotiviert, aktiv, erkundend
6. b) Freizeit (Besonderes, z. B. Begabungen oder Planlosigkeit)	• Interessen • Planung und Strukturierung • Stärken/Hobbys	• Aktivität/Passivität • eigene Ideen • Struktur • berufliche Neigungen	• konsumierend, außenorientiert, selbst gestaltend • eigenverantwortlich, auf Anstoßelanvoll, geplant, mit Hilfe, sozial engagiert, im Verein.
7. Lernverhalten (Besonderes, z. B. Lernbeeinträchtigungen)	• Motivation und Konzentration • Lernformen • Lernerfolg und Lernbewertung	• Ausdauer und Ablenkbarkeit • Arbeitstempo • Selbsteinschätzung	• abwartend, unmotiviert, kurzfristig, konzentriert, leistungsbereit, ehrgeizig • langsam, schnell, zäh, verbissen, pausenorientiert • angemessen, überzogen, untertrieben, realistisch
8. Kreativität (Besonderes, z. B. Stärken oder Fähigkeiten)	• Bevorzugung von Bereichen/Themen • Phasenverlauf • Umgang mit Material • Erlebnisqualität	• musikalische, zeichnerische oder gestalterische Fähigkeiten, • Ausdrucksfähigkeit über Bewegung	• fantasievoll, ausdrucksstark, lebendig, verarmt • anspruchsvoll, engagiert, maßvoll, einseitig, leer • bedeutungsvoll, unterschwellig, fixiert, gefangen, • karg, grau, kontrastreich

Im Zentrum der Beschreibung steht das Bemühen, einen möglichst ganzheitlichen Eindruck des Gegenübers einzufangen, viele Einzelbereiche einer Persönlichkeit darzustellen und Details im Verhalten zu erfassen. Der *erste Eindruck* sollte sowohl als Hilfe zum emotionalen Kontakt als auch als Quelle von Vorurteilen gesondert beschrieben und ausgewertet werden. Verhaltensbeschreibungen eines Kindes oder Jugendlichen in systematischer Form sind auch die Grundlage von Entwicklungsberichten an Kostenträger oder von Hilfeplangesprächen. Häufig dienen sie ebenfalls als Grundlage von Empfehlungen weitergehender diagnostischer Abklärung zum Beispiel einer Sprachentwicklungsverzögerung beim Logopäden oder einer beobachteten Hörschwäche in der Hörbehindertenambulanz. Eventuelle Auffälligkeiten, die wahrgenommen werden, sollten erst in einem zweiten oder dritten Durchlauf der Erfassung der Lebenswelt eines Kindes oder Jugendlichen registriert werden, um erst einmal die „starken" Seiten des Heranwachsenden kennenzulernen.

Beschreibung eines 12-jährigen Jungen in einer Heimwohngruppe

S. ist 12 Jahre und vier Monate alt. Er befindet sich zum Berichtszeitpunkt fünf Monate in unserer Einrichtung. Er ist männlichen Geschlechts und ca. 1,50m groß, das heißt im Vergleich zu seinen Altersgenossen etwas kleiner als der Durchschnitt. Er hat schwarze Haare, kurz geschnitten, eine blasse Gesichtsfarbe und besitzt einen leicht knochigen Körperbau, sodass er auf den Beobachter manchmal einen zerbrechlichen Eindruck macht. Im Bewegungsablauf ist er schnell und temperamentvoll. Er fährt geschickt mit seinem Fahrrad und kann sich in der Regel im Straßenverkehr situationsgerecht bewegen.

Auf mich macht er einen sympathischen und zugänglichen Eindruck. Im Kontakt lächelt er oft; wenn er etwas aufgeregt ist, gestikuliert er mit Händen und Füßen. Er ist lebhaft und spricht mit einer hellen, klaren Stimmlage, die – wenn er wütend ist – einen keifenden, schrillen Unterton enthält. Er verfügt über einen ausreichend großen Wortschatz; er erzählt flüssig über seine Erlebnisse des Vormittags aus der Schule, wenn er zum Mittag wiederkommt. Er ist ein absoluter „Pizzafan", andere Gerichte prüft er sehr wählerisch, isst sie aber in der Regel auch.

Zu seinen „Lieblingsklamotten" zählen Jeans, schwarze Jacken und (Marken-)Sportschuhe, die er mit manchmal etwas schrillen Farbkombinationen, was T-Shirts, Pullover u. ä. angeht, kontrastiert. S. ist ein aufgeweckter, lebhafter Junge, der sportlich sehr aktiv ist. Er hat viel Ausdauer und ist kaum „müde" zu kriegen. Es fällt ihm jedoch schwer, Gefühle und Bedürfnisse auszudrücken, obwohl er in Entspannungspausen sichtlich körperlichen Kontakt genießen kann. Ein Lob seitens der Mitarbeiter löst bei ihm ein zufriedenes Lächeln aus. Sein Auftreten nach außen wirkt „cool", so, als könne ihm niemand etwas anhaben. Demgegenüber steht sein charmantes – durch sein Lächeln etwas unsicher wirkendes –, aber auch interessiertes Auftreten. Er kann sich (wenn er es will) sehr gut und höflich ausdrücken, z. B. mit den Worten „Bitte" und „Danke". Kritik an seinem Verhalten geht er nur allzugern aus dem Weg. Bis jetzt waren Auseinandersetzungen mit ihm nur verbal, dann aber auch sehr impulsiv und mit Beleidigungen versehen.

S. erzählt sehr viel. Er hat großes Mitteilungsbedürfnis und benutzt zum Beispiel, wenn er Film- oder Fernsehhandlungen nacherzählt, auch Hände und Füße, die Mimik ist dann gut ausgeprägt und passende Gesichtsausdrücke (Augenrollen) begleiten das Erzählte. Neuen und unbekannten Dingen oder Situationen steht S. eher zurückhaltend und abwartend gegenüber. Man hat den Eindruck, er muss seine Umwelt erst abtasten, um sicherzugehen. Er ist aber durchaus neugierig und interessiert, wenn er Zutrauen gefasst hat.

Der Kontakt zu seinen Gruppenmitgliedern ist recht gut, er ist in die Gruppe integriert, ohne eine klar dominante oder untergeordnete Position einzunehmen. Er läuft mit und übernimmt im Alltag der Gruppe Verantwortung, Mithilfe beim Einkauf, Wäsche sortieren und ähnliches. Weiterhin hat er Kontakte außerhalb der Wohngruppe. Er hat einen gleichaltrigen Schulfreund, A., mit dem er sich regelmäßig nachmittags trifft, um Computer zu spielen. Die beiden gehen einmal wöchentlich zu einer katholischen Jugendgruppe hier im Ort, in der Spielenachmittage und Lagervorbereitungen abgehalten werden. Der Kontakt zum Elternhaus wurde im letzten Hilfeplangespräch zurzeit auf eine einmal im Monat stattfindende Familienheimfahrt begrenzt, um S. Einleben in die Gruppensituation zu erleichtern. Bisher verlief der Elternkontakt komplikationslos. S. zeigt nach dem Wochenende zu Hause keine besonderen Auffälligkeiten.

Sein Leistungsstand in der Schule ist bis auf das Fach Mathematik zufriedenstellend. Er geht zur Realschule am Ort. Im Gespräch mit den ihn unterrichtenden Lehrern wurde als disziplinarische Schwierigkeit sein unruhiges, unkonzentriertes Verhalten im Unterricht genannt. Aus. o. g. Gründen bekommt er deshalb von uns Unterstützung bei der Anfertigung der Hausaufgaben, insbesondere im Fach Mathematik. Zu seinen weiteren Hobbys gehören auch Fußball und Tischtennis. Beide Sportarten übt er begeistert und mit technischem Geschick aus.

4.3 Systematische Verhaltensbeobachtung

Unter Beobachtung versteht man in der Pädagogik die aufmerksame und planvolle Wahrnehmung (vgl. Kapitel 4.1 und 4.2) und Dokumentation von Ereignissen, Vorgängen oder Personen in Bezug auf eine klar umrissene oder geschaffene Beobachtungssituation.

Das bedeutet also, dass Beobachtung immer auf Wahrnehmungsprozessen basiert und dass die Aufnahme von Informationen aus der Umwelt durch den Beobachter, z.B. bei dem Beobachten eines Kindes beim Spiel, nach methodischen Regeln und strukturiertem Vorgehen abläuft.
„Erster Beobachter: „Es dauert wieder ziemlich lange, bis Philip mit der Arbeit beginnt. Er schlendert unschlüssig durch den Raum, zieht erst mal nervös am automatischen Rollo, dreht den Wasserhahn auf und zu und läuft nochmal hinaus. Von Frank (= Betreuer) wird er mehrfach an die Hausaufgaben erinnert, doch das scheint er nicht zu hören. Erst als Frank ihm anbietet, mit ihm allein zu arbeiten, ihn an der Schulter fasst und mit an den Ecktisch zieht, lässt er sich darauf ein. Er packt seine Sachen aus und erzählt nun bereitwillig seine Aufgaben."
Zweiter Beobachter: „Heute zeigen sich Philips Arbeitsstörungen wieder besonders deutlich. Er betrachtet die Hausaufgaben als große Last und scheint darin durch seine Mutter – vermutlich ungewollt – bestärkt zu werden. Er kann sich nur schwer konzentrieren. Schon längeres Sitzen auf einem Stuhl hält er nicht aus. Ihm fallen hundert Dinge ein, um das Anfangen hinauszuzögern. Zwischendurch muss er das Rollo betätigen, hinauslaufen, sich prügeln usw. Sein Arbeitsverhalten bessert sich bei mehr Einzelzuwendung. Besonders die gute Beziehung, die zwischen Frank und Philip besteht, wirkt sich positiv aus (...)"
Dritter Beobachter: „Fast eine halbe Stunde lang war Philip mit allem Möglichen beschäftigt und ließ sich durch meine Aufforderungen nicht beeinflussen. Ich habe ihn sich erstmal abreagieren lassen, während ich an drei anderen Tischen beschäftigt war. Schließlich hatte ich dann Zeit, mich ihm allein zu widmen. Ich bemühe mich, ihn nicht merken zu lassen, dass ich schon etwas ‚genervt' bin. Als ich zu ihm hingehe und ihm sage, dass ich jetzt Zeit hätte, mit ihm allein zu arbeiten, zögert er zunächst. Es scheint so, als ob es ihm schwer fiele, auf seine Spielereien zu verzichten und sich wirklich den Aufgaben zuzuwenden. Ich lege ihm den Arm um die Schulter und zeige ihm den freien Tisch in der Ecke – da lässt er sich darauf ein anzufangen."
(Martin/Wawrinowski, 1993, S. 53)

1. Vergleichen Sie vor dem Hintergrund des Abschnitts über Personenwahrnehmung und Eindrucksbildung kritisch die vorgestellten drei Beobachtungen.
2. Arbeiten Sie die jeweilige Beobachtungsperspektive, den Beobachtungsgegenstand und die deutlich werdende Beobachtungshaltung sowie das Beobachtungsinteresse heraus.
3. Entwickeln Sie in Gruppen oder allein Regeln und Grundsätze, die Sie für eine objektive Beobachtung für notwendig erachten.

4.3.1 Geplantes Beobachten

Verhalten, Wahrnehmung und Beobachtung sind nicht immer deckungsgleich. Das, was ein Beobachter an Informationen aus seiner Wahrnehmung aufnehmen und verarbeiten kann, ist nur ein kleiner Ausschnitt dessen, was in der Umwelt passiert.

So wird in den vorangegangenen drei Beobachtungsbeispielen kaum auf die Lärmkulisse der Hausaufgabensituation oder Gesprächsinhalte zwischen Frank, Philip oder seiner Mutter eingegangen. Auch Bewegungsabläufe oder Interaktionen zwischen Philip und den anderen Kindern im Raum spielen offensichtlich keine große Rolle. Implizit haben alle drei Beobachter das Thema „Störung" des Arbeitsverhaltens von Philip verarbeitet, aus gänzlich unterschiedlichen Beobachtungsperspektiven heraus.

Der erste Beobachter schildert insbesondere motivational „störende" Elemente des Verhaltens von Philip: „Es dauert *wieder* ziemlich lange, bis Philip mit der Arbeit beginnt. Er schlendert *unschlüssig* durch den Raum, zieht erstmal *nervös* am Rollo, er *scheint* nicht zu hören, (...)*er lässt sich darauf ein*, (...) er erzählt nun *bereitwillig* seine Aufgaben." Dieser Beobachter, der wahrscheinlich mit im Raum ist, registriert sehr viele Aspekte, die nicht im Verhalten, das beobachtet wird, vorkommen, sondern von dem Beobachter in das Verhalten Philips hineingetragen werden.

Der zweite Beobachter, den man ja auch etwas ironisch den „kleinen Psychologen" nennen könnte, diagnostiziert bereits: „Heute zeigen sich Philips *Arbeitsstörungen* wieder besonders deutlich. Er betrachtet die Hausaufgaben als große Last und wird durch seine Mutter – *vermutlich ungewollt* – darin bestärkt. (...) Sein Arbeitsverhalten bessert sich bei mehr *Einzelzuwendung*." In diesem Beispiel werden nicht nur Deutungen, sondern bereits Beurteilungen des Verhaltens entwickelt.

Der dritte Beobachter ist Frank selbst. Man nennt diese Form der Beobachtung *teilnehmende (Selbst)-Beobachtung*. Frank schildert aus seiner Wahrnehmung heraus viele Aspekte, die er selbst erlebt, und die von keinem anderen Beobachter im Raum wahrgenommen werden können: „Ich habe ihn erstmal *abreagieren* lassen, (...) Ich *bemühe* mich, ihn nicht *merken* zu lassen, dass ich schon etwas *genervt* bin (...)". Auch motivationale Anteile Philips werden von diesem Beobachter vorverarbeitet, zum Beispiel: „Es **scheint** so, als ob es ihm *schwer fiele*, auf seine Spielereien zu verzichten."

Daher ist es wichtig, bei der sprachlichen Formulierung von Beobachtungen deutlich zwischen beschreibenden oder bereits einen Sachverhalt bewertenden Aussagen zu unterscheiden. Die Aussage: „Das Kind wirkt unruhig" enthält bereits wertende Anteile; besser wäre die Formulierung: „Das Kind bewegt sich schnell, es zappelt auf dem Stuhl hin und her, jäh springt es auf und läuft zu den anderen Kindern in die Spielecke." Obwohl diese Beschreibung des Verhaltens distanzierter und mehr auf das konkret Beobachtbare bezogen ist, bleibt als Problem jeder sprachlichen Beschreibung von beobachtbarer Wirklichkeit, dass es keine wirklich „objektive" Sprachform gibt, allenfalls das Bemühen um neutrale und objektive Beobachtungsergebnisse in der sprachlichen Ausformulierung.

Zu Beginn des Aufbaus einer systematischen Beobachtungshaltung beim Erzieher sollten zumindest drei unterschiedliche Ebenen und Arbeitsschritte bei der Beobachtung unterschieden werden:

- Die Beobachtung, die das Sammeln von Informationen zu einem bestimmten Beobachtungsgegenstand in einer vorher festgelegten, übersichtlichen Situation beinhaltet.
- Die sprachliche Ausformulierung der Beobachtung in einem gut strukturierten Beobachtungsprotokoll mithilfe einer differenzierten, um Neutralität bemühten Sprachform.
- Eine (vorsichtige) Auswertung der Beobachtung mit der Überprüfung der eingangs ausgewiesenen Fragestellung.

Dass einunddasselbe Verhalten von Beobachtern unterschiedlich wahrgenommen und verarbeitet wird, lässt sich sehr gut an der Beobachtung der eingangs erwähnten Hausaufgabensituation verdeutlichen. Während der erste Beobachter notiert, dass *Frank Philip an der Schulter fasst und ihn zu seinem Platz zieht*, schildert der dritte Beobachter – nämlich Frank selbst –, *er habe Philip den Arm über die Schulter gelegt und ihm den freien Tisch gezeigt*. Das Verhalten selbst ist nicht widersprüchlich, nur in der Verarbeitung der Wahrnehmungen kommt der Beobachter zu unterschiedlichen Bewertungen.

Um Wahrnehmungen zu gezielten Beobachtungen zu systematisieren, müssen daher auch formale Richtlinien eingehalten werden. *Unsystematische Beobachtungen* von Alltagssituationen zum Beispiel im Kindergarten während des Freispiels, beim Frühstück, im Stuhlkreis oder bei Bewegungsübungen sind im Rahmen des Informationsaustausches im Team eine wichtige Basis für die pädagogische Arbeit, letztendlich beeinflussen sie ja auch das Einbringen von Spielimpulsen oder die Auswahl von Angeboten.

Systematisches Beobachten setzt dagegen voraus, dass die Beobachtung zu einem konkreten Verhalten mit einem vorher festgelegten Frageinteresse in einer klar umrissenen Beobachtungssituation durchgeführt wird. Beobachtungsgegenstände einer geplanten Beobachtung können etwa die Kontakthäufigkeit einzelner Kinder innerhalb eines umgrenzten Zeitraums, die Interaktion in einer Kleingruppe, Störungen des Spielverhaltens oder der Aufbau aggressiven Verhaltens sein. Zu den Kriterien systematischer Verhaltensbeobachtung zählen:

- Ein abgesteckter Zeitrahmen für die Dauer der Beobachtung (nie länger als 20 – 30 Minuten beobachten, möglichst nicht mehr als 2 – 3 Kinder),
- der Gegenstand oder das Thema der Beobachtung,
- Anlass und Fragestellung der Beobachtung und
- die Häufigkeit des Beobachtens (Anzahl der Beobachtungen).

Diese Kriterien sollten in der Vorbeschreibung innerhalb eines Beobachtungsprotokolls angegeben werden. Zeitintervalle haben einen großen Einfluss auf das, was wahrgenommen wird.

- Langzeitbeobachtung
- teilnehmende Beobachtung
- nicht teilnehmende Beobachtung

Beispiel für eine Langzeitbeobachtung (Heim, Wohngruppe)

Beobachtungsanlass: Verändertest Verhalten nach Famlienkontakt

Gegenstand: Alltagsverhalten in der Gruppe
Beobachtete Person: Daniel, 10,2 J., männlich
Aufnahmedatum: 24.3.99

Beobachtungsboge: Tages- oder Wochendokumentation bei einem Kind/Jgl.

Datum: (Wochentag)	Beschreibung/Inhalt
Mo., 6.9.99	D. war heute tagsüber sehr aggressiv. Er versuchte ständig mich zu provozieren und geriet in Streit mit anderen Gruppenmitgliedern. In einer Spielsituation bewarf er mich mit Legos und schlug nach mir. Mein Einwand: „Du bist wohl ganz schön sauer auf mich?" führte zu D.s Äußerung: „Alle Großen sind gemein! Die halten doch alle zusammen und sind gegen die Kinder!" (Mit fiel in dem Zusammenhang ein, dass D. am Freitag einen Kontakt zwischen mir und seinem Vater gesehen hatte, der sehr ungezwungen, freundlich und locker war).
Mo., 27.9.99	D. ist heute sehr gut gelaunt. Er scherzt mit mir. Gestern war sein Vater da und hat uns Vorwürfe gemacht, wir würden mit D. falsch umgehen, gegen D. voreingenommen sein usw. Die Auseinandersetzung verlief heftig. (Frage: Daher die gute Laune? Offensichtlich hat D. die Auseinandersetzung mitbekommen) D. saß nachmittags mit den anderen vorm Fernseher, kein Problem. Beim zubettgehen ließ D. Körperkontakt zu.
Mo., 11.10.99	D. benahm sich heute auffallend ruhig. Vom Wochenende berichtete er kaum. Nachmittags spielte er mit zwei anderen Jungen Fußball.

Beispiel einer teilnehmenden Beobachtung

Beobachtung eines geistig behinderten jungen Mannes in einer Einkaufssituation
Einrichtung: Wohnheim für behinderte Menschen
Zeitdauer: ca. 1. Std., von 16:00 – 17:00 Uhr, werktags
Beobachtungsgegenstand: Verhalten beim Einkauf, Überprüfen lebenspraktischer Fähigkeiten
Beobachtungsanlass: Wahrgenommene „Umständlichkeit" in der Erledigung von Alltagsverrichtungen
Vorgeschichte: M. hat eine geistige Behinderung von Geburt an, die Mutter verstarb im Kleinkindalter, M. wuchs bei einem sehr strengen, autoritären Vater auf, keine Geschwister
Beobachtungsform: Gezielte, teilnehmende Beobachtung des Bewohners in einer für ihn ungewohnten Situation (Supermarkt)

„Es ist kurz nach 16 Uhr. Seit ca. 10 Minuten warte ich auf M. (Bewohner), der sich noch im Badezimmer aufhält. M. möchte sich etwas zu Knabbern besorgen. Ich klopfe an die Badezimmertür, M. meldet sich mit „Ja!". Ich bitte ihn herauszukommen. Er schweigt kurz und fragt mich, warum er herauskommen soll. Wenn ich ihn jetzt nicht nachdrücklich und energisch auffordere, mit mir zu kommen, dauert es bestimmt noch sehr lange, bis M. sich in Bewegung setzt, also sage ich: „Wenn du jetzt nicht rauskommst, komme ich gleich rein. Ich gebe dir noch fünf Minuten."
Nach ca. 7 Minuten kommt M. endlich aus dem Badezimmer. Nachdem er das Licht im Badezimmer ausgemacht hat, schließt er die Tür. Seine rechte Hand hält die Klinke fest. Noch einige Male überprüft M., ob die Tür wirklich zu ist, indem er die Klinke immer wieder anfasst. M. zieht seine Jacke jetzt schnell an und wir gehen fort. Unterwegs erzählt M. mir von seinem Vater, dass dieser manchmal sehr böse sei und mit ihm schimpfe. Trotzdem möchte M. ihn bald wieder besuchen. Zum letzten Mal sah M. seine Familie kurz nach Weihnachten, – also vor 3 Monaten. M. erzählt mich auch, sein Vater habe ein Foto vom Tannenbaum gemacht. M. gefällt dieses Bild sehr.
Nach ca. 15 Minuten haben wir den Supermarkt erreicht. M. möchte einen Einkaufswagen mitnehmen. „Dafür brauchst du ein 1-Euro-Stück", bemerke ich zu M. Er entgegnet mir, er habe ein Stück in seiner Hosentasche. Er kramt einige Minuten in seinen Hosentaschen, findet eine Münze und steckt diese in den Schlitz des Einkaufswagens. Offensichtlich verunsichert wiederholt er einige Malke den Vorgang des Hereinsteckens und der Wiederentnahme der Münze. Ich öffne derweil die Eingangstür des Supermarktes, während M. noch mit dem Einkaufswagen beschäftigt ist. Endlich fährt M. mit seinem Einkaufswagen in den Laden. Er erzählt mir sofort, was er einkaufen will. Wir beginnen die Suche nach den Dingen, die M. haben möchte. M. beschaut sich dabei genau jedes Regal. Er beugt sich vor jedem Regal sehr tief herunter, bis zwischen seiner Nase und der Ware höchstens zehn Zentimeter Abstand sind. Er fragt mich nach dem Preis, weil er Preisschilder und Artikel offensichtlich nicht zuordnen kann. Diese Situation wiederholt sich noch einige Male, sodass ich, um schneller voranzukommen, den Wagen jeweils ein ganzes Stück weiterschiebe.
M. fragt mich, wieso ich so gemein bin und nicht auf ihn warte. Er sei noch nicht fertig und brauche noch einige Sachen. Ich bleibe stehen. Ich warte. M. fragt mich immer wieder nach dem Preis und kann sich nicht immer entscheiden, die Ware in den Korb zu legen. Trotzdem meint er, dass die Dinge hier im Supermarkt viel billiger seien als in anderen Läden. Endlich ist er fertig und wir können zur Kasse gehen, um zu bezahlen.
Die Einkaufsprozedur im Laden hat ca. 25 Minuten gedauert. Ich helfe M., seine Einkäufe in die Einkaufstasche zu packen, die M. mitgenommen hat. M. bezahlt und sagt der Verkäuferin, wieviel Restgeld er noch bekommen muss. M. freut sich offensichtlich, so günstig eingekauft zu haben. Beim Zurückbringen des Wagens braucht M. wieder etwas Zeit. Aus etwa 10 Meter Entfernung kann ich sehen, wie M. vor der Reihe der Einkaufswagens steht und sie anstarrt. Er guckt einfach nur hin. Nachdem er ein paar Mal gehustet hat, schüttelt er die Hände und fasst mit der rechten Hand an die Hose Richtung Genitalbereich und schaut in seinen leeren Einkaufswagen. Angefangen mit dem Reizhusten wiederholt er den Bewegungsablauf noch einige Male, bis ich ihm behilflich bin, seinen Wagen wegzustellen. Ich gebe ihm seine Münze zurück und gehe schon vor. M. rührt sich nicht von der Stelle, er schaut mehrmals in seine Gürteltasche hinein und prüft, ob sie richtig zu ist. In ca. 100 Meter Entfernung bleibe ich stehen und kann erkennen, dass M. immer noch mit seiner Gürteltasche beschäftigt ist. Endlich geht er los und holt mich ein. Wir gehen zurück zum Wohnheim."

Beispiel für eine nicht teilnehmende Beobachtung

- Systematische, nicht teilnehmende Beobachtung
- Beobachtete Person: Mareike, 5,4 J., Beobachter: Praktikantin
- Beobachtungsort: Kindergarten, Gruppenraum
- Beobachtungsanlass: Vorher wahrgenommene Kontaktschwierigkeiten des Kindes
- Gegenstand der Beobachtung: Überprüfung des Kontakt- und Sozialverhaltens bei M.

Stichwortartige Vorgeschichte: Mareike wurde vor 1½ Jahren in den Kindergarten aufgenommen. Sie lebte vorher in einer anderen Stadt und ist nach der Trennung der Eltern mit ihrer Mutter zugezogen. Sie hat noch einen zwei Jahre älteren Bruder, der bereits in eine Grundschule geht. Die dreiköpfige Familie wohnt in einem großen Mehrfamilienhaus unweit des Kindergartens. Mereikes Sprachentwicklung ist zum Zeitpunkt der Beobachtung noch zurück. Sie verwendet teilweise noch kleinkindhafte Ausdrücke und verfügt nur über eine begrenzte Aufnahmefähigkeit verbaler Arbeitsanweisungen. Im Kontakt mit gleichaltrigen Kindern fällt auf, dass sie nur kurzfristig in der Lage ist, Spielkontakte zu knüpfen und konzentriert ein Spiel durchzuhalten.

Beobachtungstag: Di, 22.6.99 – Beginn der Beobachtung: 9.56 Uhr – Ende: 10.19 Uhr

9:56 / Mareike steht am Maltisch im Gruppenraum und bemalt mit großen schnellen Bewegungen ein Blatt Papier. (So wie ich aus 3 Meter Entfernung sehen kann, sind es bunte Linien, Kreise, diverse andere Formen.)

9:58 / Sie faltet das Blatt einmal zusammen, geht zu Petra (Erzieherin), gibt ihr das Blatt und sagt: „Ein Brief für dich, lies!" Petra liest (den imaginären Text): „Liebe Petra, viele Grüße von Mareike." Sie gibt den Brief an Mareike zurück. Mareike lächelt (zufrieden). Sie geht zurück an den Tisch.

10:01 / Mareike geht (langsam) zurück in die Malecke, beugt sich über den Tisch und faltet den „Brief" erneut (diesmal etwas kleiner). Sie geht mit dem Papier zur Praktikantin, (die mit im Raum ist), und sagt: „Ich habe einen Brief". Sie faltet das Papier nochmals zusammen und gibt es der Praktikantin. Dann dreht Mareike sich um, geht zum Spielteppich, wo andere Kinder im Moment spielen.

10:03 / Sie bleibt in ca. 1½ Meter Abstand einige Sekunden stehen, kommt zum Maltisch und faltet (hastig) ein weiteres Blatt. Sie schaut zur Erzieherin herüber und ruft: „Ich geh jetzt frühstücken." Mareike lässt das Blatt fallen und verlässt kurz den Raum. (Sie will zu ihrer Tasche im Flur.)

10:04 / Mareike betritt mit einer Frühstückstüte in der Hand wieder den Raum und geht (zielstrebig) zum Frühstückstisch. Sie setzt sich an den Frühstückstisch, wo bereits 2 andere Kinder – Christine und Nadine – und die Erzieherin sitzen

10:05 / Sie hält die Tüte hoch und fragt Petra (Erz.), die gerade Christine eine Apfelsine abschält, „Was habe ich mit?" Petra „errät" das in der Tüte befindliche Brötchen. Mareike öffnet (stolz, freudig?) ihre Tüte und beißt ein kleines Stück Brötchen ab.

10:08 / Unruhig rutscht Mareike auf dem Stuhl hin und her, schaut sich im Zimmer um und spricht mit der kleineren Nadine, die ebenfalls frühstückt, über ihr Brötchen, das sie mit hat. Mareike bricht ein kleines Stück Brötchen ab und bietet es Petra an, die es dankend entgegennimmt. Den anderen Kindern am Tisch bietet sie in ähnlicher Weise kleine Brötchenstücke an. In kleinen Stückchen „knibbelt" Mareike am Brötchen und isst zuende. Sie faltet die Tüte zusammen.

10:12 / Mareike hat ihr Frühstück beendet. Circa eine Minute bleibt sie noch sitzen und schaut sich im Raum um. Sie steht auf und bringt das zusammengefaltete Papier in die Papiertonne in der anderen Ecke des Raumes. Sie geht durch den Raum, bleibt an einem Tisch stehen, wo 2 Jungen mit einem Holzpuzzle beschäftigt sind. Sie verweilt kurz und geht wieder zum Maltisch.

10:13 / Mareike steht neben der Erzieherin am Maltisch und entdeckt Markus unter dem Tisch. Sie bemerkt an Petra gewandt: „Markus ist da drunter." Sie bückt sich, kriecht unter den Tisch, kommt aber nach wenigen Sekunden wieder zum Vorschein.

10:14 / Mareike dreht sich um, holt ein Blatt Papier aus dem Beistellschrank am Maltisch und fragt Petra: „Machst du mir einen Drachen?" Nadine, die in der Nähe steht, mischt sich ein: „Das kann ich dir wohl auch zeigen." Beide falten den Drachen. Mareike malt ihrem Drachen ein Gesicht mit schnellen (Kritzelhaften) Bewegungen. Dann malt sie auf Nadines Drachen Augen, Nadine protestiert. Jessica, ein weiteres Kind aus der Gruppe, fragt Mareike: „Soll ich dir eine Schultüte falten?" Mareike antwortet: „Ja." Jessica faltet eine Schultüte und gibt diese Mareike. Mareike lächelt (freundlich).

10:19 / Ende der Beobachtung

1. Überprüfen Sie anhand der erarbeiteten Beobachtungskriterien das Beobachtungsprotokoll unter der nicht teilnehmenden Beobachtung. Machen Sie Verbesserungsvorschläge an den Stellen, mit denen Sie nicht zufrieden sind.
2. Werten Sie das dargestellte Interaktionsmuster Mareikes aus und diskutieren Sie mit Ihren Mitschülern, ob sich die eingangs aufgestellte Beobachtungshypothese bewahrheitet oder nicht.
3. Klären Sie auch, inwieweit eine solche Beobachtung eines Kindes aussagekräftig ist.

4.3.2 Verhalten erklären und verändern – Verhaltensanalyse

Ein recht einfach zu handhabendes Verfahren der Anlayse und zielgerichteten Veränderung von Verhalten (Verhaltensmodifikation), das auf vorher gemachten Beobachtungen aufbaut, liefert das lerntheoretische Modell von Frederick H. Kanfer und George Saslow, das Ende der 1960er-Jahre in den USA entwickelt wurde (siehe Kanfer/Saslow 1969).

Kernpunkt dieses Verfahrens ist ein Verhaltensraster, das es erlaubt, Bedingungen, Ursachen und die Funktionsweise (fehl)erlernter Verhaltensweisen eines Individuums in Abhängigkeit zu dessen sozialer Umwelt zu verstehen und nach Wegen der pädagogischen Beeinflussung zu suchen. Im Gegensatz zum *klassischen Konditionieren* (Pawlow) ist das lerntheoretische Modell von Kanfer/Soslow wesentlich flexibler angelegt, weil es die Elemente von Reizgebung/individuellen physiologischen Bedingungen/Reaktionen im Sinne eines dynamischen Lernprozesses erklärt. So lässt sich die Lerngeschichte von Verhalten rekonstruieren. Die Verhaltensgleichung präsentiert sich in Form einer Buchstabenreihe: S – O – R – C // KV.

- S – steht für *Reize* (Stimuli), die Auslöser für ein bestimmtes Verhalten, Essen, Trinken, Spielen, Raufen usw., sind.
- O – bezieht sich auf die *physiologische Ausstattung* eines Organismus (Mensch). Dazu gehören Konzentrationsfähigkeit, Lernfähigkeit, Motivation, Temperamentsausprägungen, Intelligenzbeeinträchtigungen und vieles mehr.
- R – steht für die eigentlich *beobachtbare Verhaltensweise* (Reaktion) des Individuums, zum Beispiel deutlich werdend in Bewegungsabläufen, Lernleistungen, in der Kommunikation oder in Form physiologischer Reaktionen (Einnässen, Einkoten, psychosomatische Reaktionen, aber auch Sättigung und Bedürfnisbefriedigung).
- C oder K – beinhalten die *Konsequenzen* (Folgen), die ein Verhalten haben kann. Ist ein Verhalten erfolgreich, so ist die Wahrscheinlichkeit der Beibehaltung höher als bei einem nicht erfolgreichen Verhalten. Positive oder negative Sanktionierung bzw. eine neutrale Bewertung von Seiten der sozialen Umwelt fließen ebenfalls in den Lernprozess von R ein.

KV meint *Kontingenzverhältnis* zwischen R – also dem gezeigten Verhalten – und der Häufigkeit von C – also positiven, negativen oder neutralen – Verstärkungen (Verstärkern) des Verhaltens. Der Begriff Kontingenz bezeichnet demnach den Grad der Wahrscheinlichkeit, mit dem ein Verhalten in Abhängigkeit zu zwei oder mehreren Größen auftritt. Reizintensität und -häufigkeit, Zeitintervalle und planmäßige oder unplanmäßige Verstärkung entscheiden so in Wechselwirkung zueinander über das Auftreten und die Stärke einer Reaktion.

Die für die Pädagogik wichtigen und entscheidenden Fragen bei der Verhaltensanalyse sind:

- Welche untersuchten Verhaltensweisen bedürfen einer Veränderung in der Häufigkeit, in der Intensität oder der Dauer unter Berücksichtigung der Akzeptanzbereitschaft der sozialen Umwelt?
- Wie und unter welchen Bedingungen ist das Verhalten entstanden und welche Konsequenzen halten es zurzeit aufrecht?
- Welche (pädagogischen) Maßnahmen können zur Veränderung oder zum Wegfall einer Verhaltensweise führen:
  a) durch Veränderung der Reizbedingungen oder -situation in der (sozialen) Umwelt?
  b) durch Einwirkung auf Organismusvariablen, z.B. durch veränderte Motivation, Wahrnehmung und Kognition, Übung, Verfestigung?
  c) aufgrund von Änderungen der Konsequenzen des Verhaltens, auch bezogen auf die Reaktionen von Eltern, Erziehern, der Gruppe?

(vgl. Sagi 1982, S. 108 f.)

Mike ist ein fünfjähriger stabiler Junge in einer Kindergartengruppe. Seit längerem ist den Erzieherinnen in der Gruppe aufgefallen, dass Mike im Spiel in einer größeren Gruppe nur kurzzeitig mitspielen kann. Nach wenigen Minuten geht er in die Rolle des Störenfrieds, albert herum, zerstört gebastelte Gegenstände und ärgert, bis er aus dem Spiel ausgeschlossen wird. In letzter Zeit hat Mike sich mit Thorsten und Julia zusammengetan, die als „Kindergartengang" in ähnlicher Weise durch Negativaktionen auf sich aufmerksam machen. Eine Integration von Mike in andere Sozialkontakte gelingt kaum noch. Die Reaktionen der Erzieherinnen beschränken sich im Wesentlichen auf die Beobachtung der Vorkommnisse um Mike und das Eingreifen mit Ermahnungen und Zurechtweisungen bei Zerstöraktionen. Mike droht immer mehr zum Außenseiter zu werden.
Er hat einen großen Bewegungsdrang und neigt zu impulsivem Handeln. Verstärkt sind bei ihm die beschriebenen Verhaltensauffälligkeiten nach dem Wochenende zu sehen. Er wirkt dann überreizt und müde und ist kaum für ein Spiel zu motivieren. Seine Mutter ist in vielerlei Hinsicht mit dem temperamentvollen Kind überfordert. Mikes Aufmerksamkeitsfokus und die Konzentrationsfähigkeit können nur kurzzeitig aufrechterhalten werden. Beim Spielen gelingt das meist nur für 5–10 Minuten. In reizoffenen Situationen, also auch schon im Stuhlkreis, lässt er sich leicht durch Geräusche oder vorbeifahrende Autos ablenken, was wiederum Störaktionen zur Folge hat.

1. Sichten Sie den Fall „Mike" nach dem S – O – R – C – Modell.
2. Bestimmen Sie die einzelnen Faktoren, die im Zusammenwirken das Störverhalten Mikes aufrechterhalten.
3. Erarbeiten und diskutieren Sie pädagogische Maßnahmen und Hilfen, die zu einer Veränderung der Situation beitragen können.

4.4 Beobachtung und Objektivität – eine Fabel aus Japan

„Eine Fabel aus Japan berichtet von einer Gruppe blinder Männer, die erstmalig in ihrem Leben einem ihnen unbekannten Tier – einem Elefanten – gegenüberstehen. Sie versuchen das Tier durch Tasten und Fühlen zu erkunden. Jeweils von ihrem Standort aus beschreiben sie das, was sie wahrnehmen können.
„Dieses Tier fühlt sich wie Bambusstamm an", äußert derjenige Blinde, der die Rüsselseite untersucht. „Nein, nein!" widerspricht der Blinde, der den Schwanz hat.

„Es ist eher wie eine Schlange oder ein Seil." „Vollkommen falsch", ruft derjenige, der sich gegen die Seite des Tieres stützt, „es ist eher wie eine Wand, die atmet, was ich fühle." „Völlig falsch", schimpft der vierte Blinde, der sich mit den Füßen beschäftigt, „dieses Tier fühlt sich eher wie die Säulen eines Hauses an, die das Dach tragen."
(Martin/Wawrinowski, 1991, S. 110)

1. Vervollständigen Sie folgenden Satz: Diese Fabel aus Japan lehrt Erzieherinnen, dass ...
2. Überlegen Sie, wie die Gruppe blinder Männer zu besseren Beobachtungsergebnissen kommen könnte.
3. Gehen Sie noch einmal in aller Ruhe das von Ihnen bearbeitete Kapitel durch und notieren Sie für sich die wichtigsten Erkenntnisse, die Sie als grundlegend für den Aufbau einer pädagogischen Haltung ansehen. Tauschen Sie sich in Ihrer Klasse darüber aus.

1 Umgang mit eigenen und fremden Aggressionen

Markus, 19-jähriger Praktikant aus der Oberstufe, verbrachte erstmalig sein achtwöchiges Blockpraktikum im Kinder- und Jugendheim „Kinderlust". Das Kinderheim mit 130 Plätzen (Wohngruppen und Außenwohngruppen) liegt am Stadtrand von O-Stadt, einer Stadt mit ca. 30 000 Einwohnern. Markus schildert in einer Praktikantenrunde folgende Szene: „In meiner dritten Praxiswoche wollte ich von meiner Wohngruppe zum Haupthaus in die Küche gehen, um noch etwas zu besorgen. Ich kam durch die Glastür in den großen Innenhof, in dem die Kinder in einigen Spielecken sich nachmittags häufig aufhalten. Ich war gerade einige Schritte aus der Tür gegangen, als ich bemerkte, dass ich aus einer Gruppe von kleineren Kindern heraus mit Erdklumpen und Steinen beworfen wurde. Ich tat erst so, als würde ich nichts sehen, ging weiter. Die Jungen und Mädchen aus dieser Gruppe lachten, johlten und feixten – und bewarfen mich weiter. Ein schmächtiger Junge von vielleicht 9 Jahren im Hintergrund der Gruppe rief mir nach: ‚Wichser, wehr dich doch! Wichser, wehr dich doch!' Ich war vollkommen durcheinander und wusste nicht, was ich machen sollte.

1. Spielen Sie die dargestellte Situation im Rollenspiel nach.
2. Versetzen Sie sich in die Rolle von Markus und beschreiben Sie Ihre Wahrnehmung. Welche Empfindungen sind Ihnen zugänglich, welche lösen Unbehagen aus, was spüren Sie, wenn Sie sich näher mit dieser Rolle beschäftigen?
3. Identifizieren Sie sich mit den werfenden Kindern, auch mit dem kleinen Jungen. Welche Gefühle nehmen Sie wahr, welche Fantasien treffen Sie in dieser Rolle an?

Sandra Lessig ist im Unterstufenpraktikum in einer Außenwohngruppe des Vereins für sozialpädagogische Fairness. Hier leben sieben Kinder im Alter von 8 – 15 Jahren zusammen mit einem Erzieherehepaar, das in der oberen Etage des Hauses wohnt. In einem Reflexionsgespräch mit dem Begleitlehrer erzählt sie folgende Situation: „Die Kinder kamen an diesem Tag schon gereizt aus der Schule. Das Mittagessen verlief chaotisch, es war laut, dauernd zeterte oder nörgelte ein Kind, sie stritten sich unablässig. Am Nachmittag kam es dann zu dem Zwischenfall, der mich jetzt noch beschäftigt. Bernd und Tim gerieten im Wohnzimmer aneinander, ich war gerade oben und half Melanie bei den Hausaufgaben. Ich hörte lautes Gebrüll, rannte die Treppe runter

und sah, wie Bernd dem am Boden liegenden Tim ins Gesicht trat. Der 7-jährige Tim kann sich doch gegen den 13-jährigen Bernd nicht verteidigen. Mein Praxisanleiter war zu dem Zeitpunkt gerade in seinem Büro in seiner Wohnung.

1. Spielen Sie auch diese Situation in Ihrer Klasse nach und beschreiben Sie Ihre Empfindungen, wenn Sie sich mit der Rolle von Sandra auseinander setzen.
2. Tauschen Sie Ihre Erfahrungen mit anderen Gesprächsteilnehmern aus und sammeln Sie die unterschiedlichen Blickwinkel und Reakionsweisen zu dieser Situation.

1.1 Übertragung und Gegenübertragung bei Aggression

In der Auseinandersetzung mit den beiden Erfahrungsberichten werden Sie an sich bemerkt haben, dass eine ganze Fülle emotionaler Erfahrungen durch die Konfrontation mit aggressivem Verhalten angeregt wird. Der Grad der Bewusstheit, in dem Erfahrungen gemacht werden, entscheidet über die Reaktionen, die in aggressiven Situationen gezeigt werden. Ich selbst bin mein bestes Instrument, wenn ich weiß, wo ich stehe und wie ich reagiere, wenn ich als Erzieher mit Aggressionen zu tun habe.
Der englische Kinderarzt und Psychoanalytiker Donald W. Winnicott (1896 – 1971) war einer der ersten Kinderanalytiker, der sich mit frühgestörten und traumatisierten Kindern auseinander setzte. Von ihm stammt die Fallgeschichte eines verwahrlosten Kindes, in der er anschaulich die Wirkung aggressiven Verhaltens auf Erzieher darstellte:
„Während des Zweiten Weltkrieges kam ein neunjähriger Junge in ein Heim für evakuierte Kinder, der nicht wegen der Bomben aus London fortgeschickt worden war, sondern weil er ein Ausreißer war. Ich hoffte, ihm während seines Aufenthalts im Heim eine Behandlung angedeihen lassen zu können, aber sein Symptom trug den Sieg davon, und er lief weg, wie er schon immer überall weggelaufen war, seitdem er im Alter von sechs Jahren zum ersten Mal von zu Hause durchgebrannt war. Ich hatte jedoch in einem Gespräch, bei dem ich aus einer Zeichnung, die er gemacht hatte, ersehen und deuten konnte, dass er durch sein Weglaufen unbewusst das Innere seines Elternhauses rettete und seine Mutter vor Attacken bewahrte, aber auch versuchte, seiner eigenen inneren Welt zu entkommen, die voller Verfolger war, Kontakt zu ihm bekommen.
Ich war nicht sehr überrascht, als er in dem Polizeirevier auftauchte, das nicht weit von meiner Wohnung entfernt ist. Es war eines der wenigen Polizeireviere, wo er noch nicht bekannt war wie ein bunter Hund. Meine Frau nahm ihn sehr großzügig bei uns auf und behielt ihn drei Monate lang; diese drei Monate waren die Hölle. Er war das liebenswürdigste und zermürbendste Kind und oft vollkommen verrückt. Aber glücklicherweise wussten wir, was wir zu erwarten hatten. Mit der ersten Phase wurden wir fertig, indem wir ihm völlige Freiheit gewährten und ihm jedes Mal, wenn er wegging, einen Schilling gaben. Er brauchte nur anzurufen, dann holten wir ihn in jedem Polizeirevier ab, das ihn in Verwahrung genommen hatte. Bald trat die erwartete Wendung ein, das Symptom des Weglaufens kehrte sich um, und der Junge fing an, die Attacke in seiner inneren Welt zu dramatisieren. Wir waren beide eigentlich mit dieser Aufgabe beschäftigt, und wenn ich nicht zu Hause war, ereigneten sich die schlimmsten Zwischenfälle. Zu jeder Minute, am Tag oder in der Nacht, musste gedeutet werden, und oft war eine Krise nur dadurch zu lösen, dass man die richtige Deutung gab, als sei der Junge in der Analyse. Die richtige Deutung schätzte er über alles. Das aus der Perspektive dieser Abhandlung wichtige Element ist die Art und Weise, wie die Entfaltung der Persönlichkeit des Jungen in mir Hass erzeugte und was ich damit anfing.
Ob ich ihn geschlagen habe? Die Antwort lautet: Nein, ich habe niemals zugeschlagen. Aber ich hätte es tun müssen, wenn ich nicht über meinen Hass genau Bescheid gewusst hätte und ihn nicht auch von diesem Hass hätte wissen lassen. In Krisenfällen pflegte ich ihn ohne Wut oder Tadel einfach hochzuhe-

ben und vor die Haustür zu stellen, ohne Rücksicht auf das Wetter oder die Tages- oder Nachtzeit. Es gab eine besondere Glocke, die er in Gang setzen konnte, und er wusste, wenn er diese Glocke läutete, würde er bald wieder eingelassen werden und über das Vergangene würde niemand ein Wort verlieren. Er bediente sich dieser Glocke, sobald er sich von seinem Wahnsinnsanfall erholt hatte. Das Wichtigste ist, dass ich ihm immer dann, wenn ich ihn vor die Tür brachte, etwas sagte; ich sagte, was geschehen sei, habe in mir Hass gegen ihn erzeugt. Das war leicht, weil es so wahr war. Ich glaube, dass diese Worte unter dem Gesichtspunkt seines Fortschritts wichtig waren, aber sie waren hauptsächlich deswegen wichtig, weil sie mich befähigten, die Situation zu ertragen, ohne zuzuschlagen, ohne in Zorn zu geraten und ohne ihn ab und zu umzubringen."

(Winnicot, 1994, S. 85 f.)

1. Rekonstruieren Sie den Begegnungsprozess des Autors mit dem „verwahrlosten" Jungen.
2. Erläutern Sie am Text den Zusammenhang der Wahrnehmung eigener Gefühle mit dem professionellen Erziehungshandeln.

1.2 Was ist Aggression?

Das Wort Aggression wird vom lateinischen Verb aggredere abgeleitet, das mindestens drei unterschiedliche Bedeutungen haben kann, nämlich: (1) herangehen an, sich nähern, (2) sich (freundlich) an jemanden wenden, z. B.. an einen Richter und (3) jemanden angreifen oder überfallen.
Nur die letzte Wortbedeutung ist in unser heutiges Verständnis des Begriffs Aggression als ein feindseliges, destruktives (zerstörerisches) Verhalten gegenüber anderen Menschen eingegangen. Die beiden anderen ursprünglichen Bedeutungsinhalte des Wortes Aggression, herangehen an oder sich an jemanden wenden, zeigen dagegen noch andere Seiten der Aggression, die für das pädagogische Verständnis aggressiver Verhaltensweisen sehr wichtig sind. Über Aggressionen treten Personen in Kontakt und Beziehung zueinander und Aggressionen sind mit Tätigkeiten und äußerer Bewegung verbunden, die Dinge und Menschen verändern können. Aggressionen bringen Menschen nicht nur in ein häufig negativ empfundenes äußeres Verhältnis zueinander, sondern lösen gleichzeitig innere Bewegungen aus, d. h., wir bekommen Kontakt zu Gefühlsanteilen, die manchmal sehr überraschend oder bedrohlich erscheinen. Dem sind professionelle Erzieherinnen in besonderer Weise ausgesetzt:

- das Erschrecken und die Unsicherheit, in einer aggressiven Situation etwas falsch zu machen,
- die Angst davor, selbst angegriffen und verletzt zu werden,
- die Vorstellung, Schmerzen durch Aggressionen zu erleiden,
- die Angst und Scheu vor der eigenen Wut, die mich zu überschwemmen droht und meiner Kontrolle entgleitet,
- die Verwirrung und Unsicherheit in einer Situation, mit der ich keine Erfahrung habe,
- die Hilflosigkeit und Lähmung, weil ich eventuell allein vor einer solchen Situation stehe.

Was ist aggressives Verhalten?

Gehen Sie die unten angeführten Beispielsituationen durch und beurteilen Sie, ob es sich Ihrer Meinung nach dabei um aggressives Verhalten handelt oder nicht.

- Ein Lehrer gibt einem Schüler eine schlechte Note in einer Klausur, weil der Schüler den Unterricht beständig stört.
- Ein Kind in Ihrer Gruppe rempelt ein anderes Kind an.
- Ein Kind in Ihrer Gruppe wirft ein anderes Kind zu Boden, um einen Schwächeren, der angegriffen wird, zu schützen.
- Ein Erzieher schlägt aus Hilflosigkeit heraus ein Kind.
- Ein Polizist schießt aus Notwehr auf einen betrunkenen Autofahrer, der ihn zu überfahren droht.
- Ein Mitschüler erzählt über Sie, Sie hätten während des Praktikums ein Kind geschlagen, was jedoch nicht zutrifft.
- In unserem Wirtschafts- und Gesellschaftssystem bleiben jedes Jahr Zehntausende von Jugendlichen ohne Ausbildungsstelle.
- Hooligans prügeln sich anlässlich eines Pokalspiels krankenhausreif.

Aggression/Aggressivität

1. *Aggressivität – „Feindseliges, sich in mehr oder weniger absichtsvollen Verbalen oder Tätlichen Angriffen gegen Personen oder Gegenstände äußerndes Verhalten. (...) Neigung einer Person, sich in feindselig ablehnenden bzw. oppositionellen Einstellungen und/oder Handlungen zu ergehen." (Fröhlich, 2008, S. 45)*
2. *Aggressivität – „Verhalten, dessen Ziel eine Beschädigung oder Verletzung ist." (Lexikon der Psychologie, Arnold/Eysenck/Meili, 1993, S. 27.)*
3. *„Aggression beschreibt in erster Linie ein Verhalten, das darauf ausgerichtet ist, eine andere Person direkt oder indirekt zu schädigen." (Oerter/Montada, 1995, S. 1016.)*
4. *„Als Aggressivität gilt (...) alles, was durch Aktivität – zunächst durch Muskelaktivität – eine innere Spannung aufzulösen sucht." (Mitscherlich, 1969, S. 12)*

Demonstration von Neonazis.

1. Arbeiten Sie aus den vorgestellten Definitionen die Zielrichtung und die zentralen Merkmale heraus, auf die der jeweilige Autor abstellt.
2. Überprüfen Sie die Reichweite der Definitionen anhand der Beispielsituationen und klären Sie Vor- und Nachteile einer zu engen bzw. zu weiten Auslegung des Begriffs Aggression auch anhand von Praxisbeispielen.

3. Erstellen Sie für sich und Ihre Klasse eine umfassende Definition des Begriffs Aggression mit dem Ziel einer hohen Praxisnähe.

Der Zusammenhang von Gewalt und Aggression

Aggression als zerstörerisches oder andere Menschen schädigendes Angriffsverhalten setzt nicht erst dann ein, wenn es zum direkten gewalttätigen Übergriff kommt. Aggressionen können sich bereits in einer Vielzahl von Vorformen aggressiver Aktivitäten – so genannten *Proto-Aggressionen* – äußern, die verbal oder nonverbal gegen einen Gegner eingesetzt werden können. Dazu gehören Verhaltensweisen wie Beleidigen, Beschimpfen, Spucken, Verunglimpfen, Drohen, Nötigen, Erpressen usw. Gestik und Mimik (Abwenden des Körpers, Verziehen des Gesichts, drohende oder beleidigende Gesten der Hände, herabwürdigende Blicke) gehören mit in den Komplex beobachtbarer feindselig aggressiver Verhaltensformen.

Auch die Beschädigung oder *Zerstörung von Sachen* (Zerschlitzen von Sitzen in Bussen, Beschmieren von Wänden und Hauseingängen, Vandalismus in Schulen) oder das Verletzen und Quälen von Tieren gehören zur Aggressionsäußerung, obwohl hier der unmittelbare personale Bezug fehlt.

Aggressionen können sich aber auch gegen das eigene Selbst richten. Das Kennzeichen von *Autoaggression (autos, griech.: selbst, eigen)* ist, dass sich die aggressive Schädigungsabsicht nicht gegen irgendein fremdes Objekt oder gegen eine außenstehende Person richtet, sondern der eigene Körper wird zum Objekt aggressiver Handlungen. Auch hierbei lässt sich eine ganze Bandbreite graduell unterschiedlicher selbstverletzender Verhaltensweisen erkennen:

- Leichte Autoaggressionen mit geringer Intensität ohne sichtbare Verletzungen, z. B.. Schlagen mit der Hand an den Kopf bei Überforderung, starkes Nägelkauen oder Wiegebewegungen des Kopfes oder des ganzen Körpers.
- Mittlere Autoaggressionen mit intensiveren und regelmäßigeren – teilweise automatisch ablaufenden – Verhaltensmustern, z. B. das Aufkratzen von Wunden, Beißen der Hand oder Finger, Aufbeißen von Lippen, Blutigkratzen des Kopfes.
- Schwere Autoaggressionen häufig ohne erkennbaren Anlass oder Situationsbezug im Rahmen automatisierter bzw. ritualisierter selbstschädigender Verhaltensmuster, wie z. B. das (büschelweise) Herausreißen von Haaren, Schlagen des Kopfes gegen die Wand, Verletzung von Ohren, Nase oder Augen.

Über die Art der Aggressionen entscheidet nicht nur die Intensität erlebter Feindseligkeit oder die Zielrichtung eines selbst- oder fremdschädigenden Verhaltens, sondern auch der soziale Kontext, in dem sich ein solches Verhalten abspielt.

Gewalt

Anders als der Begriff Aggression, bei dem nach Motiven oder Absichten von Verhalten gefragt wird, orientiert sich der Begriff Gewalt stärker an konkret vorhandenen gesellschaftlichen Machtverhältnissen, die sich in Formen von Über- oder Unterlegenheit ausdrücken. Empfundene Macht oder Ohnmacht prägen unsere Wahrnehmung von Gewalt oder Gewaltverhältnissen. Gewalt selbst meint erst einmal nichts anderes als „die Macht, der man sich fügen muss" (Bedürftig, 2001, S. 372). Die Substantive höhere Gewalt, Naturgewalt, Erziehungsgewalt, Adjektive wie gewaltig, gewaltsam zeigen ein Stück Kraft und Unberechenbarkeit, Machtlosigkeit und Ausgeliefertsein, die bei dem Wort Gewalt mitschwingen. Wertneutral ist also die Gewalt etwas, was auf Menschen als Zwang einwirkt.

Strukturelle Gewalt

Dieser Zwang oder die Macht kann auch etwas sein, das anonym, z. B. vonseiten des Staates oder der Ökonomie, auf die Menschen wirkt, z. B. die Steuergesetzgebung, die Musterung zur Bundeswehr, der Zwang zur Schule zu gehen. In diesem Zusammenhang spricht man von struktureller Gewalt als Ausdruck von Machtverhältnissen, die erst einmal nichts mit einer persönlichen Konfrontation oder Verletzungsbereitschaft zu tun haben, aber trotzdem als Einengung oder Zwang erlebt werden.

Erst wenn Aggression und die Schädigungsabsicht in den Dienst der Durchsetzung sozialer Machtverhältnisse gestellt wird, d.h. Rangordnungen von Personen oder Gruppen über Gewalt hergestellt werden, überschneiden sich beide Begriffe.

Personale Gewalt

Der Ausdruck personale Gewalt beinhaltet im Kern „harte" Aggression, die Menschen bewusst zu schädigen oder verletzen sucht. Bei der gegen Personen gerichteten Gewalt geht es um die Schwächung der Position des Anderen mit dem Ziel eigener Vorteilserlangung. Unter personaler Gewalt versteht man daher jede körperliche, psychische oder sexuelle Machtausübung oder Verletzungsbereitschaft, die durch zielgerichtetes Tun oder Unterlassen auf Menschen schädigend einwirkt.
Gewaltsituationen, in denen die personale Gewalt zusammen mit der aggressiven Durchsetzung eigener Interessen auftritt, sind z. B.. der Missbrauch von Erziehungsgewalt in der Familie, Hierarchien und Auseinandersetzungen in und zwischen sozialen Gruppen, besonders wenn es darum geht, über Aggressionen soziale Positionen in Gruppen festzulegen oder die eigene Gruppenidentität im Konflikt mit anderen zu stärken.

Übersicht: Aggression und Gewalt

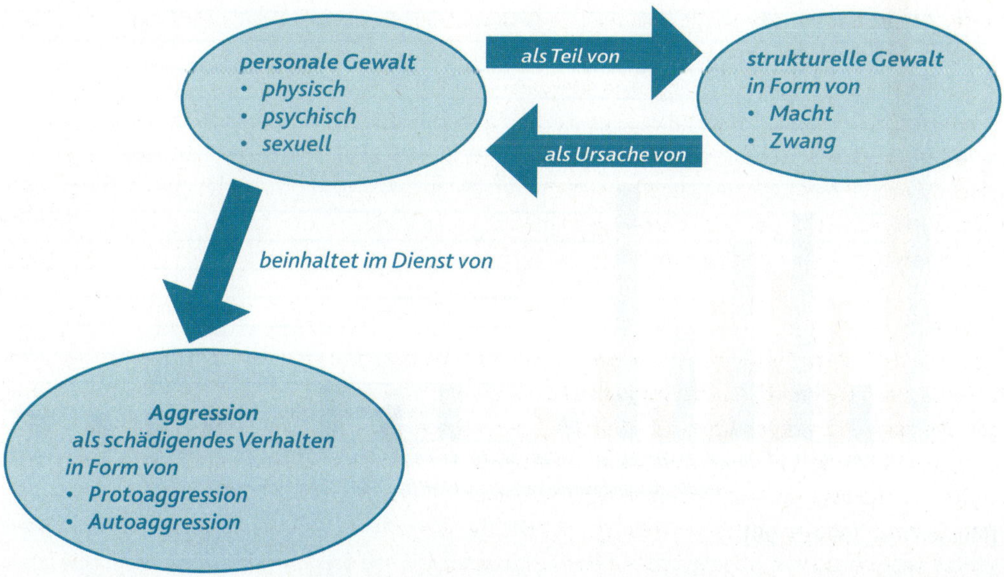

1.3 Aggressionstheorien im Überblick

1.3.1 Sozialisationstheorie – ist Gewalt männlich?

Befunderhebung: „Im Schuljahr 1989/90 wurden an den staatlichen Sonderschulen für Erziehungshilfe in Hessen 691 Schüler unterrichtet; davon waren 585 männlich und 106 weiblich. In der privaten Sonderschule für Erziehungshilfe, an der ich (Anm. die Autorin) unterrichte, waren von 114 Schülern 10 weiblich. Bei etwa 75 % der Schüler war extreme Aggression Hauptüberweisungsgrund in die Sonderschule für Erziehungshilfe. (...) Aggression ist im Schulalter deutlich überwiegend bei Jungen anzutreffen. Das Wegnehmen von Schulsachen wurde von Grundschullehrern bei Jungen dreimal so häufig und das Schlagen von Mitschülern elfmal so oft wie bei Mädchen beobachtet. Delinquente (straffällige) Verhaltensweisen sind bei männlichen Kindern und Jugendlichen mit 90 % noch deutlich höher."
(Heinemann, 1992, S. 82.)

Sammeln Sie in Ihrer Klasse Beobachtungen und Erfahrungen, die für oder gegen die unten angeführten empirischen Befunde sprechen.

Häufigkeit aggressiven Verhaltens bei vierjährigen Jungen und Mädchen einer Vorschulklasse (in den USA) beim freien Spiel

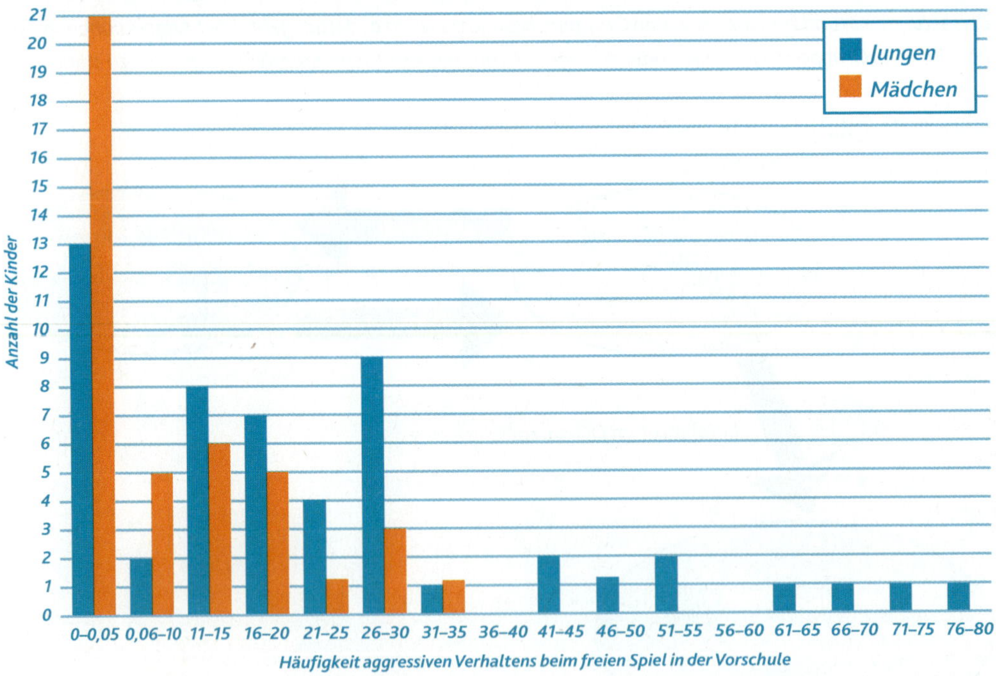

(Mussen u.a., 1994, S. 99)

1. Bilden Sie die Gesamtzahl der Kinder der Vergleichsgruppen und analysieren Sie die Häufigkeitsverteilung.
2. Formulieren Sie Hypothesen zum Aggressionsverhalten bei Jungen und Mädchen.
3. Diskutieren Sie, ob sich die Ergebnisse der Statistik mit den Aussagen im oben zitierten Text decken.

Gewalt erzwingt Reaktion

„Wenn Männer in der Kindererziehung auftreten, dann nicht als eigenständige, emotionale Wesen, sondern häufig nur als ‚Funktionsträger', das heißt: 1. als strafende bzw. körperlich ‚züchtigende' Instanz (auch von Müttern als solche instrumentalisiert und eingefordert), 2. als ausgeruhter Organisator ‚spektakulärer' Sonntagsausflüge, 3. als Förderer von Aktion und Aggression, was dem Jungen ein Bild von Männlichkeit vermittelt, das kein Mann je erreicht."
(Oelemann, 1993)

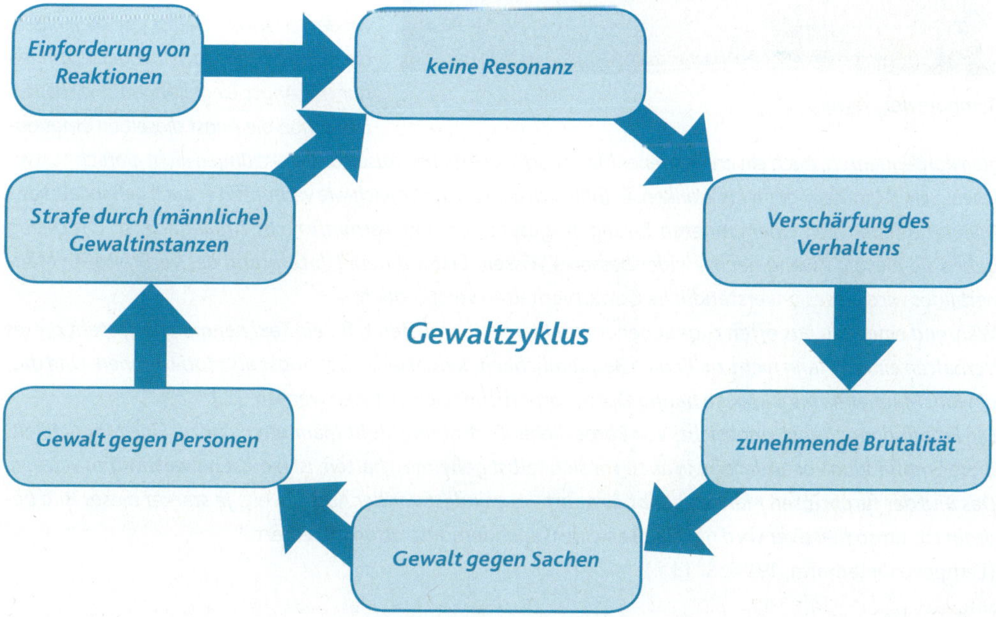

„Jungen nehmen oftmals körperlichen Kontakt untereinander oder zu erwachsenen Männern auf, indem sie sich rangeln. Nur so haben sie Körperkontakt, ohne als schwul zu gelten. Jungen wachsen in einem weitgehend grenzen- und orientierungslosen Raum auf. Ihnen wird nahe gebracht, sich auszutoben, was nichts anderes bedeutet, als sich noch grenzenloser zu verhalten. Doch das verstärkt nur das Erleben von Orientierungslosigkeit.
Die Möglichkeit, durch Reaktionen von männlichen Mitmenschen Orientierung zu finden, entfällt, weil häufig keine reagierenden, in Kontakt tretenden Männer im Umfeld existieren. (Die bloße Anwesenheit von sich selbst als Menschen definierenden Männern reicht hier nicht aus.) (...)
Erst jetzt (Anm. nach der Strafe) werden die Jugendlichen bzw. die Gruppierung, der sie sich zugehörig fühlen, als existent zur Kenntnis genommen. Erst jetzt erlebt der Junge ein erwachsenes männliches Gegenüber.

Symbole der Gewalt

Zum Jungen- und Mannsein gehört das Thema Gewalt wie Essen und Trinken. Gewalttätiges Verhalten wird Jungen nahe gelegt. Ein Junge, der sich nicht prügelt, ist kein richtiger Junge. (Im Gegensatz zu: Ein Mädchen, das sich prügelt, ist kein richtiges Mädchen.)
Jungen, die körperliche Auseinandersetzungen meiden, zweifeln bis ins Erwachsenenalter hinein an ihrem Mannsein, wie wir in Gesprächen immer wieder erfahren. Selbst für diejenigen, die körperliche Auseinandersetzungen nur mit Angst eingegangen sind, hat allein schon die Angst dieselben emotionalen Konsequenzen. Auch ein erwachsener Mann darf körperlichen Auseinandersetzungen nicht einfach ausweichen: Sein ‚Mannsein' gerät ins Wanken. Er fühlt sich als Versager, gleich wie vernünftig er auch gehandelt hat. Männer erleben sich einem inneren Zwang ausgesetzt, der der Vernunft nicht zugänglich ist. Oft genug geben sie diesem Zwang nach – wider besseres Wissen. Erst auf dem Hintergrund des verbreiteten Männerbildes wird dieses unverständliche Gewaltverhalten verständlich.
Während eine Frau aus offen zugegebener Furcht vor Übergriffen z. B.. ein Taxi nehmen darf, steht dieses Verhalten einem Mann nicht zu. Er darf Bequemlichkeit, keinesfalls aber Angst als Motiv nennen. Und das, obwohl Männer 4- bis 8-mal so häufig Opfer körperlicher Gewalttaten werden. (...)
Die Empfindung ‚Àngst' angesichts von körperlicher Bedrohung steht Männern nicht zu. Eine Möglichkeit, diese Empfindung vor anderen wie auch vor sich selbst geheim zu halten, ist: selbst gewalttätig zu werden. Das Bild des furchtlosen Mannes bleibt gewahrt – zumindest vor der Außenwelt. Je stärker dieses Bild bedroht ist, umso massiver wird nach außen eine Gegendemonstration inszeniert."
(Lempert/Oelemann, 1996, S. 13 f.)

1. Stellen Sie die zentralen Aussagen des Textes thesenartig zusammen.
2. Sammeln Sie Beispiele aus Ihrer Alltagserfahrung, die für oder gegen den Theorieansatz sprechen.
3. Bilden Sie in Ihrer Klasse verschiedene Gruppen, die kontrovers die pädagogischen Konsequenzen aus diesem Ansatz vertreten. Berichten Sie über Erfahrungen, die Sie während der Diskussion an sich wahrgenommen haben.

1.3.2 Individualpsychologie – Aggression als Ergebnis von Mangel?

Der Begründer der *Individualpsychologie* Alfred Adler (1870 – 1937) gehörte von 1902 – 1911 zum engeren Kreis Sigmund Freuds. 1911 kam es zum Bruch mit Freud, insbesondere wegen der in den Augen Adlers eindimensionalen Zurückführung psychischer Prozesse auf den Sexualtrieb.
In den Jahren nach dem Ersten Weltkrieg war Alfred Adler maßgeblich an der Schaffung und Einrichtung von Erziehungsberatungsstellen beteiligt und ebenfalls in der Lehrerausbildung tätig, um sein psychologisches Verständnis einem breiten pädagogischen Publikum zugänglich und nutzbar zu machen. Der überzeugte Sozialist Adler sah anders als Sigmund Freud den Lebensentwurf des Menschen durch das Bemühen geprägt, Ich-bezogene Antriebe *(das Geltungsstreben)* und sozialbezogene Antriebe *(das Gemeinschaftsstreben)* durch den individuellen Lebensstil zu verwirklichen. Störungen in sozialen Bezügen, wie sie auch in aggressiven Symptomen in Erscheinung treten, erklärt Adler aus einem Bewältigungsversuch real vorhandener oder sozial zugefügter durch das Individuum erfahrener und erlebter Mangelsituationen.
Je stärker ein Kind sich dem Druck von Minderwertigkeitserfahrungen – dazu gehören Erfahrungen des Kleinseins unter „Riesen"-Erwachsenen, organische Defekte wie Hör- oder Sehstörungen, Missachtung und Nichtannahme des Kindes – ausgesetzt sieht, desto stärker werden seine Wünsche nach Macht und Stärke in dem Bemühen, sich in seiner sozialen Umwelt Geltung und Wert zu verschaffen. Dabei greift es paradoxerweise häufig auf die Verhaltensweisen der „riesenhaften" Modelle (Eltern, Erzieher, Gruppenanführer) zurück, die das Kind umgeben und es mitunter unterdrücken und missachten. Die erlittene Missachtung wird der Treibsatz zu einem aggressiv-dominierenden Lebensstil, in dem die kränkenden Erfahrungen verarbeitet werden.
Für die Erklärung aggressiver und gewalttätiger Verhaltensweisen bei Kindern und Jugendlichen in der Sozialpädagogik ist dieser Erklärungsansatz wichtig, weil man als Erzieher nicht nur nach den Ursachen, dem *Warum?*, sondern vor allem nach dem Ziel und Zweck, dem *Wozu?* von aggressiven Verhaltensweisen fragen sollte. Gewalttätigkeit ist in der adlerschen Individualpsychologie also ein Hinweis auf einen fehlgelaufenen Wunsch, sich persönliche und soziale Geltung zu verschaffen. Für die pädagogische Arbeit im Umgang mit aggressiven Verhaltensweisen ist deshalb die Frage, welchen *offenen* oder *geheimen Nutzen* aggressives Verhalten eines Individuums in einer Gruppe hat, von großer Bedeutung für das Verständnis eines Menschen.
Ermutigung und Trost, Begleitung des Kindes beim Überwinden von Schwierigkeiten, sich kümmern und ansprechbar sein, Stärkung von Eigeninitiative und des Muts zum Risiko sind Elemente, die in eine individualpsychologisch ausgerichtete Pädagogik gehören, um dem natürlichen Geltungsstreben von Kindern gerecht zu werden.

Kränkung und Verwahrlosung

Der folgende Text wurde erstmalig in den 1920er-Jahren veröffentlicht. Für die Erfassung des Gedankenganges der Autorin ist es günstig, Aussagen in eine zeitgemäße Sprache zu übertragen. Der Begriff *Verwahrlosung*, wie er auch hier im Text verwendet wird, ist aufgrund seines diskriminierenden Charakters mittlerweile fast vollständig aus dem sozialpädagogischen Sprachgebrauch verschwunden. Etymologisch lässt sich das Wort *Verwahrlosung* von dem Althochdeutschen wara *(Achtung entgegenbringen)* ableiten. Derselbe Wortstamm ist auch in unseren Wörtern *Wahrnehmung* oder *Bewahren* anzutreffen und drückt in diesem Zusammenhang Aufmerksamkeit und Wertschätzung aus.

„Krankheit macht den Körper elend, Kränkung die Seele. Sie ist der Auftakt zu jeder Verwahrlosung. Was aber verwahrlost? Was nicht verwahrt wird. Der Körper, wenn er nicht vor Entbehrung, Überanstrengung und Krankheit behütet wird, die Seele, wenn sie der Kränkung, Enttäuschung und Entmutigung anheim fällt. Die Symptome körperlicher Erkrankungen sind, vorwiegend im kindlichen Alter, sinnfällig, sie sprechen vernehmlich. Die Seele aber ist verschwiegen; erst wenn sie viel gelitten, beginnt der Andere zu ahnen, dass sie leidet. (...) Die Kinder der Straße sind in gewissem Sinne weniger gefährdet; ihre Verwahrlosung vollzieht sich gleichsam vor den Augen der Öffentlichkeit, und sie werden manchmal früh einer Behandlung zugeführt. Viel überraschender ist die Tatsache, dass man unter den scheinbar behüteten Kindern Verwahrloste antrifft. Alles, was von materiellem Besitz kommen kann, haben diese Kinder: ausreichende Nahrung und Kleidung, gesunde Wohnstätten und alle Lernmöglichkeiten, man ist geneigt zu glauben, es bleibt dem Wunsche nichts mehr. Sieht man aber genauer hin, so findet man, dass sie oft das entbehren, was nur geistiger und seelischer Reichtum zu bieten vermag – Einsicht und Verständnis für Kinderglück und Leid. (...)

Es gibt keine Verwahrlosung, der nicht ein Kummer vorangegangen ist, ein Zweifel an sich selbst und an der eigenen Leistungsfähigkeit, oft bis zur Verzweiflung. Diese Erkenntnis ist wie die Markierung des Weges, der vor uns liegt: das Leid der Kinder zu erforschen, seine Ursache aufzuspüren, zu verstehen und zu behandeln. (...)

Was individualpsychologisch orientierte Pädagogik zu wirken vermag, mögen einige Fälle aus der Beratungsstelle Dr. Adlers für schwer erziehbare Kinder dartun.

Ein 15-jähriger, geistig etwas zurückgebliebener Knabe wird von seiner Hortleiterin in die Beratungsstelle gebracht; die Klage lautet auf Toben und Gehorsamsverweigerung des Knaben, der bis vor kurzem brav und gefügig gewesen. Die Hortleiterin erwähnt, dass diese Veränderung im Verhalten des Knaben zufällig mit der Firmung seiner Schwester zusammenfalle. Dieses zeitliche Zusammentreffen ist für den Berater nicht nur kein Zufall, sondern die Lösung des Rätsels selbst. Das Toben und Nichtmehrgehorchenwollen ist die Antwort auf das unbelohnt gebliebene gute Betragen in seiner Kindheit. Der Knabe hatte bei seinen Eltern wenig Beachtung gefunden und war frühzeitig vom Hause fortgekommen. Auch war er drei Jahre in einer Nervenheilanstalt gewesen, wo er wenig zu essen bekommen hatte. Seine Schwester hatte es zu Hause immer gut und war noch drei Jahre bei reichlicher Kost in Prag gewesen. Um das Maß voll zu machen, sah er eines Tages die Schwester im Festkleide zur Firmung gehen: Das war zu viel für den armen einfältigen Knaben. Um sich bemerkbar zu machen, um endlich auch einmal der Mittelpunkt seiner Umgebung zu werden, griff er zur kindischsten, unbeholfensten Methode der Revolte: er tobte und wurde schlimm. Man

fühlt, dass an diesem Knaben ein Unrecht gut zu machen ist, dass irgendwo auch das Recht des Verwahrlosten beginnt, und unheimlich lebendig wird das unvergängliche Wort Dostojewskis: Ein jeder ist teilhaftig an der Schuld des anderen.[1] Der Berater erklärte dem Knaben freundschaftlich und deshalb nachhaltig seine Situation und sein Verhältnis zur Schwester. Drei Wochen später kam der Knabe in schönster Eintracht mit seiner Schwester zu einem der Ausflüge, die die Beratungsstelle mit schwer erziehbaren Kindern an Sonntagnachmittagen zu unternehmen pflegt."
(Löwy, 1973, S. 333 f.)

1. **Stellen Sie thesenartig die Erklärungshintergründe aggressiven Verhaltens aus Sicht der Individualpsychologie zusammen.**
2. **Überlegen Sie, welche „kränkenden" Faktoren in der Lebenswelt heutiger Kinder von Bedeutung sind.**

Bewältigungsmechanismen nach Adler

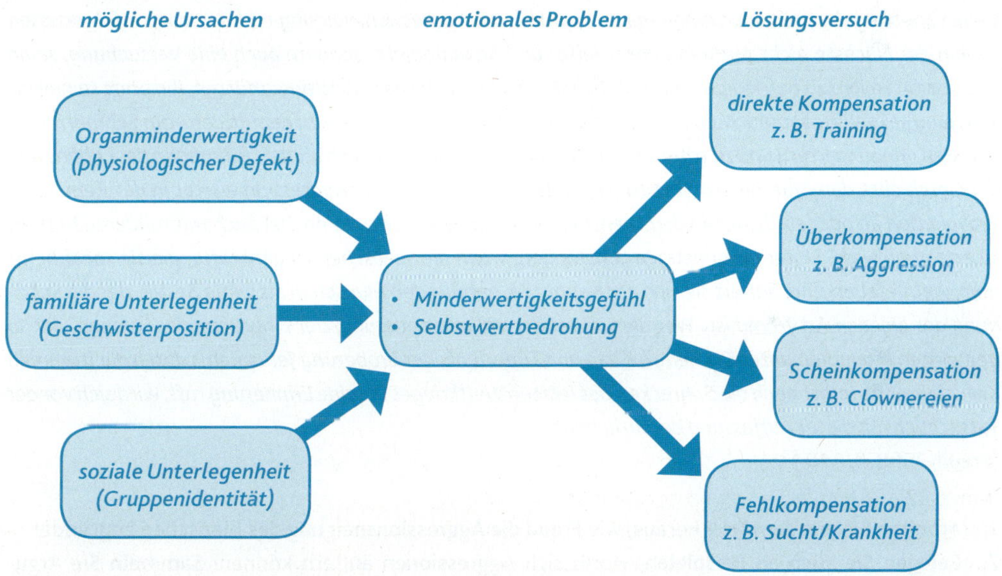

1.3.3 Psychoanalyse – Aggression als Schicksal?

Der Begründer der Psychoanalyse Sigmund Freud (1856 – 1939) entwickelte in seinem ersten Modell einer Triebtheorie die Vorstellung eines aus sexuellen und aggressiven Anteilen bestehenden Haupttriebes, der einer Triebquelle, dem *Es*, entspringt und Triebobjekte libidinös-lustvoll besetzen kann. Dieser raumgreifende, auf den Körper bezogene, Prozess mit dem Ziel der Spannungsreduktion und des Lustgewinns trägt deutlich auch aggressive Züge. Aggression gehört demzufolge zur menschlichen Natur und zur menschlichen Triebkonstitution. Aggressives, gewalttätiges Verhalten lässt sich aus dieser Theorie als eine Reaktion auf Versagungen in der Erreichung von Triebobjekten – bestehend in einem teilweisen oder gänzlichen Entzug – erklären. Der unbefriedigt gebliebene Triebwunsch sucht sich so-

1: Dieses Zitat bezieht sich insbesondere auf das individualpsychologische Bild einer solidarischen Gesellschaft, in der Psychologen und Pädagogen an der Verbesserung und Beseitigung sozial erzeugten Elends des Einzelnen arbeiten.

zusagen ein Ersatzobjekt, das er ähnlich dem Übersprungverhalten zu besetzen sucht. Die Erklärung von Gewalttätigkeit nach diesem Modell liegt also in der Nichtbefriedigung eines Triebwunsches und in dessen „gewaltsamer" Erfüllung und Durchsetzung.
In seinem 2. Triebmodell nach 1920, „Jenseits des Lustprinzips", nahm Freud unter dem Eindruck des millionenfachen Tötens, das an Grausamkeit das menschliche Vorstellungsvermögen überstieg, das Vorhandensein eines eigenständigen, selbstdestruktiven Triebes an, der als Gegenspieler des auf Lusterfüllung gerichteten erotischen Strebens auftritt. Er zog folgenden Schluss:

„Es müsse außer dem Trieb, die lebende Substanz zu erhalten und zu immer größeren Einheiten zusammenzufassen, einen anderen, ihm gegensätzlichen, geben, der diese Einheiten aufzulösen und in den uranfänglichen, anorganischen Zustand zurückzuführen strebe. Also außer dem Eros einen Todestrieb; aus dem Zusammen- und Gegeneinanderwirken dieser beiden ließen sich die Phänomene des Lebens erklären. (...) Das gern verleugnete Stück Wirklichkeit hinter alledem ist, dass der Mensch nicht ein sanftes, liebebedürftiges Wesen ist, das sich höchstens, wenn angegriffen, auch zu verteidigen vermag, sondern dass er zu seinen Triebbegabungen auch einen mächtigen Teil von Aggressionsneigung rechnen darf. Infolgedessen ist ihm der Nächste nicht nur möglicher Helfer und Sexualobjekt, sondern auch eine Versuchung, seine Aggression an ihm zu befriedigen, seine Arbeitskraft ohne Entschädigung auszunützen, ihn ohne seine Einwilligung sexuell zu gebrauchen, sich in Besitz seiner Habe zu setzen, ihn zu demütigen, ihm Schmerzen zu bereiten, ihn zu martern und zu töten. Homo homini lupus[1]; wer hat nach allen Erfahrungen des Lebens und der Geschichte den Mut, diesen Satz zu bestreiten? Diese grausame Aggression wartet in der Regel eine Provokation ab oder stellt sich in den Dienst einer anderen Absicht, deren Ziel auch mit milderen Mitteln zu erreichen wäre. Unter ihr günstigen Umständen, wenn die seelischen Gegenkräfte, die sie sonst hemmen, weggefallen sind, äußert sie sich auch spontan, enhüllt den Menschen als wilde Bestie, der die Schonung der eigenen Art fremd ist. Wer die Gräuel der Völkerwanderung, der Einbrüche der Hunnen, der so genannten Mongolen unter Dschengis Khan und Timurlenk, der Eroberung Jerusalems durch die frommen Kreuzfahrer, ja selbst noch die Schrecken des letzten Weltkrieges in seine Erinnerung ruft, wird sich vor der Tatsächlichkeit dieser Auffassung demütig beugen."
(Freud, 1958, S. 148 f.)

1. Arbeiten Sie aus dem Text heraus, wie Freud die Aggressionsneigung des Menschen begründet.
2. Belegen Sie auch an Beispielen, worin sich Aggressionen äußern können. Sammeln Sie Argumente, die für oder gegen diese Auffassung sprechen.

Praxisbeispiel: Verstehend-konfrontatives Arbeiten mit gewalttätigen Kindern

Aus der psychoanalytischen Tradition heraus, mit einem deutlichen Bezug auf das aktuelle Lebensmilieu aggressiver Kinder, wurde eine pädagogische Haltung entwickelt, die im *Life Space Interview* umgesetzt wird. Im Umgang mit gewalttätigen Kindern und Jugendlichen ist es wichtig, sofort und unmittelbar aus einer Konfliktsituation den emotionalen Bezug mit dem Betreffenden zu klären, ohne

1: Homo homini lupus (est) – „Der Mensch ist des Menschen Wolf"; ein aus der Staatsphilosophie Thomas Hobbes (1588–1679) abgeleitetes Sprichwort, mit dem er für die Übertragung natürlicher Rechte wie der Selbstverteidigung auf die staatliche Institution eintrat, um den „Krieg aller gegen alle" zu beenden.

ihn zu verurteilen und ohne ihn bloßzustellen. Die Wiederherstellung der Selbst- und Fremdachtung und die Vermittlung des Respektierens eigener und fremder Grenzen sowie das Erarbeiten alternativer Problemlösungen stehen im Zentrum der Auseinandersetzung mit dem gewalttätigen Kind, eine Arbeitsrichtung, die treffend mit dem Begriff *Einmassieren des Realitätsprinzips* charakterisiert wird.

„Das Life Space Interview
(Ausschnitt eines Gespräches zwischen dem Leiter einer Institution für verhaltensauffällige Kinder und Bill, einem aggressiven Kind)
Direktor: Nun Bill, es tut mit leid zu hören, dass du heute während des Unterrichts nach Hause geschickt werden musstest. Wie kam das?
Bill: Dieser verdammte Lehrer – was fällt dem bloß ein, mich herumzuschubsen, mich auf meinen Stuhl zu drücken und so.
Direktor: Was hat er mit dir gemacht?
Bill: Ach, er kam auf mich zu, packte mich und warf mich raus auf den Gang.
Direktor: Warum hat er das getan?
Bill: Woher soll ich denn wissen, warum er das getan hat?
Direktor: Was ich meine ist: Hatte er einen Grund dafür, sich dir gegenüber so zu verhalten?
Bill: Zum Teufel, natürlich nicht.
Direktor: Es fällt mir schwer zu verstehen, warum dein Lehrer ganz plötzlich so auf dich zukommt, dich packt und dich aus der Klasse wirft.
Bill : Er hat's eben getan.
Direktor: Bill, ich sage nicht, dass er es nicht getan hat. Was ich herauszufinden versuche, ist, ob er irgendeinen Grund dafür gehabt hat. Fällt dir irgendetwas ein, das zur gleichen Zeit geschehen ist und das alles erklären könnte?
Bill: Nein.
Direktor: Schau Bill, es macht einfach keinen Sinn, dass ein Lehrer dir das aus heiterem Himmel antut. Irgendetwas muss passiert sein.
Bill: Dieser verdammte Joe (ein Kind aus der Klasse) fing an, an meinen Schulsachen herumzumachen. Ich sagte ihm gerade, er soll abhauen, und da kam K. (Lehrer) auf mich zu und zieht mich raus auf den Gang.
Direktor: Das ist alles, was passiert ist?
Bill: Ja.
Direktor: Ging Joe weg, als du es ihm sagtest?
Bill: Was?
Direktor: Hat Joe deine Sachen in Ruhe gelassen, nachdem du ihn dazu aufgefordert hattest?
Bill: Zum Teufel, nein. Deshalb habe ich ihn geschubst, und er kam trotzdem zurück. Dann habe ich ihm eine in die Fresse gegeben, und er fing an zu heulen.
Direktor: Und was geschah dann?
Bill: K. kam her und sagte zu mir, ich soll damit aufhören. Er sagte, ich soll mich hinsetzen.
Direktor: Hast du's getan?

Bill: Was getan?
Direktor: Dich hingesetzt?
Bill: Ja."
(Redl/Wineman, 1952, S. 264 ff.)

1. **Spielen Sie dieses Gespräch in einem Dialog oder Rollenspiel in der Klasse durch.**
2. **Beschreiben Sie aus den jeweiligen Rollen heraus Ihre Gefühle und Empfindungen, die Sie im Moment des Gespräches an sich wahrgenommen haben.**
3. **Analysieren Sie im Gespräch in der Klasse die Zielrichtung und Wirkungsweise dieser Form des pädagogischen Eingehens auf aggressives Verhalten.**

Aggression als Ergebnis des Ausfalls innerpsychischer Orientierung

Nach dem Zweiten Weltkrieg entwickelte sich mit der Selbst- und Objekttheorie ein neuer Zweig der Psychoanalyse, der weniger die Triebdimension im Menschen betonte, sondern die Welt *„innerer Objekte" (Introjekte)* in den Vordergrund des Forschungsinteresses rückte. Introjekte sind die inneren Bilder, die Kinder aus ihren Erfahrungen mit der äußeren Umwelt und den darin auftauchenden Bezugspersonen in der Psyche herstellen. Die sich nach dem Zweiten Weltkrieg entwickelnde Kinderpsychoanalyse brachte eine Unmenge klinischer Bilder zutage, u. a. auch von hochgradig aggressiven Kindern, die mit dem bisherigen trieborientierten Erklärungsmodell der Psychoanalyse nur unvollkommen diagnostisch einzuordnen waren. Mangelnde oder fehlgeschlagene Objektbeziehungen, also in der Beziehung von Kindern zu Eltern oder anderen Hauptbezugspersonen, führen danach zur unvollständigen Abbildung elterlicher Objekte (Introjekte) des in der Psyche arbeitenden *„innerworking modell" (innere Landkarte)*. Das Selbst des Kindes kann sich aufgrund fehlender Orientierung nur unvollkommen entwickeln und die Verhaltensanpassung in sozialen Situationen ist entsprechend gestört. Mangelnde Bindung und fehlgelaufene Objektbeziehungen stellen sich im kindlichen Selbst vergleichbar mit dem folgenden Bild dar: als ob der Kreiselkompass eines Schiffes, der die automatische Steuerung übernimmt, falsch ausgerichtet ist oder sich wie unsinnig dreht, das Schiff also droht, aus dem Ruder zu laufen. Das Hauptmerkmal frühkindlicher *Mangel- und Bindungsneurosen* (unbewältigte frühkindliche Konflikte) besteht darin, dass die elterlichen Objekte entweder nur schwach, zum Beispiel nur die „böse" Seite von Eltern darstellend, oder fragmentarisch und unvollkommen zwischen „gut" und „böse" schwankend, im kindlichen Selbst repräsentiert werden.
Hochgradige Aggressionen entstehen demnach, weil der erlebte emotionale Mangel in der Beziehung zu den Elternfiguren beim aggressiven Kind die Angst schürt, auch noch das zu verlieren, was es nur bruchstückhaft besitzt, „seine Angst bewirkt eine Zunahme seiner sadistischen Impulse, die es drängen, die feindlichen Objekte zu zerstören, um deren heftigen Angriffen zu entkommen. Damit beginnt ein Circulus vitiosus (Anm. Teufelskreis): Die Angst, welche das Kind zwingt, seine Objekte zu zerstören, führt zu verstärkter eigener Angst, die ihrerseits nun das Kind drängt, gegen seine Objekte vorzugehen." (Klein, 1985, S. 92)

Spieltherapie als Mittel der Aggressionsbewältigung

Eine sehr wirksame Methode in der psychotherapeutischen Arbeit mit gewalttätigen Kindern wurde kurz nach dem Zweiten Weltkrieg von Melanie Klein und Anna Freud, der jüngsten Tochter Sigmund Freuds, entwickelt. Die Spieltherapie dient als Medium der Diagnostik von Angstentstehung und ihrer Bewältigung im Prozess der positiven Übertragung zwischen Kind und Therapeuten/Therapeutin. Verwahrloste Kriegskinder in den Großstädten Englands waren die ersten, denen über das „heilende" Spiel eine Lösung aus traumatisierenden (verletzenden) Bindungserfahrungen ermöglicht wurde. In Erziehungsberatungsstellen oder heilpädagogischen Kinder- und Jugendheimen wird die Spieltherapie angeboten, damit Kinder sich von traumatisierenden (verletzenden) oder vernachlässigenden Erfahrungen, die sie mit ihren Eltern gemacht haben, lösen können.

Zu den weiteren Pionieren der Spieltherapie nach dem Zweiten Weltkrieg gehören auch Samuel Slavson und Haim G. Ginot mit der Einführung der Gruppenspieltherapie, Virginia M. Axline in der Tradition des klientenzentrierten Ansatzes von Carl R. Rogers und Stefan Schmidtchen als Vertreter eines lösungsorientierten Ansatzes.

1.3.4 Lern- und Verhaltenspsychologie – ist Aggression erlernt?

Grundsätzlich gehen alle verhaltenspsychologischen Aggressionstheorien davon aus, dass Aggression kein irgendwie gelagertes triebhaftes, zur Natur des Menschen gehöriges Verhalten ist, sondern dass Aggressionen, wie andere Verhaltensweisen auch, zwar auf biologischen Grundlagen basieren, aber großteils in der Auseinandersetzung mit der Umwelt erlernt werden. Gewalt als Ausdruck des harten Kerns der Aggression ist somit ein Produkt der Erfahrung aus sozialen Interaktionsprozessen. Sie verfolgt in erster Linie das Ziel der Selbsterhaltung im Sinne eines sozialen Überlebensmechanismus.

Lernen am Effekt

Edward L. Thorndike (1874 – 1949) formulierte 1911 ein für Außenstehende banal erscheinendes Gesetz, das nichtsdestotrotz für die Erklärung aggressiver Verhaltensweisen überraschend tiefe Einblicke gibt. Thorndike experimentierte kurz nach der Jahrhundertwende mit Katzen, die er in einen Käfig sperrte, der sich mithilfe eines innen befindlichen Mechanismus öffnen ließ. Während dieser Versuchsreihe beobachtete Thorndike, dass die Katzen, wenn sie durch ein **zufällig** produziertes Verhalten **Erfolg** hatten – nämlich den Käfig zu öffnen –, sie in der Folgezeit dieses Verhalten beibehielten und gezielt einsetzten.
Ein Beispiel aus dem Kindergartenalltag lässt den Zusammenhang dieses „Gesetzes" mit der Übernahme individueller Problemlösungsmechanismen in Form *erworbener Aggressionen* deutlich werden:

Peter, ein vierjähriger Junge in einer Kindergartengruppe, hatte bislang keinerlei Erfahrung mit aggressiven Verhaltensweisen im Spiel und in der Beobachtung von Erwachsenen. Bei einer Rangelei mit zwei anderen Kindern, in der es um ein Kuscheltier geht, macht er die (zufällige) Erfahrung, dass er durch Wegzerren des Kuscheltieres die Oberhand behält. Die anderen beiden Kinder sind im Verlauf der Auseinandersetzung zu Boden gefallen und haben weinend und enttäuscht aufgegeben. Peter hat sich also durchgesetzt. Bei einem erneuten Versuch, das Kuscheltier zu bekommen, kann Peter seine Eroberung mit Erfolg verteidigen. In der Folgezeit wird Peter in dieser oder ähnlichen Situationen auf seine erfolgreiche Verhaltensstrategie zurückgreifen und sich in entsprechenden sozialen Situationen aggressiv verhalten.

1. Sammeln Sie Beobachtungen aus Ihrer eigenen Erfahrung, die diesen Theorieansatz stützen.
2. Übertragen Sie das „Gesetz des Erfolges" auch auf andere Bereiche des Verhaltens.

Die Aggressions- und Frustrationshypothese

Kurz vor dem Zweiten Weltkrieg wurde in den USA von einer Gruppe von Forschern der Yale-University (Dollard, Miller, Doob, Mowrer & Sears) ein weiteres Erklärungsmodell der Entstehung von Aggressionen entwickelt. Es ist die bekannte *Aggressions- und Frustrationshypothese*, die in ihrer ursprünglichen Fassung behauptete, dass jede Aggression auf einer vorhergehenden Frustration beruhe und andererseits Frustration stets Aggression zur Folge habe. Frustration wird vom lateinischen Wort *frustra* – vergeblich, umsonst – abgeleitet und meint in diesem Theoriezusammenhang so viel wie Mangelerleben und das Ausbleiben von Belohnungen.
Aggression ist somit kein angeborener Trieb, sondern die Reaktion auf frustrierende Erfahrungen, die ein Individuum macht. Zu den frustrierenden Bedingungen, die entsprechend aggressives Verhalten fördern können, gehören die Hemmung einer zielgerichteten Aktivität, räumliche Enge, Nichterfüllung biologischer Grundbedürfnisse, z. B. Hunger, soziale Missachtung, schulisches Versagen und anderes mehr. Je mehr frustrierende Erfahrungen angesammelt werden, desto größer ist die daraus resultierende Reaktion.
Durch weitere Versuchsreihen konnte aber bald empirisch belegt werden, dass dieser von den Forschern als zwangsläufig angenommene Zusammenhang zwischen Aggression und Frustration sich so nicht bestätigen ließ. Unterschiedliche Versuchspersonen reagieren auf ein und dieselbe frustrierende Situation teilweise sehr verschieden, abhängig von ihrer motivationalen Stimmung, von Vorerfahrungen und

persönlichen Temperamentsunterschieden. Insbesondere auch (soziale) Wahrnehmungsmuster scheinen eine erhebliche Rolle in der persönlichen Frustrationsbewältigung zu spielen.
So werden sich die Aggressionen der beiden unterlegenen – frustrierten – Kinder in dem vorher angeführten Beispiel wahrscheinlich nicht gegen den ihnen überlegenen Peter wenden, sondern stellvertretend gegen ein wiederum schwächeres Kind oder einen Gegenstand, der ihnen eine Aggressionsabfuhr erlaubt. Als solche Ersatzziele für Aggressionen werden immer wieder schwächere Gesellschaftsgruppen (ausländische Mitbürger, behinderte Menschen, Kinder) herangezogen.

1. **Stellen Sie in Listenform weitere frustrierende Bedingungen zusammen, die aggressive Verhaltensweisen fördern können.**
2. **Diskutieren Sie Verhaltensalternativen im Umgang mit Frustrationen, die nicht zur Aggression führen.**

Lernen an aggressiven Modellen

Das aggressive Modell „Rambo"

In den 1960er-Jahren führten Albert Bandura u.a. Experimente durch, mit denen sie belegen konnten, dass Personen ihnen bis dahin unbekannte Verhaltensweisen durch **Beobachtung und Nachahmung** neu erwerben konnten. Darüber hinaus führten ihre Untersuchungen zu dem Ergebnis, dass ein Verhalten wie Aggression durch die Probanden (Versuchspersonen) in einer Lernsituation neu bewertet und in der Folge absichtsvoll eingesetzt werden konnte.
Das Vorbild anderer Menschen dient offensichtlich als Orientierungsmuster für eigenes Verhalten; je wichtiger diese Menschen im eigenen familiär-sozialen Kontext sind wie etwa Eltern, Autoritätspersonen, Leitfiguren der Jugendkultur, desto höher ist der Modellcharakter in Bezug auf eigenes Verhalten. Der Modellierungsprozess aggressiver Verhaltensweisen stellt sich aus lernpsychologischer Sicht als ein sehr komplexer und verwobener psychologischer und sozialer Vorgang dar, in den u.a. kognitive Leistungen wie Gedächtnis und Erinnerung, übernommene kulturelle und soziale Einstellungen, motivationale Prozesse, Beobachtung und Nachahmung und nicht zuletzt auch die Reaktionen aus der sozialen Umwelt auf Verhalten eine große Rolle spielen.

„Albert Bandura führte in den 1960er-Jahren folgendes Verhaltensexperiment mit Kindergartenkindern durch: Mehrere Kinder bekamen in einem Spielzimmer, in dem sich verschiedene Spielsachen wie eine körpergroße clownähnliche Puppe, ein Holzhammer, ein Gewehr, Buntstifte, Papier, Autos, ein Ball usw.

befanden, das Modell eines aggressiven Erwachsenen zu sehen, der einer großen Puppe mit einem Holzhammer auf den Kopf schlug, sie beschimpfte und sich aggressiv aufführte.
Anschließend durften die Kinder mit attraktivem Spielzeug spielen, wurden dann aber „frustriert", indem man ihnen dieses attraktive Spielzeug wegnahm und sie jeweils einzeln in die eingangs beschriebene freie Spielsituation führte.
Einer Vergleichsgruppe hatte man dagegen in der gleichen Ausgangssituation das Modell eines „friedlichen" Erwachsenen gezeigt, der in dem Spielzimmer die Spielsachen aufräumte. Danach wurden auch diese Kinder in ähnlicher Weise frustriert. Wie würden sich die Kinder verhalten?
Es zeigte sich eindeutig, dass sich bei den Kindern, die vorher das aggressive Modell beobachtet hatten, die Aggressionshäufigkeit im freien Spiel erhöht hatte, während das „nichtaggressive" Modell trotz vorangehender Frustration nicht zu einer Zunahme der Aggression führte."
(Nolting, 1997, S. 98)

1. Fertigen Sie eine Liste „aggressiver Modelle" an, die in der Lebenswelt von Kindern ein Rolle spielen könnten.
2. Diskutieren Sie, inwieweit gesellschaftliche Einflussgrößen, Medien, Werte und Normen aggressives Verhalten von Kindern fördern können.

Neue Medien – Neue Gewaltformen ?

„Happy Slapping", zu übersetzen mit „Fröhliches Dreinschlagen", ist ein gewalttätiges, scheinbar unmotiviertes Angreifen einer dem Täter unbekannten Person. Dabei nähert sich der Täter zum Beispiel einer zufällig anwesenden Person und schlägt ihr unvermittelt ins Gesicht. Mitunter wird der Angriff so intensiv, dass das Opfer bewusstlos geschlagen wird. Entscheidend hierbei ist die scheinbare Grundlosigkeit für die Tat, das Opfer hat halt „Pech gehabt", und es erfährt auch keinerlei Gnade, denn in der Regel wird es hilflos zurückgelassen. Diese Aktionen werden dann häufig von Mittätern auf dem Handy festgehalten und ins Internet gestellt. Hier laden sich viele Jugendliche die Videos herunter auf ihr Handy, so verbreiten sie sich mittels Bluetooth-Technik in Windeseile von einem Handy zum anderen. Wie ein Lauffeuer verbreiten sich diese teilweise extrem gewalttätigen Videos auch auf die Handys sehr junger Handynutzer. Der Reiz des Verbotenen und die Anonymität des Internets wirken wie Katalysatoren in der Gruppe junger Handynutzer.
Das Happy Slapping wurde erstmals in den 1970er-Jahren des 20. Jahrhunderts in England beobachtet, hat aber gerade durch die neuen Medien zu Beginn unseres Jahrhunderts weiter in der Szene gewaltbereiter Jugendlicher Fuß gefasst. Ein besonders brutaler Fall von Happy Slapping ereignete sich am 30. Oktober 2004 in England, als eine Jugendbande einen 37-jährigen zu Tode prügelte und seinen Freund schwer verletzte. Am 18. Juni 2005 verhaftete die Polizei in England vier Jugendliche, die im Zuge einer solchen Happy Slapping-Aktion ein elfjähriges Mädchen vor laufender Handy-Kamera in einer U-Bahn vergewaltigten. Die wachsende Lust vieler Jugendlicher solche Videos herzustellen, anzuschauen und weiter zu verbreiten zieht ein stetiges Neuproduzieren und die Weiterverbreitung nach sich.
Eine Variante des Happy Slapping stellen Gewaltvideos dar, in denen sich die Gewalt gegen dem Täter bekannte Personen richtet. Zum Beispiel werden Mitschüler in der Klasse gedemütigt, bloßgestellt und

verprügelt. Angestachelt von Zuschauern wird alles gefilmt, es kommt mitunter zu extremer Gewaltanwendung, die dokumentiert und verbreitet wird.
Bei der Konfrontation mit der Tat oder bei der Vernehmung durch die Polizei äußern die Täter dann folgende Motive:

„In dem Moment denkt man gar nicht nach, wenn man filmt und so. Man will einfach nur das Video haben und es anderen zeigen. Das ist dann so cool."
„Wir drehen Videos, wo sechs Leute gegen einen kämpfen und der eine verprügelt die. Oder der eine wird krankenhausreif geschlagen. Hauptsache, wir werden berühmt."
(Norddeutscher Rundfunk, 2006, o. S.)

Mitarbeiter des Kriminologischen Forschungsinstituts in Hannover haben 3600 Jungendliche befragt und sind zu erschreckenden Ergebnissen hinsichtlich dieser neuen Form jugendlicher Gewalttätigkeit gekommen. So äußert sich der Direktor des Instituts Christian Pfeiffer:

„Jeder 10. Täter, der eine Gewalttat gegenüber einem anderen Jugendlichen begeht, macht das in einer Weise, dass ein anderer Jugendlicher gleichzeitig fotografiert oder filmt und dass dann das Ergebnis auch noch ins Internet gestellt wird oder Freunden gezeigt wird, ich bin der Stärkste, dem anderen hab' ich's gezeigt, dass er am Boden lag."
(Norddeutscher Rundfunk, 2006, o. S.)

Die Gewaltfilme auf den Handys zeigen nicht nur Schlägereien. Opfer werden mit dem Messer bedroht, sexuell genötigt und vergewaltigt. Manche Videos werden als sogenannter Gruppenspaß bloß inszeniert. Doch die meisten Fälle sind real. Die mediale Präsentation in unserer Mediengesellschaft ist entscheidend, sie dokumentiert die Stärke, die coolness, die der Täter hier scheinbar an den Tag legt. Jugendliche inszenieren sich medial. Nur tun sie dies zunehmend gewalttätig.
Was die Jugendlichen zur Gewalt zieht, scheint die Überwindung der in ihrer Lebenswelt erfahrenen Macht- und Bedeutungslosigkeit zu sein. Einige Medienpädagogen sind der Ansicht, dass vor allem Jugendliche, die in ihrer Sozialisation in der Familie mit Gewalt in Berührung gekommen sind oder die ein mangelndes Selbstwertgefühl haben und häufig die Erfahrung von Ohnmacht machen, in der medialen Inszenierung von Gewalt Macht erleben können und an ihr Geschmack finden. Gewalttätige Modelle sind bereits vor der Tat im Kopf und lassen die Täter Grenzen überschreiten, um über die Enthemmung Glanz und Anerkennung zu finden.
Nicht zuletzt geben Internetseiten, die jedes Kind aufrufen kann, in denen vor laufender Kamera Kriegsgeiseln enthauptet werden oder verkohlte Kinderleichen zur Schau gestellt werden, verstörende Modelle für mediale Inszenierungen. Vor allem wirken solche Modelle nochmals intensiver, der Tabubruch um so krasser, handelt es sich doch hierbei um den realen Horror. Das weckt besonderes Interesse, aber erhöht die Verstörung. In der Szene junger Handynutzer werden solche Horrorvideos (Snuff-Videos) und -bilder von Handy zu Handy gereicht. Sie machen den interessant, der sie entdeckt hat und wiederum einem anderen zeigen kann. Das scheint zur Zeit die letzte Variante medialer Gewaltinszenierungen zu sein.

Ältere Betrachter mögen sich – wehmütig – an den Sammelwahn von Fußballkärtchen oder Glanzbilder früherer Tage erinnert fühlen; wären die Inhalte nicht so menschenverachtend und abscheulich."
(Quelle: unveröffentlichtes Unterrichtsmaterial „Medienpädagogik", mit freundlicher Genehmigung von Paul Schulze-Langenhorst)

Praxisbeispiel: Verhaltensmodifizierende Ansätze bei aggressiven Kindern und Jugendlichen

Beim Antiaggressionstraining mit älteren Kindern und Jugendlichen geht es darum, aggressive Verhaltensmuster, die aus dem Kontakt in der Familie oder dem sozialen Nahraum des Kindes übernommen wurden, systematisch abzubauen. Am besten eignen sich kleinere Gruppen von 5 bis 7 Kindern derselben Alterstufe. Bereits im Wahrnehmungsprozess aggressionsauslösender Situationen, zum Beispiel dem Gedränge während einer Schulbusfahrt mit zufälligen Berührungen, lassen sich Veränderungen erreichen, die über Rollentausch und Neubewertung sozialer Situationen den Teilnehmern vermittelt werden können.
Beim Durchspielen gewalttätiger Konfliktsituationen, die einen aktuellen Bezug haben sollten, wie z. B. eine Rangelei auf dem Schulhof oder eine Schlägerei im Jugendtreff, ist es wichtig, mit dem aggressiven Teilnehmer genau zu klären, wie und wohin geschlagen oder getreten wurde, welche Stelle genau verletzt wurde, wie das Opfer reagierte, welche Signale in der Gewaltsituation wahrgenommen wurden und wie die eigene Bewertung des Verhaltens ist. Durch das Feedback in der Gruppe lassen sich vom Täter als positiv empfundene Gefühle der Stärke, Coolness oder Überlegenheit zumeist kritisch hinterfragen angesichts der realen Folgen – nämlich einer Verschlechterung des angestrebten Prestigegewinns. Der Wechsel und die Einfühlung in die Rolle des Opfers erhöhen die Chance, dass sich die Wahrnehmung und Reaktion auf aggressionsgeladene Situationen der am Training teilnehmenden Kinder und Jugendlichen dauerhaft verändern, zumal wenn die betreffenden Kinder und Jugendlichen in ihrem Lebens- und Schulmilieu weitere sozialpädagogische Unterstützung erhalten.

Lohnt sich Gewalt? Antiaggressionstraining für Kinder

1.4 Fallbericht – die gewalttätige Welt des Peewee Brown

„Harold („Peewee") Brown kam am 24. September 1961 zur Welt. Sein Vater, ein arbeitsloser Alkoholiker, verließ seine Frau, als Peewee 7 Monate alt war. Er starb, als sein Sohn 14 war. Peewees Mutter, Luise, ist wortgewandt und hat einen Hauptschulabschluss. Sie war immer berufstätig, um sich und ihre drei Söhne zu ernähren. Ihre Arbeitszeit begann um 8 Uhr, und deshalb ließ sie die Kinder zwischen 7 und 17 Uhr allein. Sie gab zu, dass sie häufig nicht wusste, was sie in ihrer Abwesenheit machten.
„Ich habe denen in der Schule gesagt: ‚Wenn er böse ist, holen sie den Stock'", erinnert sich Mrs. Brown. „Ich habe ihnen gesagt: ‚Sie sind Vater und Mutter für den Jungen, wenn sie in der Schule sind. Ich kann nicht da sein. Versohlen Sie ihm den Hintern."

An der Schule gab es viele, die versuchten, Peewee zu helfen. Er ging zu Psychologen, hatte engagierte Lehrer und wurde schließlich auf die Sonderschule geschickt. Aber seine Gewalttätigkeit wurde immer schlimmer. Er sagte, er hätte schon mit dem Messer zugestochen, wenn ihn jemand unabsichtlich gekränkt hatte, und er hätte auch schon mit einem seiner vielen Revolver den Preis für ein Sandwich ausgehandelt. Von Anfang an gab es ein Tauziehen zwischen der Welt der Schule und der Welt der Straße.
„Als er hier war, wussten wir, dass er eines Tages jemanden umbringen würde und dass wir nichts tun konnten, um ihm zu helfen", sagt Coy Cox, der Direktor der staatlichen Schule 369, auf die Peewee in der 6. Klasse geschickt wurde.
In den vier Jahren zwischen 11 und 15 wurde Peewee fünfzehnmal verhaftet, wobei die Anklage von Unzucht bis Überfall reichte, ohne dass die Schule (wegen der Schweigepflicht) informiert wurde.
Heute gibt er zu, dass diese Verhaftungen nur einen Bruchteil seiner Verbrechen erfasst hatten. Als er 13 war, erzählte er, hätte er einen Mann an einer abgelegenen Straßenecke in Brooklyn erschossen, sei aber nicht gefasst worden. Er fügte hinzu, dass er mindestens sechs andere schwer verletzt und zahlreiche weitere Raubüberfälle verübt hätte.
Aber selbst die wenigen Male, die er erwischt wurde, kam er nicht ins Gefängnis. Bei jeder Verhandlung wies das Jugendgericht entweder die Anklageerhebung routinemäßig ab oder gab ihm Bewährung und unterstellte ihn der Aufsicht seiner Mutter, ein absurder Kreislauf von Verbrechen, Verhaftung und Freilassung, der so lange anhielt, bis Peewee mit 15 einen Lebensmittelhändler in Brooklyn erschoss.
Berichte des Gerichts und der Schule zeigen, dass Peewee erst drei Wochen zuvor verhaftet worden war, weil er einen geladenen Revolver in die Schule mitgebracht hatte. Da die Akten des Familiengerichts nicht eingesehen werden können, lässt sich nicht sagen, warum das Gericht diesen oder die anderen Fälle einfach auf sich beruhen ließ.
„Sie haben ihn immer wieder zurückgeschickt", sagte die 41-jährige Mrs. Brown, die in einem Geschäft für Bilderrahmen arbeitet und bis heute über die Milde verwirrt ist, mit der ihr Sohn immer wieder behandelt wurde. „Sie haben ihn nicht bestraft. Ich habe ihnen gesagt: ‚Er wird immer wieder Ärger machen. Es muss einen Ort geben, wo er hin kann.' Aber sie haben ihn nur immer wieder zurückgeschickt."
Beim letzten Mal aber kam Peewee nicht mehr nach Hause. Er ist jetzt 20 und hat die letzten fünf Jahre wegen des Mordes an dem Lebensmittelhändler im Gefängnis verbracht."
(Mussen u.a., 1994, S. 340)

1. Bilden Sie sozialisationstheoretisch, psychoanalytisch, individualpsychologisch oder verhaltenspsychologisch ausgerichtete Arbeitsteams und halten Sie zunächst einmal Ihren ersten Eindruck (Gedanken, Einstellungen, Gefühle, Fantasien) zum Fall fest.
2. Sammeln Sie – so weit verfügbar – die Daten zur Lebensgeschichte von Harold Brown und analysieren Sie den Fall aus Ihrer Arbeitsrichtung heraus.
3. Diskutieren Sie Ihre Arbeitsergebnisse im Plenum und vergleichen Sie die Erklärungsansätze.

6 Umgang mit verhaltensschwierigen Kindern

6.1 Normal oder auffällig – wer oder was entscheidet?

„Nun zog Tom mit seiner großen Zehe einen Strich in den Straßenstaub und rief: „Einen Schritt da rüber, und ich verhau dich, dass du Funken siehst!"
Ohne sich zu besinnen, überschritt der Neue den Strich und rief: „So, nun also! Tu's doch!"
„Du, reiz mich nicht, rat ich dir."
„Na, nun mach aber endlich mal, jetzt hab ich's bald satt."
„Donnerwetter für zwei Cent tu ich's."
Im Nu zieht der Neue ein Zweicentstück aus der Tasche und hält es Tom herausfordernd unter die Nase. Tom schlägt es zu Boden. Im nächsten Augenblick wälzen sich beide im Straßenschmutz, fest ineinander gekrallt wie zwei Katzen. Sie zerren sich an Haaren und an Kleidern, sie zerkratzen sich die Nasen und bedecken sich mit Schmutz und mit Ruhm. Allmählich nimmt die formlose Masse Gestalt an, und aus dem Kampfesgewirr taucht Tom empor, der rittlings auf dem neuen Jungen sitzt und ihn mit seinen Fäusten bearbeitet.
„Sag: Genug!" schreit Tom. Aber der andere ringt stumm und verzweifelt, um sich zu befreien, und heult vor Wut und Zorn.
(Im selben Ort wie Tom wohnt auch noch ein anderer Jugendlicher, der wie folgt beschrieben wird:) Dicht vor der Schule begegnete Tom dem jugendlichen Paria[1] des Städtchens, Huckleberry Finn, dem Sohn des berüchtigten Trunkenboldes aus dem Ort. Huckleberry war gründlich gehasst und gefürchtet von allen Müttern der Stadt, weil er nach ihrer Ansicht faul war, frech und ordinär und ungezogen – und besonders, weil ihre eigenen Jungen ihn so bewunderten und rein versessen waren auf seine verbotene Gesellschaft, ja sich sogar wünschten, so zu sein wie er. Tom war, wie alle anderen anständigen Jungen, von Herzen neidisch auf Huckleberry wegen seiner ungebundenen Existenz; ihm war streng befohlen worden, ja nicht mit ihm zu spielen. Und so spielte er natürlich mit ihm, so oft sich nur eine Gelegenheit dazu bot.
Huckleberry steckte immer in alten, abgelegten Kleidern von Erwachsenen, die aussahen, als ob sie niemals neu gewesen wären, und die in Fetzen und Lumpen um ihn herumhingen. Sein Hut war die Ruine einer ehemaligen Kopfbedeckung, deren Krempe durch einen halbmondförmigen Riss vom Hauptteil getrennt war. Seine Jacke, wenn er überhaupt eine trug, ging ihm bis auf die Hacken, und die hinteren Knöpfe saßen etwa in der Gegend der Kniekehlen.

1: Paria = *„Unberührbarer"*

Ein einziger Träger hielt seine Hosen, und die umfangreiche hintere Partie hing leer und sackartig herunter und blähte sich im Winde; die ausgefransten Hosenbeine schleiften im Straßenschmutz, wenn sie nicht zufällig aufgekrempelt waren. Huckleberry kam und ging, wie es ihm gerade passte. Bei schönem Wetter schlief er auf den Treppenstufen und bei schlechten in leeren Fässern, er brauchte weder in die Schule gehen noch in die Kirche, brauchte niemanden als Herrn anzuerkennen und keinem zu gehorchen. Er konnte schwimmen und fischen gehen, wann und wo er nur wollte, und so lange ausbleiben, wie es ihm beliebte. Niemand verbot ihm, sich mit anderen Jungens zu prügeln, und abends wurde er von keinem Menschen ins Bett geschickt."
(Twain, 1989, S. 12 f. und S. 50 f.)

1. **Schildern Sie aus heutiger Sicht die Verhaltensproblematik der beiden Jungen.**
2. **Vergleichen Sie das Verhaltensbild beider Jungen, besonders die Art und Weise, wie beide unterschiedlich gegen Normen und Verhaltenserwartungen der sozialen Umgebung verstoßen.**

Es ist relativ einfach, je nach kulturellem Hintergrund oder historischer Zeitperspektive aus alltäglichen Verhaltensmustern „sozialpädagogische Fälle" zu konstruieren. Der Romanheld „Tom Sawyer", dessen Leben sich am Mississippi im 19. Jahrhundert abspielte, ließe sich in heutiger Zeit durchaus als „erziehungsschwieriges, problematisches" Kind beschreiben, das sich prügelt, Tiere quält, frühzeitig beginnt zu rauchen und Regeln und Grenzen anderer verletzt. Tom hat noch Glück. Er wächst zwar in einer unvollständigen Familie auf, erlebt also die klassische „broken home"-Situation aufgrund einer mit seiner Erziehung vollständig überforderten Tante Polly, trotzdem scheinen seine Gewissensfunktionen noch halbwegs intakt. Trotz gelegentlichen Schulschwänzens kommt er den Ansprüchen und Ordnungsmustern seiner sozialen Umgebung entgegen. Er geht zur Kirche und hat offensichtlich ein vorpubertäres Interesse an gegengeschlechtlichen Beziehungen (Becky Thatcher), was auf eine normgerechte psychosexuelle Entwicklung hindeutet.
Anders dagegen sein Freund „Huck". Bei ihm zeichnen sich die Vorformen einer vorhersehbaren „Nichtsesshaftenkarriere" ab. Regelmäßiger Alkohol- und Nikotinmissbrauch, Herumstreunen, Schul- und Arbeitsverweigerung bringen diesen vordergründig „charmanten", aber oberflächlichen Charakter auf die schiefe Bahn, die er mit stadtbekannten anderen ausgegrenzten Personen (Indianer-Joe) teilt. Ursächlich für seine innere und äußere Verwahrlosung ist wohl Hucks Aufwachsen in einer chaotischen, seiner Erziehung nicht gewachsenen Alkoholismusfamilie. Die Beziehung zum alkoholabhängigen Vater ist äußerst gestört. Soziale Prognose: äußerst pessimistisch.
Die (Fach)sprache gibt einer Erzieherin Macht, das Verhalten eines Kindes zu akzeptieren, zu tolerieren oder es als „abweichend und auffällig" zu charakterisieren. Die Wahrnehmung und Bewertung von Verhalten durch die Erzieherin spielt sicherlich in der pädagogischen Praxis eine erhebliche Rolle bei der Sichtbarmachung von Verhaltensschwierigkeiten bei Kindern. Es ist richtig, einige Verhaltensprobleme werden durch Erzieherinnen erst in den Vordergrund gerückt und jeder Erzieher ist in der Lage, ein Kind durch sein Verhalten verhaltensauffällig zu machen.
Auf der anderen Seite sollte man aber auch nicht so tun, als gäbe es keine Anpassungsprobleme oder Entwicklungschwierigkeiten bei Kindern, die man pädagogisch berücksichtigen muss. Beide Perspektiven sind richtig: Verhaltensprobleme bei Kindern können aus vielfältigen Ursachen heraus entstehen

und andererseits tragen Reaktionen aus der Umwelt dazu bei, sie wahrzunehmen und im schlimmsten Fall zu verewigen.
Als Erzieherin sollte man deshalb in seiner Erziehungsverantwortung mögliche zukünftige soziale Schwierigkeiten von Kindern im Auge haben, wie auch vorsichtig in einer vorschnellen Klassifizierung eines Verhaltens als „auffällig" sein. Jemand wie „Huck" hätte es auch heutzutage sehr schwer, mit den sozialen Anforderungen der Umwelt klarzukommen und eine belastungsfähige Erwachsenenpersönlichkeit aufzubauen.

6.1.1 Wer oder was konstruiert Normen?

So ungewöhnlich das auch klingt, erst die Normalität, das heißt das Vorhandensein sozialer und kultureller Normen, denen man sich anpasst, ermöglicht es, das Verhalten eines Menschen als konform zu den Erwartungen oder aber als abweichend darzustellen. **Normen** sind Erwartungen und Wertmaßstäbe, die die Anpassung unseres Handelns in der Gesellschaft regulieren.
Der erste, der die o.g. These aufstellte, war der französische Soziologe Emile Durkheim (1858 – 1917). Er sagte, Normabweichung sei ein integrierender Bestandteil einer nicht-pathologischen Gesellschaft. „Würden alle sozialen Normen befolgt, dann gäbe es keine Abweichungen und entsprechend keine sozialen Normen mehr. Erst die Abweichung ruft die Gültigkeit der sozialen Normen in Erinnerung." (Schäfers, 1986, S. 217.) Vielleicht rührt aus diesem Zusammenhang auch die „geheime" Lust am Abweichenden und an Abweichlern her, die gegen Normen verstoßen. „Tom Sawyer und Huckleberry Finn", „Pippi Langstrumpf", „Karlson auf dem Dach" (Astrid Lindgren), „Holden" aus „Der Fänger im Roggen" (Salinger) sind solche „verhaltensauffälligen" Antihelden, die die Kinder- und Jugendliteratur bevölkern.
Pathologisches (krankes oder störendes) Verhalten kann also nur vor dem Hintergrund des Normalen und Erwarteten auftauchen. So schillernd und unsinnig, wie sich dieser Satz bei erstmaligem Nachdenken anhört, eröffnet sich für das Thema des erzieherischen Umgangs mit abweichendem Verhalten doch die Perspektive, erstens keine Berührungsängste vor „auffälligem" Verhalten bei Kindern oder Jugendlichen zu entwickeln und sich so einen vorurteilslosen Zugang zu erhalten, und zweitens Auffälligkeiten bei Kindern auch etwas Positives zu unterstellen, nämlich, dass sie auf ein Nichtfunktionieren von etwas hinweisen.
Aber woher stammen eigentlich unsere Normen und das, was wir für Normalität halten? Zum einen haben sie ihren Ursprung sicherlich in der gesellschaftlichen Überlieferung dessen, was in einer Gesellschaft als Brauchtum oder Sitte angesehen wird, um Verhalten wechselseitig berechenbar und konsistent zu halten. Zum Normenkomplex, der in der Pädagogik als Richtschnur für die Beurteilung von Verhalten dient, gehören:

- **Soziokulturelle Normen**, die als Erwartungen aus dem zeitabhängigen sozialen und kulturellen Kontext (Umgebung) an das Verhalten gerichtet werden, so zum Beispiel welche Voraussetzungen (Konzentrationsfähigkeit, Ausdauer, Stillsitzen, Interaktionsfähigkeit) ein Kind haben muss, um als schulfähig angesehen zu werden. Das sind auch gesellschaftliche Vorstellungen, wie man Konflikte reguliert oder sich beim Einkaufen benimmt. Der Nachteil dieser Normen ist es, dass sie Abweichungen sehr zeitabhängig und subjektiv eingefärbt sichtbar machen. Zum Beispiel könnte es sein, dass ein und dasselbe Kind in verschiedenen kulturellen Umgebungen als „normal" oder „auffällig" in Erscheinung tritt; so würde ein mit starkem Bewegungsdrang versehenes Kind in dem einen Land als sehr lebhaft, in dem anderen Land vielleicht als „hyperaktiv" beschrieben werden.

- **Statistische Normen** dagegen orientieren sich an dem für eine (Alters)gruppe angepassten Spektrum gelöster Aufgaben oder bewältigter Situationen. Der so genannte Standardwert und die Standardabweichung, die mathematisch festgelegt werden, ermöglichen eine genaue Bestimmung dessen, was ein Kind altersgemäß können sollte, zum Beispiel in der Sprachentwicklung, der Entwicklung sozialer Fähigkeiten, in der Wahrnehmung oder in den motorischen Bewegungsabläufen. Die so gewonnenen Entwicklungseckdaten ermöglichen eine umfassende, auch Wechselwirkungen deutlich machende Entwicklungsdiagnostik, haben aber den Nachteil, dass sie individuelle Beeinträchtigungen und Ursachen – und das können auch motivationale Aspekte sein – naturgemäß nicht berücksichtigen. Als Beispiel für eine Auflistung der Entwicklungsschritte dient das Entwicklungsgitter nach Kiphard.

- **Personale Normen** richten ihr Augenmerk nicht auf den „Ist-Zustand" gesellschaftlicher Erwartungen, sondern auf das (Entwicklungs)potenzial eines Menschen, das es ihm gestattet, zwar in Hinblick auf die soziale Gruppe zu entscheiden, seine Entscheidung aber – letztlich seine eigene Entwicklung – insbesondere an seinen subjektiven Wünschen und Vorstellungen auszurichten. Über das, was „Glück" und „Wohlbefinden" ist, gibt es sicherlich konträre gesellschaftliche Meinungen. Letztlich orientiert sich der Einzelne aber an seiner ihm höchst eigenen Definition dessen, was er für gut und richtig empfindet. Gerade in der pädagogischen Arbeit mit behinderten Menschen sollte man diese Normvorstellung keineswegs zu schnell als zu abstrakt und unhandlich verwerfen. Ausgehend von dieser Definition haben auch behinderte Menschen ein Recht auf Arbeit, Bildung und eine Lebenswelt, die ihren „normalen" Möglichkeiten gerecht wird, unabhängig davon, was die Gesellschaft unter Normalität und Normalisierung versteht. Von dieser Definition aus ließe sich auch ein Unterlassen oder Ausbleiben eines Verhaltens als Abweichung verstehen, wenn es denn für die Entwicklung förderlich gewesen wäre.

Um wirklich für die pädagogische Praxis eine handhabbare Einschätzung für normgerechtes und gesundes Verhalten bei Kindern und Jugendlichen zu geben, schlägt Alexander Sagi eine Orientierung an dem Begriff einer **allgemeinen pädagogischen Verhaltensnorm** vor. Nach seiner Meinung enthalten „sowohl der statistische als auch der soziokulturelle und der individuelle Normbegriff (...) unverzichtbare Elemente: Das Kind soll das Übliche beherrschen, das Gültige anstreben und das Persönliche sozial rücksichtsvoll durchzusetzen lernen." (Sagi, 1982, S. 20.) Eine Synthese dieser unterschiedlichen Verhaltensnormen stellt vor allem auf die anthropologischen Bedingungen altersgemäßer gesunder Entwicklung bei Kindern ab. Diese ganz zentralen Entwicklungsbereiche sind:

- der Aufbau eines sicheren Gefühls für den Wert und die Einmaligkeit der eigenen Person (**Selbstwertgefühl**),
- die **Kommunikation** mit anderen unter der Perspektive der Gleichrangigkeit und Ernsthaftigkeit,
- ein **Sozialverhalten**, das im Interesse des Gemeinsamen zeitweise auf das Durchsetzen eigener Wünsche und Interessen verzichtet,
- die Entwicklung und Ausprägung von **Intelligenz** und Lernen, d. h. kreative Lösungen im Kontakt mit anderen zu erfinden und auszuprobieren,

- ein Handeln von Kindern, das eine zunehmende **Wertbindung** erkennen lässt, Verantwortung zu übernehmen und soziale Umwelten miteinbindet (vgl. Sagi, 1982, S. 20).

Werden diese Bedingungen in der Erziehung im Elternhaus, im Kindergarten und der Schule berücksichtigt, haben Kinder eine gute Chance, zu einer selbstsicheren, emotional stabilen Persönlichkeit zu werden. Alexander Sagi bringt das Problem, wann ein Kind ernsthaft in seiner Entwicklung gefährdet ist und intensiverer pädagogischer oder therapeutischer Zuwendung bedarf, auf eine Faustformel, die jeder Erziehende in sein Basiswissen übernehmen sollte:

„Solange ein Kind glücklich ist, das Glück anderer nicht über Gebühr stört und seine eigene Zukunft nicht gefährdet, ist es sicherlich nicht behandlungsbedürftig. Wird ein Kind unglücklich – was auch bei demonstrativem Frohsinn und Kaspern der Fall sein kann – so muss man ihm helfen. Macht es seine Umgebung unglücklich, gefährdet es damit auch sein eigenes Glück."
(Sagi, 1982, S. 21)

6.1.2 Abweichung im Überblick

verhaltensauffällig *defizitär* *entwicklungsverzögert*
lernbehindert *delinquent*
unreif *missbraucht* *sprachbehindert*
neurotisch *emotional gekränkt* *wahrnehmungsgestört*
dissozial *verhaltensgestört*
sozial benachteiligt *abweichendes Verhalten* *Vernachlässigung*
verwahrlost *beeinträchtigt* *traumatisiert*

1. **Untersuchen Sie anhand der verwendeten Begriffe, welche Bereiche des Verhaltens jeweils als störend oder auffällig angesehen werden.**
2. **Analysieren Sie, aus welcher Perspektive oder von welcher Institution die jeweiligen Begriffe für eine Beurteilung von abweichendem Verhalten verwendet werden.**

Verhaltensabweichungen beschreiben Soziologen häufig mit dem Begriff der **„Deviation"** oder mit **„deviantem"** Verhalten. Im lateinischen Ursprungssinn meint dieses Wort „de-via" vom (rechten) Weg abkommen, sich also von der Gemeinschaft zu entfernen. Die Begriffe, die Sie oben lesen können, nehmen alle mehr oder minder Bezug auf einen solchen Zustand der Abweichung. Deviation = Abweichung ist also nichts, was in der Substanz (Eigenschaft) einer Person liegt, sondern von außen beobachtend dem Verhalten eines Menschen (askriptiv) zugeschrieben wird. Abweichung meint auch Normabweichung, das heißt, dass ein Mensch bewusst oder unbewusst mit den Normen der Gesellschaft in Konflikt kommt bzw. gesellschaftliche Institutionen (Eltern, Kindergärten, Schulen, Heime, die Jugendgerichtshilfe oder medizinisch-psychologische Einrichtungen) diese Abweichung feststellen.

Um den Überblick über die im Arbeitsfeld der Erziehung auftauchenden Begriffe, die abweichendes Verhalten beschreiben, zu erleichtern und um eine Zuordnung zu den dahinter stehenden Normenkomplexen zu ermöglichen, lassen sich die Begriffe grob vier unterschiedlichen gesellschaftlichen Bereichen zuordnen:

- dem Bereich des Rechts und der Rechtsnormen (Vergehen/Delikt und Strafe). Hierzu gehören insbesondere Begriffe wie Delinquenz, Kriminalität, Straffälligkeit.
- dem Bereich der Medizin/Psychiatrie mit der Vorstellung von gesund/ krank, normal/gestört. Hierzu gehören Begriffe wie behindert/nicht behindert, verhaltensgestört/unauffällig.
- dem Bereich pädagogisch/psychologischer Normen mit dem Modell normaler oder abweichender Entwicklung, Erziehungszielen und Erziehungshindernissen. Dazu passen Ausdrücke wie Entwicklungsverzögerung, Lernbehinderung, Sprach- und Wahrnehmungsstörungen, aber auch Verhaltensauffälligkeiten, die sich in der Erziehung auswirken.
- dem Bereich sozialer Interaktion, Institutionen, die insbesondere auf soziale Normverstöße reagieren (Polizei, Schulen, Jugendämter, Ausbildungsstätten) mit Begriffen wie Abweichung, soziale Deklassierung, Dissozialität, Verwahrlosung, Vernachlässigung.

Als Schaubild lassen sich die unterschiedlichen Normenkomplexe wie folgt darstellen:

Deviantes Verhalten bei Kindern und Jugendlichen

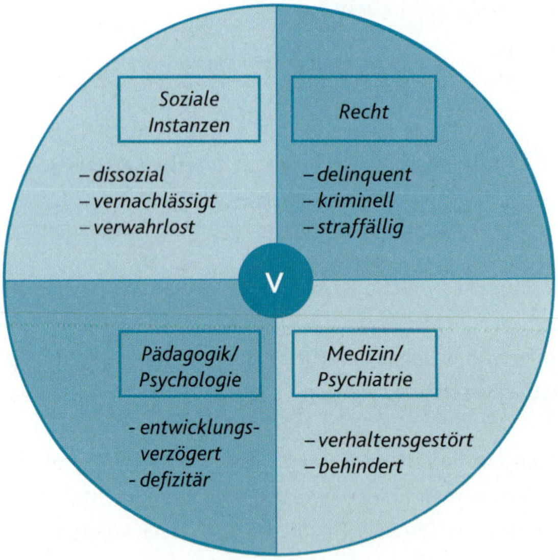

Natürlich gibt es zwischen den einzelnen Wortfeldern und Begrifflichkeiten Überschneidungen und Ungenauigkeiten. Ein und dasselbe abweichende Verhalten, zum Beispiel Diebstahl oder Schule schwänzen, kann auch von zwei oder drei Instanzen (Recht, Medizin oder Pädagogik) gleichzeitig gesehen und sanktioniert werden. So kann ein Ladendiebstahl sowohl als ein Rechtsverstoß wie auch als Verstoß gegen gesellschaftliche Sitten und Normen oder als pädagogisches Problem einer Reifekrise des Heranwachsenden beurteilt werden. Um Klarheit in dieses Dickicht von Begriffen und Inhalten zu bringen, ist es sinnvoll, einige in der Sozialpädagogik gebräuchliche Begriffe zur Kennzeichnung abweichenden Verhaltens genauer zu beschreiben:

1. *Mit dem Begriff **verhaltensauffällig** werden Verhaltensweisen bei Kindern und Jugendlichen bezeichnet, die im sozialen Feld ihrer Umgebung als unangepasst wahrgenommen werden (sozialer Rückzug, Störungen des Spiels oder der Kommunikation usw.) und Verhaltenserwartungen entgegenstehen, ohne dass wirkliche Normverstöße auf den ersten Blick erkennbar sind.*

2. *Unter Abweichung versteht man die Abkehr von sozialen Verhaltenserwartungen und ein aus der Norm laufendes abweichendes Verhalten (Einengung auf eigene Bedürfnisse, Rücksichtslosigkeit, hohe Aggressionsbereitschaft usw.) mit der Tendenz zu überdauernder, fortgesetzter Missachtung sozialer Regeln und Umgangsformen.*
3. *Dissozialität meint abweichendes Verhalten, das als den Interessen der Gesellschaft entgegengesetzt angesehen und sanktioniert wird. Beispiele: Schul- und Arbeitsverweigerung, Drogenkonsum, promiskuitives Verhalten (ständiger Wechsel von Sexualpartnern). Der alte Begriff Verwahrlosung passt in das Grundmuster dissozialen Verhaltens.*
4. *Mit dem Begriff Delinquenz (lat.: sich vergehen, ablassen) werden all die sozialen und rechtlichen Normverstöße bezeichnet, denen auch eine Intention des Handelns unterstellt werden kann, die also absichtsvoll passieren und die von offiziellen Kontrollinstanzen (Sozialarbeiter, Polizei, Jugendrichter) sanktioniert werden. Zu solchen jugendtypischen Delikten, die als Rechtsverstöße geahndet werden, gehören Eigentumsdelikte, Körperverletzungen, Aufenthalt in Spielhallen, Nötigung und Erpressung auf dem Schulhof, Handel mit Drogen usw.*
5. *Jugendliche Kriminalität bezeichnet fortgesetzte Rechtsverstöße gegen die öffentliche Ordnung und Sicherheit mit dem Ziel des Ausagierens oder der Vorteilserlangung, wobei eine Verhaltenskorrektur mit erzieherischen Mitteln häufig als nicht mehr ausreichend angesehen wird. Die Unterstellung so genannter sozialschädlicher Neigungen beim jugendlichen Straftäter führt in der Regel zur Bestrafung der Tat. Zu solchen kriminellen Delikten gehören fortgesetzte schwere Eigentumsdelikte, Gewalt- und Drogendelikte, Sachbeschädigungen, Raub usw.*

Die Übersicht zeigt den Zusammenhang der Begriffe vor dem Hintergrund zunehmend auch rechtlich sanktionierter sozialer Normverstöße.

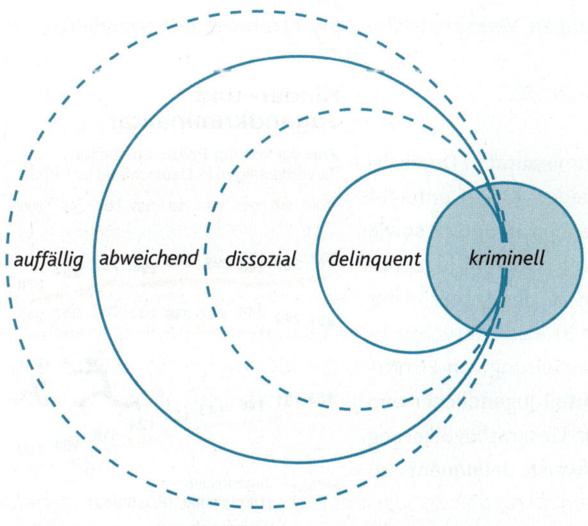

(vgl. Schweitzer, 1987, S. 17)

6.1.3 Zur Häufigkeit von Verhaltensproblemen bei Kindern und Jugendlichen

Aufgrund der Verbindung von sozialer Wahrnehmung und den „abweichenden" Mustern lässt sich naturgemäß keine genaue Zahlenangabe zur Häufigkeit von Verhaltensproblemen machen. Abweichendes Verhalten gehört zum Alltag in Gruppen, im Kindergarten genauso wie in der Schule. Essen und Trinken während des Unterrichts ist eine häufig zu beobachtende Tätigkeit bei Schüler, auch Schminken oder die Beschäftigung mit Handys sind zu beobachten. Ob dieses Verhalten „stört", steht in direktem Zusammenhang mit der Toleranzgrenze des unterrichtenden Lehrers.

Selbst bei delinquentem Verhalten, das ja schon zum harten Kern sozialer und rechtlicher Normverstöße gehört, zeigt sich, dass auch Verstöße gegen Rechtsnormen in der Allgemeinbevölkerung weit verbreitet sind. Der Missbrauch legaler Drogen ist ein gesellschaftliches Massenphänomen; so hat sich die Altersgrenze beim Erstkontakt mit Alkohol mittlerweile auf 12 Jahre reduziert. Raufereien, Schlägereien und Sachbeschädigungen in Schulen gehören zum Schulalltag. Schwarzfahren mit dem Bus oder kleine Ladendiebstähle sind Delikte, die fast schon zur „Normalität" des Großwerdens in der Gesellschaft gehören. Bei einer Befragung von Schülern der 6. Klasse in einem Vorort in den USA gaben 26 % der Schüler an, bereits einmal einen geringfügigen Ladendiebstahl begangen zu haben, 22 % gaben Sachbeschädigung zu und 45 % hatten körperliche Auseinandersetzungen mit anderen Schülern (vgl. Davison/Neale, 1998, S. 499).

Davon ausgehend kann die Häufigkeit von Verhaltensproblemen im Kindes- und Jugendalter nur grob geschätzt werden. Klaus Dörner gibt die Prävalenz (Häufigkeitsvorkommen) von Verhaltensauffälligkeiten bei Kindern und Jugendlichen mit 10 – 17 % und die Zahl therapie- und behandlungsbedürftiger verhaltensgestörter Kinder mit 3 – 5 % an. (vgl. Dörner/Plog, Bonn 1986, S. 120.) Bei den Verhaltensstörungen mit dem Charakter des aggressiven Ausagierens treten Jungen 10-mal so häufig in Erscheinung wie Mädchen (vgl. Kap 5). Zur Hitliste jugendtypischer Delikte gehören Ladendiebstähle, Körperverletzungen, Raub, Sachbeschädigungen, Verkehrsdelikte unter Alkohol und Drogendelikte.

Kinder- und Jugendkriminalität 1993–2006

Bei der Erfassung der Kinder- und Jugendkriminalität in Deutschland werden drei große Gruppen unterschieden: Kinder unter 14 Jahren, Jugendliche im Sinne des KJHG zwischen 14 und 18 sowie Heranwachsende zwischen 18 und 21 Jahren. Obwohl Jugendliche im Alter zwischen 14 und 18 etwa nur 5 % des Anteils in der Bevölkerung darstellen, tauchen sie in der Statistik Tatverdächtiger mit einem Anteil von 12,2 % in der Einleitung von Ermittlungsverfahren auf. Das heißt, dass der Anteil Jugendlicher und junger Heranwachsender im Vergleich zur Gesamtbevölkerung ein erhebliches Gefährdungspotenzial aufweist, delinquent zu werden und zu entwickeln.

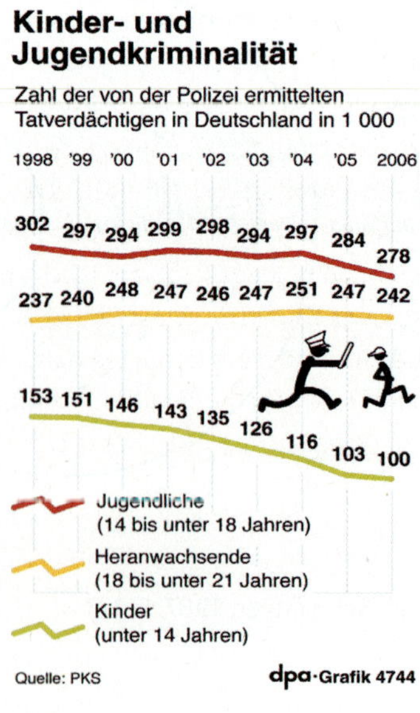

In der Polizeilichen Kriminalitätsstatistik (PKS) werden grundsätzlich alle tatverdächtigen Personen erfasst, das beinhaltet auch die Erfassung strafunmündiger Kinder unter 14 Jahren bzw.

schuldunfähiger psychisch Kranker. Von diesem Personenkreis begangene Straftaten werden aus den Fallzahlen nicht ausgeklammert.

Zu den sogenannten jugendspezifischen Delikten zählen Körperverletzung, Widerstand gegen die Staatsgewalt oder Straftaten gegen die öffentliche Ordnung, Betäubungsmitteldelikte, Raubüberfälle, Diebstähle (insbesondere Ladendiebstähle), Sachbeschädigungen (Graffiti, Vandalismus), Leistungserschleichung (Schwarzfahren) usw.

Insbesondere bei den zuletzt genannten Delikten kann man von einer hohen Dunkelfeldziffer ausgehen. Die Zahl begangener Straftaten ist wahrscheinlich ungleich höher als die der entdeckten. Insgesamt ist die Tatverdächtigen-Statistik eher ungenau und kann nur vage Anhaltspunkte zur Entwicklung der Kinder- und Jugendkriminalität geben.

In der Altersstruktur der Tatverdächtigen im Jahr 2006 wurden 100 487 Kinder, 278 447 Jugendliche und 241 824 Heranwachsende ermittelt. Wie die Statistik zeigt, macht der Bereich der Delikte, die Kindern, Jugendlichen und Heranwachsenden zugeordnet werden, rund ein Viertel aller Straftaten aus.

Bei der langfristigen Ermittlung von Kriminalität und Trends bei jungen Tätern spielen sicherlich auch gesellschaftliche Umstrukturierungen wie in der Veränderung der Alterspyramide – Abnahme von Delikten nach dem 60. Lebensjahr oder der sinkenden Geburtenrate in den entsprechenden Jahrgängen von Jugendlichen – eine Rolle. Auch sinkende Zuwanderungszahlen und steigende Einbürgerungsraten wirken sich auf die Ermittlung der Zahl nichtdeutscher junger Tatverdächtiger aus.

Der starke Anstieg der Zahl tatverdächtiger Kinder unter 14 Jahren, der bis 1998 zu beobachten war, als noch gegen 152 774 Kinder ermittelt wurde, hat sich in den Folgejahren bis 2006 nicht mehr fortgesetzt. Die Zahl verdächtigter nichtdeutscher Kinder ist etwa seit 2001 kontinuierlich zurückgegangen. Bei den angezeigten Delikten ist der Ladendiebstahl in dieser Altersgruppe der eindeutige Spitzenreiter.

Bei der Entwicklung der Zahl tatverdächtiger Jugendlicher im Alter zwischen 14 und 18 zeigt sich ein anderes Bild. Das relativ hohe Niveau von 1998 mit 302 413 Jugendlichen ist in den Folgejahren leicht zurückgegangen und stagniert etwa bei 280 000 jugendlichen Tatverdächtigen. Ladendiebstahl, Körperverletzung und Sachbeschädigungen sind zahlenmäßig hier die häufigsten Delikte. Auch bei dieser Gruppe Ist die Abnahme von Delikten in der Gruppe nichtdeutscher Tatverdächtiger zu beobachten.

Was diese Statistik nicht auswerfen kann, ist die Beobachtung besonderer Tätergruppen im Bereich jugendlicher Delinquenter. Deutsche Jugendliche mit Migrationshintergrund – ob aus der Gruppe von Aussiedlern oder eingebürgerte Deutsche aus ehemaligen Gastarbeiterfamilien – fallen durch Delikthäufigkeit und -intensität, aber auch schlechte Bildungsvoraussetzungen, auf. Die Frage nach der sozialen Herkunft, familiären Besonderheiten oder den Schulabschlüssen und Bildungsvoraussetzungen bei den jungen Tatverdächtigen wird statistisch nicht erhoben. Was sich immer wieder zeigt, ist, dass, wie Kriminologen schätzen, 50 % aller Straftaten in dieser Altersstufe von nur rund 5 % jugendlicher Straftäter begangen werden, die Kriminalität sich also um diesen „harten Kern“ von Intensiv- und Mehrfach- oder Serientätern sammelt. Und darin liegt die sozialpolitische Herausforderung.

(vgl. Polizeiliche Kriminalstatistik 2006)

6.2 Formen und Symptome von Verhaltensauffälligkeiten

Wichtig ist, sich bewusst zu machen, dass selbstverständlich nicht gleich jedes einmalig auftretende (Fehl) verhalten eine Verhaltensauffälligkeit mit Behandlungswert ist. Dass Kinder bei Konflikten in der Familie, in der Schule oder bei Entwicklungsschüben plötzlich wieder einnässen, sich zurückziehen oder arbeitsunlustig werden, gehört in das normale Erscheinungsbild kindlicher Entwicklung (vgl. Flosdorf, 1988, S. 98 ff.). Für Erzieherinnen ist es wichtig, sich um medizinische oder psychologische Abklärung der Symptome zu kümmern, wenn folgende Kriterien mit in die Beobachtung und Bewertung des Verhaltens einfließen:

- die **Anzahl** auftretender Symptome,
- die **Häufigkeit** und **Intensität** des gezeigten Verhaltens,
- die **Fixierung** und **Dauerhaftigkeit** von Verhaltenssymptomen,
- der Grad von **Selbst- und Fremdgefährdung**, der (subjektive) **Leidensdruck** sowie
- die **Steuerungsfähigkeit** des Verhaltens und die **soziale Integration** des betreffenden Kindes in der Gruppe.

6.2.1 Ursachen und Hintergründe kindlicher Verhaltensauffälligkeiten

Als Hintergrund beobachteter Verhaltensschwierigkeiten bei Kindern kommen eine Menge zugrunde liegender Ursachen in Frage, die im sozialen Umfeld, bei akuten Krankheiten, in der psychischen Entwicklung oder in der individuellen konstitutionellen Ausstattung des Kindes liegen können. Dazu gehören

- angeborene oder erworbene Beeinträchtigungen in der Motorik des Kindes,
- Störungen in der Wahrnehmung oder Verarbeitung von Reizen,
- internistische oder neurologische Erkrankungen,
- psychische Erkrankungen,
- Intelligenzdefizite, Lern- und Leistungsschwächen,
- individuelle Ausprägungen von Temperament, Reizempfindlichkeit und Motivation,
- allgemeine Entwicklungsstörungen, Entwicklungsverzögerungen in Teilbereichen,
- situationsbedingte aktuelle Konflikte oder neurotische Störungen,
- psychische Fehlentwicklung und soziale Milieuschäden,
- psychischer, physischer oder sexueller Missbrauch.

Die Bandbreite möglicher Störungshintergründe macht deutlich, wie wichtig es für Erzieherinnen ist, Beobachtungen zu den Verhaltensproblemen eines Kindes sorgfältig zu dokumentieren, mit den Beobachtungen von Kollegen zu vergleichen und umgehend im Dialog mit den Eltern eine umfassende diagnostische Abklärung des Störungsbildes des Kindes bei Ärzten, Fachärzten, Psychologen, dem schulpsychologischen Dienst oder Erziehungsberatungsstellen in Gang zu setzen. Machen Sie sich bewusst, dass Sie häufig die erste Instanz sind, die Besonderheiten im Verhalten eines Kindes registriert. Von Ihrer umsichtigen Reaktion ist die weitere Entwicklung und pädagogische Förderung des Kindes abhängig, für die Sie die Weichen stellen können. Bei Auffälligkeiten im sozialen oder emotionalen Verhalten des Kindes eröffnen die Fragen „Was sind zurzeit aktuelle Konflikte oder Probleme des Kindes?", „Welche Bedürfnisse kommen beim Kind zu kurz?" häufig schon eine pädagogische Perspektive zur Lösung von Schwierigkeiten.

6.2.2 Entwicklungsdiagnostik und Verhalten

Ein Merkmal der Entwicklung bei Kindern allgemein ist, dass sie nicht stetig, gleichförmig und in den unterschiedlichen Entwicklungsbereichen auf gleichem Niveau verläuft, sondern in Sprüngen oder Schüben. Die Integration neu erworbener Fähigkeiten in das entstehende kindliche Selbstkonzept führt immer wieder zu krisenhaften Zuspitzungen in der Persönlichkeitsentwicklung von Kindern und Jugendlichen. **Akzelerationen** (Wachstumsbeschleunigungen), **Reifekrisen** (Pubertät) und **Schwellensituationen**, zum Beispiel die Vorpubertät oder der Eintritt ins Kindergarten- oder Schulkindalter, sind in der Entwicklung sensible Phasen, die zu Anpassungsproblemen im Verhalten führen können. Das Entwicklungsgitter von Kiphard zeigt die Grundlinien normgerechter Entwicklung (Kiphard/Ohlmeier, 1983). Um damit diagnostisch zu arbeiten, bedarf es einer heilpädagogischen Zusatzausbildung und einer genauen Erklärung der Aufgabenstellung anhand des Handbuches und der vollständigen Testunterlagen.
Da Kinder anders als Erwachsene noch sehr reizoffen für Umwelteinflüsse und familiäre Veränderungen sind – die Persönlichkeit noch im Werden begriffen ist –, reagieren sie auf Neues und neue Situationen mit unangepassten Reaktionen, u. a. mit Angst, Rückzug, verstärkter Aggression oder dem Schutzsuchen in der Familie oder bei Erwachsenen. Daher kommt es bei Belastungssituationen manchmal nach außen hin zu dramatischen Zuspitzungen des Verhaltens oder auch zum Somatisieren (Verkörperlichung) der Spannung, indem die Angst oder der psychische Konflikt über körperliche Symptome (z. B. Spannungsbauchschmerzen, Erbrechen, Durchfall, Kopfschmerzen) ausgedrückt werden. Die Symptome sollten vom Erzieher ernst genommen werden, weil sie für die betroffenen Kinder die einzige Möglichkeit sind, ihre emotionalen Spannungen auszudrücken. Die Hilfestellung zur Verbalisierung unterschwelliger Ängste und Unsicherheiten in Form des aktiven Zuhörens aufseiten des Erziehers sowie Angebote zur Entspannung und verbesserter Körperwahrnehmung stellen wirksame pädagogische Hilfen zur Entlastung von unmittelbarem emotionalen Druck dar.
Kindliche Verhaltensauffälligkeiten werden in ihrer Entstehung heute in einem multikonditionalen Zusammenhang betrachtet. Sie werden durch unterschiedliche Bedingungsfaktoren hervorgerufen und stehen in Wechselbeziehung zueinander. Zu diesem Bedingungsgeflecht gehören:

- die konstitutionelle Grundausstattung des Kindes, z. B. auch genetisch oder organisch bedingte, leichte Defekte in der Verarbeitung von Informationen,
- die soziale Umwelt (Familie, Kindergarten, Spielgruppe, Schule usw.),
- der jeweilige Entwicklungsstand des Kindes mit seinen besonderen Problemen,
- die aktuellen Kompetenzen des Kindes zur Bewältigung von Aufgaben und
- letztlich auch die Lerngeschichte des Verhaltensaufbaus in Abhängigkeit zur sozialen Umwelt: Das emotionale Klima der Familie, Erziehungsstil, Werte und Normen der Familie, das Reizangebot in der Umwelt.

(vgl. Feldmann, 1984, S. 301)

Am Beispiel von Lern- und Leistungsstörungen, aber auch bei Wahrnehmungsstörungen oder bei Aufmerksamkeits- und Konzentrationsstörungen von Kindern lassen sich die Wechselwirkungsprozesse der Einflussfaktoren gut darstellen. So kann eine leichte organische Abweichung zum Beispiel im Rahmen einer „minimalen cerebralen Dysfunktion" (MCD, cerebral = das Gehirn betreffend) zu einer erhöhten Reizbarkeit, Impulsivität, Mängeln in der akustischen, taktilen oder visuellen Wahrnehmung und Störungen in der sozialen Anpassungsfähigkeit führen. Diese leichten hirnorganischen Abweichungen sind bei 10 – 12 % aller Kinder nachzuweisen, ihr Anteil bei verhaltensgestörten Kindern liegt bei 30 – 50 % (vgl. Theunissen, 1992, S. 31).

Für das Kind entstehen dadurch Überforderungssituationen bei Leistungsanforderungen und in der Anpassungsfähigkeit an neue soziale Situationen. Erwachsene aus dem Umfeld des betreffenden Kindes reagieren auf dieses „Versagen" oft mit Enttäuschung, ausbleibender Unterstützung der Leistungsbereitschaft des Kindes und erhöhtem Erwartungsdruck an das Kind. Die Sicht auf das Kind verengt sich auf „sein" Problem, Ansprüchen und Erwartungen der Umwelt nicht zu genügen. Die Fokussierung auf das Problem des Kindes führt zuletzt zur Desintegration in der sozialen Gruppe, übrig bleibt ein an sich verzweifelndes, resignierendes Kind.

Multikonditionales Modell der Entstehung von Verhaltensauffälligkeiten

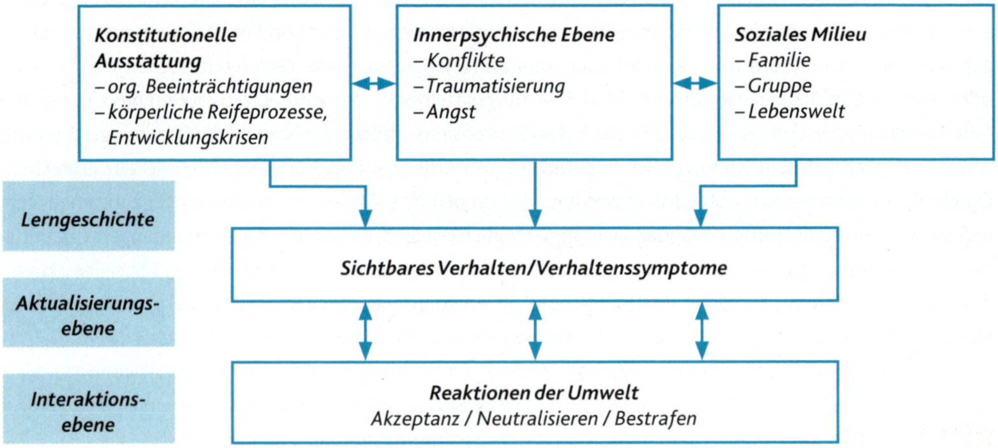

An diesem Modell wird deutlich, dass nicht eine Ursache allein verantwortlich für Verhaltensschwierigkeiten von Kindern ist. Konstitutionelle Besonderheiten und Belastungen im Entwicklungsprozess (z. B. hormonelle Umstellungen, geringere Leistungsfähigkeit bei Wachstumsschüben) verbinden sich mit individuellen innerpsychischen Mustern der Konfliktverarbeitung, gekoppelt an den Prozess der Familienentwicklung mit einschneidenden Erfahrungen von Trennung oder Scheidung, Umzügen, Krankenhausaufenthalten, Tod naher Verwandter, Misserfolgen in der Schule usw.

In den Verhaltenssymptomen (z. B. Lernbeeinträchtigungen, sozialer Rückzug, Ängstlichkeit und Hemmungen, Spiel- oder Kontaktstörungen) zeigt sich so das Nichtfunktionieren oder die wechselseitige Störung in einem oder in mehreren Ursachenkomplexen. Entscheidend ist die Reaktion der Umwelt auf das abweichende Verhalten.

Bestrafung, Erhöhung der Anforderungen oder Unflexibilität im Erziehungshandeln führen zur Einkreisung des Verhaltensproblems und der Isolation des Kindes, das dadurch in der Gruppe in eine Sonderstellung geraten kann. Ein typisches Beispiel dafür sind die Clownerien und das Herumkaspern von Kindern in Kindergartengruppen. Die Erfahrung zeigt, dass sobald Erzieherinnen beginnen, dieses Verhalten von einzelnen Kindern in der Gruppe negativ zu sanktionieren, eine Tendenz zur Wiederholung dieses Verhaltens entsteht, weil das Kind dadurch Aufmerksamkeit und (negative) Wertschätzung erfährt – Bedürfnisse, die vielleicht in der Familie nur unzureichend befriedigt wurden. Weil der Ursprungskonflikt des Kindes auf diese Weise nicht zu lösen ist, kommt es zu den typischen Aufschaukelungsprozessen und Machtkämpfen zwischen Erzieherinnen und Kindern, bei denen eines gewiss ist: Die Erzieherin zieht immer den Kürzeren!

Für die Arbeit mit problematischen Kindern und Jugendlichen ist es daher wichtig, sich einige pädagogische Grundsätze bewusst zu machen:

- Verhaltensauffälligkeiten sind grundsätzlich erst einmal nicht negativ (!) zu bewerten. Sie machen auf einen Fehler oder eine Fehlfunktion in oder zwischen den drei o.g. Ursachenkomplexen aufmerksam.
- Nicht nur die Symptome wahrnehmen, sondern versuchen, die dahinter liegenden Probleme und Konflikte des Kindes wahrzunehmen. Dabei helfen die Fragen „Was stört mich?", „Wie und wodurch schafft es das Kind, mich besonders zu nerven?" der Erzieherin, Distanz zum unmittelbaren Problem aufzubauen und sich in der Situation besser wahrzunehmen.
- Erst eine gute Diagnostik – also die Untersuchung der Vorgeschichte, der aktuellen Belastungssituation und familiären Situation – eröffnet die Perspektive für ein geregeltes Erziehungshandeln, das auf der Beziehung und dem Kontakt zum problematischen Kind basiert.

Ein Lernfall: „Uwe – Der Schrecken der Gruppe"

„Der noch nicht einmal fünfjährige Uwe ist der Schrecken der Gruppe. Kommt er morgens in den Gruppenraum, bleibt er in der Türe stehen, seine Äuglein blitzen. Bettina sucht gleich die Nähe der Erzieherin, da sie aus Erfahrung weiß, sie wäre sonst das erste Opfer. Auch die Älteren werden unsicher, weil Uwe unberechenbar ist. Häufig will er nur spielen, aber dann wird auf einmal aus der freundlichen Rauferei Ernst: Er kratzt und beißt und will immer der „Sieger" bleiben.

Eines Tages können wir folgende Szene beobachten (sie wurde glücklicherweise auf dem Videoband festgehalten): Die Erzieherin wird gebeten, aus einem neuen Buch vorzulesen. Sie ruft die Kinder, sie bilden mit ihren Stühlchen einen Kreis. Auch Uwe ist dabei, aber die Stühle links und rechts von ihm bleiben leer. Er schaut recht unglücklich nach den leeren Stühlen. Die Erzieherin sagt: „Weißt du, die anderen Kinder haben Angst, dass du sie beißen würdest" – Uwe war gerade in einer „Beißphase" – „Deshalb sitzt niemand neben dir. Wenn du versprechen könntest, mindestens so lange nicht zu beißen, bis ich euch vorlese, kämen sicherlich zwei Kinder zu dir." Uwe überlegt lange, schaut dann mit großen Augen auf die Erzieherin, schüttelt den Kopf und sagt mit weinerlicher Stimme: „Ich beiße immer!" Die beiden Stühle bleiben leer, die Erzieherin liest eine spannende Geschichte. Mitten in einer abenteuerlichen Szene springt Uwe auf, rennt zu dem Kind, das der Erzieherin gegenübersitzt, und schlägt es mit der geballten Faust kräftig auf den Kopf. Das Kind beginnt zu weinen und läuft zur Erzieherin.

Inzwischen sitzt Uwe bereits friedlich auf seinem Stuhl. Der vorwurfsvolle Blick der Erzieherin lockt ihn herbei, sie erklärt ihm, wie der Schlag dem anderen Kind immer noch weh tut, Uwe scheint betroffen und streichelt über den Kopf des Kindes. Die Erzieherin ist zufrieden, der Bösewicht ist immerhin bekehrungswillig. In diesem Moment tritt Uwe das Kind mit voller Wucht vor das Schienbein.

Wir haben das Videoband viermal angesehen, bis wir eine zuverlässige Analyse gefunden haben. Die Erzieherin hat natürlich nicht die ganze Zeit nach unten auf das Buch geschaut, sondern wie jede vernünftige Vorleserin ab und zu mal den Kopf gehoben und den Rest des Satzes so vorgetragen, um den Kontakt mit den Kindern nicht zu verlieren. Dabei schaute sie häufig in Richtung des gegenübersitzenden Kindes; genau das konnte Uwe offensichtlich nicht ertragen. Als dann Uwe das „verletzte" Kind zu streicheln begann, sicherlich in bester Absicht, war die Erzieherin vom unerhofften Entgegenkommen gerührt und legte die Hand auf die Schulter des Opfers: Das war wiederum für Uwe zu viel, er trat zu."
(Sagi, 1982, S. 47)

1. Analysieren Sie den Fall „Uwe" nach dem oben beschriebenen Erklärungsmodell.
2. Interpretieren Sie mithilfe Ihres Wissens über „Aggressionstheorien" aus dem vorherigen Kapitel, Konflikte und Bedürfnisse von „Uwe", die hinter seinem aggressiven Verhalten in der Gruppe stehen könnten.
3. Entwickeln Sie pädagogische Lösungsvorschläge, die zu einer Veränderung der pädagogischen Situation führen könnten.

6.3 Erklärungsansätze abweichenden Verhaltens

Zu typischen Randgruppen, die im Bereich der stationären Jugendhilfe und Jugendsozialarbeit in Erscheinung treten, gehört die Gruppe der „Wegläufer". Das sind ältere Kinder und Jugendliche, die aus ihrem Elternhaus oder Heimgruppen ausreißen, um zeitweilig oder dauerhaft draußen unterwegs zu sein. Sie gehen „auf Trebe", um sich dadurch Anpassungsnormen und Verpflichtungen zu entziehen.
Diese im modernen Sozialarbeiterjargon auch „Straßenkids" genannten Kinder und Jugendlichen, die auf der Straße, in Abbruchhäusern, auf dem Güterbahnhof oder zu zehnt oder mehr in billigen Absteigequartieren wohnen, müssen sich mit Schnorren und Betteln, kleinen Arbeiten, Diebstählen über Wasser halten. Die Zahl nicht sesshafter Kinder und Jugendlicher in Deutschland ist aufgrund zusammenbrechender Familienstrukturen in den letzten Jahren angestiegen. Man schätzt ihre Zahl in Deutschland, basierend auf den Zahlen der Vermisstenstatistik auf ca. 3000 – 4000 (vgl. Seidel, 1996, S. 51 ff.).

Zu den Problemen dieser nicht sesshaften Randgruppe gehören der Missbrauch legaler und illegaler Drogen, Straffälligkeit, psychische Störungen, chronische Erkrankungen, schlechte Gesundheitsvorsorge und Gelegenheitsprostitution für die Wohnungsbeschaffung. Ein Charakteristikum dieser Gruppe ist die zunehmende Unfähigkeit, in sozialen Beziehungen zu leben und/oder (Arbeits)belastungen des alltäglichen Lebens auszuhalten. Zum biografischen Hintergrund nicht sesshafter Jugendlicher gehören in der Regel abgebrochene Schul- und Ausbildungsgänge, chaotische und gewalttätige Familienatmosphären, Heimkarrieren mit und ohne Psychiatrieaufenthalten und das verbindende Grundmuster des Trebegehens sowie die immer wiederkehrende Flucht aus der Realität und vor Alltagskonflikten in Tagträume, Größenvorstellungen oder provozierende Verhaltensweisen, am deutlichsten werdend in abrupten Orts- und Milieuwechseln. Die gesellschaftliche Realität mit ihrer Messlatte „Erfolg durch Leistung", dem Zwang zum Konsum, der Konkurrenz untereinander und dem fehlenden Platz für individuelle Nischen überfordert die Möglichkeiten und Fähigkeiten dieser sozial benachteiligten Kinder und Jugendlichen weit. Der Druck auf

18- bis 25-jährige arbeitslose junge Erwachsene hat sich durch die sogenannten Hartz IV-Gesetze erhöht. ALG II wird nur an diejenigen in voller Höhe gezahlt, die zu Hause bei den Eltern wohnen. Was folgt, ist die Zunahme von Nichtsesshaftigkeit und Verelendung bei jungen Erwachsenen, die aufgrund zerrütteter Familienverhältnisse nicht mehr zu Hause wohnen können. Sozialpädagogische Hilfen wie die „Inobhutnahme", Übernachtungsplätze, Dusch- und Waschmöglichkeiten, Streetwork, die Schaffung von Treffpunkten und selbst organisierter Arbeits- und Beschäftigungsprojekte sind angesichts des beschriebenen gesellschaftlichen Hintergrunds nur Akuthilfen, die am Ursachenzusammenhang der Problementstehung kaum etwas zu ändern vermögen. Das Schaubild zeigt den Makrozyklus der Entstehung von Randgruppen im gesellschaftlichen Zusammenhang als einen „Teufelskreis" ökonomischer, familiärer, sozialer und psychischer Faktoren, die im Problem nicht sesshafter Kinder und Jugendlicher sichtbar werden.

Gesellschaftliche Ausgrenzung am Beispiel nicht sesshafter, delinquenter Kinder und Jugendlicher

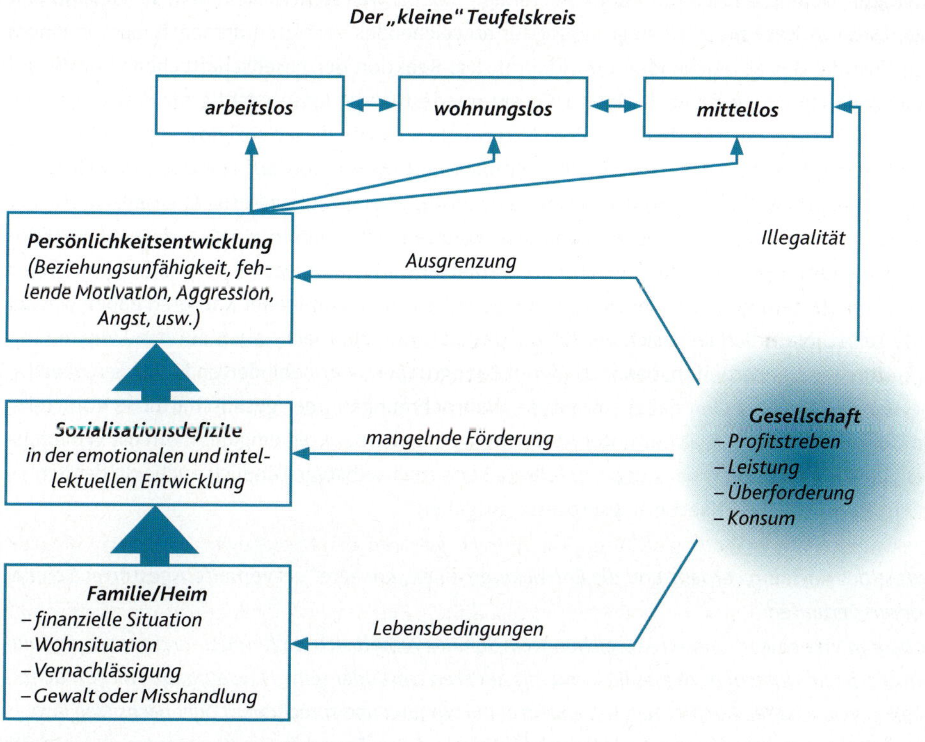

(vgl. Jordan/Trauernicht, 1981, S. 54)

1. Steigen Sie an einer beliebigen Stelle des dargestellten Regelkreises ein und zeigen Sie an einem konkreten Beispiel die Funktionsweise des Zirkels auf.
2. Überprüfen Sie die Übertragbarkeit dieses Modells in Bezug auf andere Randgruppen in der Gesellschaft.
3. Stellen Sie Überlegungen dazu an, an welchen Stellen der Regelkreis durch sozialpolitische und sozialpädagogische Interventionen unterbrochen werden könnte.

6.3.1 Soziologie – der Ansatz des „labeling approach"

Ein „Label" ist ein Etikett oder eine Marke, die einem Verhalten, das stört, angehängt oder aufgedrückt wird. Bei dem Prozess der Etikettierung gibt es zwei Akteure, die miteinander in Beziehung stehen und aufeinander reagieren: Eine Instanz, die Verhalten als abweichend definiert, und ein Mensch oder eine Gruppe, die im sozialen Kontakt als abweichend auffällt. Die Verhaltensauffälligkeit kann sich zuallererst im dynamischen Austausch mit der definierenden Instanz weiterentwickeln bzw. sie kann so erst entstehen. Dieser Ansatz sucht die Begründung für abweichendes Verhalten demnach nicht in einem statischen Zustand des abweichenden Individuums. Die Reaktion der gesellschaftlichen Umwelt auf die abweichende Handlung ist nach diesem Ansatz mindestens genauso wichtig für die Entstehung von Auffälligkeiten wie der Handelnde selbst. Ursprünglich wurde dieser soziologische Ansatz einer Annäherung an das Etikett in der soziologischen Kriminologie als Antwort auf Theorien entwickelt, die kriminelles Verhalten als Eigenschaft der Person bzw. als das zwangsläufige Resultat gesellschaftlicher Missstände sahen. Mithilfe des „labeling approach" konnte nachgewiesen werden, dass die Reaktionen sozialer Instanzen (z. B. Polizei, Jugendrichter, Staatsanwälte, Psychiatrie, Sozialarbeit) auf einen „Missetäter" mindestens genauso viel Einfluss auf die Entwicklung krimineller Karrieren haben wie der Handelnde selbst. Natürlich lässt sich der Ansatz des „labeling approach" auch auf den Umgang mit anderen kulturellen Minderheiten, benachteiligten Randgruppen oder behinderten Menschen übertragen. Eine zentrale Rolle spielen dabei stereotype Wahrnehmungen oder gesellschaftliche Vorurteile, die in die Definition eines Verhaltens unter Abweichungsgesichtspunkten eingehen. Um die Wirkungsweise des „labeling approach" vor Augen zu führen, kann man selbstverständlich auch von der Schule als sozialem Raum solcher Etikettierungsprozesse ausgehen.

„Der Prozess des Auffälligwerdens und die Entwicklung einer „Karriere" als verhaltensgestörter Schüler kann so derart verlaufen:
(1.) Alles beginnt mit einer primären Abweichung. Ein Schüler verhält sich leicht regel- und erwartungswidrig, indem er z. B.. im Unterricht zeitweilig lärmt, die anderen stört oder seine Hausaufgaben nicht macht.
(2.) Der Lehrer versucht den Konflikt zu lösen, indem er ihn ermahnt und zurechtweist oder nachsitzen lässt.
(3.) Passt sich der Schüler nun der Situationsdefinition und den Erwartungen des Lehrers an, wird das auffällige Verhalten als ‚einmalige Handlung' gewertet und bedeutungslos. Die Lage ‚normalisiert' sich. Verhält er sich aber wiederholt bzw. mehrfach regelwidrig, dann bringt der Lehrer zwar seine Situationsdefinition nochmals durch Tadel, Verwarnungen oder leichte Sanktionen zum Ausdruck, aber diesmal schon mit mehr Nachdruck als zuvor.

(4.) Bleiben die Bemühungen des Lehrers immer noch vergeblich, kommt es zur Stigmatisierung, was den kritischen Toleranzraum sprengt und den Konflikt verschärft. Von Seiten des Lehrers wird das Problem nun nicht mehr allein in der Situation, sondern in der Person des Schülers geortet. Dieser wird als auffällig oder ‚verhaltensgestört' typisiert. Der Lehrer sammelt jetzt Informationen über den Schüler, interessiert sich für sein häusliches Milieu und fällt ein Urteil, das durch Alltagstheorien und Stereotype geprägt ist. Zugleich wird der Handlungsspielraum des Schülers allmählich immer enger, z. B.. durch Gruppenausschluss oder disziplinarische Maßnahmen. Benachteiligungen, z. B.. bei der Notengebung, und ein diskriminierender kommunikativer Umgang kommen dazu. Der betreffende Schüler wird nicht mehr gelobt und ermutigt, er erfährt immer mehr Ablehnung und Abweisung.

Voreilige Schlüsse können sich negativ auf das Verhalten des Kindes auswirken

(5.) Dem Schüler sind diese Reaktionen kaum mehr verständlich. Immer häufiger gerät er in Situationen, die er negativ und als Bedrohung seiner Identität erlebt. Damit verringert sich zusehends die Chance, dass das ursprüngliche Problem noch gelöst werden kann. Statt dessen wächst in ihm das Gefühl, ungerecht behandelt zu werden, was zu weiteren auffälligen Verstößen gegen die von ‚oben' auferlegten Sanktionen führt. So versucht er sich gegen die Bedrohung seiner Identität zu wehren und entwickelt z. B. so genannte Alibitricks."

(6.) Spätestens ‚von dieser Phase an liegt die Gefahr nahe, dass ein wechselseitiger Aufschaukelungsprozess einsetzt, in dem die Aktionen des Jugendlichen (...) und die Reaktion der sozialen Umwelt – die Strafen – sich gegenseitig verstärken'. (Zitat von S. Quensel, Wie wird man kriminell, in: H. Gieseke, (Hrsg.), Offensive Sozialpädagogik, Göttingen 73, S. 48.) Der Schüler wird nun zum ‚offiziellen Fall', eine Akte wird angelegt und andere Institutionen werden eingeschaltet, z B. die Erziehungsberatung, der schulpsychologische Dienst oder ein heilpädagogischer Hort.

(7.) Im ungünstigsten Fall – beim Scheitern der flankierenden Maßnahmen – muss der Schüler die Regelschule verlassen und wird einer Sondereinrichtung zugewiesen, einer Schule für Erziehungshilfe oder einem Heim für Verhaltensgestörte."

(Theunissen, 1992, S. 54 ff.)

Die Problemlage des Kindes verschärft sich insbesondere dann, wenn es beginnt, das Fremdurteil über sich in das eigene Bild zu übernehmen, was durch die Reaktionen in seiner Bezugsgruppe begünstigt wird. Spätestens ab da wird die verhängnisvolle Entwicklung zum Selbstläufer. Sie wird zur Prophezeiung, die sich selbst erfüllt; das kindliche Selbst wird durch das Fremdurteil gewissermaßen kontaminiert und der vertrauensvolle Kontakt zur sozialen Umwelt bricht ab.

1. **Erarbeiten Sie im Austausch in Arbeitsgruppen eine Übersicht, die die einzelnen Stationen des „labeling approach" in der Dynamik der Kommunikation beleuchtet.**
2. **Überprüfen Sie auch an anderen Beispielen aus sozialpädagogischen Arbeitsfeldern, wie diese Prozesse frühzeitig pädagogisch unterbunden werden können.**

6.3.2 Psychoanalytische Ansätze – Konflikt und Hemmung als Ursache

Bei einer weiteren Gruppe von Verhaltensauffälligkeiten bei Kindern, insbesondere Tic-Störungen, motivationale Hemmungen im Spiel- und Leistungsbereich und psychosomatische Störungen, stehen neben sozialen Prozessen eher fehlgeleitete psychische Verarbeitungs- und Handlungsmuster im Vordergrund. Anders als in der klassischen Psychoanalyse sieht die Kinderanalytikerin Annemarie Dührssen (1916–1998) nicht einen umgrenzten neurotischen Konflikt als Auslöser kindlicher Verhaltensauffälligkeiten (z. B. Schlafstörungen, nächtliche Angst, Einnässen; bei Jugendlichen: Verwahrlosung und Delinquenz), sondern die Auswirkung eines ungünstigen emotionalen Klimas in der Erziehung des Kindes als Kern der neurotischen Problematik. Zu diesen ungünstigen Faktoren in der elterlichen Erziehung gehören beispielsweise

- Vernachlässigung und Desinteresse an der Person des Kindes,
- materielle Verwöhnung, Ehrgeizhaltungen und die Überforderung von Kindern,
- zu Anlagen und Geschlechtsverhalten gegenläufige Erziehungsimpulse, wenn aus einem schüchternen, ruhigen Kind ein risikofreudiger Draufgänger werden soll,
- Fehlentwicklungen, wenn Kinder als „Ehestarthilfe" oder „Ehekitt" missbraucht werden,
- der Altersabstand zu älteren Geschwistern oder die Position in der Geschwisterreihe.

(vgl. Atzesberger, 1980, S. 84)

Das Handeln des Kindes ist von Anfang an auf die umgebende Welt bezogen und gerichtet. Personen und Räume werden expansiv nach außen drängend vom kindlichen Gestaltungswillen erfasst, begriffen und als Teil des eigenen Geltungsstrebens integriert.

„Die Art, wie ein Mensch in früher Kindheit gelernt hat, seine Wünsche und Pläne handelnd zu gestalten, zu formen, durchzusetzen oder sie verzichtend aufzugeben, bietet in hohem Maße die Basis für späteres Lebensglück."

(Dührssen, 1976, S. 31)

So tritt die **Hemmung** oder das Lahmlegen des kindlichen Antriebs und seines Gestaltungswillens als eigentlicher Kernkonflikt in den Vordergrund der Kinderanalyse nach A. Dührssen. Das Verhaltenssymptom (Einnässen, Daumenlutschen, Lern- und Arbeitsstörungen, Kontaktstörungen) ist das symbolhafte Zeichen der Hemmung. Solche Gehemmtheiten bei Kindern entstehen im Kontext der psychosexuellen Entwicklung:

- als **oral-kaptative (in Besitz nehmende) Gehemmtheit** mit Störungen in kindlichen Versorgungs- und Geltungswünschen,
- als **retentive (zurückhaltende) Gehemmtheiten** um das Thema Leistung, Hergeben und Sichdarstellen,
- als **aggressive Hemmung** um den Komplex Zurücknahme von Wünschen, fehlendes Selbstvertrauen, mangelnder Selbstwert,
- als **Hingabegehemmtheit** mit der fehlenden Fähigkeit, Zärtlichkeit, Nähe, Zuversicht und Vertrauen in Bezug auf die (soziale) Umgebung aufzubauen,
- als **sexuelle Hemmung** mit der Tabuisierung erogener Körperzonen, des Spiels mit Genitalien, Vermeidung von Körperkontakt und körperlicher Lust,
- **intentionale Hemmungen** oder **intentionale Lücken** mit Störungen im Bereich von Spiel, Konzentration und Ausdauer, weil der motivationale Reizbezug zu Gegenständen nur mangelhaft entwickelt ist und der Aufforderungscharakter, z. B.. von Spielzeug, von Kindern nicht verstanden wird.

Hemmungskonflikt am Beispiel Sprachstörung und Stottern

„Günter war drei Jahre alt, als er zur Untersuchung vorgestellt wurde. Seine Mutter, eine etwas kühl und unbeteiligt wirkende Frau, war 28 Jahre alt. Sie war die älteste von sechs Geschwistern, Tochter eines schlesischen Bergarbeiters und hatte eine harte Kindheit hinter sich. Ihr Mann ist Klempner von Beruf und, wie sie sagt, ‚kein Kinderfreund'. Er ist laut und barsch in seinem Wesen und herrscht den Jungen sehr viel an. Er hat aus erster Ehe noch einen achtjährigen Jungen, also Halbbruder des Patienten, der gelegentlich im gemeinsamen Haushalt wohnt, aber häufig auch bei den Großeltern, also Eltern des Vaters, untergebracht ist.
Als das Stottern bei Günter auftrat, war er wochenweise bei diesen Großeltern untergebracht gewesen. Der Großvater soll den sehr lebhaften kleinen Jungen nicht haben leiden können. Er habe ihn viel geneckt und gehänselt und sich dann gefreut, wenn das erregte Kind anfing zu weinen. Als der Junge zur Mutter zurückkam, stotterte er leicht, verlor das Symptom jedoch dann nicht, sondern sprach zunehmend und laufend schlechter. Günter zeigte sich bei der Untersuchung als sehr lebhafter, kräftiger und an vielen Gegenständen interessierter Junge. Als erstes fiel an ihm auf, dass er zu einer übertriebenen Fragerei neigte und immer erneut Fragen wiederholte, die ihm soeben beantwortet worden waren. Außerdem passierte es sehr oft, dass er, wenn er einen Gegenstand suchte und dieser gut in seinem Blickfeld lag, ihn scheinbar nicht wahrnehmen konnte, immer wieder zur Mutter gewandt fragte: ‚Wo ist das?'
Bezeichnend waren dann für das Kind eine ganze Reihe von übertriebenen Ängstlichkeitsreaktionen bei harmlosen Vorkommnissen. Jedes Mal, wenn dem Jungen ein Holzklötzchen umkippte oder herunterfiel, blickte er erschreckt zur Mutter oder Untersucherin und sagte: ‚Auweia.' Häufig versicherte er, wenn er einen Gegenstand anfasste: ‚Günter macht nichts kaputt.' Auffällig waren auch die Reaktionen, die das Kind auf einen kleinen Wollbären hatte und auf die Mutterfigur aus dem Scenokasten. Er wollte diese Gegenstände nicht nehmen, sondern wandte sich ab und sagte: ‚Auweia, die beißen.' Das Gleiche sagte er von der Kuh. Hier war noch Folgendes zu beachten: Der Junge nahm die Kuh, zeigte auf den Kopf und fragte, was das sei. Nach erhaltener Erklärung tippte er auf die Beine und fragte das Gleiche. Dann glitt sein Blick auf das Hinterteil der Kuh. Man konnte bemerken, wie er eigentlich ebenfalls gern zu einer Frage angesetzt hätte. Er glitt dann aber mit leichter Beunruhigung im Blick wieder ab und fragte erneut auf den Kopf zeigend: ‚Was ist das?' Dass der Junge hier den eigentlichen Gegenstand seines Interesses fallen ließ und ersatzweise nochmals die soeben gestellte Frage wiederholte, war deutlich. Der Vorgang wiederholte sich mehrfach. (...)

Neben den übertriebenen Ängstlichkeitsreaktionen des Kindes fiel ein weiteres sonderbares Verhalten auf. Als der Junge gelegentlich gefragt wurde, ob er ein Junge sei oder ein Mädchen, erklärte er im Brustton der Überzeugung, dass er ein Mädchen wäre. Die daneben sitzende Mutter gab auf eine entsprechende Frage verlegen lächelnd zu, dass sie den Jungen oft nicht mit Günter anrief, sondern ihn Margrit nannte. Sie legte ihm ein Kettchen um, gab ihm ein Armbändchen und erklärte ihm: ,Du bist eine Margrit.'"

(Dührssen, 1976, S. 290)

1. Fertigen Sie eine Skizze zur Erziehungssituation des Jungen mit allen daran beteiligten Figuren an und schildern Sie das Erziehungsklima, das in dieser Familie herrscht.
2. Erläutern Sie, welche Informationen Günter über sich selbst aus der Umwelt erhält.
3. Analysieren Sie, in welchem Zusammenhang das Symptom der (Sprach)hemmung zu Reaktionen der sozialen Umwelt steht.

6.3.3 Familientherapie – Verhaltensauffälligkeiten aus systemischer Sicht

Vom Bild einer isolierten, im Individuum „beheimateten" Verhaltensstörung am konsequentesten gelöst hat sich wohl die systemische Familientherapie (siehe Kap. 3, 5). Der „Symptomträger" einer Familie – wie im vorhergehenden Fall der kleine Günter – übernimmt die Aufgabe, durch sein Verhalten auf die Dysfunktion (Fehlfunktion) des sozialen Systems Familie als Ganzes hinzuweisen. Das auftretende Symptombild (z. B. Weglaufen, (Wieder)einnässen, Aggressivität, Gehemmtheit) bei einem Kind oder Jugendlichen verweist dem Ursprung nach auf Kommunikationsstörungen, mangelnde Grenzziehungen oder fehlgelaufene Ablöseprozesse im System „Familie". Es ist für dieses System der einzige Weg, sich mitzuteilen und ein Problem der Familie zu lösen. Das in den Augen der Umwelt „fehlerhafte oder abweichende" Verhalten, beispielsweise notorisches Lügen, sexuelle Auffälligkeiten, delinquentes Verhalten oder der Rückzug eines Kindes ins Schweigen, sind systemisch gesehen „wertvolle" Eigenschaften dieses Familienmitgliedes. Das auffällige Verhalten dient letzten Endes dazu, zu überleben und seinen Selbstwert intakt zu halten.

Das „dissoziale" Verhalten der Straßenkinder, die sich mit Schnorren, Diebstählen, Obdachlosigkeit, Drogenmissbrauch über Wasser halten, ist solch ein sozialer Überlebensmechanismus, der in der Innenansicht der Gruppe „normal und positiv", von außen „regelverletzend und amoralisch" ist. „Uwe – der Schrecken der Gruppe" (siehe Seite 162) benutzt sein aggressives Verhalten, um damit auf seine Bedürfnisse nach Kontakt, Anerkennung und Wertschätzung hinzuweisen. Wie die weitere Falluntersuchung unter Einbeziehung der Familiensituation Uwes ergab, war die Erziehung in der Familie von Gewalt geprägt. Der fünfjährige Uwe wiederholte in der Gruppe das, was ihm zu Hause widerfuhr: Erwachsenen ausgeliefert zu sein und andere zum Opfer zu machen (vgl. Sagi, 1982, S. 56 ff.).

Nicht vergessen werden sollte, dass aus systemischer Sicht heraus auch andere wichtige soziale Felder (siehe Kap. 3.3), zum Beispiel Kindergarten-, Lern- und Gleichaltrigengruppen, in die Untersuchung möglicher Störungshintergründe einbezogen werden sollten, da sie mit zunehmendem Entwicklungsalter der Kinder sozial überlebenswichtig werden und Ansätze für eine konsequente pädagogische Hilfe bieten.

Im System „Familie“ wirken unterschiedliche **Systemkräfte** auf die einzelnen Familienmitglieder. In den Beziehungen des Systems entsteht eine Familiendynamik, die auf die **bezogene Individuation** (Ausbildung individueller Eigenschaften in Bezug zur Familiengruppe) des Einzelnen, seine Kommunikation und seine Problemlösungsstrategien prägenden Einfluss haben. Die „Verhaltensauffälligkeiten“ des Familiensystems spiegeln sich so in den Störungen des Symptomträgers wider wie auch das „auffällige“ Familienmitglied zur Lösung einer Familienkrise oder eines Familienproblems beiträgt. In der Familie sind vier grundsätzliche Strukturkräfte – **Ausstoßung**, **Bindung**, **Flexibilität und Starrheit** – wirksam, die ein dynamisches Kraftfeld bilden und den Lebensvollzug und Reifeprozess heranwachsender Familienmitglieder im Austausch mit der Umwelt regulieren. In typischen Familienbildern lässt sich die Wirksamkeit und das Überwiegen oder die Verminderung einer dieser Systemkräfte veranschaulichen.

Ausstoßende Familien

In ausstoßenden Familien überwiegt das Vorherrschen zentrifugaler Kräfte, die ihre Mitglieder vorzeitig in die Autonomie entlassen und entsprechend wenig emotionale Bindungserfahrung mit auf den Weg geben. Kinder aus diesen Familien neigen dazu, Grenzen und Regeln anderer zu missachten und eigene Bedürfnisse und Wünsche in den Mittelpunkt ihres Interesses zu stellen. Soziale Anpassungsprobleme bei Kindern können die Folgen des Aufwachsens in solchen Familien sein.

Überbundene Familien

Das Kennzeichen dieser Familien ist die hohe Bindekraft innerhalb des Systems, das seine Mitglieder emotional an sich kettet. Individuelle Impulse von Kindern und Heranwachsenden werden in diesen Familien auf dem Altar der Harmonie und Zusammengehörigkeit geopfert. Die Grenzziehung nach außen ist in diesen Familien häufig sehr starr und isolationistisch. Man igelt sich ein, um die böse Welt auszuschließen. Kindern aus diesen Familien fällt es schwer, Konflikte in sozialen Gruppen auszutragen, sie sind eher ängstlich und neigen zu somatischen Störungen, mit denen sie Konflikte anzeigen.

3

Desorganisierte Familien

4

Starre, hierarchisierte Familien

Mitglieder aus desorganisierten Familien erfahren Strukturlosigkeit. Positionen und Rollen im Familiensystem sind undeutlich erkennbar oder nicht konturiert. Es kommt zur Vermischung und Überschreitung elterlicher/ehelicher/kindlicher Strukturgrenzen. Orientierung und Identifikation mit Erwachsenenrollen werden den Kindern erschwert. Häufig findet sich auch die Parentifizierung der Kinder, d. h. die Kinder geraten in die Rollen Erwachsener. Emotionaler Missbrauch der Kinder als Koalitionspartner im Ehestreit sind Bestandteile desorganisierter Familien. Die Kindheit bleibt auf der Strecke. Delinquentes Verhalten, Drogenkonsum und Ausreißen sind äußere Zeichen, mit denen Kinder aus solchen Familien auf sich aufmerksam machen.

Ordnung und Regeln prägen den Lebensalltag in diesen Familien. Das Funktionieren nach außen und nach innen wird die alles steuernde Familienmaxime. Die Familienmitglieder erfahren wenig Nähe und Kontakt. Starre Rituale ersetzen lebendige Beziehung. Das einzig Verbindliche ist die Funktion einer „perfekten" Familienmaschinerie. Das „Familienbrett" zeigt eine starre, nach außen gewandte Gestalt. Streit und Konflikte werden, weil sie die Familienmitglieder in emotionalen Kontakt brächten, tunlichst vermieden. Kinder aus diesen Familien erscheinen oft angepasst oder gehemmt und stark leistungsorientiert. Entsprechend problematisch sind für sie Enttäuschungs- und Versagenssituationen.

6.4 Praxisorientierte Ansätze in der Arbeit mit verhaltensschwierigen Kindern und Jugendlichen

6.4.1 Die pädagogische Haltung als Basis von Verstehen und Veränderung

Der Begriff der **pädagogischen Grundhaltung** ist Ihnen schon an einigen Stellen des Buches begegnet. Sie setzt sich ganz wesentlich aus drei Komponenten zusammen: Wissen, Erfahrung und personale Werte, die zur Basis eines vertrauensvollen pädagogischen Beziehungsaufbaus gehören.
An dieser Stelle möchte ich Ihnen noch eine andere Lesart des Begriffes vorstellen, nämlich die des „Haltgebens" und der Vergewisserung, dass dieser Kontakt hält, ungeachtet der von Kindern geäußerten negativen Gefühlsanteile. Als Erzieherin „mit beiden Beinen auf der Erde zu stehen", zu sich und seinen Gefühlen in gutem Kontakt zu bleiben, gehen als Grundvoraussetzung in die Arbeit mit verhaltensschwierigen Kindern und Jugendlichen ein. Dabei wird ein solcher Beziehungsprozess mit dem Ringen um die Beziehung, der über Wochen und Monate gehen kann, nicht frei bleiben von Misserfolgserlebnissen, Vertrauensmissbrauch und eigener Enttäuschung. Aber jedem, der schon einmal mit der Erziehungswissenschaft in Berührung kam, dürfte bekannt sein, dass Erziehung nicht nur theoretisch und mechanistisch zu fassen ist. Denn Erziehung beinhaltet nach Hermann Nohl ein leidenschaftliches Interesse der Erzieherin am Wohl des Kindes – und wie könnte es Leidenschaft ohne Gefühl und Leiden geben?
Aus dieser Haltung entspringt das Bemühen um das Verstehen der Lebenswelt des Kindes oder Jugendlichen, das Akzeptieren seiner Person und seiner Sicht auf die Dinge. Sehr hilfreich ist es, sich immer wieder empathisch in die Welt des Kindes oder Jugendlichen einzufühlen, so wie es oder er sie wahrnimmt. Als eine Übung dazu empfiehlt es sich, in Ihrem nächsten Praktikum sich gerade mit dem Kind zu befassen und vertraut zu machen, mit dem Sie am meisten Schwierigkeiten haben und dessen Verhalten Sie am wenigsten verstehen können.

1. Schildern Sie in einem kurzen Aufsatz einen Tag aus dem Leben dieses Kindes oder Jugendlichen, indem Sie sich in seine Lage versetzen. Beschreiben Sie Aufstehen, Frühstücken, zur Schule gehen, welche Personen Ihnen begegnen, nachmittägliche Aktivitäten, wie Sie sich fühlen, was Sie über Erzieherinnen denken usw.
2. Versetzen Sie sich anschließend in die Motorik des Kindes. Probieren Sie einen typischen Bewegungsablauf des Kindes oder Jugendlichen in einer ausgewählten Situation aus, z. B.. wie ein Kind geht oder läuft, die Treppe heraufsteigt oder beim Essen sitzt; schildern Sie Ihre Wahrnehmung des Bewegungsablaufs, das Gefühl im Körper oder Verspannungen, die Sie gespürt haben.
3. Als dritte Übung zum empathischen Verstehen können Sie auch ein Bild malen, wie das Kind sich selbst oder seine Umwelt – sein Zimmer, den Gruppenraum, das Gebäude, die Gruppe, Erzieherinnen usw. – zeigen würde. Reflektieren Sie anschließend im Gruppengespräch, was Sie während der Übungen wahrgenommen haben.

Um einen Eindruck davon zu vermitteln, wie eine gute pädagogische Beziehung zu einer „heilenden" Beziehung wird, die dem Kind hilft, die Bruchstücke seines psychischen Erlebens neu zusammenzustellen und sein Verhalten neu zu integrieren, möchte ich noch ein Beispiel aus der Heimerziehung vorstellen, das sehr anschaulich die oben geschilderten Beziehungselemente darstellt.

Beziehungsgestaltung bei einem fünfjährigen, durch Gewalt traumatisierten Jungen

„Das äußere Erscheinungsbild des Jungen war von seinen großen ängstlichen Augen bestimmt. Er orientierte sich gleich sehr stark an einer älteren Erzieherin. Wenn er mich von ferne sah, suchte er sofort bei ihr Schutz und Anlehnung, und geriet umso mehr in Spannung und Abwehr, je näher ich kam. Dies veranlasste mich, die Distanz zu ihm sehr sorgsam zu beachten und ihm nicht zu nahe zu treten, ihm aber dennoch viele Möglichkeiten zu vermitteln, mich im zwanglosen und fröhlichen Umgang mit den anderen Kindern des Heimes beobachten zu können.
Nachdem Klaus schon einige Tage bei uns war und sich seine Beziehung zur Erzieherin vertieft hatte, erzählte er dieser abends beim Zu-Bett-Gehen immer mehr von seinen schlimmen zurückliegenden Erfahrungen mit seinem Vater und den Gewalttätigkeiten, die er und seine Mutter erleiden mussten. Das Ausmaß der erlittenen Gewalt konnte an seinen Symptomen, besonders seinem nächtlichen Aufschreien, seinen Beziehungsängsten und Stottern unmittelbar abgelesen werden. Aber auch sein nach wie vor zu beobachtendes exzessives Onanieren zeigte seine Spannung. Ein Kruzifix, das in seinem Schlafzimmer hing, musste entfernt werden, weil er sich vor dem ‚bösen Gott' fürchtete und deshalb nicht einschlafen konnte. Das zurückliegende traumatische Erleben mit dem Vater, die angstbesetzte Aktualisierung dieses Erlebens in der konkreten Erfahrung mit meiner Person als Mann und die zusätzliche Projektion (Anm. des Verf.: Psychoanalyt. Abwehrmechanismus: Angst oder unangenehme Gefühle werden nach außen verlagert) seiner Angsteinstellung auf sein Gottesbild zeigen die Intensität seiner Angstzustände und die durch sie induzierten (Anm. des Verf.: eingeleiteten) Übertragungen. Klaus konnte mich zunächst nur im Muster bzw. in der Färbung der von seinem Vater erlittenen Bestrafungen erleben.
Im weiteren Verlauf der nächsten Tage konnte ich bei Klaus ein wachsendes Interesse für das beobachten, was ich mit den anderen Kindern machte und wie diese unbefangen mit mir umgingen. Nach etwa 14 Tagen lief er mir plötzlich entgegen, umfasste mich und ließ sich jetzt ohne Widerstand von mir aufheben. Von Angesicht zu Angesicht plauderte er vertrauensselig mit mir und erzählte von dem, was er gerade erlebt hatte. Das Eis der Abwehr war gebrochen und von nun an konnte Klaus zwanglos und ohne Angst mit mir umgehen. Die Erzieherin berichtete einige Tage später, dass Klaus nun abends beim Zu-Bett-Gehen anfange, völlig andere Geschichten von ‚seinem' Vater zu erzählen. Es war nicht schwer zu verfolgen, wie sich nun die für ihn neuen und positiven Erfahrungen mit mir und damit mit der jetzt für ihn verbindlichen ‚väterlichen' Bezugsperson über die zurückliegenden bösen Erfahrungen legten und diese zunehmend in Vergessenheit geraten ließen. Die neuen ‚korrigierenden Erfahrungen' machten ihn frei für Kontakt, Spiel und tragende Beziehungen. Die noch vor wenigen Wochen so schwer wiegenden Symptome und Verhaltensauffälligkeiten ließen nun ganz schnell nach. Zunächst hörte das Onanieren, dann das nächtliche Aufschreien und Stottern und schließlich nach sechs Wochen auch das Bettnässen auf. Seine phobische (Anm. des Verf.: überängstliche) Abwehr gegenüber dem ‚bösen' Gott war längst verschwunden, und er konnte sich jetzt auch dem vertrauensvollen Gebet zum ‚lieben Gott' anschließen."
(Flosdorf, 1988, S. 110 f.)

1. Arbeiten Sie aus dem Fallbeispiel die tragenden Elemente der pädagogischen Haltung der Erzieherin heraus.
2. Fassen Sie zusammen, welche wesentlichen Erfahrungen der kleine Junge in der Übertragungssituation zur Erzieherin macht.

6.4.2 Gruppenpädagogik und Verhaltensänderung

Das Fallbeispiel des kleinen Klaus, der durch die Gewalttätigkeit des Vaters vollkommen verunsichert ist, zeigt, dass neben der Veränderung im Einzelkontakt ganz wesentlich die Erfahrung einer funktionierenden sozialen Gruppe als neue emotionale Heimat hinzukommt. Gruppenpädagogik sollte dabei nicht als „flankierende Maßnahme" eines auf Einzeltherapie aufgebauten Behandlungskonzepts missverstanden werden. Gruppenpädagogik ist neben der pädagogischen Beziehungsarbeit eine tragende Säule im Umgang mit verhaltensschwierigen Kindern und Jugendlichen. Wie in Kap. 3.3 dargestellt wurde, bietet das soziale Netz der Gruppe einen Erfahrungsraum, in welchem über die sozialen Beziehungen Kindern und Jugendlichen wichtige emotionale und personale Kompetenzen wie das Gefühl von Sicherheit und Getragenwerden, Wahl- und Konfliktmöglichkeiten, Fähigkeiten der Kommunikation und neuer Selbstdefinition vermittelt werden.
„Was der Mensch ist, ist er immer auch in und durch die Gruppe oder Gesellschaft. […] Die Selbsteinschätzung und das Selbstbewusstsein eines Menschen sind nämlich weitgehend eine Spiegelung seiner Anerkennung durch die Gruppe. Wie sie ihn sieht, so schätzt er sich selbst."
(Iben, 1971, Die Gruppenbeziehungen im Erziehungsprozess, S. 95, 115)

Durch die im Vergleich zur Primärgruppe „Herkunftsfamilie" andersartige Zusammensetzung und Struktur ermöglichen soziale Gruppen im Kindergarten, in der offenen Kinder- und Jugendarbeit, in der Heimerziehung oder in ambulanten Erziehungsmaßnahmen emotional verletzten oder in ihren sozialen Bezügen verkümmerten Kindern und Jugendlichen „korrigierende Erfahrungen" im sozialen Feld. Das einzelne Kind/der einzelne Jugendliche und die Gruppe stehen dabei in einem wechselseitigen Austauschprozess:
Je mehr eine Gruppe in der Lage ist, für das individuelle psychologische Wachstum wichtige Gefühle wie Anerkennung, Wertschätzung, Angstverminderung oder Kompetenzen wie Selbstvertrauen, Mitteilungsfähigkeit und Konfliktbereitschaft zu vermitteln, umso stärker werden sich die Gruppenidentität (Wir-Gefühl), ein flexibler Umgang miteinander und die Fähigkeiten des Sich-Einbringens gestalten. Die Gruppe ist sowohl der Spiegel individuellen Verhaltens wie auch ein Vehikel der persönlichen Reifung.
Das Merkmal sozialer Desintegration und Spaltung – bedingt durch familiäre Unsicherheiten, kulturelle Konflikte, das Lern- und Arbeitsklima in Schulen usw. –, das ja auch ganz oft der Hintergrund individueller Verhaltensauffälligkeiten ist, lässt sich beinahe als das Markenzeichen einer auf Mobilität, Individualisierung und Instrumentalisierung von Beziehungen ausgerichteten Gesellschaft verstehen. Wen wundert es, dass sich das Allgemeine im Besonderen spiegelt, also im Verhalten verstörter Kinder und Jugendlicher.

Die pädagogische Lenkung und Leitung von Interaktionsprozessen in Gruppen ist eine Aufgabe, die auf einer guten sozialen Wahrnehmung und sehr viel Fingerspitzengefühl im Setzen von Impulsen und Angeboten für eine Gruppe beruht. Im Rahmen der Gruppenpädagogik gehören dazu:

- das Bereitstellen von Integrationshilfen für Neueinsteiger in Gruppen und die Verhinderung von Desintegration verhaltensauffälliger Kinder, zum Beispiel über Time-Out-Räume, Möglichkeiten der zeitweiligen Entlastung der Gruppe durch Kleingruppen- oder Einzelarbeit;
- die Herstellung von Situationen und Angeboten, die dem aktuellen Entwicklungsstand und dem Prozess in der Gruppe angemessen sind, zum Beispiel durch Spielaktionen, Freizeitunternehmungen, die Gestaltung des Lebensalltags und des Gruppenraumes, Sport und Bewegung und Angebote der ästhetischen Erziehung (Theater, Malen nach Musik, Pantomime, Maskenspiel) als wichtiges Element des Aufbaus der Gruppenidentität;
- das Schaffen einer kommunikativen Gruppenatmosphäre mit den Möglichkeiten für die Gruppenmitglieder, selbst wählen und entscheiden zu können, um die soziale Weiterentwicklung der Gruppe und das personale Wachstum des Einzelnen zu sichern.

Die Übertragungssituation in der Gruppe

Psychische Erfahrungen werden, wie beim kleinen Klaus, nicht nur auf einzelne Personen wie die Erzieherin oder wie in diesem Fall auf den begleitenden Psychologen übertragen, sondern die soziale Gruppe selbst ist ein Übertragungsmedium, in der unbewusste Wünsche, emotionale Kränkungen und frühe soziale Muster (Bindungserfahrungen) aktualisiert werden. Die Gruppe ist die Bühne, auf der Menschen agieren, alte Konflikte wiederbeleben und neue Problemlösungen entwickeln können. Einer der ersten, der diesen sozialen Raum im wortwörtlichen Sinne für Gruppenerfahrungen nutzte, war **Jacob L. Moreno** (1889 – 1974), der mit dem Verfahren der Soziometrie die Beziehungen und die Dynamik in Gruppen untersuchte und in der Entwicklung des Psycho- bzw. Soziodramas Elemente des Stegreiftheaters zur Veränderung von Gruppen und Einzelner einbezog. Morenos **Theorie des „Sozialen Atoms"** mit der Annahme, dass psychisches Wohlbefinden und reife soziale Beziehungen durch das Ausmaß bestimmt werden, wie ein Mensch durch die „Schalen" seiner sozialen Beziehungen gehalten wird und Sicherheit erfahrt, belegt die Notwendigkeit, im Verhalten auffällige Menschen durch Gruppenprozesse zu integrieren. Der „Schatten" (im jungschen Sinn: unbewusste, abgespaltene Persönlichkeitsanteile) ungelöster Konflikte und nichtbefriedigter Bedürfnisse beim Menschen lässt sich durch die Gruppe auflösen.
Ein gutes Hilfsmittel zur Diagnostik individueller Probleme und die Darstellung von Positionen in der Gruppe liefert das soziodynamische Gruppenmodell von Anneliese Heigl-Evers, das in der pädagogischen Arbeit mit Gruppen Heranwachsender und Jugendlicher Anwendung finden kann:

Grundpositionen in der Gruppe

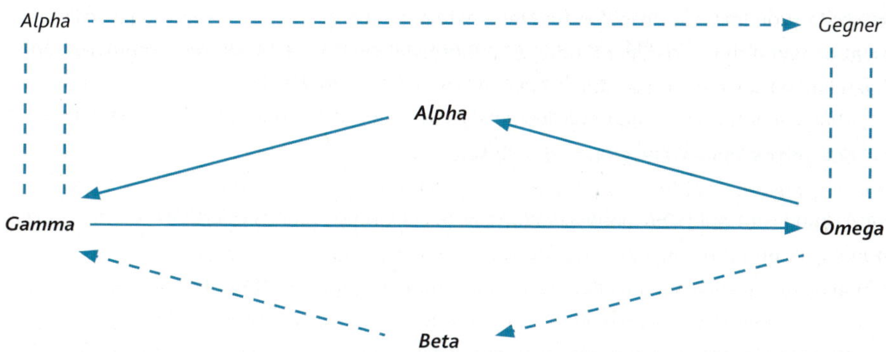

(Heigl-Evers, 1966, S. 64)

An dieser soziometrischen Darstellung von Gruppenbeziehungen wird deutlich, dass in der Interaktion in Gruppen klassischerweise vier Grundpositionen besetzt werden, die in der Regulierung von Nähe und Ferne quasi „geschwisterliche" Positionen zueinander definieren. Das emotionale Zusammenspiel der Gruppenmitglieder baut sich in der Regel um die Themen „Konkurrenz, Anerkennung und Wertschätzung" auf und die einzelnen Positionen verhalten sich komplementär zueinander. Das heißt, jede einzelne Position ist von der jeweils anderen abhängig und macht diese erst möglich. Letztlich drückt sich in den Gruppenpositionen auch so etwas wie eine „Hackordnung" oder Rangfolge aus, die Gruppen typischerweise aufbauen und die ihre Dynamik prägen.

- **Alpha** übernimmt die Führerschaft in einer Gruppe. Er verkörpert für die Gruppe das Gruppenideal und den idealen Anführer in der Bekämpfung des in der Gruppe erlebten Gegners (Omega). Ihm traut man zu, die Aufgaben zu lösen, die sich der Gruppe als Ganzes stellen. Die Identifikation mit dem Anführer erlaubt den normalen Mitgliedern der Gruppe (Gammas) sich stark und sicher zu fühlen. Angst, Unsicherheit und auch Schuldgefühle werden durch das Vertrauen auf die Führungskraft Alphas wirksam entlastet. Alpha organisiert und verteilt im Regelfall die von der Gruppe zu lösenden Aufgaben.

- **Beta** ist sozusagen der zurückhaltende, ausgeglichene und ausgleichende Fachmann oder Berater in einer Gruppe. In vielen Eigenschaften gleicht er auch der Alpha-Position; er ist von den Mitgliedern (Gammas) geschätzt und angesehen, wird auch im Konfliktfall gerne herangezogen, ihm fehlt aber der aggressive, dominante Charakterzug des Alphas. Er sorgt dafür, dass der Gruppen-Omega nicht aus der Gruppe ausgestoßen wird, bemüht sich in Gesprächen und Appellen um die Tolerierung des Außenseiters. In Bezug auf Alpha besteht oft eine latente Gegnerschaft, ohne dass es zu einem offenen Bruch kommt. Die Beta-Position kann im Zusammenspiel der gesamten Gruppe auch von einer (kleinen) unabhängigen Subgruppe repräsentiert werden, deren Beitrag in der Versachlichung von Konflikten besteht.

- Die **Gammas** sind die klassischen Mitläufer in einer Gruppe. Sie repräsentieren das dumpfe „Man" des Gruppenideals und den unreflektierten „Group-think". Sie befolgen Anweisungen und Regeln widerstandslos. Durch ihr Verhalten tragen sie die Führerposition Alphas, gleichzeitig vermitteln sie diesem das Gefühl von Macht und Ansehen. Wie in Kap. 3.3 „Klapperschlangen gegen Adler" zu sehen, kann es in extremen Konfliktsituationen zur Abwahl eines Gruppenführers kommen, wenn er nicht rigoros genug für die Ideale der Gruppe außen oder gegen den Gegner innen einschreitet. Umbruchsituationen in einer Gruppe werden häufig durch Zersplitterung der Gruppe der Gammas und anschließender erneuter Einigung eingeleitet.

- Die letzte Position – im wahrsten Sinne des Wortes – in der Gruppe repräsentiert **Omega**. Omega ist der „Sündenbock" und „Prügelknabe" der Gruppe. Er verkörpert in sich die personifizierte Abscheu der Gruppe. Man hasst ihn und mit ihm alles, was Omega für die Gruppe darstellt. Dennoch bleibt das „Opfer" mit der Gruppe durch Schuld und die gemeinsame Geschichte verbunden. Durch die Feindschaft zu Alpha ermöglicht er diesem die Ausrichtung der Gruppe auf ein gemeinsames „Feindbild".

Positionen in der Gruppe: Das FASTMOB-Modell

Mit Hilfe der soziodynamischen Formel Heigl-Evers lässt sich das soziale Feld der Gruppe und die Beziehungen in ihr (vgl. Kap. 3.3.3) auch in Form eines Drehbuchs der Gruppe darstellen und analysieren. Die idealtypischen Positionen Alpha, Beta, Gamma und Omega lassen sich in für Gruppen typischen Rollenbesetzungen wiederfinden und ausdifferenzieren, die ich in die folgende Übersicht gebracht habe:

Position:	Mögliche Rollen:	Funktionen:	Lösungen für Gruppenarbeit:
Der Führer	Leiter, Boss, Rädelsführer, Diktator	Machtzentrum, Lenkung, Organisation, idealisierte Figur, angstbesetzt	Einbeziehung des Führers in demokratische Entscheidungsfindung
Der Außenseiter	Clown, Exot, Kasper, Prediger, Sonderling	Ablenkung, Unterhaltung, Ironie in Bezug auf Gruppenideale	Rollen- und Perspektivwechsel, Anerkennung von Individualität und Andersartigkeit
Der Sündenbock	Prügelknabe, Schwarzes Schaf, Blitzableiter, Dummkopf, Trottel	Ablehnung und verkörperte Gegnerschaft, Anti-Ideal der Gruppe	Veränderung der Gruppensituation und Erfahrungsräume
Der Tüchtige	Streber, Eiferer, Arbeitstier, Gruppenesel	Anpassung und Produktivität, Ambivalenz in der Gruppe: Neid und Mitleid	Stärkung eigener Meinungsfindung, Unterstreichung der erbrachten Leistung

Position:	Mögliche Rollen:	Funktionen:	Lösungen für Gruppenarbeit:
Der Mitläufer	Mitglied, Herdentier, Nickesel, das Schaf, der Brave, Angepasste	Undifferenzierte Masse, Konturlosigkeit, Anpassung und Akzeptanz des Leiters	Aufforderung zu individueller Rückmeldung und kritischen Anmerkungen
Der Opponent	El Rebello, Kritikaster, Nonkonformist, Anarchist, Spinner, Idealist	Antihaltung und Opposition, Nichtanpassung, Antiführer zum Leiter, Einzigartigkeit, Kompromissunfähigkeit	Versachlichung der Kritik, Kritik und neue Wege als Gruppenressource, Ausprobieren neuer Wege und Kompromisse
Der Beliebte	Sonnenschein, Berater, Fachmann, Vermittler, Stimmungsmacher	Soziale Kompetenz, Führungsschwäche, Emotionalität, Harmonie, Ausgleich	Aufdecken der Harmonisierungstendezen, Stärkung von Kritikfähigkeit und emotionaler Auseinandersetzung

Besonders in der Arbeit mit verhaltensauffälligen Kindern und Jugendlichen ist es wichtig, darauf zu achten, dass mögliche Altkonflikte – zum Beispiel die Einnahme der Omegaposition – sich nicht wiederholen beziehungsweise dass frühzeitig Situationen geschaffen werden, soziale Prozesse flexibel zu halten und alle Gruppenmitglieder zu integrieren. Dieses kann über Spielsituationen, an die Gruppe als Ganzes gerichtete Aufgaben oder durch das Schaffen neuer Erfahrungsräume passieren, wie Sie im nächsten Abschnitt sehen können.

1. **Skizzieren Sie mithilfe der soziodynamischen Formel die Gruppe, in der Sie Ihr letztes Praktikum gemacht haben. Entwickeln Sie ein Drehbuch zu „Ihrer Gruppe“, in dem Sie unterschiedliche Rollenbesetzungen Alphas, Betas, Gammas und Omegas beschreiben.**
2. **Stellen Sie im Gruppengespräch Überlegungen dazu an, welche pädagogischen Hilfen für diese Gruppe geeignet wären, soziale Positionen flexibler zu gestalten und Außenseiter in die Gruppe zu integrieren.**

6.4.3 Erlebnispädagogik – „Handeln statt Behandeln" (Kurt Hahn)

Erlebnispädagogik und erlebnispädagogische Konzepte haben Konjunktur. In einigen Bereichen der stationären Erziehungshilfe bei der Arbeit mit verhaltensauffälligen Kindern und Jugendlichen gelten erlebnispädagogische Projekte insbesondere mit dem Charakter der Vermittlung von Grenzerfahrungen als ein „letztes" Mittel, Veränderungen im Verhalten von Kindern und Jugendlichen herbeizuführen. Ob sich diese Hoffnung immer erfüllt, ist fraglich. Auf jeden Fall wirkt sich ein Milieuwechsel mit der Erfahrung neuer, natürlicher Räume und die dadurch erzwungenen Veränderungen im Gruppengefüge auf das Erleben und Verhalten von Menschen aus.

Erlebnispädagogik

Unter Erlebnispädagogik versteht man Aktivitäten, die geeignet sind, zum Lebensalltag von Kindern und Jugendlichen gegensätzliche und neue naturnahe Erlebnisse zu vermitteln, die unmittelbar zugänglich sind und auf den Menschen als Ganzes – auf seine Sinne, seine Motorik, seine Emotionen und sein soziales Verhalten – einwirken.

Insbesondere naturnahe, erlebnispädagogische Projekte wie Bergwandern, Kraxeln, Segeln, Skiwandern, größere Rad-und Kanutouren, Expeditionen mit Pferden usw. wirken auf die Erlebnisfähigkeit und Selbstwahrnehmung der beteiligten Gruppenmitglieder, weil sie das Bewusstsein für Abhängigkeiten im ökologischen Nahraum und ebenfalls im Feld der sozialen Gruppe neu öffnen.

Eine Abgrenzung erlebnispädagogischer Vorhaben zur Freizeitpädagogik ist nicht immer einfach. Im Mittelpunkt erlebnispädagogischer Vorhaben stehen aber die primären Erfahrungen, die der Mensch mit sich in seiner Beziehung zur Natur, in der Beziehung zu sich selbst und der Beziehung zu anderen macht. Erleben, Erfahrung und Erkenntnis bilden die Einheit eines emotionalen Gesamteindrucks, der wie eine Initialzündung auf den Lebensalltag wirken soll und behilflich ist, den Alltag mit diesen Erfahrungen neu zu strukturieren.

Die sich im erlebnispädagogischen Ansatz ausdrückende Zivilisationskritik ist nicht neu. Der Grundgedanke „aus grauer Städte Mauern" – dem Arbeitstakt, der Rationalität, der Lebensfeindlichkeit und Entfremdung der industrialisierten Großstädte – zu entfliehen, findet sich bereits zu Beginn des zwanzigsten Jahrhunderts u. a. bei der „Bündischen Jugend" und der Sozialistischen Arbeiterjugend.

Seit den 1980er-Jahren kommt es vor allem im Bereich der stationären Jugendhilfe zu einer Renaissance erlebnispädagogischer Ansätze. Zerbrechende soziale Systeme, der überwältigende Einfluss von Massenmedien und die leichte Erreichbarkeit von Konsumgütern prägen das mühelose Aufwachsen von Kindern und Jugendlichen; es ist zu einem Leben aus „zweiter Hand" geworden, das kaum noch authentische Erfahrungen der Wirklichkeit und Wirkmöglichkeiten für Heranwachsende bereithält. Hier setzen moderne erlebnispädagogische Konzepte an, deren Bandbreite von „sanfter“ erfahrungsbetonter Arbeit mit Kindern und Jugendlichen in Naturwanderungen, Zirkusprojekten, naturnahem Zelten und Spielen bis hin zu bewusst Grenzsituationen und Risiken suchenden „harten“ erlebnispädagogischen Projekten reicht, wie mehrmonatige Segeltörns, Überlebenstraining im Gebirge, Skilanglauf und Draußencampieren im Winter in Skandinavien oder die Erfahrung von extremer Armut und das Aufsichgestelltsein in fremden Kulturen. Solche erlebnispädagogischen Projekte mit (verhaltensauffälligen) Kindern und Jugendlichen erfordern vom begleitenden Pädagogen ein hohes Maß an Kenntnissen des geographischen Raumes, Sachkompetenz in der Einschätzung von Gefahren und Risiken sowie eine gute physische Konstitution. Gerade unter den Bedingungen extremer Naturlandschaften muss der Erzieher über eine Zusatzausbildung verfügen, um die Gefahren für die Gruppe vorausschauend minimieren zu können.

Beispiel: Erlebnisraum „Berge und Gebirgslandschaft“

Wohl kaum eine Landschaft vermittelt Menschen noch so unmittelbare Erfahrungen und Impressionen wie das Gebirge. Das Erleben von Gegensätzen – Täler und Berge, dunkle Wälder und helle Berganstiege, Erschöpfung und Ausruhen – prägt die Auseinandersetzung, die Kinder und Jugendliche in diesem naturnahen Erlebnisraum haben. Der Blick in die Tiefe, die Überwindung von Angst und das Leben in der Gruppe reizen die Abenteuerlust junger Menschen. Auch ganz normale Bergwanderungen ohne besondere Bergführerausbildung vermitteln schon emotionale Eindrücke dieser Art. Nicht vergessen werden sollte, dass für viele Jugendliche stundenlanges Alleingehen und Alleinsein „neue“ Erfahrungen sind, die im abendlichen Gespräch gut thematisiert werden können. Sonneneinstrahlung, die Witterung, Gerüche, Farben, Stille und Geräusche von Vögeln und Tieren, Wasserläufe, denen man folgen kann, verdichten sich zusammen mit dem Körpererleben zu einem Gesamteindruck, der die Sinne empfänglich macht für Neues, für Abenteuerliches, für sich selbst. Bei Bergtouren mit Jugendlichen stehen drei Erlebnisbereiche im Vordergrund:

- **Ich-Erlebnis:** Körpererfahrungen wie physische Anstrengung, Hitze oder Kälte, Hunger und Durst, ungewohntes Bergangehen, der Rhythmus des Gehens und des Atmens, das Austesten der Leistungsfähigkeit, ein Ziel vor Augen haben, dem man sich mühsam nähert, sind solch zentrale Erfahrungen, die jeder Teilnehmer einer Bergwanderung unterschiedlich erlebt und interpretiert.
- **Gruppenerlebnis:** Die Berge bringen Menschen zwangsläufig in Kontakt zueinander. Aufgrund der Verletzungsgefahr ist es wenig ratsam, sich alleine auf den Weg zu machen. Die Gruppe als Gemeinschaft symbolisiert beim Bergwandern den Schutz und die Sicherheit, die der Einzelne aufsucht.

Veränderungen des Wetters, teilweise schwer gehbare oder unpassierbare Wegstrecken, die zur Umkehr oder dem Weitergehen veranlassen, erzwingen Klärungsprozesse. Schnell werden Sympathien und Antipathien in einer Gruppe deutlich. Durch die gemeinsame Planung der Wegstrecke und die Orientierung im Gelände müssen neue Gruppennormen verhandelt werden. Rücksicht und Hilfsbereitschaft werden zu zentralen Eigenschaften der Teilnehmer. Kompetenzen des Einzelnen, die im Alltag der Gruppe verborgen bleiben, erscheinen in einem anderen Licht. Derjenige, der es versteht, eine Gruppe an einem müden Punkt durch einen Spaß weiterzubringen, erfährt Anerkennung genauso wie derjenige, der sich um Zurückbleibende bemüht und den Anschluss an die Gruppe hält.

- **Naturerlebnis:** Das Gebirge hat seine eigene Gesetzmäßigkeit und zwingt Menschen, die sich in der Berglandschaft bewegen, einen eigenen Rhythmus auf. In Kulturlandschaften bewegen sich Menschen in der Regel geradewegs ohne große Mühe auf ein Ziel zu. Wegstrecken im Gebirge verlangen, um ans Ziel zu kommen, Ab- und Umwege. Der Aufstieg führt durch unterschiedliche Vegetationsgürtel. Bäume und Pflanzen verändern ihr Aussehen mit den gewonnenen Höhenmetern. Die vielgestaltige Landschaft – Wälder, Wiesen, Geröllflächen, Felsen, Schneeflecken an geschützten Stellen, schneebedeckte Gipfel, der weite Blick in die Ferne – ermöglichen immer neue Perspektiven und vermitteln das Gefühl von Einsamkeit und Ausgeliefertsein.

(vgl. Umbach, 1991, S. 58 ff.)

Erlebnispädagogik mit verhaltensauffälligen Kindern und Jugendlichen ist keine Spaßpädagogik. Extreme Situationen wie bei Bergtouren, beim Segeln oder mehrtägigen Wanderungen stellen einen geschlossenen Gruppenkontext her, dem sich die Teilnehmer nicht entziehen können. Erzieherinnen, die solche Projekte begleiten, kommen schnell an eigene Grenzen. Deshalb sollte die Gruppenstärke möglichst klein gehalten werden. Der Wegfall gewohnter Konfliktlösemechanismen und Ablenkungsmöglichkeiten baut bei Kindern und Jugendlichen emotionale Spannungen auf, die sich in einer Verstärkung von Verhaltenssymptomen zeigen können. Entlastungsgespräche und Verständnis für die ungewohnte Belastungssituation der Jugendlichen stützen die Bereitschaft, weiter an dem Gruppenvorhaben teilzunehmen. Spannungen und Konflikte in der Gruppe, die während eines Vorhabens auftreten, müssen an Ort und Stelle thematisiert und gelöst werden. Erst dadurch kann die Gruppe zu einem eigenen Rhytwhmus und einer eigenen Gestalt finden. Für die Arbeit mit Kindern ist es sinnvoll, Spielsequenzen und gemeinsam zu lösende Aufgaben in die Annäherungsphase an die Landschaft einzubauen, um sie mit der Situation vertraut zu machen.

6.4.4 Elternarbeit und familienorientierte Pädagogik

Gesellschaftliche Institutionen, die sich mit Verhaltensproblemen von Kindern und Jugendlichen auseinander setzen wie Schulen, Kindergärten, Heime oder Jugendfreizeiteinrichtungen sind schnell geneigt, ihre eigenen Hilfsmöglichkeiten zu unter- und die fremder Institutionen oder Beratungsstellen zu überschätzen. Die Abgabe und Weiterreichung eines „Problems" an Experten, die dann für das Wohl des Kindes verantwortlich gemacht werden können, spiegelt institutionell den Glauben an eine Erlösung von außen, die in dieser Form selten erfolgt. Dass ein solcher Schritt gleichzeitig zu einer weiteren Destabilisierung und Desintegration eines Kindes in seinem sozialen Feld führen kann, machen sich die wenigsten Erzieherinnen bewusst. Aus systemischer Sicht heraus betrachtet wiederholt sich in diesem Verhalten von Institutionen etwas, was das betreffende Kind bereits aus Familienzusammenhängen kennt: ausgesondert und abgeschoben zu werden. Der Zusammenhang, in dem das „Problem" des Kindes steht, wird dadurch eher noch verfestigt (vgl. Kap. 6.3 Labeling-Ansatz). Besser als das Problem „Kind" abzugeben, ist es, sich um Hilfen für die diagnostische Arbeit zu bemühen. Rückhalt und fachliche Beratung für das eigene Erzieherverhalten können die gleichen Experten geben, die ggf. auch das Kind behandeln würden.

Soziotop-Modell nach Marga Rothe

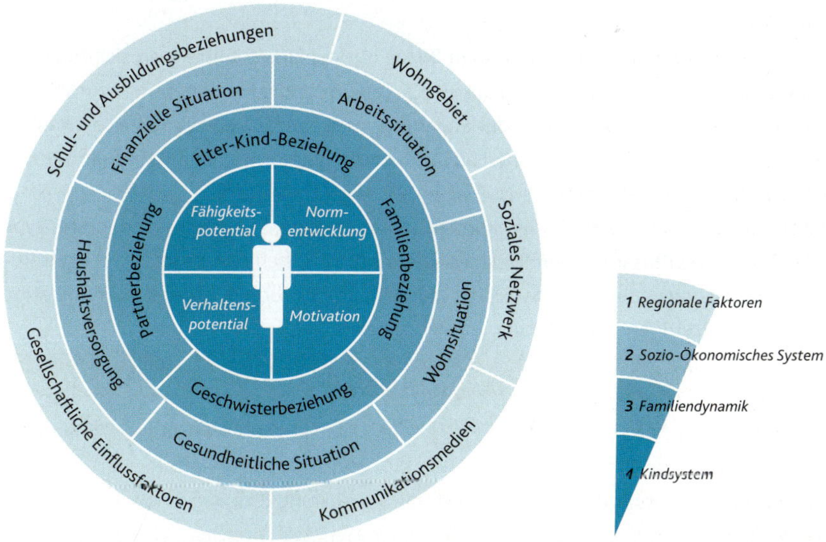

(vgl. Rothe, 1992, S. 70)

Vor dem Schritt der Hinzuziehung von „Erziehungsexperten" sollte man im Team der entsprechenden Einrichtung überprüfen, ob das Problemverhalten des Kindes nicht mit eigenen Mitteln, wenn nicht gelöst, so doch verbessert werden kann. Umgestaltungen in der Lebensumwelt des Kindes gehören ebenso zur Sichtung der Hilfsmöglichkeiten für ein verhaltensschwieriges Kind wie das Bemühen um vermehrten Elternkontakt oder Familiengespräche. Sich ein eigenes Bild von der häuslichen Umgebung des Kindes zu machen, ganz konkret seiner Lebenswelt, seinen Spiel- und Freizeitmöglichkeiten und seinen Ausdrucksformen nachzuspüren, vermittelt dem Erzieher manchmal schon Ideen, wie man ein Verhaltensproblem bei einem Kind oder Jugendlichen lösen könnte. Dazu gehört zweifelsohne viel Engagement und individueller Einsatz. Wie man solche Nahräume von Kindern systematisch überprüft und in eine Förderplanung (vgl. Kap. 7) einbezieht, zeigt das vorhergehende Schaubild, das in der Arbeit mit Problemfamilien entwickelt wurde.

In der Kooperation mit beratenden oder begleitenden Fremdinstitutionen muss von Anfang an geklärt sein, wer die Federführung in der Förderung des Kindes oder Jugendlichen hat. Die Ordnung so genannter Helferkolonnen (Jugendämter, Erziehungsberatungsstellen, sozialpädagogische Familienhilfen, Gesundheitsämter, Schulen, Kindergärten) im Einzelfall ist zwar mühsam, aber wichtig, damit alle an einem Strang ziehen und das Kind nicht zum Opfer sich widersprechender Erziehungsvorstellungen wird.

Wegweiser für Elterngespräche

Der Kontakt und die Beziehungsaufnahme zu den Eltern betreuter Kinder und Jugendlicher ist für viele Berufsanfänger im Feld der Erziehung ein schwieriges Kapitel. Elterngespräche im Kindergarten, in der Schule oder im Heim, insbesondere dann, wenn es um ein im Verhalten schwieriges Kind geht, gestalten sich nicht problemlos.

Im Rahmen der eigenen Wahrnehmung der Erzieherin in Bezug auf die Eltern sollte man sich folgende Fragen stellen: Durch welche „Brille" sehe ich denn die Eltern, denen ich die Hand gebe, sie zum Sitzen einlade, nach Kaffeewünschen frage. Haben sie in der Erziehung ihres Kindes versagt? Sind sie unfähig, stur, simpel oder versuchen sie ihr Bestes? Kommen sie an Grenzen genau wie ich? Bemühen sie sich um das Kind? Tragen sie ihre Verantwortung?

Sie sehen, Elternkontakte und Elterngespräche können durch eigene Vorurteile und stereotype Wahrnehmungen erheblich beeinflusst werden. Deshalb ist es sinnvoll, sich den Prozess wechselseitiger Wahrnehmung von Eltern und Erzieherin bewusst zu machen, um Störungen in der Kommunikation zu vermeiden. Zu den wechselseitigen Einstellungen und Vorurteilen gehören:

Vorurteile der Eltern		Vorurteile der Einrichtung
• Ängste, versagt zu haben	⟷	• Erziehungsunfähigkeit und fehlende Einsicht
• Unsicherheit in der Gesprächssituation	⟷	• Zeit- und Problemdruck
• Scham, in der Nachbarschaft oder im Freundeskreis aufzufallen	⟷	• fehlendes Konzept für Elternarbeit
• Minderwertigkeit und Bloßstellung	⟷	• Professionalität und technokratischer Umgang
• Aggression aus Schuldgefühlen heraus	⟷	• Misstrauen in Veränderungsbereitschaft
• Probleme, sich verbal auszudrücken	⟷	• Unterstellung von Dummheit
• wenig Zeit, materielle Probleme	⟷	• Desinteresse

Die Möglichkeiten, sich in Elterngesprächen grundlegend misszuverstehen und aneinander vorbei zu reden, sind sehr vielfältig. Ein gutes Elterngespräch lebt von der Zeit und der Ruhe, die man den Anliegen der Eltern widmet. Deshalb zum Ende des Kapitels einige Hinweise, wie Erzieherinnen die Gesprächsatmosphäre verbessern und die gemeinsame Sorge um das Wohlergehen des Kindes ausdrücken können:

- Nehmen Sie sich für ein Elterngespräch Zeit. Sorgen Sie für einen deutlichen Bruch zwischen Alltagsarbeit und dem Kontakt mit Eltern.

- Halten Sie sich an formelle Begrüßungsrituale. Holen Sie Eltern an der Tür zur Einrichtung ab, erzählen Sie von sich und Ihrer Arbeit. Machen Sie Eltern mit Räumen vertraut.
- Probieren Sie über Anschlussmanöver Kontakt zur Erfahrungswelt von Eltern/Familien zu bekommen, erkundigen Sie sich, ob die Eltern sich von der Arbeit problemlos frei machen konnten, ob der Weg in die Einrichtung für sie beschwerlich war, wo sie wohnen usw., um sich auf die „Choreografie" des Kontakts einzustimmen.
- Sorgen Sie für das „Wohl" ihrer Gäste, bieten Sie Getränke u.Ä. an; manchmal hilft schon der „Small-Talk", Ängste und Unsicherheiten abzulegen.
- Teilen Sie den Gesprächsanlass als gemeinsame Sorge um das Kind mit. Sprechen Sie die starken und liebenswerten Seiten des Kindes an, schildern Sie beispielhaft Ihre Beziehung zu dem Kind.
- Seien Sie durch aktives Zuhören den Eltern behilflich, ihre Perspektive auf das Problem zu formulieren. Respektieren Sie durchgehend die Kompetenz der Eltern in der Erziehung des Kindes.
- Halten Sie die Gesprächsatmosphäre frei von erzieherischen Zwecken. Sobald Eltern Vertrauen in Ihre Kompetenz fassen, ihnen bei der Erziehung des Kindes behilflich zu sein, bekommen Sie die Informationen, die Sie benötigen.
- Wenn Elternarbeit zu „anstrengend" wird, reduzieren Sie Ihre Erwartungen. In Kontakt zu bleiben, ist häufig erst einmal genug.

7 Geplant vorgehen und zielbewusst handeln – Planungsmodelle erzieherischen Handelns

7.1 Situationen und Anlässe geplanten Handelns

Hartmut kommt immer zu spät

Hartmut lebt in einem Wohnheim für Menschen mit Behinderungen und arbeitet in einer Werkstatt, die ca. 7 km vom Wohnheim entfernt liegt, in der Verpackungsabteilung für Elektrogeräte. Hartmut ist ein freundlicher, netter, junger Mann. Seine geistige Beeinträchtigung ist nicht sehr stark ausgeprägt. Man kann sich gut mit ihm unterhalten, wenn man sich mit ihm über einfache Themen wie Fußball, Essenspläne oder den Tag in der Werkstatt unterhält. Aufgrund des Alters konnten sich seine Eltern um Hartmut nicht mehr kümmern, sodass er vor drei Jahren in das Wohnheim gezogen ist. Der Abschied von zu Hause fiel ihm nicht leicht. Er musste sich an viele neue Sachen gewöhnen, um die sich sonst seine Eltern kümmerten. Schmutzwäsche in den Wäschebeutel packen, neue Wäsche in den Schrank sortieren, Brote schmieren beim Frühstück und Abendbrot, an das Duschen denken, das Getränkegeld für die Werkstatt mitnehmen und vieles andere mehr. Hartmut ist in der Gruppe und bei seinem Zimmergenossen Jörg (47) gut angesehen und beliebt. Sie mögen seine Späße beim Abendbrot oder beim Spazierengehen. Wenn bloß sein Zuspätkommen nicht wäre. Jeden Morgen wiederholt sich das gleiche Spiel. Hartmut wird um 6.30 Uhr geweckt, räkelt sich, sagt „Ja – steh schon auf", dreht sich um, schläft wieder ein. Das nächste Mal um 6.45 Uhr: dieselbe Situation – dasselbe Ergebnis. Erst auf massiven Druck seitens der Erzieherin, die jetzt im Zimmer stehen bleibt, bis Hartmut auf ist, kann sich Hartmut aufraffen. Jetzt wird die Zeit knapp – um 7.30 Uhr fährt der Bus. Schlaftrunken sucht Hartmut seine Sachen zusammen, wäscht sich oberflächlich, mault die Erzieherin an, sie soll ihm helfen, kramt in seinen Sachen – sucht nach Rudi, dem Stoffhasen, der mitmuss – meckert Jörg an, der seine Tasche aus dem Zimmer holt, und ist endlich um 7.20 halbwegs fertig. Er kommt in die Küche und muffelt die übrigen Gruppenmitglieder an, sie sollen Platz machen, setzt sich hin, trinkt eine halbe Tasse Kaffee und beißt von der Schnitte ab, die ihm die Erzieherin mitleidsvoll geschmiert hat. Die anderen gehen schon zum Bus. Aus der Gruppe hört man die Bemerkung: „Immer müssen wir auf den warten!" Um 7.27 stürzt Hartmut zur Garderobe, die Schnitte in der Hand, ein Hemdzipfel schaut aus der Hose raus, erwischt den Bus „wie immer" in letzter Minute. Zähne hat er sowieso nicht geputzt. Es ist jeden Morgen dasselbe.

Die kleinen Catcher

Kindergarten „Kunterbunt", Dienstagmorgen, 9.45 Uhr. Aufgrund des schönen Wetters spielen die Kinder der „Mäusegruppe" draußen. In der altersgemischten Gruppe, in der zwei Erzieherinnen arbeiten, kommt es in offenen Spielsituationen schnell zum selben Problem. Eine Gruppe, bestehend aus den drei 5- bis 6-jährigen Jungen Stefan, Olav und Redzo, nutzen vorher friedliche Spielsituationen für

„wilde" Aktionen, indem sie lange Stöcke, Holzreste und normales Spielgerät zu „Waffen" umfunktionieren, damit herumfuchteln, die Waffen gegeneinander oder gegen sonst „friedfertige" kleinere Jungen einsetzen. Die Mädchen und jüngeren Kinder in der „Mäusegruppe" werden zunehmend von den aggressiven Spielen und dem gewalttätigen Gehabe der drei Jungen eingeschüchtert. Wenn die drei Jungen anfangen zu spielen, tauchen sie in eine Phantasiewelt ab, in der Comic-Figuren und Serienhelden zu Vorbildern ihres Verhaltens werden. Im Spiel springen die drei sich an, ringen miteinander, brüllen, wenden auch Würgegriffe an, so wie sie es im Fernsehen bei „Wrestling-Sendungen" sehen. Die Kindergartengruppe funktioniert nicht mehr gut. Versuche, die drei Jungen zu trennen hat es schon gegeben, das hat nicht funktioniert. Die beiden Erzieherinnen sind ziemlich ratlos. In vierzehn Tagen ist mit den Eltern der „Mäusegruppe" ein Elternabend verabredet. Soll man diese Spielsituationen oder das Verhalten der Kinder ansprechen?

Scheißkanaken – Scheißkartoffeln

Szenenwechsel. Wir befinden uns in einer Jugendfreizeiteinrichtung, in einem so genannten „Haus der offenen Tür" in einer westdeutschen Großstadt. Die Jugendfreizeiteinrichtung liegt in einem Stadtteil mit ungefähr 30 000 Einwohnern an der Peripherie des Innenstadtzentrums. Ursprünglich war die industrielle Großstadt vom Bergbau und der Eisenverhüttung geprägt. Der Strukturwandel der Industrie führte zu erheblichen sozialen Spannungen. Jugendarbeitslosigkeit und fehlende Perspektiven für Ausbildung und Weiterbeschäftigung verunsichern etliche jungendliche Besucher des „Hauses der offenen Tür". Zurzeit frequentieren insbesondere drei unterschiedliche Besuchergruppen das Haus: deutsche Auszubildende und junge Arbeitslose, ausländische Jugendliche und Jugendliche aus Aussiedlerfamilien. Zwischen diesen drei Gruppen kommt es zu Spannungen. Treffpunkt für alle ist das Jugendcafé oder auch der Kicker, der bei allen nach wie vor beliebt ist. Bisher ist es dem Sozialarbeiter mit Unterstützung von zwei teilzeitbeschäftigten Erzieherinnen gelungen, eine Gewalteskalation zwischen den Jugendlichengruppen zu verhindern. Auf rechtsradikale Äußerungen oder militante Gewaltandrohungen reagiert man in der Einrichtung sofort und konsequent mit zeitweiligen Hausverboten. In einigen Fällen musste man bei Schlägereien vor der Eingangstür die Polizei rufen, um die streitenden Gruppen zu trennen. Dem Team um den Sozialarbeiter herum ist klar, dass die Situation zurzeit zwar erträglich ist, auf Dauer gesehen aber Probleme in sich birgt, die tagtäglich eskalieren können.

1. Nehmen Sie sich in unterschiedlichen Arbeitsgruppen jeweils eine Szene vor und benennen Sie das pädagogische Problem oder den Anlass, der Ausgangspunkt für Ihr pädagogisches Handeln sein soll.
2. Analysieren Sie in Ihrer Arbeitsgruppe, welche Situationsbedingungen berücksichtigt werden müssen, um das Problem mit pädagogischen Mitteln zu lösen.
3. Entwickeln Sie in Ihrer „Planungsgruppe" auch Vorschläge zur Lösung des Problems und begründen Sie Ihren Ansatz.

Warum überhaupt planen?

Geplantes Erziehungshandeln setzt in solchen Alltagssituationen ein, wie sie gerade von Ihnen gelesen und besprochen wurden. Hartmuts ewiges Zuspätkommen, unter dem er und andere leiden, das Spielverhalten von Kindern, das pädagogisch aus dem Ruder läuft oder die untergründigen Spannungen zwischen Gruppen von Jugendlichen in einem Jugendheim sind pädagogische Anlässe zum Nachdenken darüber, wie man diese Situationen verändern könnte. Planung beginnt also nicht bei der Organisation und Durchführung von Angeboten, die sich aus der Sache selbst begründen würden. Denn das Merkmal **situationsoffener Planungen** ist die unmittelbare Begründung und Ableitung des pädagogischen Tuns aus Problemstellungen im pädagogischen Alltag, aus der unmittelbaren Situation und Betroffenheit von Menschen in dieser Gesellschaft.

Und das können ganz alltägliche Situationen und Probleme sein wie die Veränderung einer Sitzordnung beim Essen, Hilfestellung beim Einsortieren von Wäsche, die Einführung kooperativer Spiele und Spielformen im Kindergarten, ein Zahnarztbesuch, der vorbereitet werden muss, Hausaufgabenhilfen im Heim und vieles mehr. Selbst die morgendliche Begrüßung kann Anlass sein, sich Gedanken über pädagogische Veränderungen und Spielräume des eigenen Erziehungsverhaltens zu machen. Fragen Sie auch ruhig mal im nächsten Praktikum Ihren Praxisanleiter oder Ihre Praxisanleiterin, warum er oder sie so und nicht anders ein Kind begrüßt, ein Kind zum Spiel motiviert, ein anderes dagegen im Verhalten bremst, warum eine bestimmte kleinere Gruppe für eine Aktivität ausgesucht wird, welche oberflächlichen bzw. tieferen Themen die Kommunikation in der Gruppe bestimmen usw. Eine erfahrene Erzieherin wird auf all diese Fragen nach kurzem Nachdenken eine Antwort geben können, die begründetes Erziehungshandeln erkennen lässt. Zwar sind durchaus viele Kontakte oder Reaktionen der Erzieherin den betreuten Kindern oder Jugendlichen gegenüber spontan, doch geht in das Kontaktverhalten eine Menge an Hintergrundwissen ein, über das man als Berufsneuling noch nicht verfügt und verfügen kann. Das sind beispielsweise Informationen über

- die Lage und die Einbindung der Einrichtung in das Lebensumfeld von Kindern oder Jugendlichen,
- die Zusammensetzung des Teams, den sozialpädagogischen Auftrag und sozialpädagogische Methoden,
- die Geschichte, Zusammensetzung und Kommunikation der Gruppe,
- den Entwicklungsstand, die Verhaltensprobleme der einzelnen Kinder und Jugendlichen,
- Möglichkeiten pädagogischer Angebote, Zusammenarbeit mit anderen Stellen oder Gruppen,
- örtliche und zeitliche Rahmenbedingungen, die Zusammenarbeit mit Eltern, Medien und Materialien

und vieles andere mehr, was man als Erzieherin wissen muss, um zielgerichtet zu arbeiten und die Möglichkeiten des Arbeitsfeldes nutzen zu können. Wie man diese Informationen sammelt, problematisiert und pädagogisch unter einen „Hut" bekommt, ist das Thema dieses Kapitels. Dabei werden Sie bemerken, dass vieles, was Sie bereits in den vorherigen Kapiteln kennengelernt haben, für die Planung pädagogischer Praxis notwendig und brauchbar ist.

Um Aktivitäten und Erziehungsprozesse zielgerichtet zu planen, benötigt man:

- Informationen zu den Bedingungen des sozialpädagogischen Arbeitsfeldes (Kap. 1),
- eine gute Wahrnehmung seiner eigenen Berufsrolle mit ihren Handlungsmöglichkeiten (Kap. 2),
- diagnostische Grundkenntnisse (Kap. 3),

- Vorstellungen von sozialpädagogischen Arbeitskonzepten und methodisch geleiteter Arbeit in Einzelfällen, der Beeinflussung von Gruppen oder sozialen Netzen (Kap. 4),
- die Erklärung und Interpretation von Erziehungsproblemen oder Entwicklungsschwierigkeiten bei Kindern und Jugendlichen (Kap. 5 und 6).

Damit haben Sie den „roten Faden", der didaktisch durch die „Grundbausteine" sozialpädagogischen Handelns läuft. Aus diesen Teilschritten des Sichtens, Erklärens und bewussten Veränderns pädagogischer Situationen im Sinne von Planung setzt sich die erzieherische Kompetenz zusammen. Sie besteht darin, pädagogisch begründet auf Gefährdungen oder Probleme einzelner Kinder oder Jugendlicher und Gruppen einzuwirken und Lösungen zu finden. Mit dem Kapitel „Planung" haben Sie nun, um in dem Bild zu bleiben, den Abschluss-Stein in der Kompetenzentwicklung zum Berufserzieher in der Hand.

7.2 Sach- und Verlaufsplanungen

Nun werden auch wieder die Definitionen der Begriffe *Lernen* und *Erziehen* aus dem ersten Kapitel wichtig, denn bei der Planung von Erziehungsprozessen geht es darum, Lernvorgänge, die Menschen mithilfe von Gegenständen, im Zusammenhang mit Gruppen oder an sich selbst machen, zielgerichtet zu beeinflussen. Deswegen skizziere ich kurz noch einmal den Zusammenhang von Erziehung und Lernen.

7.2.1 Lernen und Erziehung

Erziehung als Verinnerlichung von Verhaltensweisen (vgl. Kap. 1) basiert immer auf Lernvorgängen (vgl. Kap. 1), die Menschen in der Auseinandersetzung und Wahrnehmung ihrer Umwelt machen. Lernen ist die Veränderung von Verhalten und Erleben aufgrund der Informationen, die aus der Umwelt aufgenommen und verarbeitet werden. In das Lernen und in die Lernprozesse gehen unterschiedliche Voraussetzungen und Bedingungen ein:

- der jeweilige Entwicklungsstand der körperlichen Reifung von Kindern oder Jugendlichen,
- die Ausbildung sensorischer oder motorischer Anlagen, unterschiedliche Fähigkeiten der Kommunikation und des sozialen Austausches und
- auch intellektuelle Möglichkeiten oder Einschränkungen des Wahrnehmens, des Begreifens und der kognitiven Verarbeitung all dieser (Umwelt)informationen.

Selbstverständlich werden auch körpereigene Wahrnehmungen und psychische Erfahrungen in Form von Lernvorgängen integriert. Insgesamt lässt sich also festhalten: **Lernen** und **Erziehung** bedingen einander gegenseitig: Lernen ohne Erziehungsvorstellungen (Ziele) kann es in geplanten Erziehungssituationen genauso wenig geben wie eine Erziehung ohne Lernen und Gegenstände/geplante Situationen, an denen sich das Lernen festmacht.

Lerntheorien und die **lerntheoretische Didaktik** begründen die Auswahl von Themen und stellen den Versuch dar, die Lernprozesse des Menschen zielgerichtet und intentional (absichtsvoll) zu beeinflussen. Theoretisch lässt sich das relativ einfach gestalten, indem Erzieherinnen auf wichtige Faktoren des geplanten Lernprozesses einwirken können:

- durch die differenzierte Beschreibung und Auswertung der Lernvoraussetzungen bei Kindern (Entwicklungsstand und Voraussetzungen der Gruppe),
- durch die Sichtung und Auswahl der Erfahrungsgegenstände (Sachebene),

- durch die Gestaltung und Modulation des Lernprozesses (Lernformen) sowie
- durch die im Lernprozess angestrebten Ziele (Lernziele) und Verhaltensänderungen.

Als Schaubild lassen sich die Grundgedanken einer lerntheoretischen Didaktik so darstellen:

Planung als Lernprozess-Steuerung

←

Erziehungsziele (wertgebundene Erziehungsabsichten) → *Erziehung (als Lernprozess-Steuerung)* → *Lerngegenstände (Sachebene und Lernfelder)* → *Lernformen (Lernstrukturen)* → *Lernen (Veränderung von Verhalten und Erleben)*

Der hier skizzierte Prozess lässt sich natürlich auch umkehren, denn Lernen, Lernformen und -felder sowie die (soziale) Ausgangslage von Lernenden wirken auf die Erziehung mit ihren Möglichkeiten zurück und bedingen die Auswahl von Zielsetzungen. Es ist notwendig an dieser Stelle auf die Wechselwirkung von Elementen in der pädagogischen Planung hinzuweisen, denn jedes Planungsmodell vereinfacht die erzieherische Wirklichkeit. Es sieht so aus, als würden die Prozesse des Planens nacheinander ablaufen; in Wirklichkeit laufen sie in der Praxis nebeneinander und häufig gleichzeitig ab.

Der Kerngedanke, der hinter dem lerntheoretischen Modell einer didaktischen Verlaufsplanung steckt, ist der, dass Lernvorgänge bei Kindern durch die Auswahl von Lerngegenständen und die Beeinflussung des Lernprozesses durch den Erzieher gut gesteuert werden können, wobei die Lernergebnisse – mithin die ursprünglichen Lernziele – gemessen und sichtbar gemacht werden können. Situationsoffene Planungen, die sich in den letzten 25 Jahren in der Vorschul-, Hort- und Heimerziehung durchgesetzt haben, leben davon, dass die Themen von Lernvorgängen aus der unmittelbaren Lebenssituation und den aktuellen Problemen der betroffenen Lerngruppe abgeleitet werden. Das hat den Vorteil, dass der Lernprozess die Kinder oder Jugendlichen auch motivational gut anspricht. Solche Themen, die unmittelbar aus dem Lebenszusammenhang oder der gesellschaftlichen Situation von Kindern und Jugendlichen abgeleitet werden, können zum Beispiel im Kindergartenbereich das Thema „Krankenhaus" sein, wenn ein Kind aus der Gruppe vielleicht mit einem Beinbruch dort liegt, die Besichtigung eines Bauernhofes oder einer Hühnerfarm, wenn Ostern naht, und man sich Gedanken darüber macht, woher denn die Eier kommen, oder im Heimbereich die Ausarbeitung eines kleinen Theaterstücks, wenn das Thema „Selbstsicherheit und Rollenverteilung" Teil des aktuellen Gruppengeschehens sind. Dass Kinder und Jugendliche Dinge lernen müssen, gehört zum Lebens- und Erziehungsalltag genauso wie das Üben des Umgangs mit geplanten Lernvorgängen von Seiten der Erzieherin. Es ist Teil des Erziehungsgeschäftes und der beruflichen Kompetenz, die sich immer weiterentwickelt.

7.2.2 Grundbausteine der Verlaufsplanung

„Was kann ich, unter welchen Bedingungen, geplant und gezielt,
(1) (2) (2) (3)
wie, worüber und mit welchen Hilfsmitteln, kontrolliert erreichen?"
(4a) (4b) (4c) (5)

In dieser didaktischen Leitfrage haben Sie bereits das Grundschema jeglicher Planung im Arbeitsfeld „Erziehung" vorformuliert. Eigentlich müssen Sie bei eigenen Planungen nichts weiter machen, als diesem Wegweiser in der Ausarbeitung einer Planung zu folgen.

- Die Frage „Was" (1) bezieht sich auf ein **Problem** oder ein **Thema**, das sich dem Erziehungshandeln stellt und Anlass der Planung ist. Ein solches sozialpädagogisches Thema wird aus der unmittelbaren Lebenswelt von Kindern oder Jugendlichen, ihren Gruppenerfahrungen oder einzelnen Problemstellungen gewonnen. (vgl. Aufgaben der Sozialpädagogik in Kap. 1.)
- Das Subjekt „ich" (2) meint ganz konkret mich in meiner **Rolle** als Handelnder im Erziehungsfeld, z. B.. als Praktikantin, Erzieherin im Anerkennungsjahr, in meiner Rolle als Mann oder Frau, meine Wertvorstellungen, persönlichen Stärken usw. (vgl. Kap. 2.) Sozialpolitische Zusammenhänge und rechtliche Aufträge bestimmen dabei den Spielraum des Erziehungshandelns.
- „Geplant und gezielt" (3) ist mein Handeln dann, wenn ich in der Lage bin, meine Erziehungsabsichten begründet aus der pädagogischen Situation, die ich analysiert habe, in Form von **Lernzielen** oder **Lernbereichen** darzustellen. (vgl. Kap. 5 und 6.)
- „Wie" (4a) bezieht sich auf die **Zugänge oder Methoden**, die ich bei einer Problemlösung benutzen kann. So lassen sich zum Beispiel aggressive Hemmungen bei einem Kind in Form von spielerischen Zugängen, durch Angebote der ästhetischen Erziehung, durch soziale Gruppenarbeit oder ausgesuchte Kleingruppenkontakte verbessern. „Worüber" (4b) meint das konkrete **Medium oder Mittel**, das zum Transport von Lernerfahrungen benutzt wird. Das kann zum Beispiel Musik oder Tanz, ein Bild oder das Medium Gespräch sein. Sportliche Aktivitäten oder Bewegung in der Natur sind natürlich ebenfalls Transportmittel für Erfahrungen. Unter **Hilfsmittel** (4c) fasst man alle Materialien und Vorkehrungen zusammen, die man benötigt, um ein Vorhaben mit einem Einzelnen oder einer Gruppe durchzuführen. (vgl. Kap. 3.)
- Am Ende eines Planungsprozesses (5) stehen die **Kontrolle** und **Reflexion** als „Qualitätssicherung" über den Erfolg oder Misserfolg des von mir geplanten Prozesses.

Aber von der Theorie erst einmal zurück zur Praxis. Das folgende Beispiel eines pädagogischen Vorhabens wurde von mir vor einigen Jahren mit ein paar Jugendlichen und jungen Erwachsenen durchgeführt. Zu den Schwierigkeiten, die im Verlauf der Durchführung entstanden sind, wird anschließend noch einiges zu berichten sein.

1. **Arbeiten Sie anhand des unten aufgeführten Zeitungsartikels/Planungsbeispiels den Anlass, Erziehungsintentionen, Lernformen und -ziele sowie die subjektiven (eigenen) Voraussetzungen heraus, die bei der Durchführung eines solchen Vorhabens beachtet werden müssen.**
2. **Überlegen Sie auch, in welche Phasen ein solches Vorhaben zerlegt werden müsste, um erfolgreich durchgeführt zu werden.**
3. **Fertigen Sie eine Liste von Dingen und Vorüberlegungen an, um die sich eine Erzieherin oder Sozialpädagogin kümmern muss, damit man vor Ort mit den Jugendlichen arbeiten kann.**

Erst brannte die Pappe und dann die ganze Hütte

Nach Gerichtsurteil: Jugendliche machten Schaden wieder gut

Es war ein Dummerjungenstreich mit Folgen: Im August des vergangenen Jahres brannte im Natruper Holz eine Schutzhütte ab. Die Feuerwehr löschte, und die Polizei stellte die Personalien von vier Jungen zwischen 19 und 24 Jahren fest. Jetzt haben die vier Brandstifter die Sache wieder in Ordnung gebracht – das dürfte auch den Richter freuen, vor dem sie sich kürzlich verantworten mussten. Ihre Wiedergutmachung: eine Woche Arbeit und das Geld fürs Material. Die Stadt hatte den Schaden mit 20 000 DM kalkuliert.

Für das Grünflächenamt war es Vandalismus, für die vier Jungs ein „netter Abend". Ein paar Bier hatten sie schon getankt, und an Nachschub fehlte es auch nicht. So machten sie es sich in der Holzhütte neben dem Bolzplatz am Tannenkamp gemütlich – Peter (20), der Klempner, Klaus (20), der Dachdecker, Volker (21), arbeitslos, und Dieter (25), der Maschinenführer.

Aber nur Zigaretten rauchen und Bier trinken – das war ihnen zu langweilig. Als es dunkel wurde, zündeten sie die Pappe ihrer Sechserpacks an, um ein wenig „Licht zu machen". Aber dann fing die Holzbank Feuer, und kurz darauf brannte die ganze Hütte lichterloh. Immerhin verständigte Klaus die Feuerwehr, ans Weglaufen dachte keiner. Das mag auch am Bier gelegen haben, wie die vier mittlerweile geläuterten Tunichtgute heute einräumen.

Der Jugendrichter verdonnerte die armen Sünder zu gemeinnütziger Arbeit und regelmäßigem Besuch der Jugendgerichtshilfe. Dieter, der schon etwas älter ist, musste 1 500 DM Geldstrafe zahlen. Aber alle zusammen bekamen darüber hinaus die Auflage, den entstandenen Schaden wiedergutzumachen. Dabei war das Ausbildungszentrum der Arbeiterwohlfahrt behilflich.

Dort absolvierte Volker eine Ausbildung, inzwischen ist er fertig. Dieser Verbindung zur Arbeiterwohlfahrt verdanken die Jungen die tatkräftige Unterstützung eines Sozialarbeiters. Für ihn ist der Fall so etwas wie praktische Lebenshilfe mit Erfolgsaussicht: Er will den vier jungen Handwerkern das Bewusstsein vermitteln, „was wir kaputt gemacht haben, bringen wir wieder in Ordnung".

Ob das die Übeltäter überzeugt? „Beim nächsten Mal lassen wir uns nicht erwischen!" sagt Klaus hinterlistig. Aber das ist zum Glück nicht ernst gemeint.

(Neue Osnabrücker Zeitung, ril, 1992)

Bei der Vorbereitung und Durchführung solcher längerfristigen Vorhaben tauchen eine ganze Menge Fragen auf, über die man sich Gedanken machen muss. Die wichtigsten bei diesem Planungsbeispiel waren: Kann ich das, was ich vorhabe, als Erzieher leisten? Besitze ich überhaupt die notwendige handwerkliche Kompetenz, um eine 8 x 4 m große Holzhütte zusammen mit den Jugendlichen wiederaufzubauen? Kann ich für die Dauer der Maßnahme, immerhin eine Woche, aus meinen sonstigen Arbeitsverpflichtungen aussteigen?

- Durch fachliche Unterstützung und Beratung konnte man zumindest den Arbeitsprozess, der vor der Gruppe lag, in sinnvolle Schritte untergliedern: Erst das Dach abdecken (aufgenagelte, verzinkte Bleche), dann die verbrannte Balkenlage herunterreißen und anschließend Teile der Wände ersetzen. Nun konnte das Ganze in umgekehrter Reihenfolge mit neuem Material wieder aufgebaut werden.
- Viel schwieriger gestaltete sich die Arbeit vor Ort. Die Hütte lag ohne Stromversorgung weit außerhalb, Maschinenarbeit war unmöglich. Also mussten die Holzbalken von Hand bearbeitet und eingepasst werden. Die angelieferten ca. 20 x 25 cm dicken Holzbalken der Decke waren roh, klitschnass, sehr schwer und mussten über Kopf mithilfe einer Leiter aufgeschoben werden. Löcher konnten nicht vorgebohrt werden.
- Kompliziert war auch die Situation in der kleinen Gruppe von vier Jugendlichen, die eigentlich nur über ihre gemeinsame Vorliebe fürs „Saufen und Abhängen" verbunden waren. Wie schaffe ich es,

mit dieser Gruppe Verbindlichkeiten und feste Termine abzusprechen, letztlich auch Sanktionsmöglichkeiten zu vereinbaren, um den erfolgreichen Projektabschluss zu gewährleisten? Hier war eine Menge an Vorgesprächen und Absprachen mit den Jugendlichen und der Jugendgerichtshilfe nötig. Letztlich gehörte zu diesen Absprachen mit der Gruppe auch ein striktes Alkoholverbot während des gesamten Vorhabens.

- Neben all diesen planerischen Schwierigkeiten musste ich mich gemeinsam mit der Gruppe um die Material- und Werkzeugbeschaffung kümmern: Stemmeisen, Nagelzieher (Kuhfuß), Kneifzangen, Brechstangen, Vorschlag- und Zimmermannshämmer, Leitern, Stricke, Sägen, Böcke, Äxte, Nägel (kleine und große), Verpflegung – alles musste bedacht sein. Wenn ein Teil fehlen würde, könnte das einen halben Arbeitstag kosten. Darüber hinaus mussten Überlegungen der Vorfinanzierung und Absprache von Ratenzahlungen mit dem Grünflächenamt, der Jugendgerichtshilfe usw. vorgenommen werden.

Hat es sich gelohnt? Ich weiß es nicht. Die Hütte steht auf jeden Fall wieder. In der Woche wurde viel geflucht, weil einiges nicht so lief, wie wir uns das vorgestellt hatten. Körperlich ging es manchmal bis an die Grenze der Leistungsfähigkeit, manchmal hatten wir sogar Spaß bei der Sache. Das sozialpädagogische Ziel im Hintergrund der Aktion, die Verhinderung weiterer sozialer Desintegration der Jugendlichen durch drohende Überschuldung, wurde meiner Ansicht nach erreicht. Durch diese Selbsthilfeaktion konnten die Kosten auf damals ca. 2 500 DM minimiert werden. Ob sich bei den beteiligten Jugendlichen ihre Einstellung zu Freizeit und sinnvoller Freizeitgestaltung verändert hat oder ob sich tatsächlich ihre Werteinstellung zum Allgemeineigentum verbesserte – das waren die weitergehenden Lernziele der Aktion –, lässt sich nicht nachprüfen. Vielleicht ist das für die Motivation des Erziehenden auch besser so. Auf jeden Fall konnten wertvolle sozialpädagogische Erfahrungen gewonnen werden, die, wenn sie in diesem Fall vielleicht auch nicht zu allen Zielen führten, zukünftige Planungsphasen und ihre Durchführung vereinfachen helfen.
Gemäß der vorgestellten Verlaufsmuster lassen sich selbstverständlich auch kürzere Aktionen mit Kindern und Jugendlichen planen. „Was, warum, wozu, wie und womit" bleiben die Kernfragen jeder Planung und der Vorbereitung pädagogischer Vorhaben. Das können beispielsweise

- im Bereich der Vorschulerziehung geleitete Gruppenaktivitäten beim Spiel oder der Bewegung sein: Wahrnehmungsübungen, Merk- und Konzentrationsspiele, das Betrachten von Bilderbüchern, das Singen von Kinderliedern mit rhythmischer Begleitung, Exkursionen in die Natur oder die Untersuchung von Wasserproben mit dem Mikroskop, Werken usw.
- in der Horterziehung oder nachschulischen Betreuung in Kinder- und Jugendzentren sportliche Wettkämpfe, Erlebniswanderungen, Foto- oder Videoprojekte, das Herstellen von Musikinstrumenten, Theater- oder Musikprojekte, die Einführung in das Arbeiten mit dem Computer, die Erstellung einer Hauszeitung bis hin zu ökologischen oder politischen Projekten der Umwelterziehung sein.
- in der Heimerziehung oder in ambulanten oder teilstationären Maßnahmen Situationen wie die Reparatur von Fahrrädern und Mofas, die Gestaltung der Wohn- und Lebensräume der Kinder und Jugendlichen, die besondere Problematik von Mädchen in der Heimerziehung, Aktivierung der Kinder und Jugendlichen im Freizeitbereich, aber auch Kochen, Backen oder Wäschepflege sein. Denn hier sollten insbesondere Alltagssituationen von Kindern und Jugendlichen verstärkt in Planungen miteingebunden werden.

Sie sehen an diesem kleinen Ausschnitt unterschiedlicher Aktivitäten in sozialpädagogischen Arbeitsfeldern, dass der eigenen Kreativität keine Grenzen gesetzt sind. Über alle aufgeführten Gegenstände und Themen lassen sich Lernerfahrungen transportieren. Nur ein Grundsatz gilt für alle pädagogischen Vorhaben und Verläufe: Erziehung kann nicht aus einem Gegenstand oder einer Aktivität selbst begründet werden, die pädagogische Situation ist es – also die Situation der Gruppe, sozialpädagogische Arbeitsaufträge, das Lebensfeld von Kindern und Jugendlichen und letztlich die eigene Rolle –, die über Ziele, Gegenstände und Methoden in der pädagogischen Praxis entscheidet.
Und mit diesem pädagogischen Grundgedanken sind wir bei der Geburt der Pädagogik und des pädagogischen Handelns angelangt. Denn vor 2 500 Jahren verglich der griechische Philosoph Platon die Funktion der „Erziehung" mit dem Zäumen eines jungen Pferdes, wobei man ja auch nicht fragt, warum der Zaum um des Zäumens willens gut ist, sondern welchen Nutzen er für das gezäumte Pferd hat. (vgl. Platon, 1985, S. 159.) Und so ist es in der Pädagogik geblieben: Sachen begründen sich nicht aus Sachen, sondern aus Notwendigkeiten oder Lebenssituationen der zu Erziehenden.

Situationsbezug

Stellt euch vor, ihr habt euch von einem Freund PC-Spiele ausgeliehen, die er unbedingt so schnell wie möglich zurückhaben möchte:

ein megaekliges Monster-Actionspiel auf 2 CDs mit je 300 MB,

ein Dschungel-Adventure mit einer supergeilen Heldin auf 3 CDs mit je 250 MB

und ein grusel-horrormäßiges Vampir-Jump-and-run-Spiel auf einer CD mit 400 MB.

Jetzt meine Aufgabe: Wie viele Minuten müsst ihr hintereinander CDs brennen, wenn der CD-Brenner 10 MB in einer Minute schafft?

7.2.3 Pädagogische Prozesse differenziert planen – das Verlaufsmodell in der Übersicht

Nachdem Sie die Planungsgrundschritte kennen gelernt haben, können Sie eigene pädagogische Vorhaben planen und in der Praxis ausprobieren. Für den Anfang des Umsetzens von Planungen in die Praxis suchen Sie sich am besten überschaubare Situationen mit nur einem Kind oder einer Kleingruppe mit angeleiteten Aktivitäten, die auch zeitlich deutlich begrenzt sind.

Ein Planungsprozess lässt sich in vier Phasen unterteilen, denen unterschiedliche didaktische Handlungs- und Entscheidungsebenen zugeordnet sind:

- Die **Situationsanalyse** mit dem Beobachten und Sammeln wichtiger Informationen zur Gruppe, zu Einzelnen, zu eigenen Handlungsmöglichkeiten und sozialpädagogischen Bedingungen des Arbeitsfeldes. Beschreiben und Erklären überwiegen in dieser Phase.
- Die **Planungsphase** mit der Festlegung erzieherischer Zielsetzungen, dem Bestimmen von Lernfeldern und Lernzielen und der Herstellung eines Themenbezugs zwischen Situation und Vorhaben. Entscheidungen und erste Vorbereitungsschritte zur Durchführung eines Vorhabens liegen auf dieser Planungsebene. Methodische Zugänge zum Thema werden beschrieben und die Phasen des Ablaufes mit gedanklich reflektierten Handlungsschritten vorbereitet.
- **Durchführung und Handlung** verbinden die Planungsebene mit der pädagogischen Praxis. Sie ist gleichzeitig Probe und Korrektur des Erziehungshandelns, weil häufig während der Durchführung eines Vorhabens erkennbar wird, dass sich bestimmte Vorannahmen aus der Situationsanalyse nicht mit der Praxis decken und die Situationsanalyse korrigiert werden muss.
- In ähnlicher Weise eröffnet die **Auswertung und Reflexion** eine neue Perspektive auf das eigene Handeln, auf alternative Verhaltensweisen, neue Ansätze der Situationsanalyse und zuletzt auf neu zu entwickelnde Praxisvorhaben.

Von diesen Grundschritten aus ist pädagogische Planung und Umsetzung etwas höchst Spannendes und Anregendes, das dem Erziehenden viele neue Informationen über sich, die Gruppe und pädagogische Situationen liefert – wenn man sich denn traut, Fehler zu machen und Unsicherheiten zu zeigen. Die pädagogische Praxis ist eine einzige große Experimentalsituation, in der man Möglichkeiten und Grenzen austesten kann und muss, um pädagogische Situationen besser gestalten zu können. Fehler könnte man also nur verhindern, indem man nichts tut – was nicht Sinn und Zweck des Erzieherberufes sein kann. Detailliertere Planungshilfen gibt das Buch von Ernst Martin, Didaktik der sozialpädagogischen Arbeit, (Juventa), Weinheim/München 1997.
Für die Planung kleinerer Vorhaben und zum Üben kann es sinnvoll sein, den geplanten pädagogischen Handlungsprozess in einer Verlaufsskizze darzustellen, die den pädagogischen Handlungsablauf chronologisch unter Einbeziehung der wesentlichen didaktischen und methodischen Entscheidungen wiedergibt. Eine solche skizzenhafte Kurzplanung stellt sich im Schema folgendermaßen dar:

Verlaufsskizze: Thema „Erarbeitung einer Bilderbuchgeschichte"

Phase/Zeit	Inhalt	Ziel	Methode	Sozialform	Materialien
(Phasenunterteilung und Zeitangaben)	(Sachebene und Begründung)		(gewählte Zugänge und Vorgehen)		(Übersicht über Medien und Materialliste)
z. B. 1) Motivations- und Einstiegsphase (10 Min.)	z. B. Geschichte erzählen	Interesse wecken	z. B. Vorlesen	in der Gruppe	z. B. Bilderbuch

Phase/Zeit	Inhalt	Ziel	Methode	Sozialform	Materialien
2) Erarbeitungsphase (ca. 20 Min.)	Bild nach vorgelesener Geschichte malen	Erleben bildhaft darstellen	freies Malen	in kleinen Gruppen	Zeichenpapier/ (Wasser)farben, Pinsel, Wassertöpfe, Schutzbekleidung
3) Auswertungsphase und Ausklang (10 Min.)	Bilder präsentieren	emotionales Erleben verbalisieren	freies Gespräch	im Stuhlkreis	angefertigte Bilder

Eine kurze Einführung in die Gruppensituation und die Arbeitsbedingungen sowie die Ableitung der Sache oder des Themas aus der aktuellen pädagogischen Situation sollten als Vorspann mündlich oder schriftlich vorangestellt werden, um den Begründungszusammenhang des pädagogischen Handelns zu verdeutlichen.

7.2.4 Lernfelder eingrenzen und Lernziele bestimmen

Eine weitere Schwierigkeit bei Planungen besteht darin, genau anzugeben und zu bestimmen, welche Lernerfahrungen über ein sachorientiertes Vorhaben bei Kindern oder Jugendlichen vermittelt werden. Lernen kann ganz unterschiedliche Formen (z. B.. Verhaltenstraining, Kommunikationsübungen, Gestaltung des Lebensalltags, soziale Gruppenerfahrung, unmittelbare Anschauung oder über Medien vermittelte Erfahrungen) beinhalten und abhängig von den Zielsetzungen vollkommen unterschiedliche Bereiche im Menschen ansprechen und beeinflussen. Der Slogan von einer „ganzheitlichen Förderung" sollte nicht vergessen machen, dass Lernerfahrungen gezielt, den Bedürfnissen des Einzelnen und der Altersstufe entsprechend, ausgesucht und gestaltet werden müssen. Ganzheitlichkeit meint mit Sicherheit nicht die Beliebigkeit in der Auswahl von Themen und Lerngegenständen nach dem Motto des pädagogischen Schrotschusses: „Irgendwas trifft schon". Ganzheitlichkeit bezieht sich in erster Linie auf die Vollständigkeit des (Selbst)wahrnehmens und Beobachtens von Situationen. Eine gute Diagnostik und Kenntnisse aus der Gruppenpädagogik sind die Voraussetzung zur Planung realisierbarer Verhaltensänderungen. Ganzheitliche Pädagogik meint darüber hinausgehend auch das Bewusstsein von Wirkungen und Wechselwirkungen unterschiedlicher Lern- und Entwicklungsbereiche und das Auffinden des Punktes, von dem aus am besten gefördert werden kann. Um eine Vorstellung von der Verschiedenartigkeit der Erfahrungsbereiche zu geben, die sich über pädagogische Angebote ansteuern lassen, sind die wichtigsten sozialpädagogischen Lernfelder in einer Übersicht zusammengetragen.

Lernfelder/Lernziele:	Lernvorgänge:
Kognitiver Lernbereich: • Konzentration • Merkfähigkeit • Lernen • Denken	Herausfinden, Feststellen, Experimentieren, Beobachten, Erfinden, Berichten, Vergleichen, Kennen, Benennen, Zuordnen, Erklären, Unterscheiden, Wahrnehmen usw.

Lernfelder/Lernziele:	Lernvorgänge:
Psycho-sozialer und emotionaler Lernbereich: • Aufmerksamkeit • Motivation • Bedürfnisse • Wünsche • Ich-Kontrolle und Verhaltenssteuerung • Selbstwert	sich freuen, Gefallen finden, traurig sein, Mitfühlen, sich identifizieren, Erleben, Interessieren, Ernst nehmen, Angst überwinden, Riskieren, Wagen, Risiken einschätzen, Ärger zeigen, Betroffenheit entwickeln, Konfrontieren, Zurückstecken, Individualität ausdrücken usw.
Sozialer Lernbereich: • Kooperation • Empathie und Mitgefühl • Grenzen anderer • Solidarität • Wertorientierung • Soziale Regeln • Konfliktlösung	Annehmen, Befreunden, Kontakt aufbauen, Konflikte eingehen, Vertragen, Versöhnen, Leiten, Ausgleichen, fair sein, Regeln aushandeln, Normen beachten, Anweisungen befolgen, Kooperieren, sensibel werden, verzichten zugunsten anderer usw.
Psycho-motorischer Lernbereich: • Wahrnehmung • Körperschema • Koordination • Reaktion • Grob- und Feinmotorik	Koordinieren, Differenzieren, Kraft dosieren, links/rechts unterscheiden, Körperteile zeigen oder benennen, Auge/Hand-Koordination abstimmen, zielgerichtetes Greifen, auf unterschiedlichen Belägen gehen, Treppen steigen usw.
Lebenspraktischer Bereich: Orientierung im Nahbereich • Straßenverkehr • Einkaufen • Hauswirtschaft • Körperpflege • Freizeitgestaltung	An- und Ausziehen, Jacke zuknöpfen, Reißverschlüsse öffnen, sich im Verkehr sicher bewegen, Verkehrsregeln kennen, Geldwerte kennen, Wechselgeld nachzählen, Gebrauchstexte lesen, mit dem Bus fahren, Einkaufstasche packen usw.
Instrumenteller und kreativer Lernbereich: • handwerkliches Geschick • Gestaltung • Musikalität • Tanz und Bewegung • Theater und sprachliche Fähigkeiten • autonome Lernprozesse	Singen, Summen, rhythmisches Begleiten, Klatschen, Finger- und Handgeschick entwickeln, Werkzeuge fachgerecht halten, Materialien verändern und neu zusammenstellen, mit Farben experimentieren, Geschichten erfinden, Rollen ausprobieren, Malen, Erkunden usw.

Natürlich stellt die Tabelle nur eine Auswahl von Lernbereichen und möglichen Aktivitäten dar, die in Form von Lernzielen formuliert werden. Auch überschneiden sich die einzelnen Lernfelder teilweise, weil sich komplexe Lernvorgänge nur schwer analytisch trennen lassen. Deshalb liegt das Schwergewicht der pädagogischen Arbeit bei Planungen in der Argumentation und Rechtfertigung, warum ein Vorhaben hinsichtlich der pädagogischen Situation sinnvoll und richtig ist und überwiegend einem Lernfeld zugeordnet werden sollte.

Ein weiteres Praxisproblem stellt die Formulierung von Lernzielen dar. Generationen von Erzieherinnen sind an den so genannten Lernzielhierarchien schier verzweifelt. Die früher übliche Unterscheidung in Richt-, Grob- und Feinziele ist mittlerweile veraltet und entspricht nicht den Erfordernissen der sozialpädagogischen Praxis. Als Kennzeichen sozialpädagogischer Arbeitsfelder läuft Lernen größtenteils über Alltagsaktivitäten bzw. in Bereichen wie der Motivation oder im emotionalen Erleben von Kindern und Jugendlichen ab. Das sind Anteile in der Persönlichkeitsentwicklung, die sich gänzlich jeder lerntheoretischen Operationalisierung (Sichtbarmachung) entziehen. Trotzdem findet Lernen statt und so ist es auch sinnvoll, zumindest die Richtung von Lernprozessen anzugeben und zu benennen, am besten in Form eines erzieherischen **Hauptzieles** in Verbindung mit dem Thema der geplanten Aktivität und untergeordneter (3 – 4) **Lernziele**, die Aufschluss über den geplanten Verlauf und die angestrebten Lernbereiche geben. Um einen Eindruck zu vermitteln, wie man Lernziele angemessen formuliert, sind einige typische Beispiele unten im Kasten zusammengestellt.

Lernzielformulierung am Beispiel: Herstellung einer einfachen Bewegungsbaustelle für Kinder im Vorschulalter

Klassische Formulierung:	Die Kinder im Alter von 4 bis 6 Jahren sollen durch bereitgehaltene Materialien (Rollen, Tücher, Hölzer, Kisten usw.) in unterschiedlichen Funktionsecken des Raumes Bewegungserfahrungen machen, indem sie die unterschiedlichen Materialien spielerisch ausprobieren und Erfahrungen zur Verbesserung der grobmotorischen Koordination machen.
Etwas moderner:	Die Bewegungsbaustelle bietet Kindern im Vorschulalter durch vielfältige Bewegungsanreize und Möglichkeiten des spielerischen Ausprobierens kindgerechter Materialien die Möglichkeit des ganzheitlichen Lernens. Mit meinem im Planungsentwurf beschriebenen Vorhaben strebe ich folgende Ziele an: 1. die Verbesserung der Koordination grobmotorischer Fähigkeiten durch kooperatives Spiel und Ausprobieren in unterschiedlichen motorischen Erfahrungsräumen, 2. das Umsetzen eigener konstruktiver Ideen durch die Mitgestaltung des jeweiligen Funktionsraumes, 3. das Ausprobieren der Möglichkeiten unterschiedlicher Materialien und der Kombination verschiedenartiger Gegenstände und Objekte.

Optimal:	Die pädagogische Leitidee der von mir initiierten einfachen Bewegungsbaustelle orientiert sich an der Grundidee der Fröbelschen Vorschulpädagogik, dass Kinder über den konstruktiven Umgang mit einfachen Materialien die Welt erfahren und nachkonstruieren können. Was der klassische Baukasten für die Feinmotorik ist, ist die Bewegungsbaustelle für die grobmotorische Erfahrung. Das Kind erfährt sich im kooperativen Verband mit anderen Kindern mächtig, Dinge zu gestalten und zu verändern. Ähnlich sieht auch Maria Montessori das Kind im Mittelpunkt einer eigenständigen Welt, die durch kreatives selbstständiges Begreifen und Erfahren geprägt sein muss. Ganzheitliche Erfahrung der Motivation, des Erlebens, Ausprobieren von Technik und kreativer Gestaltung, das Entwickeln eigenständiger Problemlösungen entziehen sich einer zergliedernden Lernprozessgestaltung. Die Schwerpunkte und Zielsetzungen meines Vorhabens werden daher unter Einbeziehung der Gruppensituation und des sozialpädagogischen Auftrags des Kindergartens folgende Förderbereiche sein: 1. Motivationale und emotionale Förderung: Die Kinder erfahren in den einzelnen Baustellenbereichen Selbstvertrauen, Selbstständigkeit, Mut und Wirkung des Tuns auf andere. Sie lernen ihre Fähigkeiten kennen, können andere ins Spiel einbeziehen und gemeinsam neue Spielideen umsetzen. 2. Kennenlernen von Technik und Materialbeschaffenheit: Die Kinder können unterschiedliche Bauteile (Kisten, Hölzer, Rollen, Würfel etc.) zu einem Ganzen kombinieren und lernen dabei die Beschaffenheit (fest, weich, rund, eckig usw.) der Materialien und der Vebindungsmöglichkeiten (Stapeln, Stecken, Binden, Überbrücken, usw.) kennen. 3. Motorische Förderung: Die Kinder entdecken im Spiel mit den unterschiedlichen Materialien motorische Grundmuster des Schaukeln, Kletterns, Balancierens, Fahren oder Rollens, die als Grundlage der sensorischen Aufnahme der Umwelt unerlässlich sind.

7.3 Bedürfnisorientierte Förderplanung

Gegenüber sachorientierten Verlaufsplanungen beinhaltet die Förderplanung eine langfristigere Perspektive der Verbesserung oder Entwicklung von noch nicht oder unzureichend entwickelten Fähigkeiten bei Kindern oder Jugendlichen. Am meisten Ähnlichkeit hat diese Form der erzieherischen Diagnostik und Perspektivplanung mit dem in Kap. 3 beschriebenen methodischen Ansatz der **Einzelfallhilfe**. Denn dabei geht es in erster Linie darum, aus der Sichtung der sozialen und psychologischen Entwicklung eines Individuums heraus, verbaute Wege zu öffnen und Blockaden, die das Wachstum hemmen, zu beseitigen. Hilfe zur Selbsthilfe ist das durchgängige Prinzip, das die Einzelfallhilfe prägt.

7.3.1 Bedürfnis und Bedürfnisorientierung

Unter dem Begriff **„Förderung"** versteht man die Einrichtung von (Lern)situationen, die es dem Kind erlauben, Fertigkeiten und Fähigkeiten zu erwerben, die es im Vergleich zu seiner Altersgruppe noch nicht ausreichend besitzt. In der Förderung von Kindern kann es sinnvoll sein, auch flankierende therapeutische oder heilpädagogische Maßnahmen einzusetzen, so etwa bei der Förderung entwicklungsverzögerter oder sprachbehinderter Kinder in Integrationsgruppen in Regelkindergärten, wenn der Förderbedarf des Kindes den Rahmen der angebotenen regulären pädagogischen Hilfen sprengt. Das Beispiel „Uwe – der Schrecken der Gruppe" (vgl. Kap. 6, S. 162) ist ein solcher Fall eines verhaltensauffälligen Kindes, bei dem man mit herkömmlichen pädagogischen Mitteln kaum etwas erreichen kann. Erst im Verbund und in der Kooperation mit Erziehungsberatungsstellen oder heilpädagogischen Fachdiensten lassen sich Hilfsmöglichkeiten schaffen, die der individuellen Problematik eines Kindes oder Jugendlichen gerecht werden. (vgl. Kap. 3: Vernetztes Arbeiten). Wie alle anderen Methodenkonzepte der Sozialpädagogik orientiert sich auch die Förderplanung an dem klassischen Dreischritt: **Fallerhebung – Diagnostik – Förderung**. Die Beachtung eines geordneten oder geplanten Vorgehens verbessert die Erfolgsaussichten der Hilfe oder Maßnahmen, die dem Kind oder Jugendlichen zukommen sollen.
Die Begriffe **Bedürfnis** und **Bedürfnisorientierung** dagegen verweisen ihrem Ursprung nach auf Ansätze der **„Humanistischen Psychologie"**, die sich nach dem Zweiten Weltkrieg neben den Ansätzen der Verhaltens- und Lernpsychologie und der Psychoanalyse nach Freud als so genannte „Dritte Kraft" in der Psychologie formierte. Zu den prominentesten Vertretern dieser psychologischen Richtung gehören Carl R. Rogers „Selbsttheorie und Gesprächspsychotherapie", Fritz und Lore Perls gestalttherapeutische Ansätze, das Psychodrama nach Moreno und einige andere Richtungen mehr, denen eines gemeinsam ist: ein weitgehender Verzicht auf ein die therapeutische Arbeit determinierendes (festlegendes) Theoriegebäude zugunsten eines klientenzentrierten, lösungsorientierten Vorgehens, das auf Wachstum und Selbstverwirklichung abzielt. Von ihrem Menschenbild her steht die „Humanistische Psychologie" pädagogischen Grundüberlegungen und Vorgehensweisen sicherlich am nächsten.
Bedürfnisse bilden den Kern unserer Motivation im Leben und unserer Entwicklung. Solche menschlichen Grundbedürfnisse sind zum Beispiel die Nahrungsaufnahme, Schlafen, die Atmung, das Vermeiden von Gefahren, die Suche nach Reizen und vieles andere mehr, was zur physiologischen Grundausstattung des Menschen gehört. Auch psychische Bedürfnisse nach Kontakt und Kommunikation, Bindung und Beziehung, Selbstverwirklichung und sexuellem Kontakt gehören zu der Grundlage der Motivation, die das (soziale) Überleben von Menschen sicherstellen (vgl. Kap. 5, S. 137 ff.).
Bedürfnis und Trieb sind nicht identisch, wie sich leicht am Beispiel des Hungers oder Durstes nachweisen lässt. Der physiologische Mangelzustand in der Nahrungsaufnahme oder Flüssigkeitszufuhr ist die Basis für das, was in der psychologischen Folge als Trieb „Hunger oder Durst" auftritt. So ist der Mangel Auslöser für den Trieb. Das Triebleben lässt sich nicht künstlich von der motivationalen Grundlage menschlicher Strebung ablösen. Von dieser Perspektive aus ist das Mangelerleben in der Befriedigung von Bedürfnissen wohl eine der stärksten Triebkräfte, die die menschliche Entwicklung vorantreiben und auf soziale Evolutionsprozesse einwirken.

7.3.2 Die Entwicklung menschlicher Grundbedürfnisse

Ein leicht verständliches Modell der Ausprägung und Entwicklung menschlicher Grundbedürfnisse und menschlicher Gefühle liefert die **Transaktionsanalyse** von Eric Berne (1910 – 1970), die als Kurztherapieform nach dem Zweiten Weltkrieg in den USA aus dem Gedankengut psychoanalytischer und kommunikationstheoretischer Überlegungen abgeleitet wurde.
Im Verlauf seiner Entwicklung bilden sich im Menschen drei unterschiedliche strukturelle Persönlichkeitsanteile aus, die in der Transaktionsanalyse als **Kind-Ich**, **Erwachsenen-Ich** und **Eltern-Ich** bezeichnet werden und große Ähnlichkeit zu den in der Psychoanalyse beschriebenen Instanzen Es, Ich und Über-Ich aufweisen. Die Ausprägung dieser Persönlichkeitsanteile ist eng mit der Lerngeschichte eines Kindes in der Kommunikation mit der Familie und der sozialen Umwelt verbunden, die darüber entscheiden, welche Lebenswirklichkeit sich im Kind und späteren Erwachsenen abbildet. Die Transaktionsanalyse spricht auch von einem Lebensplan oder „Lebensskript", welches wie ein internes Drehbuch des Lebens im Kind wirkt und sein Verhalten auch als späterer Erwachsener beeinflusst. In einem Strukturbild werden diese drei unterschiedlichen Ich-Zustände als übereinander liegende Kreise dargestellt.

Strukturbild der Persönlichkeit nach der Transaktionsanalyse

Im **Eltern-Ich** finden sich Verhalten, Einstellungen und Denken, wie sie von den Eltern übernommen wurden. Das Eltern-Ich gliedert sich in zwei Anteile auf, einen fürsorglichen und einen kritischen. Über unbewusste Antreiber wie „Sei perfekt", „Fehler machen, heißt schlechtsein" oder „Nachgeben ist besser als streiten" prägen sie den Kontakt und die Kommunikation einer Persönlichkeit.
Das **Erwachsenen-Ich** ist eine Art Steuerungszentrale für die Reaktionen des Menschen in Bezug auf die Wünsche aus dem Kind-Ich, Antreibern aus dem Eltern-Ich und den Möglichkeiten der Umgebung.
Ähnlich wie im **Eltern-Ich** ist auch das Kind-Ich durch die Lernerfahrung mit der Umwelt geprägt. Im Kind-Ich findet sich ebenfalls der größte Teil der Lebensenergie und der Vitalität eines Menschen. Das Kind-Ich kann frei sein, einen freien Zugang zu den Gefühlen besitzen oder aber im Verlauf der Erziehung einen angepassten Teil entwickeln, der spontanes Verhalten unterdrückt.
Bei einer psychisch gesunden Persönlichkeit sind alle drei Ich-Zustände voll aufgebaut und voneinander klar abgegrenzt. Bis etwa zum 12. Lebensjahr sollte die Entwicklung der psychischen Strukturen in den Grundlinien abgeschlossen sein.
Transaktion meint die realitätsangemessene Reaktion aus den unterschiedlichen Ich-Zuständen (El-Ich, Er-Ich, Ki-Ich) heraus in der Kommunikation mit anderen Menschen.
Damit sich eine Persönlichkeit überhaupt entwickeln kann, wobei die Energie wesentlich im Kind-Ich liegt, müssen die Grundbedürfnisse im Menschen ausreichend befriedigt werden. Zu diesen angeborenen **Grundbedürfnissen** zählt die Transaktionsanalyse

- den Hunger nach Zuwendung (Körperkontakt, Versorgung, Nahrung, Zärtlichkeit usw.),
- den Hunger nach Stimulierung (Aktivität, Interaktion, Spiel, Experimentieren, Reize, Neugier, Erleben usw.),
- den Hunger nach (Zeit)struktur (Rhythmus von Schlafen und Wachen, Zuverlässigkeit von Personen und Räumen, Spannung und Entspannung, Ordnungsstrukturen usw.).

Werden die drei Grundbedürfnisse ignoriert oder wird eines davon missachtet, entwickelt ein Mensch Lösungen, die die Erfüllung der Bedürfnisse über Symptombildung im Rahmen von Verhaltensauffälligkeiten (Autoaggressionen – Aggressionen, psychosomatische Erscheinungen oder soziale Auffälligkeiten) fördern (vgl. Kap. 7).
Von Geburt an sind ferner die **5 Grundgefühle Angst, Wut, Trauer, Freude** und **Liebe** im Menschen wirksam. Genauso wie die Grundbedürfnisse zu einer ganzheitlichen Entwicklung der Persönlichkeit dazugehören, müssen Menschen prinzipiell Zugang zu allen Grundgefühlen haben. Erst in der Folgezeit bilden sich so genannte „legierte" Gefühle wie Ärger als Mischung aus Wut und Angst, Neid als Mischung aus Trauer und Wut, Eifersucht als Mischung aus Angst und Liebe usw., die als angepasster Teil im Kind-Ich entstehen. Soziale Ängste – Kontakthemmungen und Scham und Schuldgefühle entstehen in der Interaktion mit der sozialen Umwelt, die das Verhalten des Kindes als O.K. oder Nicht-O.K. bewertet.
Unter dem Einfluss der Erziehung durch die Eltern machen Kinder schnell die Erfahrung, dass sie bestimmte Gefühle wie Wut oder Angst nicht zeigen dürfen und dass bestimmte Gefühle „tabu" sind. Elterliche (unausgesprochene) Botschaften prägen das Lebensskript von Kindern: „Sei mein Sonnenschein", „Indianer weinen nicht", „falle niemals auf", „sei immer bescheiden", „der Klügere gibt nach", „fall keinem zur Last" sind solche internen Wertvorstellungen, die die Äußerung von Gefühlen betreffen. Ist der Weg zu den Grundgefühlen versperrt, bilden sich im Kind-Ich Ersatzgefühle, die stellvertretend für das eigentliche Gefühl stehen und in der Kommunikation eingesetzt werden. In der Transaktionsanalyse nennt man diese Ersatzgefühle auch „Rackets" (Ersatzmaschen). Nörgeln als „verdünnte" Wut, Albernheit als „verdünnte" Freude, überwertiger Frohsinn als Versteck von Traurigkeit, Bravsein und Anpassung als Strategie, „Streicheleinheiten" zu kassieren, sind solche Ersatzmaschen, die Kinder aufbauen.
In der Persönlichkeitsentwicklung durchlaufen Kinder in der Transaktion mit der Familienumwelt unterschiedliche Stadien, die als grundsätzliche Lebenseinstellungen in den Kommunikationsstil als Erwachsener einfließen können:

- *Ich bin O.K. – du bist O.K.* (prä- und postnatal) – verwandt mit dem „Urvertrauen" (Erik Erikson) in die absolute Geborgenheit und Sicherheit des eigenen Seins und der umgebenden Personen; bald abgelöst von
- *Ich bin nicht O.K. – du bist O.K.* (ca. 1. Lebensjahr) – als das Erleben von Unversorgtsein, Mangel und extremer Abhängigkeit von Pflegepersonen. Streicheleinheiten beziehen sich auf den Körper und die körperliche Versorgung;
- *Ich bin nicht O.K. – du bist nicht O.K.* (ca. 2. Lebensjahr) – das ist die typische Grundhaltung des Trotzalters. Bleiben Versorgungswünsche des Kindes unberücksichtigt, fühlt es sich vernachlässigt und es bildet sich die Überzeugung heraus, dass andere Menschen auch nicht in Ordnung sind und man im Recht ist, ihnen zu trotzen.

- *Ich bin O.K. – du bist nicht O.K.* (ca. 2. Lebensjahr) – Hierbei handelt es sich um eine in der normalen Entwicklung nicht vorgesehene, pathologische Spielposition, die bei extremer Vernachlässigung, Misshandlung oder fortdauernder Deprivation (Liebesentzug) aufgebaut wird. Das Kind-Ich wird grandios aufgebläht, Grenzen anderer nicht wahrgenommen, das eigene „Ich" quasi permanent gestreichelt.
- *Ich bin O.K. – du bist O.K.* (als realistische Weltauffassung) integriert die vorhergehenden Stufen in der Ausbildung eines erwachsenen Lebensskriptes. Dazu gehört die kognitive Überprüfung kindlicher Wünsche auf die Chancen zu einer adäquaten Verwirklichung in der Realität. „Der Mut zur Wut" kann eine solche realistische Entscheidung eines Erwachsenen in einem Konflikt sein, während die „Flucht in Sucht oder Krankheit" das *„Ich bin nicht O.K. – du bist O.K."* der depressiven Grundhaltung wiedergibt. Verzicht wird in der realistischen Grundposition des Erwachsenen nicht als Kränkung verarbeitet, sondern als Anreiz, eigene kreative Lösungen zum Erlangen von „Streicheleinheiten" zu entwickeln. (vgl. Kriz, 1994, S. 113)

Im Rahmen von Förder- und Erziehungsprozessen, die auf den Grundannahmen der Transaktionsanalyse basieren, verfolgt man die Strategie, Erziehungsszenarien aufzubauen, die die „Wiederbeelterung" bei emotional gekränkten Kindern oder Jugendlichen zulassen. Im therapeutischen oder heilpädagogischen Milieu legt man Wert darauf, im Kontakt mit den Kindern stellvertretend bestimmte Erlaubnisse oder Grundrechte in das Lebensskript (wieder)einzubauen. Zu diesen grundsätzlichen Erlaubnissen, die alle Menschen für ihr Wachstum gebrauchen, gehören:

- die Gewissheit, leben zu dürfen und willkommen zu sein,
- die Gewissheit als Junge oder Mädchen – als Person – angenommen zu werden,
- die Gewissheit, den eigenen Körper und seine Reaktionen spüren zu dürfen,
- die Gewissheit, alle Gefühle zeigen zu dürfen, z. B.. wenn wir wütend, traurig, ängstlich, freudig oder voller Liebe sind,
- die Gewissheit, dass es in Ordnung ist, wenn wir anderen Menschen nahe sind oder uns selbst wichtig nehmen,
- die Gewissheit, so alt sein zu dürfen, wie wir gerade sind, also nicht zu früh „erwachsen" werden oder „ewig klein" bleiben zu müssen.

(vgl. Gündel, 1990, S. 57 f.)

1. **Suchen Sie Beispielsituationen für die Verletzung von Grundbedürfnissen bei Kindern.**
2. **Ordnen Sie den ausgewählten Beispielen die entsprechende grundsätzliche Lebenseinstellung nach der Transaktionsanalyse zu.**
3. **Überlegen Sie, wie gelungene Transaktionen aus den unterschiedlichen Ich-Anteilen eines Erziehers im Kontakt mit einem emotional gekränkten Kind aussehen könnten.**

Stufen der Bedürfnisentwicklung

Ein anderes Modell der Entwicklung menschlicher Bedürfnisse wurde in den 1950er-Jahren des 20. Jahrhunderts von **Abraham Maslow**, einem Freund von Carl R. Rogers, in den USA entwickelt. Als ein Vertreter der humanistischen Psychologie sah Maslow zwei unterschiedliche Motivationskomplexe für die Ausprägung der menschlichen Identität als wirksam an: **Mangelmotivationen**, die Menschen veranlassen z. B. über Nahrungsaufnahme, Schlaf und körperliche Bewegung ihr körperliches oder psychisches Gleichgewicht zu regenerieren, und **Wachstumsmotivationen**, die diesen Gleichgewichtszustand übersteigen, den Menschen sogar Hunger, Durst, Angst, Schmerz ertragen lassen, um auf ein Ziel der **Selbstverwirklichung** zusteuern zu können. Dieses Wachstumspotenzial ist in jedem Menschen von Geburt an vorhanden und prägt sich in den verschiedenen Lebensstufen aus. Die Theorie Abraham Maslows wurde im Bereich der psychologischen Forschung eher verhalten aufgenommen. Sehr viel stärkeren Einfluss hatte seine humanistische Auffassung von der Entfaltung menschlicher Bedürfnisse in der Pädagogik, insbesondere im Verständnis und dem Umgang bei der Förderung behinderter oder emotional beeinträchtigter Menschen.

Maslow sieht die menschliche Entwicklung als Stufenabfolge oder als Phasenmodell, in denen sich abhängig von der jeweiligen Entwicklungsphase einzelne grundlegende Bedürfnisse besonders in den Vordergrund schieben. Mangelmotivationen prägen den Anfangszustand des menschlichen Lebens. Als Kurvendiagramm lässt sich die Bedürfnisentwicklung, gekoppelt an die Intensität ihrer Ausprägung, so darstellen:

Bedürfnisentwicklung

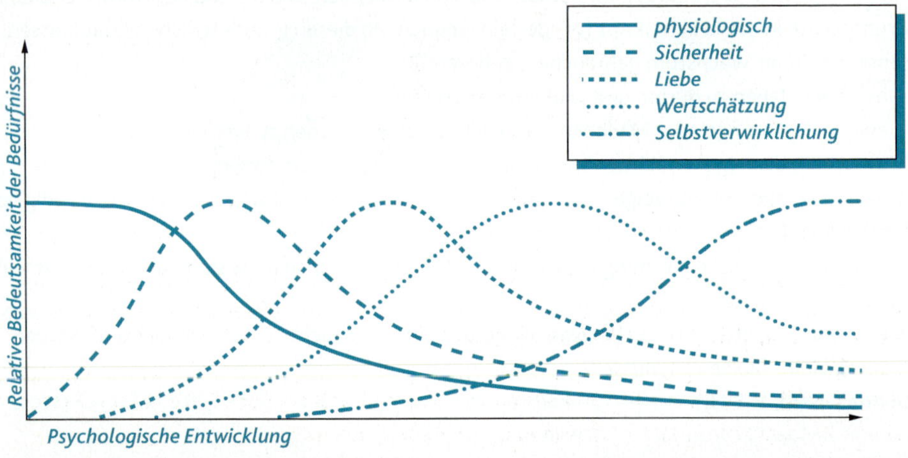

Eine schematische Darstellung des allmählichen Wandels der relativen Bedeutsamkeit der fünf Hauptkategorien der Bedürfnisse nach Abraham H. Maslow. Man beachte, dass der Gipfel einer früheren Hauptkategorie von Bedürfnissen überschritten sein muss, bevor das nächsthöhere Bedürfnis anfangen kann, eine beherrschende Rolle einzunehmen.

In der physiologischen Entwicklung des Menschen ist die Ausprägung von fünf – in einem späteren Modell sind es sechs – Grundbedürfnissen des Menschen von entscheidender Bedeutung. Der Abfolge nach sind es:

- physiologische oder biologische Bedürfnisse wie Atmung, Hunger, Durst, Wärme, Schlaf, Sexualität;
- Sicherheitsbedürfnisse wie Schutz, Ruhe, feste Rückzugsorte, Konstanz der Betreuungspersonen;

- Bedürfnisse nach Liebe und Zugehörigkeit wie die Erfahrung von Bindung, nicht an Bedingungen geknüpfter Zuwendung und dem Gefühl, zum anderen zu gehören;
- das Bedürfnis nach Wertschätzung und dem Selbstwert, der daraus entwickelt wird. Dazu gehören Erfahrungen, etwas leisten zu können und dafür Anerkennung zu bekommen, Vertrauen, das einem entgegengebracht wird, Lob und Bestätigung für die eigene Person;
- das Bedürfnis nach Selbstverwirklichung durch eigene Gedanken und Fähigkeiten, individuelle Eigenschaften und Ziele, die uns in Verbindung mit anderen Menschen bringen;
- später hinzugefügt wurde als sechste Stufe der Selbstverwirklichung das Bedürfnis nach Transzendenz als Antwort auf das Sinnbedürfnis durch religiöse Erfahrungen, kulturelle Werte und ästhetische Erfahrungen, die zur Einbindung des Menschen in globale Traditionen führen.

Klassisch werden die menschlichen Bedürfnisse auch in Form einer stufenförmigen Pyramide dargestellt, die das Voranschreiten menschlicher Selbstverwirklichung veranschaulicht.

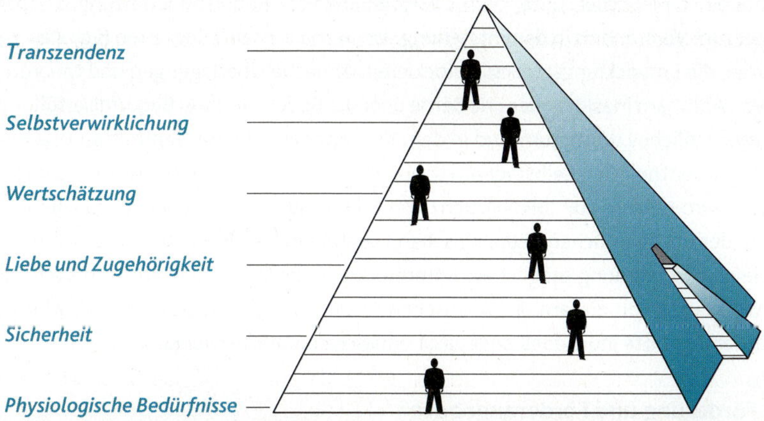

An dem Stufenaufbau der Pyramide ist deutlich eine Rangfolge – eine Hierarchie – der Bedürfnisse abzulesen. Werden Bedürfnisse in einer wichtigen Stufe nicht erfüllt, ist das Aufsteigen zur nächsten nicht oder nur teilweise möglich. (vgl. Zimbardo, 1983, S. 415.)

1. **Beschreiben Sie anhand des Kurvendiagramms auf der vorhergehenden Seite Anfang, Prozessverlauf und Zielperspektive in der Entwicklung von Bedürfnissen.**
2. **Ordnen Sie den einzelnen Abschnitten ungefähre Altersstufen in der psychosozialen Entwicklung des Menschen zu.**
3. **Beschreiben Sie den Zusammenhang zwischen Bedürfnisentwicklung und dem Reifen einer Persönlichkeit, wie Sie sie aus der „Bedürfnispyramide" erschließen können. Suchen Sie nach Praxisbeispielen, die für die Gültigkeit dieses Modells sprechen.**

7.3.3 Bedürfnisverletzung und Förderperspektiven

Durch die Sichtung eines Falles unter dem Aspekt der Verletzung, Schädigung oder fehlenden Förderung menschlicher Grundbedürfnisse lassen sich natürlich auch die Grundlinien einer „bedürfnisorientierten

Förderung" ableiten. Sie verfolgen das Ziel, einen Menschen in seiner Biografie dort abzuholen, wo er in seiner Entwicklung stehen geblieben ist oder beeinträchtigt wurde. Die Kunst der pädagogischen Förderung besteht dann darin, Situationen herzustellen oder wiederzubeleben, in denen ein emotional verletztes Kind oder ein behinderter Mensch Bedürfnisse nachholen kann, die er bis dato nicht äußern konnte oder durfte. Die Herstellung solcher Förderperspektiven stellt hohe Ansprüche an diagnostische Fähigkeiten und die berufliche Kompetenz, die Notwendigkeiten einer sozialen, emotionalen oder kognitiven Förderung mit den konkreten Bedingungen und Angeboten des Arbeitsfeldes zu verbinden. Um als Erzieher oder Erzieherin solche Förderprozesse eigenverantwortlich zu planen, bedarf es sicherlich kollegialer Beratung und Supervision im Team sowie der Absicherung von Fördermaßnahmen durch die Erziehungsleitung und die Rückbindung an den Förder- bzw. Hilfeplan. Langfristig sollte eine heilpädagogische oder therapeutische Zusatzqualifikation erworben werden, um entsprechend zielgerichtet helfen zu können.

Die Sichtung der Biografie eines Menschen unter dem Gesichtspunkt der Bedürfnisverletzung ist aber auf jeden Fall ein Schlüssel zum Verständnis in der Entstehung von Verhaltensauffälligkeiten (vgl. Kap. 6) oder Lebensschwierigkeiten, die Entwicklungsprozesse blockieren. Ähnliche Überlegungen und theoretische Annahmen wie die von Abraham Maslow oder Eric Berne über die Bedeutung von Bedürfniserfüllung als Grundbedingung für menschliches Wachstum sind in dem Konzept der „Klientenzentrierten Psychotherapie" nach Carl R. Rogers enthalten. „Selbstverwirklichung" nennt Rogers „Selbstaktualisierungstendenz", „Mangelerleben" wird bei ihm zur „Inkongruenz von Erfahrung". Der Vorteil der Modelle von Berne und Maslow liegt in der übersichtlichen pädagogischen Darstellung der Bedeutung menschlicher Entwicklungsbereiche, die eine Vorstellung möglicher Hintergründe in der Verletzung von Bedürfnissen beim Einzelnen liefern. Wenn man von diesem diagnostischen Ansatz ausgeht, kann man relativ leicht Förderrichtungen und Förderangebote individuell angepasst entwickeln und zuschneiden.

Bedürfnisorientierte Förderung und Förderangebote

Grundbedürfnisse	Förderbereiche/-ziele	Maßnahmen/Angebote
Physiologische Bedürfnisse z. B. Nahrung, Schlaf, Reizung, Atmung, Körpergefühl, Sexualität	• Regressionsangebote • Körperwahrnehmung • Körpererleben • Spannung/Entspannung	• Wärme, Schaukeln, Wiegen, Kuscheln, Bett als Rückzug • Wahrnehmungsübungen • Massagen und Baden • Essen und Sättigung
Sicherheitsbedürfnisse z. B. Ordnungsmuster, Regelmäßigkeit, feste Plätze, Berechenbarkeit von Situationen, Privatsphäre	• Tagesstruktur • Tag-/Nachtrhytmus • Gestaltung des Wohn- und Schlafmilieus • Vergewisserung in Nahräumen	• Aufbau zeitlicher Orientierungsschemata • Hilfen zum Kennenlernen der Bezugspersonen/Mitarbeiter • Berechenbarkeit von Dienstabläufen, Verhalten • Orientierungsspiele/Spaziergänge • Gestaltung des Wohnmilieus

Grundbedürfnisse	Förderbereiche/-ziele	Maßnahmen/Angebote
Kontakt- und Bindungsbedürfnisse z. B. Beachtung finden, Vertrauen, Gegenseitigkeit, Annahme und Zuwendung, Kommunikation, sexuelle Kontakte	• Kontakt- und Beziehungsangebote • Entlastungsgespräche • Einzelangebote • Einbindung in Gruppen • Austausch als Grundmuster sozialer Orientierung • Gruppenregeln und Gruppenposition	• Vertrauensbildende Maßnahmen in Spiel und Sport • Unterstützung bei Hausaufgaben/Fürsorge bei Zubettgehsituationen • gemeinsame Aktionen in der Gruppe: Basteln, Werken, Gestalten von Räumlichkeiten • Verteilung von Aufgaben: Mülltrennung, Putzen, Aufräumen, Gartenarbeit, Gemeinsame Planung von Freizeit, „Gruppenämter"
Wertschätzungsbedürfnisse z. B. Hobbys, sportliche Aktivitäten, Musik, Schule, Malen und Basteln, Arbeit, soziale Aktivität	• Selbstäußerung • Selbstdarstellung • Leistung • Konkurrenz • Ausprobieren und Genuss eigener Fähigkeiten	• Malen und Zeichnen • Geschichten erfinden • Wettkampfspiele/Kooperationsspiele • Werken • Musizieren • Bewegungs- und Sportangebote
Bedürfnisse nach Selbstverwirklichung z. B. Mitgleidschaft in Vereinen, Ausprobieren individueller Fähigkeiten, Gestaltung von Arbeitsprozessen und Arbeitsprodukten, Partnerschaft	• Konflikte eingehen • Partnerschaft • Arbeit und Beruf • Freizeit • Bewusstsein eigener Möglichkeiten	• Diskussionsübungen • Selbsterfahrungen in neuen Räumen/Rollenspiel • eigenen Stil entwickeln • Spuren hinterlassen durch Malen, Theater, künstlerische Produkte • soziale und politische Standortbestimmung entwickeln • Berufswünsche ausprobieren
Bedürfnisse der Transzendenz z. B. Tod und Leben, Herkunft, Sinn der eigenen Biographie, Umwelt und Heimat	• Anbieten religiöser oder philosophischer Orientierung • Suche nach individuellen Wurzeln • Auseinandersetzung mit eigenen Ursprüngen • Kulturelles und ökologisches Bewusstsein	• Besinnungs- und Meditationsangebote • Beratung bei existenzwichtigen Problemen • Hilfe bei Partnerschafts- und Sexualitätskonflikten • Kennenlernen von Theater, Museum, Konzertbesuch • Umwelt- und Naturerfahrung

1. Vervollständigen Sie die Liste von Bedürfnissen und Fördermöglichkeiten hinsichtlich der Anforderungen Ihres gewählten Arbeitsfeldes.
2. Erläutern Sie ausgehend von dieser Tabelle die pädagogische Zielrichtung der bedürfnisorientierten Förderung.

7.3.4 Bedürfnisförderung in der Praxis

Fallgeschichte: Mareike – ein Mädchen in einer Wohngruppe

Mareike ist 13 Jahre alt und lebt seit 2 Jahren in einer Außenwohngruppe eines heilpädagogischen Kinderheims mit sechs anderen Kindern und Heranwachsenden im Alter von 8 – 15 Jahren zusammen. In der gemischtgeschlechtlichen Gruppe leben vier Jungen und drei Mädchen. Mareike geht in die 7. Klasse einer Förderschule (LB), in der sie nur schlecht mitkommt und kaum Kontakt zu Mitschülerinnen hat. Sie hat eine ausgeprägte Lese- und Rechtschreibschwäche und ist nicht in der Lage, sich längere Zeit auf eine Sache zu konzentrieren. Sie zeigt auch kaum Motivation, eigenständig zu üben oder zu lesen. Im Leben der Gruppe passt sie sich schnell den Erwartungen und Ansprüchen anderer Gruppenmitglieder an und übernimmt Aufgaben, die eigentlich andere hätten erledigen müssen, z. B. Putzdienste, Fegen, Gartenarbeiten. In den Augen der anderen ist Mareike das „Dummchen" der Gruppe. Im Umgang mit Mitarbeitern zeigt sich Mareike zugänglich und sehr anhänglich, beinahe eine „Klebeklette". Sie sucht häufig noch engen Körperkontakt, kuschelt gerne abends noch ein Viertelstündchen. Sie ist stets freundlich und hilfsbereit, aber auch nicht in der Lage, eigene Bedürfnisse anzumelden oder selbstständige Interessen oder Hobbys in der Freizeit zu verfolgen. Bisher hielt sich auch ihr Interesse an gegengeschlechtlichen Beziehungen und Kontakten in Grenzen. Problematisch bei Mareike ist ihr Essverhalten und die Vernachlässigung des Äußeren. Sie stopft gierig und wahllos Chips, Pommes, Schokolade, Süßigkeiten usw. in sich hinein und hat dadurch ein erhebliches Übergewicht, das sie im Zusammenhang mit ihrem sonstigen Verhalten apathisch und antriebsschwach erscheinen lässt. In der Gruppe wird sie deshalb häufig gehänselt, was sie mit sich geschehen lässt, weil sie die sozialen Zusammenhänge nicht durchschaut beziehungsweise vorspielt, sie nicht zu „blicken". Eine Rückführung in ihre Ursprungsfamilie ist zurzeit nicht möglich, auf Dauer gesehen eher unwahrscheinlich. Sie wurde aus einem vernachlässigenden häuslichen Milieu herausgenommen, da sich ihre alleinerziehende Mutter aufgrund bestehender Alkoholproblematik nicht um sie kümmerte. Es besteht sporadisch ein telefonischer Kontakt zwischen Mareike und ihrer Mutter.

1. Bilden Sie in Ihrer Klasse Arbeitsgruppen, die sich mit der Förderung Mareikes auseinander setzen. Halten Sie in den jeweiligen Arbeitsgruppen die Verhaltensauffälligkeiten und Lebensschwierigkeiten fest, die Sie aus der Fallgeschichte erschließen können.
2. Analysieren Sie in der Arbeitsgruppe den Fall unter der Perspektive möglicher Bedürfnisverletzungen nach den Theorien E. Bernes und A. Maslows.
3. Entwickeln Sie im Gespräch mit Ihrer Arbeitsgruppe pädagogische Ideen und Angebote, die zu einer langfristigen Verbesserung der Lebenssituation Mareikes beitragen könnten.

Bei der Sichtung eines solchen Falles ist es wichtig, sich Gedanken um die hauptsächliche Förderrichtung zu machen und ähnlich wie bei der Verlaufsplanung in der Situationsanalyse (vgl. vorhergehenden Kapitelab-

schnitt) zu entscheiden, was das wichtigste Problem im Zusammenhang mit Mareike ist. Offensichtlich ist es so, dass das Mädchen nach zwei Jahren des Zusammenlebens noch keinen sicheren und stabilen Platz in dem sozialen Feld der Gruppe gefunden hat. Sie ist in einer Außenseiterposition, eine Art „Aschenputtel" der Gruppe. Sie tut auch viel dafür, sich diesen Platz durch Vernachlässigung ihres Äußeren und ihr Essverhalten zu erhalten. Im weiteren sozialen Umfeld setzt sich dieses Grundproblem weiter fort. Auch in der Klasse und durch schulisches Versagen bleiben ihr wichtige Erfahrungen der Selbstbestätigung versperrt. In ihrer Lebensstrategie geht es offensichtlich darum, sich „klein" zu machen und symbiotische Beziehungen zu Bezugspersonen zu unterhalten, um Schutz vor der Realität zu erlangen. Ihr Lebensstil ist durch die grundsätzliche Haltung „Ich bin nicht O.K. – du bist O.K." geprägt, eine Erfahrung, die durch die Beziehung zu ihrer Mutter vorgezeichnet wurde und sich in den Beziehungen zu anderen Menschen weiter fortsetzt. Ihr Zugang zu wichtigen Grundgefühlen, z. B. Traurigkeit oder Wut, scheinen – so weit es die kurze Fallgeschichte hergibt – grundsätzlich versperrt. Kompensation (Ausgleich) durch Essen und Schlingen verweisen auf die in der Lebensgeschichte angelegte Existenzbedrohung, die das Mädchen wohl erlebt haben muss. Über das Essen gibt sie sich die Sicherheitserfahrungen, die sie an anderer Stelle vermisst. Dies bedenkend, muss in der Förderung des Mädchens darauf geachtet werden, in der Kommunikation mit ihr grundsätzliche Erlaubnisse (Recht auf Leben, Recht auf Wachstum und Weiterentwicklung) zum Aufbau eines intakten Selbstbildes einzubauen. Die Ansprache aus einem fürsorglichen Eltern-Ich mit gleichzeitiger Betonung kognitiver, erwachsener Aufgaben ist Teil der pädagogischen Beziehungsarbeit. Ihr beeinträchtigter, nicht altersgemäßer Kontakt mit ihren Mitschülern sollte durch die Schaffung neuer Erfahrungsräume für die Gruppe verändert werden, zum Beispiel über die Einbindung einer kleineren Gruppe unter Beteiligung Mareikes an der Versorgung für die Gruppe oder kleinere Spielangebote, die sozialintegrativ auf die jüngeren Kinder wirken. Dazu kann auch die Aktivierung und Pflege eines Hobbys oder Kleintierversorgung beitragen. Misserfolge in der Schule sollten erst in zweiter Linie über Lernspiele, Merk- und Konzentrationsübungen aufgearbeitet werden. Wesentlich wichtiger für Mareike ist die Verstärkung sozialer Kontakte zur Klassengemeinschaft, zum Beispiel über Einladungen zum Musikhören, Treffen außerhalb der Wohngruppe und gemeinsame Unternehmungen.
In einem Schaubild könnten solche grundsätzlichen Förderüberlegungen und Entscheidungen so dargestellt werden:

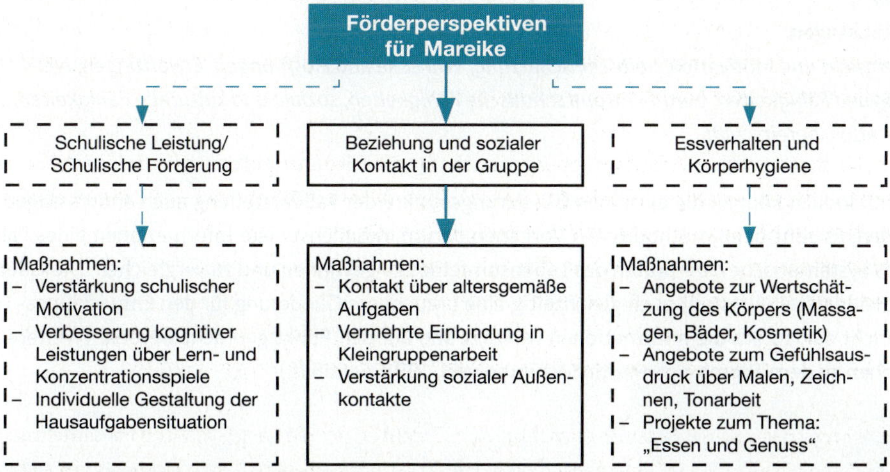

Die Grundlage für die Einzelfallhilfe bei Mareike liefert die Falldarstellung im Team oder als Vorbereitung des Hilfeplangesprächs.
Hilfreich für eine möglichst vollständige Falldarstellung ist der folgende Gliederungsvorschlag:

- **Ersteindruck und Verhaltensbeschreibung:**
  Alter, Größe, Geschlecht, äußere Erscheinung, Mimik, Gestik, Sprache, Bewegung, Kontakt, soziales Verhalten, Grundstimmung und Emotionalität, Vergleich: Biologisches Alter – Entwicklungsalter, Besonderheiten
- **Vorgeschichte und Anamnese:**
  Überblick über biografische Entwcklung, Familiensituation, Krankheiten oder Beeinträchtigungen, Kontakt zu Institutionen, Aufnahmesituation, Aufnahmedaten
- **Diagnostisches Material:**
  Berichte von (Fach)ärzten, Psychologen, Therapeuten usw.
- **Entwicklungsberichte:**
  Aktuelle bzw. alte Entwicklungsberichte
- **Systematische Verhaltensbeobachtung**
  mindestens aus drei unterschiedlichen Bereichen, z. B. Verhalten in der Gruppe, Umgang mit Beziehungen, Gestaltung von Freizeit, Kontakt zu Tieren, sportliche Aktivitäten, Umgang mit Material beim Werken oder Basteln, Erleben von Fremdgruppen, usw.
- **Beschreibung des Lebensfeldes und des Alltagsverhaltens:**
  Gestaltung des Zimmers, Lieblingsgegenstände, Aussehen des Arbeitsplatzes, Ordnungverhalten, Umgang mit Taschengeld, Essverhalten, Gebrauch von Medien, Kleidung, Körperhygiene, Konsumverhalten usw.
- **Verhalten im Umfeld:**
  Informationen aus unterschiedlichen Betreuungsperspektiven, z. B. durch Eltern, andere Mitarbeiter, Therapeuten usw.
- **Institutionelle Sicht:**
  Sicht anderer Institutionen (Jugendamt, Kindergarten, SPFH, Erziehungsberatung, Schulen usw.) auf den Fall
- **Selbstaussagen:**
  Problemsicht und Motivation, Selbsteinschätzung, Wünsche und Hoffnungen, Erwartungen, Neigungen und Fähigkeiten, berufliche und schulische Fähigkeiten, soziale und kulturelle Fähigkeiten, Kooperationsbereitschaft

Selbstverständlich können die einzelnen Gliederungspunkte der Falldarstellung auch anders angeordnet werden. Es geht beim methodischen Vorgehen darum, möglichst viele Informationen eines Falles durch das systematische Überprüfen des Lebensumfeldes zu gewinnen und zu vergleichen. Die Gliederung der Falldarstellung stellt auch gleichzeitig eine brauchbare Gliederung für den Entwicklungs- und Sozialbericht dar, sofern die Informationen verkürzt und auf den Punkt gebracht werden. (Weitere Informationen zu dem Thema: vgl. Martin/Wawrinowski, 1993, S. 165 ff.)

Wichtig: Sinn und Zweck von Falldarstellungen ist nicht, ein geschlossenes biografisches Bild der betreffenden Person zu entwerfen. Sinn und Zweck von Falldarstellungen ist die systematische und feinfühlige Informationssammlung mit dem Ziel sozialpädagogischer Hilfe. Nicht die Defektsicht, sondern die Sicht auf die Ressourcen einer Person bestimmen die Fallgeschichte.
Am Schluss sollte ein Resümee aus der Lebensgeschichte, die Beschreibung von Wechselwirkungen, typischen biografischen Mustern oder aufgefundenen Ressourcen stehen, die eine Perspektive auf die weitere Förderung eröffnen.

7.3.5 Förderung als Begegnungspädagogik

Im Unterschied zur sachbezogenen Verlaufsplanung geht es bei Förderplanungen um eine längerfristige Erziehungsperspektive. Ausgehend von der Fallanalyse werden Maßnahmen entwickelt, die zur Verbesserung der Lebenssituation eines Kindes oder Jugendlichen beitragen. Angesichts der häufig gravierenden emotionalen oder sozialen Beeinträchtigungen, die Kinder in der stationären Jugendhilfe wie Mareike erlebt haben, können solche erzieherischen Entscheidungen auch so aussehen, dass man zwischen **kompensatorischen** (auf dem Stand haltenden) und **fördernden** (weiterführenden) Hilfen für ein Kind entscheiden muss. Zur kompensatorischen Förderung eines Kindes kann auch das Akzeptieren nicht oder noch nicht zu verändernder negativer Verhaltensweisen gehören. Zur Förderung eines Falles gehört ebenfalls die Überprüfung weiterführender Hilfen und die Kooperation mit anderen Institutionen im Rahmen der Förderplanung. Solche weiterführenden Angebote können beispielsweise heilpädagogische, psychotherapeutische, medizinische oder logopädische Hilfen sein. Zum besonderen Charakter der Förderplanung im Vergleich zur sachorientierten Verlaufsplanung gehören insbesondere

- das Konzept einer lebensgeschichtlich begründeten, klientenzentrierten didaktischen Auswahl von Erfahrungsgegenständen,
- die stärkere Akzentuierung des Lebensfeldes und der Alltagssituationen eines Menschen, in denen Erfahrungen weniger über Lernen, sondern über Kommunikation und Beziehung vermittelt werden,
- die langfristige Perspektivplanung von Erziehungsprozessen, in deren Mittelpunkt die fördernde Beziehung zwischen Erzieher und Kind/Jugendlichem steht.

Die personenzentrierten (Pädagogen und Klienten betreffenden) Variablen in der Förderung beeinträchtigter Menschen basieren auf einer professionellen pädagogischen Begegnungshaltung in Anlehnung an die Begegnungspädagogik Martin Bubers. Man kann ihre Wirkungsweise in Form eines Schaubildes verdeutlichen (siehe folgende Seite).

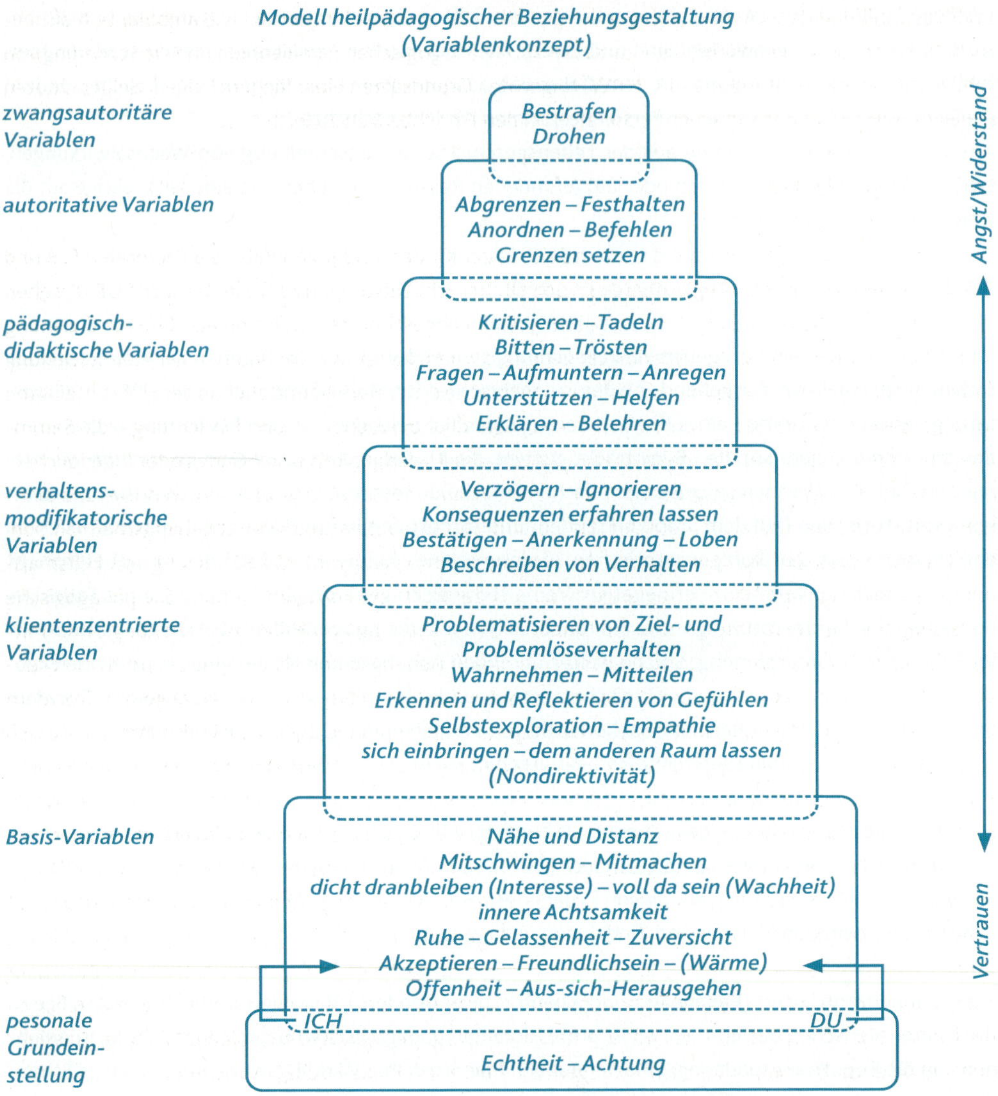

(Flosdorf, 1988, S. 214)

7.4 Individuelle Erziehungs- und Hilfeplanung

Noch einen Schritt weiter – auch von der zeitlichen Perspektive her – geht der Ansatz der Planung individuell zugeschnittener Hilfen zur Erziehung. Traditionell liegt der Schwerpunkt individueller Hilfeplanung in den sozialpädagogischen Arbeitsfeldern bei stationären oder teilstationären Einrichtungen der Kinder-

und Jugendhilfe und des Behindertenbereiches. Aber auch andere Hilfeformen wie ambulante Maßnahmen für Kinder und Jugendliche, der Einsatz der sozialpädagogischen Familienhilfe und die Förderung von Kindern in Tageseinrichtungen (GTK, NRW) folgen den Grundsätzen einer längerfristigen, zielgerichteten Hilfe, die von sozialpädagogischen Fachkräften in den Einrichtungen zu leisten ist.

7.4.1 Der Hilfeplan

Die gesetzlichen Vorschriften, auf der einen Seite in der Kinder- und Jugendhilfe die Paragrafen 5, 8 und 36 KJHG (Hilfeplan) oder auf der anderen im Sozialhilferecht Leistungen zur Teilhabe nach SGB IX, sehen die individualisierte, auf den Hilfebedarf des Einzelnen abgestimmte Förderung als Hilfe zur Erziehung oder Überwindung behinderungsbedingter Lebensschwierigkeiten vor. Im Rahmen der Heimerziehung (§ 34, KJHG) regeln der Hilfeplan und Hilfeplangespräche unter Beteiligung aller an der Hilfe beteiligten Institutionen und Parteien – Eltern, Kinder oder Jugendliche, Jugendamt und Einrichtung – die Sammlung der unterschiedlichen Perspektiven auf die Lebensschwierigkeiten eines Kindes oder Jugendlichen, die Feststellung des Erziehungsbedarfs, eine gemeinsame Entscheidung über notwendige und sinnvolle Hilfen und die Gestaltung von Art, Dauer und Umfang unterstützender Erziehungsmaßnahmen. Der Hilfeplan ist dabei die organisatorische Plattform für die Auswahl und Bündelung von Hilfsmaßnahmen, die in regelmäßigen Hilfeplangesprächen überprüft und korrigiert werden. Die pädagogische Forderung nach einer dialogisch offenen Situation in der Planung von Hilfen zur Erziehung unter Mitwirkung aller Beteiligten hat die alte Vorstellung des Erziehungsplans als die eines starren, die Erziehungsabsichten festschreibenden Instrumentes in der Planung langfristiger Hilfen abgelöst. Trotzdem bleibt festzuhalten, dass die inhaltliche Ausfüllung der im Hilfeplan festgelegten Maßnahmen natürlich den Grundgedanken einer langfristigen Perspektivplanung in der Erziehung weiterführt. Je nach Einrichtung werden deshalb auch unterschiedliche Begriffe zur Kennzeichnung der langfristigen Perspektivplanung für ein Kind oder einen Jugendlichen verwendet, so zum Beispiel „individuelle Erziehungsplanung, individuelles Erziehungskonzept“ oder auch einfach verwaltungstechnisch „Fortschreibung und Dokumentation des Hilfeplans“. Dass dabei in der Realität bei Hilfeplangesprächen Probleme auftauchen wie z. B. Schwierigkeiten in der Selbstäußerung und Formulierung betroffener Kinder und Jugendlicher, Ängste und Unsicherheiten betroffener Eltern im Kontakt mit Jugendamt und Heimmitarbeitern oder die Umständlichkeit und die lange Dauer solcher Hilfeplangespräche, bei denen nicht alle Beteiligten die gleiche Sprache sprechen, soll nur am Rande erwähnt werden. Wie ein solcher Hilfeplan aussieht und was er enthält, können Sie dem vorliegenden Muster (siehe Seite 212) entnehmen.

Was ein Hilfeplan enthalten soll

A. Bei der ersten Erstellung des Hilfeplans

Verantwortlich für die Erstellung des Hilfeplans:

Jugendamt: ______________________________

SozialarbeiterIn: ______________________________

Hilfeplan für: ______________ ______________ ______________

Name *Vorname* *Geb.-Datum*

Sorgeberechtigte/r:

1. Wer ist an der Erstellung des Hilfeplans beteiligt?

2. Was brauchen die Leistungsberechtigten

– aus der Sicht des Kindes/Jugendlichen?

– aus der Sicht der Eltern/Sorgeberechtigten?

– aus der Sicht des Jugendamtes?

3. Welche Art der Hilfe erscheint geeignet

– aus der Sicht des Kindes/Jugendlichen?

– aus der Sicht der Eltern/Sorgeberechtigten?

– aus der Sicht des Jugendamtes?

4. Welche Hilfeart wurde ausgewählt?

5. Wann soll die Hilfe beginnen?

6. Bis wann soll die Hilfe dauern?

7. Welche pädagogischen/therapeutischen Leistungen soll die Einrichtung anbieten?

8. Was erwartet die Einrichtung von den Eltern des Minderjährigen?

9. Wann soll der Hilfeplan fortgeschrieben werden?

Unterschrift aller Beteiligten

B. Fortschreibung des Hilfeplans

1. War die Hilfe bisher sinnvoll/erfolgreich?

Eventuell Erfahrungsberichte

– aus der Sicht des Kindes/Jugendlichen?

– aus der Sicht der Eltern/Sorgeberechtigten?

– aus der Sicht der Einrichtung?

– aus der Sicht des Jugendamtes?

2. Soll die Hilfe fortgesetzt werden?

(Bei unterschiedlicher Einschätzung bitte mit Begründung anmerken!)

3. Wird eine andere Hilfeart gewünscht?

Falls ja, Begründung und Beschreibung (= Hilfeplan ab 3.)

4. Wann soll der Hilfeplan fortgeschrieben werden?

5. Falls die Hilfe beendet wird:

Sind alle Beteiligten mit der Beendigung einverstanden?

Bei unterschiedlicher Einschätzung bitte kurz die unterschiedlichen Positionen darstellen.

Wann soll die Hilfe beendet werden?

Unterschrift aller Beteiligten

(Martin, 1997, S. 138 f.)

7.4.2 Umsetzen des Hilfeplans

Zum besonderen Charakter der erzieherischen Perspektiv- und Rahmenplanung gehört, dass die der Planung zugrunde liegenden **Erziehungsziele** langfristig und offen formuliert werden: Nicht das, was ein Kind nicht kann, ist die Richtschnur erzieherischer Hilfe, sondern das, was einem Kind fehlt! Dazu sollte man sich als Erzieherin an die Stelle des Kindes versetzen können und für das Kind oder mit dem Kind zusammen Wünsche äußern, welche Fähigkeiten es erwerben möchte, welche Hoffnungen und Erwartungen es an die Zukunft richtet und letztlich, was das Kind konkret mit Unterstützung durch die Mitarbeiter dafür tun kann. (vgl. Günder, 1995, S. 130 f.)
Die Erziehungsziele, die in der Heimerziehung für die Planung erzieherischer Hilfen eine Rolle spielen, orientieren sich an den für eine gelungene Sozialisation von Kindern und Jugendlichen wichtigen Bereichen wie:

- der Gestaltung des Kontakts und der Beziehung zur Herkunftsfamilie,
- der Situation in der Wohngruppe oder der in der Lebenswelt wichtigen Bezugsgruppen und -personen wie Cliquen, Freunde und Freizeitgruppen,
- die Position und Zufriedenheit in Schule, Ausbildung oder Arbeit,
- der Umgang mit Taschengeld, Freizeit und Tagesstruktur,
- der Zustand und das Wohlbefinden in der körperlichen und seelischen Verfassung,
- der Kontakt und der Umgang mit Mitarbeitern.

Aus der Sichtung der bisherigen Entwicklung und des Entwicklungspotenzials in Form einer **Situationsanalyse** des Ist-Zustandes werden in der Zusammenarbeit mit dem betreffenden Kind oder Jugendlichen Lösungen entwickelt bzw. konkrete Erziehungsziele entworfen, die unter Einbeziehung der Selbstverantwortung eine Verbesserung der Situation anstreben. Ein gutes Beispiel, wie eine solche Situationsanalyse in der Vorbereitung des Hilfeplangespräches mit einem Kind durchgeführt werden kann, zeigt die Selbsteinschätzung der Lebenssituation mithilfe eines Brettspiels.

Vorbereitung eines Hilfeplangesprächs mit Kindern und Jugendlichen:
Befragung anhand eines Brettspiels

Bitte male aus:
Grün = da geht´s mir gut *Gelb = da geht´s mir mittelmäßig*
Rot = da geht´s mir nicht so gut/schlecht

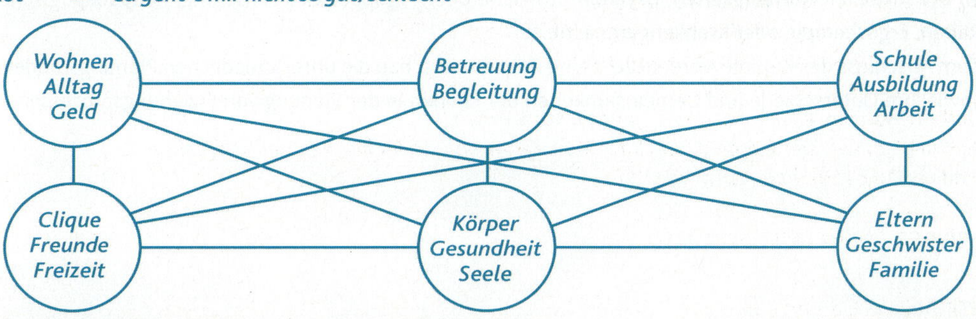

(Schwabe, 2000, S. 15)

7.4.3 Sozialpädagogische Maßnahmen

Zielgerichtete Hilfen bei einem Kind, Jugendlichen oder behinderten Menschen setzen nicht erst bei ausgesprochen heilpädagogischen oder therapeutischen Hilfen ein. Ein großer Anteil der sozialpädagogischen Unterstützung muss in Alltagssituationen erfolgen und an der unmittelbaren Lebensumwelt des betroffenen Menschen anknüpfen. Die Begleitung des zu Erziehenden im Alltag liefert durch die Beobachtung genügend Informationsmaterial zu den individuellen Problemen des einzelnen Menschen. Die bewusste Einplanung „alltäglicher" Situationen in der Begleitung der Körperhygiene, bei der Vorbereitung und Einnahme des Essens, die Hilfestellung bei Hausaufgabensituationen, bei der Gestaltung der Freizeit, gemeinsamen Spaziergängen, Zubettgehsituationen, die Einbindung in hauswirtschaftliche Arbeiten usw. bieten genügend „Stoff" für pädagogisches Handeln, wenn man diese Situationen als Kommunikations- und Beziehungsmöglichkeit in die Planung einbezieht.
Darüber hinaus stehen im Bedarfsfall weitere Möglichkeiten sozialpädagogischer Interventionen zur Verfügung, die sich an den für den Betreffenden wichtigen Entwicklungsbereichen orientieren, zum Beispiel:

- regelmäßige Einzelgespräche zur Entlastung und Klärung emotional belastender aktueller Schwierigkeiten,
- in das pädagogische Konzept integrierte regelmäßige Gruppengespräche zur Verbesserung des sozialen Kontakts und Klärung von Gruppenkonflikten,
- pädagogische Angebote der Freizeitgestaltung und die bewusste Gestaltung von Ferienfreizeiten,
- die Verstärkung von Elterngesprächen und Elternarbeit,
- Hilfen zur Bewältigung schulischer Schwierigkeiten oder Orientierung zur Berufswahl,
- Selbstsicherheitstraining in Rollenspielen allein oder mit der Gruppe,
- Angebote aus dem Bereich Sport, Theater, ästhetischer Erziehung, Musik, Tanz usw. – so sie zur Situation des Einzelnen und der Gruppe passen und neue Erfahrungen im Umgang mit sich selbst oder anderen mit sich bringen.

Als flankierende Hilfen zur Verstärkung des Entwicklungsprozesses beim Einzelnen können weitere Fördermaßnahmen und therapeutische Hilfen in Kooperation mit anderen Institutionen herangezogen werden, beispielsweise die Familientherapie, psychotherapeutische Beratung, Spieltherapie, Therapien bei sexuellen Auffälligkeiten, psychomotorische oder logopädische Förderung, heilpädagogisches Reiten, Ergotherapie oder Krankengymnastik.
Zum Abschluss des Kapitels verdeutlicht eine Zusammenschau die unterschiedlichen Planungsmodelle sowie ihre Unterschiede und Gemeinsamkeiten der Ebenen in der Planung von Erziehungsprozessen.

Übersicht Planungsmodelle

Individuelle Erziehungsplanung:
- *langfristige Erziehungshilfe, Perspektivklärung, Rahmenplanung*
- *Schwerpunkt: Entwicklungsförderung der gesamten Persönlichkeit*
- *Grundlage: Hilfeplan unter Einbindung des sozialen und institutionellen Kontextes*

Bedürfnisorientierte Förderplanung:
- *mittelfristige an Bedürfnissen orientierte Planung*
- *Schwerpunkt: Biografische Entwicklung, Bedürfnisverletzung in der Vergangenheit*
- *Grundlage: Fallanamnese und -diagnose*

Verlaufsplanung:
- *kurzfristige, überschaubare Angebote*
- *Schwerpunkt: Lernen und Lerntheorie*
- *Grundlage: Analyse der Lernsituation*

1. Stellen Sie eine Zusammenschau der im Kapitel vorgestellten Planungsmodelle her und sammeln Sie unter den Überschriften „pädagogische Leitidee", „Arbeitsschwerpunkt" und „methodisches Vorgehen" Vergleichspunkte, an denen Sie Unterschiede und Gemeinsamkeiten der Planungsmodelle überprüfen können.
2. Ordnen Sie den Planungsmodellen typische Praxisbeispiele zu, die Aufschluss über den unterschiedlichen Einsatz in der Praxis geben.
3. Arbeiten Sie im Unterrichtsgespräch in der Klasse heraus, welche grundsätzlichen Übereinstimmungen in den Planungsebenen vorkommen und wie sich diese aufeinander beziehen.

Das, was Sie jetzt abstrakt diskutiert haben, nämlich das Zusammenwirken unterschiedlicher Planungsebenen in der grundlegenden Erziehungsplanung, der konkreter werdenden Förderung und sachorientierten Erfahrungsvermittlung, lässt sich gut an dem nun folgenden Fallbericht verfolgen, in dem durch das integrative Zusammenwirken der drei Planungsebenen bei einem erziehungsbedürftigen Jugendlichen durch die Sichtung biografischer Stärken und der Lebenssituation ein wesentlicher Fortschritt erzielt werden konnte.

7.5 Planung in der sozialpädagogischen Praxis – der Fall F.[1]:

Stationen: 1. Station – Die Familie

„F. wurde in einer Kleinstadt geboren, seinen Vater kennt er nicht, da sich die Eltern vor seiner Geburt trennten. Seine ersten 4 ½ Lebensjahre verbrachte F. in dem Haushalt seiner Großeltern. Die Mutter hatte nur wenig Zeit für ihn, sie arbeitete in einem Industriebetrieb. Die Entwicklung des Jungen verlief in den ersten 4 ½ Jahren unproblematisch. Seine Lebenssituation änderte sich drastisch, als die Mutter F. zu sich nahm, sie hatte inzwischen wieder geheiratet und einen zweiten Sohn zur Welt gebracht. Die Situation muss dort – so kann man der Akte entnehmen – für F. anfangs sehr unüberschaubar gewesen sein. Die junge Familie wohnte in beengten Verhältnissen im Haus der Schwiegereltern, das gerade umgebaut wurde, seine neuen Großeltern standen ihm, dem Sohn aus erster Ehe, eher skeptisch gegenüber, sodass sich F. nie recht heimisch fühlen konnte. F.: ‚Meinen Vater kann ich auf den Tod nicht ab! Stiefvater!' Er habe nie Zeit für ihn gehabt: ‚Der ist arbeitsgeil, schuftet sich noch mal zu Tode!' Spielkameraden habe er damals nicht gehabt, ‚... ich hab noch nie gespielt', bis auf eine einzige Ausnahme: ‚Da hab ich immer Fahrräder zu Schrott gefahren, ... immer alles zergurkt, Bordstein hoch, Bordstein runter'.
Die Schwierigkeiten F.s traten mit der Einschulung offen zutage, er hatte eine leichte Sprachstörung, seine Feinmotorik war so schwach entwickelt, dass er Probleme beim Schreiben hatte. Er war – wie seine Lehrerin feststellte – in allem viel zu langsam und noch sehr verträumt, als hätte er zu wenig Kontakt zu Gleichaltrigen gehabt. Es wurde die Erziehungsberatungsstelle eingeschaltet, F. unterzog sich einer ambulanten Sprachheilbehandlung. Die häuslichen Probleme verschärften sich, er kehrte von der Schule erst spät abends zurück. Die Eltern klagten bei der Beratungsstelle über F.s Desinteresse und dass er nicht spielen könne. Er selbst beschreibt in einem Interview seine damalige Situation folgendermaßen: ‚Schule hat sowieso nicht geklappt. Meistens denn immer so nachts um halb zwölf, eins nach Haus gekommen, hatten sowieso Terz und so. Ich wollte auch nicht mehr länger zu Hause bleiben. (...) Und denn wollt ich von meinem Vater das Auto knacken, ... bin aber nicht an' Schlüssel rangekommen, weil der hing in so'm komischen Kasten, aber ich hab den Scheiß-Kasten nicht aufgekriegt. Und dann hat mich irgend so'n Nachbarsbengel erwischt dabei, ... und dann kam grad mein Opa runter. Und in Strümpfen getürmt, zwei Häuser, über drei Zäune, über die Autobahn, und denn irgendwann hat sich mein Stiefvater aufs Fahrrad geschwungen. (...)"

(Mollenhauer/Uhlendorff, 1992, S. 87 f.)

Stationen: 2. Station – Psychiatrieaufenthalt und Heim

„Na ja, und dann kam ich nach B. (eine Psychiatrie). Hab da 'n knappes Jahr gelebt. Nach 'nem halben Jahr, das war im Dezember, am 7., nicht wie ... in meiner Berichtsmappe (er meint seine offizielle Akte) am 14. steht, sondern am 7. kam ich dann nach Oja (er meint das Kinderheim), (...) muss ich ja wissen, war ein Tag nach Nikolaus!"
Die Integration F.s in eine Wohngruppe des heilpädagogischen Kinderheims gestaltete sich von Anfang an sehr schwierig. In den Entwicklungsberichten heißt es: „Er kann seine Gefühle und Bedürfnisse nicht sprachlich artikulieren", oder „er kommuniziert mit uns nur über körperliche Verweigerung", und „wenn

1: *Leider fehlen in der Fallbeschreibung konkrete Altersangaben, sodass man auf Schätzungen angewiesen ist.*

er in seinem Alltag mit irgend etwas nicht im Reinen ist, wirkt er hilflos, verschlossen, läuft unruhig umher und kann kaum Kontakt aufnehmen". Zwei Versuche, ihn in einer Regelschule zu unterrichten, scheiterten. F.: „... ich hatte irgendwo keinen richtigen Bock, weil es zu viele Fächer sind, und ich in dem einen Fach gut und den Rest weiß ich gar nicht mehr". F. heimintern in Form von Einzelstunden zu beschulen, gestaltete sich schwierig. Weil er im Schulzimmer Angst bekam, musste ihn die Lehrerin in seinem Zimmer unterrichten, wenn er es nicht verweigerte. Erfolgreicher schienen die Bemühungen des Werktherapeuten und der Bewegungstherapeutin gewesen zu sein. Kurzzeitig scheint er sich für Pferde und Hausmeisterarbeiten zu interessieren. Eine psychologische Untersuchung kommt zu dem Ergebnis, dass „seine Lern- und Leistungsmöglichkeiten altersentsprechend sind". F. zeigt eine starke Verunsicherung und Unzufriedenheit in Bezug auf seine Familie. Immer wieder tauchen Todesfantasien in Verbindung mit seiner Familie auf. Er wünscht, dass seine Mutter „tot wäre". F. lehnt zum Schluss alle handwerklichen und schulischen Anforderungen ab und beschreibt seine letzte Zeit in der Wohngruppe so: „Bin ich Rentner geworden (...) Frührentner, hab nix mehr gemacht, kaum etwas (...) Ich wurde gar nicht wach, ich wollte nicht wach werden!" Sein Tagesablauf: „Ausschlafen meistens, außer wenn ich mal 'ne Nacht durchgemacht habe. Computer spielen, Video, Bierchen trinken, SAT 1 gucken, schlafen."
(Mollenhauer/Uhlendorff, 1992, S. 87 f.)

1. Bilden Sie Arbeitsgruppen und sammeln Sie in Form einer tabellarischen Übersicht alle wichtigen Informationen zum Aufwachsen und zur familiären und sozialen Situation von F.
2. Analysieren Sie unter dem Aspekt der „Bedürfnisverletzung" den Lebenslauf und das Lebensmuster, das sich wie ein „roter Faden" durch F.s Biografie zieht.
3. Entwickeln Sie im Gespräch in Ihrer Arbeitsgruppe Ansätze einer Förderung von F. und vergleichen Sie diese mit den in der weiteren Fallentwicklung beschriebenen Ansätzen und Maßnahmen.

In Form einer Situationsanalyse des Lebensmusters und der konkreten Lebensbedingungen konnten die zentralen Problemstellungen und biografischen Stärken des Jugendlichen F. herausgearbeitet werden (hier ein Auszug aus der Analyse):

1. „F. hat Schwierigkeiten mit Zukunft und Vergangenheit, mit Erinnern und Planen". An seine Kindheit kann er sich kaum erinnern, auch die Angaben über seine Erfahrungen in Psychiatrie und Heim sind spärlich. Er hat nur wenige Erinnerungsbilder, die mit Emotionen belegt sind, zumindest kann er sie sprachlich nicht zum Ausdruck bringen. (...)
2. „Es fällt ihm schwer, sich in komplexere Sachverhalte und Sozialstrukturen mit hohen kommunikativen Anforderungen einzubetten, er wünscht sich einen Ort der Ruhe." Die Schule hatte ihm zu viele Unterrichtsfächer, die Verhältnisse in seiner Familie sind ihm zu kompliziert und die Erwartungen seiner ehemaligen Erzieher lästig. F. wünscht sich einen Ort, wo man ihn in Ruhe lässt, ohne ständigen Erwartungen ausgesetzt zu sein, er träumt vom Leben auf einer Luxusyacht, die ihm ganz alleine gehört; wichtiger als Reisepläne wäre ihm allerdings eine gut ausgerüstete Hausbar. (...)
3. „Er hat Schwierigkeiten, zwischen seinem Leib und den Dingen einen für ihn und andere akzeptablen Sinnzusammenhang herzustellen." In dem Erstinterview rückt F. die Dinge in Distanz zu seinem Körper. Bis auf das Zerstören der Fahrräder und dem versuchten Diebstahl des väterlichen Wagens findet man kaum Passagen, wo F. sich als Verursacher von etwas durch eine körperliche Tätigkeit empfindet. (...)

4. „F. hat ein Interesse an Überwindung von Widerständen, an Leistung und Anerkennung durch den Einsatz gegenständlich gerichteter Kraft und den Wunsch nach einer männlichen Bezugsperson, die ihn dabei unterstützt." Die Zerstörung der Fahrräder und der versuchte Diebstahl des Wagens tauchen in den Erzählungen F.s im Zusammenhang mit den erlittenen Frustrationen und der Ignoranz seitens des Stiefvaters auf."
(Mollenhauer/Uhlendorff, 1992, S. 87 f.)

Stationen: 3. Station – „Korsika": F.s Fähigkeiten erscheinen in einem neuen Licht

„Während des Aufenthalts auf Korsika nun wurde F. mit folgenden Tätigkeiten konfrontiert: Man übertrug ihm die Aufgabe des Maschinisten, er musste mittels eines Kompressionsgerätes – bestehend aus Motor, Pumpe und diversen Druckschläuchen – die Tauchflaschen mit Luft füllen. Darüber hinaus war er zuständig für die Wartung des Kompressor- und Bootsmotors und der beiden Autos. Er wurde zum Kapitän und Steuermann des Motorboots ernannt, und er machte regelmäßig mit einem Erzieher die Abrechnung der Gruppenkasse. F. schien jedoch damit noch nicht ausgelastet zu sein und suchte sich zwei weitere Aufgabenstellungen: Während der Mittagspausen zersägte er Holz für die allabendliche Gruppenbesprechung am Lagerfeuer. In den 4 Monaten (des Aufenthalts auf Korsika, Anm. des Verf.) hat F. alle toten Bäume und Äste der näheren Umgebung des Lagers zersägt. Darüber hinaus übte er sich im Rangieren des PKWs auf dem Gelände, allerdings mit purer Körperkraft.
Nun darf man sich nicht vorstellen, dass F. immer mit gleichem Engagement bei der Sache war. Die meiste Zeit war er voll dabei; es gab aber auch Phasen – meist wenn er mit seiner Zukunft konfrontiert wurde –, in denen er seine bekannten Verhaltensweisen aus dem Kinderheim an den Tag legte und, wie es im Wochenbericht heißt, „den toten Mann spielte". Dass er sich dennoch immer wieder „aufrappelte", hing mit der Geduld und dem Zureden der pädagogischen Betreuer zusammen und damit, dass die oben genannten Tätigkeiten, wie wir vermuten, seine Lebensthemen produktiv aufgriffen. F.s Themen erhielten durch diese Tätigkeiten eine für ihn und die Gruppe akzeptable Form. Denn für einen Jugendlichen, dem es schwer fällt, sich an Gegebenheiten mit hohen kommunikativen Erwartungen anzupassen, ist der Umgang mit Maschinen ein „Kinderspiel". (...)
Motoren, Maschinen, ihre Reparatur und Wartung waren für F. nicht nur Mittel, um den Umgang mit Dingen zu erlernen, sondern auch ein Medium, um die Wirklichkeit an seine Wünsche anzupassen und umgekehrt, die Wünsche an die Wirklichkeit. Und genau hierauf begründet sich die therapeutisch-pädagogische Bedeutung dieser Tätigkeiten. Der „Kompressor", so F., „ist wie 'ne Bombe. Kann jeden Moment hochgehen (...) und wir haben 'n Kreis im Umfang von ein Meter fünfzig. Ist 'n Riesenloch drin." In der Bedienung des Kompressors, der Tauchflaschen, des Geländewagens und des Bootes drückt sich stellvertretend der Wunsch nach Stärke, Überlegenheit und Durchsetzungsvermögen aus.
F.s Tätigkeiten, das kann man aus obigem Zitat entnehmen, hatten auch einen sozialen Bezug und kamen seinem Wunsch nach Anerkennung und sozialer Integrität entgegen: „Ohne mich keine gefüllten Tauchflaschen", ohne ihn keine Luft unter Wasser. F. wusste seine Aufgaben strategisch einzusetzen: Übten die Erzieher auf ihn sozialen Druck aus, dann weigerte er sich, den Kompressor zu bedienen, sozusagen mechanisch Druck auszuüben. In dem Verschieben der Autos und dem Zersägen des Holzes nahm sein Thema „Überwindung von Widerständen durch Einsatz körperlicher Kraft" eine sehr konkrete und für alle akzeptable Gestalt an. Er trug zur abendlichen Gruppenbesprechung am Lagerfeuer, die für ihn oft sehr strapaziös war, neben oder statt sprachlichem Material etwas anderes bei, nämlich Wärme. In brenzligen oder für ihn sprachlosen Situationen konnte er sozusagen ein entstandenes sprachliches Vakuum mit Holzauflegen füllen."
(Mollenhauer/Uhlendorff, 1992, S. 87 f.)

Stationen: 4. Station – wie es mit F. im Alltagsleben weiterging

„F. absolvierte später ein mehrmonatiges Praktikum an einer Tankstelle mit angeschlossener Kfz-Werkstatt. Ein Erzieher musste ihm während der ersten Wochen täglich beistehen und ihm „Übersetzungshilfen" geben. Da er mit Kompressionsmaschinen vertraut war, übernahm er anfänglich nur die Bereifung und Reifenreparatur und später Aufgaben im Bereich der Autopflege, -reparatur und -wartung. Nach einem Jahr Arbeit als Angestellter der Tankstelle entschloss er sich, das Berufsgrundbildungsjahr zu absolvieren, um danach eine Lehre als Kfz-Mechaniker anzutreten. Er machte nebenbei seinen Führerschein und wohnte bis zum 18. Lebensjahr in einer Jugendwohngruppe. Das letzte Interview, das wir mehrere Monate nach dem Kurs mit ihm führten, zeigt, dass er innerhalb eines Jahres fast ein anderer geworden ist."
(Mollenhauer/Uhlendorff, 1992, S. 91 f.)

– Ein modernes Märchen? Nein – Pädagogik, wie sie sein sollte: vorurteilsfrei, engagiert, kompromisslos, was die Interessen der zu Erziehenden angeht, kompromissbereit und kreativ im Erfinden neuer Lösungen, den Einzelnen in Freiheit lassend. Pädagogik als die Kunst zum richtigen Zeitpunkt, an der richtigen Stelle, mit dem „richtigen" Kind oder Jugendlichen den Punkt aufzufinden, von dem aus Veränderung möglich ist, man Einfluss ausüben kann. Zugegebenermaßen aber eine „Sternstunde" der sozialen Pädagogik, wie man sie in einem sozialpädagogischen Beruf selten erlebt. Eine solche Geschichte wie im Fall F. macht Hoffnung.
Oder liegt es daran, dass Erzieherinnen und andere Menschen Veränderungen und Chancen manchmal gar nicht richtig wahrnehmen, Situationen nicht nutzen? Dazu die nachfolgende Geschichte, mit der ich mich von Ihnen verabschiede.

7.1 Was hat Pädagogik mit Kätzchen zu tun? – Eine Fabel aus dem Islam

Die folgende Geschichte stammt aus dem islamischen Kulturkreis. Sie ist in dem Buch von Paul Watzlawick „Vom Schlechten des Guten" abgedruckt, das sich an vielen Stellen mit dem Thema: „Das Große liegt im Kleinen verborgen" beschäftigt. Was diese Geschichte mit Erziehung zu tun hat, darauf können Sie sich selbst einen Reim machen.

„Der Bagdader Mystiker Schibli starb 945. Nach seinem Tod sah ihn einer seiner Freunde im Traum und fragte: ‚Wie hat Gott dich behandelt?' Er sagte: ‚Er hat mich vor sich gestellt und gefragt: ‚Abu Bakr, weißt du, weshalb ich dir vergeben habe?' Ich sagte: ‚Wegen meiner guten Werke.' Er sagte: ‚Nein'. Ich sagte: ‚Weil ich in meiner Anbetung aufrichtig war.' Er sagte: ‚Nein.' Ich sagte: ‚Wegen meiner Pilgerfahrt und meines Fastens und meiner Pflichtgebete.' Er sagte: ‚Nein, nicht deswegen habe ich dir vergeben.' Ich sagte: ‚Wegen meiner Reisen, um Wissen zu erwerben, und weil ich zu den Frommen ausgewandert bin?' Er sagte: ‚Nein.' Ich sagte: ‚O Herr, dies sind die Werke, die zur Rettung führen, die habe ich über alles gestellt und bei denen habe ich gedacht, dass Du mir ihretwegen vergeben würdest!' Er sprach: ‚Doch nicht um all dieser Dinge willen habe ich dir verziehen!' Ich sagte: ‚O Herr, weshalb denn?' Er sprach: ‚Erinnerst du dich, wie du durch die Gassen von Bagdad gingst und ein Kätzchen fandest, das vor Kälte ganz schwach geworden war und von Mauer zu Mauer lief, um Schutz vor der schneidenden Kälte und vor dem Schnee zu suchen, und du hast es aus Mitleid aufgehoben und in den Pelz gesteckt, den du trugst, und hast es vor der Qual der Kälte geschützt?' Ich sagte: ‚Ja, ich erinnere mich.' Er sprach: ‚Weil du mit dieser Katze Erbarmen hattest, darum habe ich mich deiner erbarmt.'"

(Schimmel, 1983)

Literaturverzeichnis

Arnold, Wilhelm/Eysenck, Jürgen/Meili, Richard: Art. Aggressivität, in: Lexikon der Psychologie, 10. Aufl., Freiburg/Basel/Wien, Herder, 1993.

Atzesberger, Michael: Einführung in die Tiefenpsychologie und Kinderpsychotherapie, 1. Aufl., Berlin, Marhold, 1980.

Bang, Ruth: Psychologische und methodische Grundlagen der Einzelfallhilfe, 4. Aufl., München, Verlag Ernst Reinhard, 1968.

Barlovic, Ingo: Kids im Kaufrausch, Pressemitteilung iconkids & youth, vom 21.06.2006, Online abrufbar unter www.iconkids.com/deutsch/download/presse/2006/PM_060621.pdf [01.06.2008]

Bebel, August: Die Frau und der Sozialismus, Stuttgart, Dietz-Verlag, 1919.

Bedürftig, Friedemann [Red.]: Neues deutsches Wörterbuch, Köln, Naumann und Göbel, 2001.

Bion, Wilfred R.: Erfahrungen in Gruppen und andere Schriften, 2. Aufl., übersetzt von H. O. Rieble, Stuttgart, Klett, 1974.

Bornemann, Ernst: Die Bedeutung der Sozialpädagogik in der industriellen Gesellschaft, in: KlassikerInnen der Sozialen Arbeit, hrsg. v. Werner Thole / Michael Galuske / Hans Gängler, Neuwied, Luchterhand, 1998, S. 275 – 281.

Bundeskriminalamt: Polizeiliche Kriminalstatistik 2006. Bundesrepublik Deutschland, 54. Auflage, Wiesbaden. Online abrufbar unter www.bka.de/pks/pks2006/download/pks-jb_2006_bka.pdf [01.06.2008]

Bundesministerium für Familie, Senioren, Frauen und Jugend (Hrsg.): Die Familie im Spiegel der amtlichen Statistik, Bonn, 2003.

Capra, Fritjof: Wendezeit, 2. Aufl., München, Deutscher Taschenbuch Verlag, 1992.

Capra, Fritjof: Lebensnetz. Ein neues Verständnis der lebendigen Welt, München, Knaur, 1999.

Dahrendorf, Ralf: Homo Sociologicus, 10. Aufl., Opladen, Westdeutscher Verlag, 1971.

Davison, Gerald C./Neale, John M.: Klinische Psychologie, 5. Auflage, übersetzt v. Martin Hautzinger, Weinheim, Beltz, 1998.

Deutscher Gewerkschaftsbund: DGB einblick, Heft 6, 2005.

Deutscher Kinderschutzbund: Kinderschutz Aktuell 3/06, Kinder in Armut. 2006.

Deutscher Kinderschutzbund: Kindschutztage 2006. Mit allen Mitteln, in: Kinderschutz aktuell 03/06, Deutscher Kinderschutzbund, S. 25-27.

Dührssen, Annemarie: Psychogene Erkrankungen bei Kindern und Jugendlichen, 11. Aufl., Göttingen, Vandenhoek und Ruprecht, 1976.

Egmont Ehapa Verlag: Die KidsVerbraucherAnalyse 2006, Berlin, August 2006, Online abrufbar unter www.ehapa-media.de/service/pdf/KVA06_Praesentation.pdf [01.062008]

Eylarduswerk (Hrsg.): Innovation in der Jugendhilfe durch „Video-Home-Training" (VHT), Tagungsreader, 1. Aufl., Bad Bentheim/Gildehaus, 1996. Zu beziehen über: Eylarduswerk, Teichkamp 34, 48455 Bad Bentheim-Gildehaus.

Feldmann, Harald: Psychiatrie und Psychotherapie, 9. Aufl., Basel/München/Paris, S. Karger Verlag, 1984.

Flosdorf, Peter: Kinder und Jugendliche in den Heimen, in: Theorie und Praxis stationärer Erziehungshilfe, hrsg. von Peter Flosdorf, Bd.1, 1. Aufl., Freiburg, Lambertus-Verlag, 1988, S. 89-143.

Freud, Sigmund: Abriss der Psychoanalyse / Das Unbehagen in der Kultur, 5. Aufl., Frankfurt a. M., Fischer, 1958.

Fröhlich, Werner D.: Wörterbuch Psychologie, 26. Auf., München, Deutscher Taschenbuchverlag, 2008.

Görtemaker, Manfred: Deutschland im 19. Jahrhundert, 2. Aufl., Opladen, Leske und Budrich, 1986.

Gündel, Jürgen: Transaktionsanalyse. Was sie kann, wie sie wirkt und wem sie hilft, 1. Aufl., Mannheim, PAL Verlag, 1990.

Hamburgisches WeltWirtschaftsInstitut (HWW): fokus Migration. Länderprofil Deutschland, Heft 1, 2007, S. 1-9. Online abrufbar unter www.focus-migration.de/uploads/tx_wilpubdb/LP01_Deutschland_v2.pdf [01.06.2008]

Heigl-Evers, Anneliese: Die Gruppe unter soziodynamischen und antriebspsychologischem Aspekt, in: Analytische Gruppenpsychotherapie. Grundlagen und Praxis, hrsg. v. Hans G. Preuss, München, Urban & Schwarzenberg, 1966.

Heinemann, Evelyn: Psychoanalyse und Pädagogik im Unterricht der Sonderschule, in: Gewalttätige Kinder. Psychoanalyse und Pädagogik in Schule, Heim und Therapie, hrsg. von Evelyn Heinemann/Tilo Grütner/Udo Rauchfleisch, 1. Aufl., Frankfurt a. M., Fischer, 1992, S. 39-89.

Henecka, Hans Peter: Grundkurs Soziologie, 8. Aufl., UVK: Konstanz, 2006.

Iben, Gerd: Bereiche und Begriffe der Sozialpädagogik und Sozialarbeit, in: Funk-Kolleg Erziehungswissenschaft, Bd. 3, Fischer-Taschenbuch-Verlag, Frankfurt, 1971.

Iben, Gerd: Die Gruppenbeziehungen im Erziehungsprozess, in: Funk-Kolleg Erziehungswissenschaft, Bd. 1, hrsg. von Wolfgang Klafki, 5. Aufl., Frankfurt, Fischer-Taschenbuch-Verlag, 1971, S. 95,115

Jaedel, Wolfgang/Wolf, Jürgen/Zeller-König, Barbara: Gruppentraining mit Kindern aus Trennungs- und Scheidungsfamilien, 1. Aufl., Weinheim, Beltz, 1996.

Jordan, Erwin/Trauernicht, Gitta: Ausreißer und Trebegänger. Grenzsituationen sozialpädagogischen Handelns, München, Juventa, 1981.

Kanfer, Frederick H./Saslow, George: Behaviour Diagnosis, in: Behaviour Therapy, hrsg. v. C. M. Franks, New York, 1969.

Kiphard, Ernst J./Ohlmeier, Gertrud: Entwicklungsgitter Kiphard/Ohlmeier 1983. Dortmund, Verlag Modernes Lernen, Bestellnr. 5120.

Knop, S./Moos, W.: Gemeinwesenarbeit als Methode moderner Sozialarbeit, in: Bericht der Arbeiterwohlfahrt über die Gemeinwesenarbeit im Gleisdreieck, hrsg. von der Arbeiterwohlfahrt, Kreisverband Duisburg e. V., 1971, S. 1-6.

Kreft, Dieter/Mielenz, Ingrid (Hrsg.): Wörterbuch soziale Arbeit. Aufgabenfelder, Praxisfelder, Begriffe und Methoden der Sozialarbeit und Sozialpädagogik, 3. Aufl., Weinheim, Basel: Beltz, 1988

Kriz, Jürgen: Grundkonzepte der Psychotherapie, 4. Aufl., Weinheim, Psychologie Verlags Union, 1994.

Kunert, Peter/Zeissner, Georg: Pädagogik, 1. Aufl., Köln, Stam, 1986.

Kupffer, Heinrich: Unbequeme Fragen, in: Kinderschutz aktuell, Heft 3, 2006, S. 6-7.

Lempert, Joachim/Oelemann, Burkhard: Lieber gewalttätig als unmännlich ... der lange Irrweg auf der Suche nach Männlichkeit, 2. Aufl., Männer gegen Gewalt e. V., Hamburg, 1996.

Löwy, Ida: Kränkung und Verwahrlosung, in: Alfred Adler / Carl Furtmüller: Heilen und Bilden, hrsg. v. Wolfgang Metzger, Lizenzausgabe nach der 3. Auflage, Frankfurt a. M., Fischer, 1973, S. 333-340.

Lück, Helmut E.: Die Feldtheorie und Kurt Lewin, Weinheim: Beltz, Psychologie Verlags Union, 1996.

Martin, Ernst / Wawrinowski, Uwe: Beobachtungslehre, 2. Aufl., Weinheim/München, Juventa, 1993.

Martin, Ernst: Didaktik der sozialpädagogischen Arbeit, 4. Aufl., Weinheim/München, Juventa, 1997.

Mc Knight, John: Professionelle Dienstleistung und entmündigende Hilfe, in: Entmündigung durch Experten, hrsg. v. Ivan Illich, Reinbek b. Hamburg, Rowohlt, 1979.

Mitscherlich, Alexander: Die Idee des Friedens und die menschliche Aggressivität, 1. Aufl., Frankfurt a. M., Suhrkamp, 1969.

Mollenhauer, Klaus/Uhlendorff, Uwe: Sozialpädagogische Diagnosen – über Jugendliche in schwierigen Lebenslagen, 1. Aufl., Weinheim/München, Juventa, 1992.

Müller, Carl Wolfgang: Artikel Sozialarbeit/Sozialpädagogik, in: Wörterbuch Soziale Arbeit: hrsg. von Dieter Kreft/Ingrid Mielenz, 4. Aufl., Weinheim/München, Juventa, 2005, S. 748-752.

Mussen, Paul H./Conger, John J./Kagan, Jerome/Huston, Aletha C.: Lehrbuch der Kinderpsychologie, Bd. 1 und 2, 5. Aufl., übersetzt von Irmgard Hölscher, Stuttgart, Klett-Cotta, 1994.

Natorp, Paul: Der Streit um den Begriff der Sozialpädagogik, in: KlassikerInnen der Sozialen Arbeit, hrsg. v. Werner Thole / Michael Galuske / Hans Gängler, Neuwied, Luchterhand, 1998, S. 91-96.

Nolting, Hans-Peter: Lernfall Aggression, Vollst. überarbeitete Neuausgabe, Reinbek b. Hamburg, Rowohlt, 1997.

Norddeutscher Rundfunk: Horror-Trend „Happy Slapping“, 2006, Online abrufbar unter: www3.ndr.de/ndrtv_pages_std/0,3147,OID3022838,00.html [01.06.2008]

Oelemann, Burkhard: Vaterseelen allein. Jungen zwischen Held und Hasenfuß, in: Referate Niedersächsisches Kultusministerium, Hannover, 1993.

Oerter, Rolf/Montada, Leo: Entwicklungspsychologie, 3. Aufl., Weinheim, Psychologie Verlags Union, 1995.

Osterroht, Nikolaus: Vom Beter zum Kämpfer, 1. Aufl., Berlin, Buchhandlung Vorwärts, 1920.

Pestalozzi, Hans A.: Sucht als Krankheit unserer Gesellschaft? In: Berichtsband zur Fachtagung des Niedersächsischen Landesverbandes gegen die Suchtgefahren, hrsg. v. NLS, Hannover, 1984, S. 31-39.

Pestalozzi, Johann Heinrich: Brief an einen Freund über seinen Aufenthalt in Stans, in: KlassikerInnen der Sozialen Arbeit, hrsg. v. Werner Thole/Michael Galuske/Hans Gängler, Neuwied, Luchterhand, 1998, S. 43-63.

Platon: Dialog Laches, Bd. 1, hrsg. v. E. Grassi, Reinbek b. Hamburg, Rowohlt, 1985.

Redl, Fritz/Wineman, David: Controls from within. Techniques for the treatment of the aggressive child, Free Press, Glencoe, 1952. Wiederabgedruckt in: Heinemann, Evelyn/Grütner, Tilo/Rauchfleisch, Udo: Gewalttätige Kinder. Psychoanalyse und Pädagogik in Schule, Heim und Therapie, Frankfurt a. M., Fischer, 1995.

Richter, Horst Eberhard: Patient Familie. Entstehung, Struktur und Therapie von Konflikten in Ehe und Familie, 1. Aufl., Reinbek b. Hamburg, Rowohlt, 1972.

ril/Neue Osnabrücker Zeitung: Erst brannte die Pappe und dann die ganze Hütte, in: Neue Osnabrücker Zeitung, 16. Mai 1992

Roberts, Robert W./Nee, Robert H. (Hrsg.): Konzepte der Sozialen Einzelfallhilfe, 2. Aufl., übersetzt von Margret Quer, Freiburg, Lambertus, 1977.

Rothe, Marga: Sozialpädagogische Familien- und Erziehungshilfe, Stuttgart, Kohlhammer, 1992.

Sagi, Alexander: Verhaltensauffällige Kinder im Kindergarten, 1. Aufl., Freiburg / Basel / Wien, Herder, 1982.

Satir, Virginia: Familienbehandlung, 6. Aufl., übersetzt von Maria Bosch/Michael Paula, Freiburg, Lambertus, 1987.

Schäfers, Bernhard (Hrsg.): Grundbegriffe der Soziologie, 2. Aufl., Opladen, Leske und Budrich, 1986.

Schimmel, Annemarie: Die orientalische Katze, Köln, Eugen Diederichs, 1983.

Schlippe von, Arist: Familientherapie im Überblick. Basiskonzepte, Formen, Anwendungsmöglichkeiten, 6. Aufl., Paderborn, Junfermann-Verlag, 1987.

Schmidbauer, Wolfgang: Wenn Helfer Fehler machen, 1. Aufl., Reinbek b. Hamburg, Rowohlt, 1997.

Schwabe, Mathias: Partizipation im Hilfeplangespräch. Hindernisse und wie sie gemeistert werden können, in: SOS-Dialog, Fachmagazin des SOS-Kinderdorf e. V., Heft 4, 2000, S. 1-17. Online abrufbar unter static.sos-kinderdorf.de/statisch/spi/download/pdf/Heft2000/heft2000_4.pdf [01.06.2008]

Schweitzer, Jochen: Therapie dissozialer Jugendlicher. Ein systemisches Behandlungsmodell für Jugendpsychiatrie und Jugendhilfe, 1. Aufl., Weinheim/München, Juventa, 1987.

Seidel, Markus: Straßenkinder in Deutschland, Berlin, Ullstein, 1996.

Sperlich, Christel: Schattenkinder, in: SOS Dialog, Fachmagazin des SOS-Kinderdorf e. V., 1999, S. 15-18.

Statistisches Bundesamt: Statistisches Jahrbuch 2005. Wiesbaden, 2005.

Statistisches Bundesamt: Armut und Lebensbedingungen. Wiesbaden, 2006.

Statistisches Bundesamt: Leben in Deutschland. Mikrozensus 2005, Wiesbaden, 2006.

Theunissen, Georg: Heilpädagogik und soziale Arbeit mit verhaltensauffälligen Kindern und Jugendlichen. Eine Einführung, Freiburg, Lambertus, 1992.

Tolman, Edward, 1947, zitiert nach Lück, Helmut E.: Die Feldtheorie und Kurt Lewin, 1. Aufl., Weinheim, Psychologie Verlags Union, 1996.

Twain, Mark: Die Abenteuer des Tom Sawyer, übersetzt von Ulrich Johannsen, Hamburg, Dressler, 1989.

Umbach, Klaus: DJH-Wegweiser. Mit Kindern und Jugendlichen im Gebirge, Ostfildern, Deutscher Wanderverlag, 1991.

Winnicot, Donald W.: Von der Kinderheilkunde zur Psychoanalyse, übersetzt von Gudrun Theusner-Stampa, Frankfurt a. M., Fischer, 1994.

Wittschier, Michael: Alle Kreter lügen ... sprach der Kreter, 2. Aufl., Düsseldorf, Patmos, 1983.

Wössner, Jacobus: Soziologie, 7. Aufl., Wien / Köln / Graz, Böhlau, 1976.

Zimbardo, Paul G.: Psychologie, 5. Aufl., übersetzt von Siegfrid Hoppe-Graff und Barbara Keller, Berlin/Heidelberg/New York, Springer, 1992.

Deutscher Kinderschutzbund: Kindschutztage 2006. Mit allen Mitteln, in: Kinderschutz aktuell, Heft 3, 2006, Deutscher Kinderschutzbund, S. 25-27.

Bildquellenverzeichnis

© Umschlagfotos: Bilderbox, Thening/MEV Verlag Augsburg/Fotolia IV – Fotolia. com/Klaus Mikosch – Fotolia.com

© Bildungsverlag EINS, Troisdorf/Adja Schwietring, Köln: S. 7, 26, 34, 40, 43, 58 (5×), 60, 63, 64, 93, 104, 112 (4x), 124, 133, 141, 147 (4x), 149, 165, 192 (3x), 219

© akg-images, Berlin: S. 12, 15, 16, 17 (oben), 18, 19, 21

© ullstein bild – Bildarchiv: S. 17 (unten)

© dpa-infografik GmbH, Hamburg: S. 29, 156

© ullstein bild – Joker/Steuer: S. 48, 67 (oben)

© ullstein bild – Imagebroker.net: S. 67 (unten), 126

© MEV Verlag, Augsburg/Eckart Seidl: S. 68 (oben)

© MEV Verlag, Augsburg/Christina Sieber: S. 68 (unten)

© picture-alliance/ZB: S. 90, 129, 134

© Bildungsverlag EINS, Troisdorf/Angelika Brauner, Hohenpeißenberg: S. 109 (rechts), 169 (2×), 170 (2x)

© Lucky Dragon – Fotolia.com: S. 111 (4×)

© picture-alliance/Photoshot: S. 143

© Bildungsverlag EINS, Troisdorf: S. 178

© henryart – Fotolia.com: S. 179

Sachwortverzeichnis

S

T

U

V

W

Z